语文教育学

曹明海 主编

山东教育出版社

图书在版编目（CIP）数据

语文教育学/曹明海主编 . — 济南：山东教育出版社，2015（2021重印）

ISBN 978-7-5328-9135-1

Ⅰ.①语⋯ Ⅱ.①曹⋯ Ⅲ.①语文课–教学研究–中小学 Ⅳ.①G633.302

中国版本图书馆CIP数据核字（2015）第235015号

YUWEN JIAOYU XUE

语文教育学

曹明海　主编

主管单位：山东出版传媒股份有限公司

出版发行：山东教育出版社

地址：济南市市中区二环南路2066号4区1号　　邮编：250003

电话：（0531）82092660　　网址：www.sjs.com.cn

印　　刷：济南万方盛景印刷有限公司

版　　次：2015年10月第1版

印　　次：2021年7月第3次印刷

开　　本：710 mm×1000 mm　1/16

印　　张：31.75

字　　数：432千

定　　价：60.00元

（如印装质量有问题，请与印刷厂联系调换）印厂电话：0531–88985701

《语文教育学》
课题组主要成员

主持人	曹明海
成　员	武玉鹏　史　洁　张志刚
	李洪先　张家榕　刘海润
	吕高超　白花丽　王凤鸣
	王　岩　闻　超

目 录

下 篇 语文教学方法论

绪　论

　　语文教育学是高等师范院校汉语言文学专业教师教育的一门主干课程。高师汉语言文学专业要搞好语文教师教育，培养基础教育所需要的合格人才，适应中小学语文课程与教学的改革，就必须加强语文教育学这门学科的建设。可以说，这是高师汉语言文学专业提高教师教育质量的一个突破口。因此，我们应当从高师汉语言文学专业教师教育发展的战略高度，重视语文教育学这门学科的建设，促进这门学科的发展。

（一）

　　语文教育学是基础教育研究的一个重要领域，它研究的主体构成是语文课程与教学的基本理论和实践。本教材课题研究的主要内容就是语文课程与教学的重点问题。在这里，我们从语文"课程"这个概念的阐释切入，来探讨语文教育学的理论与实践问题。

　　从词源意义上来考察，"课程"与"文化"是一个血肉相连的同构性概念。从西方"课程"的词源来看，它出自拉丁语的"跑道"。拉丁语"currere"是"curriculum"的词根，为动词，"currere"不是强调静态的"跑道"，而是强调在跑道上奔跑的动态过程。可见，它是一个过程、一种活动，或者如派纳所说的"一种内心的旅行"[①]。如果把"跑道"理解为

---

　　① 汪霞：《课程研究：现代与后现代》，上海科技教育出版社2003年版，第62页。

名词，理解的重点放在"道"上，那它就成了"限定""预设""规范"的同义词，这就偏离了"课程"的本义。在我国古代，"课程"一词也是在动态意义上使用的。如宋代朱熹《朱子全书·论学》中有"宽着期限，紧着课程"的语句，"课程"在这里应当是"进程"的意思，可以看作是学生的学习进程。"文化"一词从词源上分析，也是一个动态的意义，它也体现为一个过程。如中国古代《易·贲》中有"观乎天文，以察时变；观乎人文，以化成天下"之语。意思是说：观察天象，以视察四时的变化；观察礼教文化，以使天下教化成功。这里"文""化"就有了"人文化成"之意。刘向《说苑·指武》："凡武之兴，为不服也，文化不改，然后加诛。"这里的"文化"是与"武力征服"相对的"文治"与"教化"的意思。在西方，"文化"就是拉丁语的"cultura"，有"栽培、种植、耕种、耕耘"之意，引申为"对人的培养教育"之意。从词源意义上看，"课程"与"文化"的本义都表现为一种意义的动态形成过程。

从动态意义的角度来理解语文教育学构成的"课程"与"文化"概念内涵，也就赋予了语文"课程"与"文化"以意义生成的开放形态与自主建构的生命形态。对语文教育的课程与教学来说，言语实践的主体也就是语文课程与教学建构的主体，言语实践的过程也就是语文课程与教学意义不断展开和重新建构的过程。所以，我们把语文教育的课程与教学看作是一种文化建构过程：一个使人不断获得自由、走向解放、展示作为人的本质力量的过程；一个自由、自主、自觉的文化主体的培育过程。也就是说，从动态意义上考察语文教育的"课程"与"文化"内涵才真正让语文教育成为一种文化，真正还原"语文教育"的文化本体地位。"课程作为文化的命题是从本体意义上对课程进行文化认定，而非表面化的结构性描述。"[①]无论是作为"过程"的课程，还是作为"过程"的文化，都指向人的意义存在，指向人的个性发展与生命价值的提升，因而可以说，语文教育即人的

[①] 郝德永：《课程与文化：一个后现代的检视》，教育科学出版社2002年版，第375页。

一种"文化化"过程。

语文教育学的"课程"概念也经常在名词意义上使用，如课程计划、课程方案、课程标准、课程文本等。但是，这并不能改变语文教育的"课程"意义动态建构本质。动词意义的"课程"与名词意义的"课程"不是两个问题，而是同一个问题的两个方面。因为作为过程的课程，是一种实践，一种活动，一种行为，它就应当产生一定的结果，即一种"产品"，名词意义的"课程"即是作为"产品"的"课程"。在语文教育中，有些"产品"表现为言语作品。当这些言语作品以文字符号为载体呈现出来时，就成为一种静态的"客体文化"，如语文教科书、教学文本等。它是由人创造的，它记录着人的"文化过程"，凝聚着创造主体的力量。这是一个主体文化外化为客体文化的过程。另一方面，人创造的这种"客体文化"又以人为实践对象，改造人，化育人，提升人，从而将"客体文化"内化为以人为载体的"主体文化"。比如，一个好的文本，一个好的故事，在内化为主体文化的过程中鲜活起来，生动起来，重新显现出当初意义创建的动感，从而起到"体验陶冶多维的人，促进生命个体总体生成"的功能。可以说，语文教育的课程及其教学就是这样一种不断外化—内化的文化呼吸运动。因此，即便是名词意义上使用的"课程"，在语文教育的课程与教学实施中，我们也要力求展现它原有的实践、活动过程，展现它所固有的生命状态，从而体现语文教育课程与教学的"文化过程"本质。

二

语文教育学的主体构成，应该说，主要是以课程论与教学论为研究内容要素。课程论重在研究"教什么"的问题，包括课程目标、课程内容、课程管理、课程评价等；教学论则重在研究"怎样教"的问题，包括教学原则、教学过程、教学设计、教学模式、教学策略等。

语文教育学是一门横跨多种学科领域的交叉性学科，它具有综合性研究的"杂"的特征，但它并非是多学科的"拼凑物"，也并非没有自己鲜明的个性特征。实际上，语文教育学是按照它本身的需要，从相关学科中吸取理论营养，然后加以消化、应用的，即创造性地运用了与它相关的学科理论，科学地组合、构筑和建立了自己的理论体系，确立了自己的研究对象和目标。它与相关学科的性质特点及研究对象有着明显的不同。例如，语文教育学研究语言教育的理论，要吸取语言学的有关理论知识，并把语言学及语言心理学作为它的理论基础。但是，它要研究的是语言教育的目标、内容、过程、规律和方法；而语言学研究的则是语言现象本身，即语言的本质、起源和语言的构成、发展等。语文教育学要研究现代小说、散文、戏剧等文学作品的教学和语文审美教育，必须吸取文学基本理论、文学美学理论以及文学史的有关基本理论知识，并把这些有关的专业学科理论作为它的理论基础，因而与这些相关的专业学科有着密切的联系和交叉。但是，它研究的是文学教育的作用、目标、特点、过程和方法，是从语文教育的科学规律出发，运用文学的基本理论探讨文学教育的特点和规律，而后者研究的则是文学的起源和构成的理论，是文学发展的历程和作家作品。再如，语文教育学研究各类常用文体教学，要吸取文章学和写作学中的有关基本理论，并把这些基本理论作为它的理论基础。但是，语文教育学运用有关的理论，从如何"教"的角度，研究各类文体教学的特点、教学的规律和方法，目的是阐述这些文体的教学原理；而写作学则是从如何"写"的角度，研究这些文体的写作规律和技法，目的是阐述这些文体的写作原理。总之，就汉语言文学专业来看，语文教育学虽然涉猎有关的学科，运用相关学科的理论，与相关学科有着密切的联系和交叉，但它并非是相关学科理论的拼凑和混合，它具有自己的理论体系和研究对象，是一门有着鲜明个性特征的独立学科。

其实，正由于语文教育学横跨各种学科，涉及运用多种相关学科的理论，有着"杂"的综合性特点，才决定了它是一门具有发展前途，需要加强建设的学科。因为多种知识的重新分化与组合，是开拓和创造新的学科领域，建立新的研究学科的重要途径。国内外许多专家、学者，早就提出了"知识单元"的新概念。有的学者也称之为"知识改组"。所谓"知识改组"，就是把本来似乎彼此不相关的学科知识联系起来，进行交叉组合，使之相互渗透，从而开拓新的学科领域，创立新的研究学科。这种在多种学科的交叉、组合、渗透的基础上建立起来的学科，通常就叫做"边缘科学""横断科学""交叉科学"。对这种"知识改组"能创立新的科学领域和研究学科的理论，笔者不愿断言它是否正确，但是，许多科学研究的事实，却是可以证实和作出肯定结论的。

"知识改组"能够创立新的科学领域和研究学科，历史上早已大有其例。比如，古老的力学和古老的地质学，数百年里人们没有看出它们的内在联系，而我国著名科学家李四光却独具慧眼，通过大量研究，把力学和地质学进行巧妙地组合，从而开创了地质力学这个崭新的科学领域。又如在教育学、经济学、数理统计学等学科的边缘和接触点上建立起来的经济教育学，既可以说是教育学的重新分化，又可以说是教育学与经济学、数理统计等学科的高度综合。它和语文教育学具有完全相同的特点，也是建立在多种学科的理论基础之上的综合性交叉学科。经济教育学用经济学的观点、数理统计的方法，研究教育投资的比例和效率，不少国家把它作为制定现代教育政策的基础理论之一，并作为确定投资比例和教育计划、规划的重要依据。这种跨学科的综合性交叉学科，还可以举出很多。就人们所熟知的来说，如果没有教育学与心理学的组合，就没有现代教育心理学；如果没有文艺学和心理学的组合，也不会有文艺心理学的产生；如果没有教育学、心理学、生理学、工艺学、建筑学等多种学科的组合，更不会有工艺教育学（也称教育工程学）的出现。综观现代科学特别是教育科学的发展，可以发现，这种由多种学科知识组合而产生的边缘科学、跨学科的综合性交叉学科正不断涌现。

上述种种科学事实充分说明，高度分化、高度综合，相互交叉、相互渗透，多种学科知识的组合，不仅能够开拓新的科学领域，创立新的研究学科，而且是现代自然科学和社会科学的发展趋势，更是现代教育科学发展的必经之路。没有多种科学组合的跨学科综合性研究，就不会开拓教育学科的未来。从这些不容置疑的科学事实来看，语文教育学横跨多种学科、具有"杂"的综合性特点，不仅不是它的劣点，而且正是它在理论上和实践中的强大优势所在。这就是说，按照"知识组合"的理论，地地道道的由多种学科组合而形成的语文教育学，也显然是具有广阔发展前景的边缘科学和独立学科。而且，应该说，它在跨学科综合性研究方面，已经走在了前头。它的跨学科综合性研究，使其科研与教学能够真正扎根于肥沃的科学土壤之中。正如有人所指出，语文教育学是一门先行的多科性的边缘科学，它具有广阔的研究天地和发展前景，是一门大有作为的学科。只有深入这门学科的研究，才能够加快提高语文教育的质量和效率，在讲求教学科学化、艺术化的时代，语文教育学这门学科的研究，有着更为广阔的前景，将成为现代教育科学研究的重要领域之一。

三

语文教育学作为新兴学科的特征之一，就在于它既重视语文教育基本理论的探讨而具有现代教育科学的特征，又重视语文教育技术理论的研究而具有应用科学的性质，表现出明显的变革语文教育实践的指向性，是一门联结了理论与实践的中间科学。它之所以在现代教育科学领域中应运而生并具有活力和生命力，就是因为它的理论是由多学科组合又具有自己的理论内核和崭新的内容特征——把语文教育的理论研究与课程教学的实际操作联结起来，充分发挥理论指导实践，实践给理论提出新课题或指示方向的这种相互作用、相互补充的教育效能，给现代教育理论研究注入了新的活跃的因素。语文教育学的这种学科特性决定了它虽然具有很强的应用性特点，但它并非是经验型学科，它毫不忽视它的科学的理论建构。我们认为，语文教育学建构的主体内容是基本理论——这是语文学科理论的核心部分，是对它的研究对象变化发展规律性认识的高度概括，是这门学科整体化的根本的内容特征，也是这门学科富有生命力的集中表现。就这个核心部分（即基本理论）的建构来说，主要是语文教育理论、语文教学方法论和语文学习理论。从育人的整体性上来说，它的理论建构应当重在以下几个方面：一是探讨语文教育目标体系理论，即根据社会需要、语文学科特点及学生的年龄特征，阐述语文教育具体化的目标和价值追求；二是研究语文教材的文化品性与编写原则、类型特点和结构体系，揭示语文教材构成的基本原理，探讨语文教材建构模型；三是依据现代教学论的基本原理，研究语文教学的基本原理、教学原则、教学方法论体系以及教学的基本形式，分析语文教学系统的结构功能和教学过程的基本规律，探讨语文教学过程的组织、调整、控制问题，为实现教学过程的组织、控制与管理科学化提供适用有效的模式设计、技术手段、方式方法、基本途径以及教学艺术；四是根据建构主义学习理论和学习心理学所揭示的有关学习的基本理论，研究语文学习的动机、一般原则，以及语文学习的心理分析、语文学习方式的变革，阐述语文学习的基本思维过程与思维方式；五是探讨语文教育的评价理论与技术，以揭示语文教育系统的数量变化规律，研究语文课程与教学评价的原则和标准、评价的形式、手段与技术，以及学生学习成绩的检查与考核；六是研究语文教师教育的特点与规律，探讨现代语文教师成长与发展的新要求和应具备的素质、条件与修养，以及语文教师的教学研究能力等等。总之，对这门学科基本理论的建构，就是要把语文教育活动当作一个整体对象，以人的全面发展为目标，以本学科的特征为根据，运用教育科学原理和现代化手段，对语文教育的规律进行探讨，从而使之成为一个完备、系统、科学的专业理论学科。

上篇 语文教育的原理

第一章　语文教育语用观

在语文教育和课程改革的实践中，关于语文是什么（语文本体）、为什么教语文（语文教育目标）和教什么样的语文（语文教育内容），一直争论不休，直接困扰着广大语文教师的教学实践，使他们陷入不知所措的"迷惘"和"课改的痛苦"之中。如何拨开迷雾，解除困惑，使教师实实在在教语文，让学生扎扎实实学语文，是目前语文教育与课程改革亟待解决的一个重大问题。

长期以来，对语文教育观存有多种认识和分歧，不同的历史和时期就有不同的教育取向与语文思想。我国古代主张语文教育教化观，即以陶冶教化、安顿生命为基点。无论是儒门以仁心设教，还是禅道以益心立言，莫不如此，这是历代传统语文教育的主体，也是古代推崇的一种语文教育观。随着近现代的社会发展，提倡语文教育工具观。语文教育改革实际上早于清末就已开始，当时具有维新思想的有识之士以西方国家先进的语文教育为参照，将语文教育工具的改革作为普及国民教育、开发民智和技能的必由途径，即注重以智能和工具为本体的语言能力教育。在20世纪改革开放时代的到来，提出了新时期语文教育人文观。语言文学界高扬人文精神的大旗，呼唤人文精神的回归，语文教育界也审视并批判语文工具观给语文教育带来的弊端，倡导从人文关怀的立场重新阐释语文教育的人文意蕴和实践意向，强调以"工具"为主导的语言教育，应让位于以"人文"为本体的人文教育。同时，还提出不少与这种人文观相同的观点。诸如"以立人为中心"的语文教育观、语文教育的"认识论与存在观"、旨在重建与反思的"新语文教育观"，以及重在"人的建构与发展"的语文唤醒教育观等等，都是从不同角度阐扬语文教育人文观思想。

应该说，这些各种不同的语文教育观，从不同角度探讨了语文教育的多重特性，启发了语文课程与教学的改革思考，但也带来了语文教育和课程改革的不少困惑及误区，特别是近年来语文课改与课堂教学中出现的"非语文"、"泛教文"、"超文本化"、"教学形式化"等问题，其实都与没有确立正确的语文教育观直接相关。我们认为，解决这些问题的有效对策，就是必须要打破语文教育观存有的偏颇思想，从汉语文的特性和"语言文字运用"的语用教育出发，着力于建构语文教育的语用观，让语文课回归语文本体，使语文教育回归语用本体，语文课就是要教语文、学语文、用语文。这就是说，切实把握语言文字构成的语文本体和语文教育的语用本体，真正实施体现汉语文特点的"语用教育"，是促进语文教育与课程改革深入发展的重要途径。

第一节　语文本体的阐释

对于"语文本体"，是多年来人们在语文教学中一直追问、探讨和争论的问题，它直接关系到能否正确把握语文教育的本体根基和语文课程的目标与方向。我们认为，切实廓清语文本体的构成基质和元素，对语文本体从根本上作出明确的阐释，有助于打破"泛语文"、"非语文"、"超文本"、"教学形式化"的弊端，昭示"真语文"教学的本色与特质，以大力倡导实实在在教语文、认认真真学语文、扎扎实实用语文的教学新秩序。这是笔者试图对语文本体作的一种阐释，也是参与"真语文大讨论"的一种思考。其目的指向就是叶圣陶早就说过的"学语文为的是用，就是所谓学以致用"。所以，这种思考与阐释不是为了在理论思辨上争论"是"与"非"、"曲"和"直"，而是为求得在语文课改中切实树立"学语文就是为了用语文"的教学观念。

一、何为语文本体

何为语文本体？简单地说，语文本体即语文本身构成的基质和元素。语文本体论是关于语文自身的学问，它要阐释和描述语文的生成构成与存在形态。"本体"是一个较复杂的概念，曾有多种不同的解释和认识。在这里，我们无意于形而上的概念性思辨，只是着眼于具体探讨语文的本体问题。但有一点需要强调指出的是，许多本体论专家早就明确地指出，本体问题或存在问题是和语言紧密交织同构于一体的。"语言是存在的家园"这个众所熟知的名言，说的就是"本体即语言"的道理。"语言是存在世界的现身情态，存在世界是在语言中现身和留住的"，"世界是人类语言的命名"、"语言的界限就是世界的界限"。没有语言，存在世界的现身形态就难以得到呈现和说明。对此，笔者在《语文教学本体论》一书中作过具体的分析和探讨，在这里不需要再作累述。[①] 如果离开语言，那么何谈本体？所以，"本体即语言"、"语言即本体"，是本体论语言学早就有明确定论的问题。

其实，本体和语言紧密交织同构的问题，是本体论语言学长期争论和探讨而得出的一个结论。"自柏拉图起，关于在语言中指陈非存在物的问题就一直困扰着西方哲学；从中世纪起，关于唯名论与唯实论的争论就十分激烈，一直到当代也没有解决。安瑟伦关于上帝的本体论证明是从语言中

---

① 曹明海：《语文教学本体论》，济南：山东人民出版社2007年版，第70页。

使用某种谓词而推出实在的典型，直到康德才证明这种推论是荒谬的，而康德的关于'存在'不是谓词的主张在当代语言哲学家那里有热烈争论。当代语言哲学家认为，利用现代语言分析手段，可以一劳永逸地解决本体问题，对古已有之的问题给出崭新的、确切的答案。"①语言学界的这种认识分歧与争论，可引发我们对语言与本体的多方面的思考和深层的醒悟，使我们深刻认识到语言和本体原本就"紧密交织"而同构于一体的，谈"本体"就不能不谈"语言"。本体和语言的这种交织同构的关系，启示我们对语文本体的阐释，更应该从本体论语言学的视点出发，来透视语文本体构成的真义，这就是谈"语文本体"不可能不谈"语言"、不谈"语言文字"的原因。只有立足于"语言"和语言得以符号化的"文字"，才能真正触摸到"语文本体"，切实把握"语文本体"。

需要特别指出的是，语言及其文字作为本体和存在世界现身情态的符号，具有其他事物所没有的特质，这就是它是情感的符号、思维的符号、生命的符号。比如说，它作为一种文化的构成物，不同于房子构成的砖头和土木；它作为一种工具，也不同于斧头镰刀之类的纯工具。这就是说，语言及其文字作为特定的符号代码，特别是我们的汉语言文字，其本身就具有形象性、情感性、意义性和审美性等特质。但是，房子构成的砖头和土木，就不具有这种符号性，砖头就是砖头，土木就是土木，只是一种客观存在物。它之所以称为"砖头"和"土木"，也只不过是人类语言对它的命名。"砖头土木"可视之为各种"房子"的材料，而"语言文字"却不可视之为各类"作品"的材料。所以，"语言文字"和"砖头土木"并非是一个逻辑起点上的概念，二者不可同日而语。我们不能走过去语言学关于"本体争论"的老路，否则，就难以弄清楚"语文本体"。在这里，我们即从这种本体论认识出发，来重点探讨语文本体构成的两个基本问题。

---

① 徐友渔、周国平等：《语言与哲学》，生活·读书·新知三联出版社1996年版，第94页。

二、语言文字构成语文本体

长期以来，语文教育界对语文是什么，即语文本体的构成问题，存有多种不同的阐释和认识。概括来说，主要有四种代表性观点：一是语文是"语言文章"，认为"口头为语，书面为文，合而言之，称为语文"。这种阐释强调"口头语言"和"书面语言"，主张语文课既要对学生进行口头语言的训练，即听和说能力的培养，也要对学生进行书面语言的训练，即读和写能力的培养。也就是说，这种对语文本体的阐释，寓含着语文教学要对学生进行全面的语文能力训练，提高语言文章素养的思想。二是语文是"语言文字"，认为语文课即语言文字课，语文教学应当扎扎实实地进行语言文字训练。这种阐释强调语文教学如果不抓语言文字这个根本，忽视字词语句的教学，尤其讲文学作品，总喜欢大讲人物，大讲形象，大讲思想内容和艺术特色，那么，这样的课就不是语文课，而是文学课了。因此，他们曾提出一个口号，叫做"不要把语文课讲成文学课"，要求语文课把着眼点放在字词语句的教学上。三是语文是"语言文学"，认为文学是语文固有的因素，语文课应当重视文学性的教学，加强文学教育。这种阐释强调，如果文学作品的教学把文本拆解为单纯的语言文字，忽视文学性教学，那么就会抹杀文学作品的生命和艺术魅力，其语言文字也失去光彩，造成语文教学的失误。四是语文是"语言文化"，认为语文是文化的构成，语文是文化的符码，语言和文化血肉同构，融注于一体。这种阐释强调，如果否定语文是语言文化，也就否定了语文课，忽略或脱离语言文化的语文课，就不可能是有"语文味"的"真语文"课，而只能是"非语文"课，因为其道理很简单，没有语言文化，何来语文？何来语文课？

关于语文是什么和对语文本体的阐释，之所以存有这样的认识分歧，主要有三个方面的原因：第一，语文是多因素构成的复合体，从不同的角度可以作出不同的阐释。特别是汉语文内涵的多义性，汉语文内容的丰富性，汉语文功能的多重性，容易造成人们不同的认识。第二，对语文本体的阐释也受时代和社会发展的制约，不同的历史时期对语文有不同的阐释，如建国初期50年代注重"语言文字"，因为当时强调识字读书学文化，后来又注重"语言文学"，语文课也分为"语言"和"文学"两科；改革开放以来，随着新文化思潮的涌入，语文又被视为"语言文化"。第三，从对语文本体的阐释及其认识分歧的形成来看，与人们研究问题的思路和视角不同有关。如搞语言文学的，往往强调语文是"语言文学"；搞语言文化的，往往强调语文是"语言文化"。这也是造成对语文本体作不同阐释和认识分歧的原因之一。

我们通过以上所述可见，对语文本体的这些不同阐释和认识分歧，主要表现为两个不同的阐释角度：

第一，是从语文的形式上来阐释语文本体，认为语文是"语言文章"或"语言文学"。可这二者实际上都是以"语言文字"为基质和构成要素的。因为文章是语言文字构成的语言形式，语言文字是文章构成的基质要素；文学是语言的艺术，是语言文字的艺术构成品，语言文字也是文学文本构成的基质元素。这就是说，文章也好，文学也罢，其实都是语言文字构成的语言形式。如果没有语言文字，就没有文章的构成，也没有文学文本的存在。为此，有的专家认为语文本体即语言文字及其作品。把"作品"看作是语文本体，或许也是一种新说法，但加以分析可见，它会对"语文本体"带来误解。语文教材中有各类不同的作品，如果把记叙文、议论文、说明文、诗歌、散文、小说、戏剧等各类"作品"都视为"语文本体"，显然就会造成本体的泛化、模糊化，因为什么都是本体，也就没有什么本体可言了。所以，不可把"作品"视为语文的"本体"。

第二，是从语文的内质上来阐释语文本体，认为语文是"语言文化"。众所周知，人类的生存文化，分为饮食文化、服饰文化、居室文化等等，语文也就是一种与之并称的语言文化。我们说，语文就是文化，并不是泛指各类文化，而是指语言文化。而语言文化是以语言文字为载体而存在的，语言文字是语言文化的符号和代码，没有语言文字，也就没有语言文化，这就是说，语言文化构成和存在的本体也是语言文字。由此说来，我们可以得出这样一个肯定性的结论：无论是"语言文章"、"语言文学"，还是"语言文化"，显然都离不开语言文字，都是语言文字的本体构成品，是语言文字构成的不同形式、表现形态和存在方式。文章构成的基质元素是语言文字，文学构成的基质元素是语言文字，文化构成的基质元素也是语言文字。所以说，是语言文字构成语文本体，这是不容置疑的。在这里我们还要强调指出的是，为了切实廓清语言文字构成语文本体的基本认识，确立"语言文字"构成的语文本体观，这并不是排斥"语言文章"、"语言文学"、"语言文化"等语文构成要素，而是指其三者构成的基质元素都是语言文字，即语言文字构成的语文本体就融合同构着文章、文学、文化的基质和元素，语言文字是语言文章、语言文学、语言文化构成的基质元素和存在的基本方式。

毋庸置疑，语言文字构成的语文本体，是一个复合性概念，它包容着文章的、文学的、文化的、语体的、文言的等多重性内涵，它不是一个单一性的载体，而是多种要素的构成。但是，需要明确指出的是，语言文字是构成语文本体的基质和主要元素，语文的本体世界是语言文字构成的世界。或许语文也是一个动态性概念，其内涵是不断发展、不断生成的，不同的时代和历史时期，对它会有不同的阐释和解读。但语文本体世界里的一草一木、一山一水，无论在什么特定的历史和时代中，都是语言文字的生成物，都是以语言文字为基质和元素构成的。我们在以发展的、变化的眼光来阐释语文的时候，都应该尊重语言文字构成的语文本体这个客观事实，不可以离开语言文字构成的语文本体，对语文进行某种特定角度的"当代性阐释"。

三、汉语言文字构成的特性

在确立语言文字构成语文本体的基础上，我们要建构切实体现汉语文特点的语文教育语用观，还必须要把握汉语言文字构成的特性。

汉语言文字的构成具有丰富的内在意蕴和鲜明的文化特质，它具有形象性、情感性、表意性、审美性、象征性等特征。对此，我们可从汉语言文字本体的构成切入来进行分析和认识。汉语言文字有其特殊的构造方式和结构特征，它独特的形体本身就蕴涵着丰富的文化意蕴。汉语言文字形体结构具有直观性、象征性等特点，其形体构成与人的思想、情感、生活和行为往往有机地联结在一起，充溢着丰盈的文化意蕴。一个汉字，往往就是有关人的一个故事、一种姿态、行为和情致；一个汉字，常常就是有关人的一种智慧，一种情感智慧、生存智慧、生命智慧或伦理智慧。如"字"的形体结构本身就蕴含着一个有关人的生命延续的故事，即在一家房子里，一个女子生养了一个孩子。实际上汉语言文字形体结构的每一个笔画，一个线条、一个撇或一个点，往往都有其特定的文化涵义。汉字的构成就如同一个人的生命完形，它有外形和骨架、有思想和神韵、有情感和精神。汉语言文字的这种特性，主要表现在四个方面：一是汉语言文字是表意性文字，一个汉字往往就是一个特定的意义世界；二是汉语言文字是表情性文字，一个汉字往往就是一个特定的情感世界；三是汉语言文字是象形性文字，一个汉字往往就是一个特定的形象世界；四是汉语言文字是审美性文字，一个汉字往往是一个审美世界。总而言之，汉语言文字是有个性的，汉字会说话，当你在阅读中与汉字接触时，每个汉字都会直盯着你，呼之欲出，和你交流对话。所以，西方人称汉语言文字是"东方魔块"。

对汉语言文字的这种文化魅力，散文家余光中在他的《听听那冷雨》中作过动情的描述："杏花。春雨。江南。六个方块字，或许那片土地就在那里面。而无论赤县也好神州也好中国也好，变来变去，只要仓颉的灵感不灭，美的中文不老，那形象，那磁石一般的向心力当必然长在。因为一个方块字是一个天地。太初有字，于是汉族的心灵，祖先的回忆和希望便有了寄托。"这段文字的描述，应该说道出了汉语言文字构成的真义：汉语言文字是我们这个民族美丽不灭的灵魂，是我们这个民族的一种永恒的向心力，是我们这个民族的生命百科全书。一个方块字，就是一个天地，一个世界，一种历史，一个民族的心灵、记忆、希望和寄托，一个美丽不老的民族形象；一个方块字，就是巍巍泰山、滔滔黄河、茫茫神州的代码，它犹如光芒四射的彩霞、震撼世界的雷电、浇灌大地的云雨，有说不尽的美丽。汉语言文字是汉民族文化的精粹和世界语言文化的瑰宝。

汉语言文字作为世界语言中唯一的表意性文字，它与西方拼音文字具有完全不同的文化特性。拼音文字是抽象的字母线形排列形态，它唯一的功能就是将语言摹写记录下来，文字和概念有着较大的距离性，与其所指的实物和意义是一种非直接性关系，而无任何形象结构上的内在关联。拼音文字的这种特点，就是先记录语音，后由语音而知意义。文字与意义没有直接的联系，语音是文字和意义的中介，文字对语音有很强的依附性。但是汉语言文字与其全然不同，它所特有的象形性和平面结构方式使它具有鲜明的直接表意性，即可以直接表达概念和意义，其形体结构本身近似实物，或形似或神似。正如有人所说："汉语言文字用它自己的形体来表达人的思维活动、认知活动和情感活动。当人们写一个汉字的时候，目的在写它自己的思想而不仅仅为的是写语言；当人们看到汉字的时候，也只是看到它所包含的内容，不一定把它当作语言；只有把它读出来的时候，才由汉字转化为语言。"[1]汉语言文字的认知方式不是由音到义，而是由形直接到义，不依附于语音。这种字形结构的表意特征使汉语言文字成为独立于语音之外的第二符号系统，使汉语言文字符号系统可以超越语音的羁绊，借助视觉系统进行直接性的文化信息传播，使人们可以超越时空的限制，直接从字形结构中解读出字意来。这就是说，汉语言文字的形体结构保存了远古造字时代的文化背景，人们可以通过其形体来窥视远古社会的生活状况；同时，汉语言文字在发展的过程中又不断地把社会文化凝聚其中，所谓"字里乾坤"说的就是汉语言文字的这一文化特性。因此，汉语

---

① 曹明海：《语文教学本体论》，山东人民出版社2007年版，第205页。

言文字成为汉民族文化的活化石，它真实地保存了汉民族文化的原生态。

　　语文教育的内容是以汉语言文字为中介传递给学生的，如果在语用教学中不能理解和把握汉语言文字的文化特征和意蕴，只将其作为简单的信息来处理，那么汉语言文字丰韵的内涵，灵动的精神就会在教学中枯萎、流失，对字意了解不深，对文意的理解也只能限于浮光掠影，甚至走向误读。相反，如果在语用教学中能够挖掘汉语言文字的文化意蕴，呈现给学生，并能积极地调动学生的兴趣，激发学生的想象、联想，那么，语用教学就会有事半功倍之效。瑞典语言学者林西莉在《汉字王国》一书中谈及她的汉语言文字教学体会：将汉语言文字所反映的文化现象、文化精神给学生解释得越清楚，学生就越容易理解和掌握，并且理解得清楚，掌握得牢固。我国语用教学实践的经验也反映了这一点。但实际上，我们现实的语文教育对这一点关注和实践却非常欠缺，汉语言文字教学不得法导致的教学质量差更是困扰广大师生的难题。针对这些问题，主要的对策就是重视汉语言文字的文化特性，从汉语言文字的本体特征出发进行语用教学，以切实提高语文教育的效率和质量。

第二节　语文教育语用观思想

　　在弄清语文本体的基础上，揭示语文教育语用观的基本思想，是我们要探讨的核心问题。因此，我们首先要界定清楚的是何为"语用"？有的专家认为，语用含有"施行"的意思，也有"实效"的含义。从其词源上讲，语用即有"使用"和"实效"的双重意思，研究的就是语言文字的使用过程与实际效果，也就是语言文字运用于实际语境中形成的交际意义。应该说，这是探讨语用教育观要把握的一个基本概念。

一、语用观的基本思想

语文教育的本体是语用教育。语用教育观的基本思想，就是要求语文教育从"语文本体"出发，以"语用技能"为要，以"语用素养"为本，树立"语言文字运用"的这种语用理念，从语用的角度把握语文教育的语用观思想，倡导语文课程的语用教学策略，要求语文教育的目标和内容都立足于"语言文字运用"，将"语言文字运用"作为语文课程的一切教学活动与教学设计的核心指向和基本立足点。教师在语文课上要着眼于"语用"教语文；学生在语文课上要着力于"语用"学语文，使语文课的教学过程切实成为"语言文字运用"的训练过程。引导学生与语言文字打交道，和语言文字亲密接触，与语言文字构成文本对话，让学生在语用文本的字里行间穿行，品味语言，体味文字，学会"语言文字运用"。这就是说，语文教育语用观的基本思想，就是以语用为本体，倡导语用教育的策略，把培养学生"语言文字运用"的技能和提高学生"语言文字素养"作为语文教育的主要目标和任务，以把握语文教育的正确方向。

语用观是工具观的思想发展，语用观的基本思想和工具观是一脉相承的。工具观把语言文字看作是一种工具，注重的是语文的工具性，认为语文这个工具可用来表情达意、交流思想；而语用观注重的是"语言文字运用"的技能，强调的是语用性，认为学语文就是为了用语文。所以，二者其实是一脉相承，立足点是一致的。语文工具观的倡导者，我国语文教育家叶圣陶早就明确论述过语用的问题："语言文字的学习，就理解方面说，是得到一种知识；就运用方面说，是养成一种习惯，这两个方面必须连成一贯。就是说，理解是必要的，但是理解之后必须能够运用；知识是必要的，但是这种知识必须成为习惯。语言文字的学习，出发点在'知'，而终极点在'行'；到能够'行'的地步，才算具有这种生活的能力。"[①] 应

---

① 叶圣陶：《略谈学习国文》，见《叶圣陶教育文集》第三卷，人民教育出版社1994年版。

该说，这是对语用观所作的一个很透彻的阐释，可以称之为叶圣陶的语文教育语用观。著名语文教育家刘国正在语文工具观的论述中，曾提出了语文教育的"实"与"活"的问题，其实也是对语文教育语用观及其思想特征所作的具体阐释。

所谓"实"，就是语文教育语用观讲求对学生进行扎扎实实的"语言文字运用"的技能训练。技能是在训练的基础上形成的，一切后天习得的能力都需要训练。运用语言文字表情达意和交流思想的技能，也必须要靠训练。语言文字如同一种工具，拥有它，并不说明就有运用能力，掌握运用它的技能，把它用于实践，才算真正的拥有。因此，语文教育必须让学生切切实实地在训练中学会操作和运用语言文字，也就是着眼于掌握字、词、句、篇的运用能力，不容许离开这种语用训练去空讲大道理，空讲语言知识。具体地说，就是让学生多动口，多动手。动口，就是进行各种形式的口头表达的语用训练；动手，就是进行各种形式的笔头表达的语用训练。口头语用训练和笔头语用训练，是语文教育中相得益彰、不可偏废的两项基本语用训练。只有坚持这两项基本语用训练，才能使学生达到"入耳能撮意，出口能达辞，提笔能成文"的语用水平，从而获得参与生活的基本语用能力，具有在社会竞争中的生存本领。这就是说，倡导语文教育的"实"，强调语用性功能，其实是从社会的实际需要着眼的，是"学会生存"语用基础教育价值观的体现。

所谓"活"，就是语文教育语用观讲求"语言文字运用"的教学要活起来，引导学生进行生动活泼的语用基本训练。就语文课堂教学来说，就是要拨动学生的语用心弦，激发学生的语用学习积极性，不是我教你学，而是"语用"的教与学双方做到和谐的交流，教师得心应手，学生也如沐春风。双方都欲罢不能，其乐融融。达到这个境地，教师稍加点拨，学生就会主动求索，举一反三，收到事半功倍的效果。这就是说，语用教育的"活"，既是对"将语文课的语用简单化、刻板化"，使生动的语用能力训练变成枯燥的技术训练教学现象的反思，更是倡导语用教育的开放性，推举语用教育的现代性和主体观，即语用教育要确立学生的主体性。《学会生存》一书中指出：什么是教育？"教育即解放"，"教育能够而且必须是一种解放"。那么解放什么呢？简单地说，就是解放学生的语用主体性，解放学生的潜在语用能力、语用创造能力和开拓精神。这是我们倡导的语用教育要"活"的基本思想精神。因此，我们必须要树立这种"活"的语用教育观念，从而推动语文教育和课程改革的深化发展。

正因为着眼于此，我们强调的"活"十分重要，可以说是搞好语用教育的一个关键。为了切实抓好这个关键，语用教育要把握实现"活"的三个基本原则：第一，要把语言文字看成是"活"的对象。语言文字的运用，有严格的规范，也有很大的灵活性。生活是动态的，反映生活的语文也是活泼的。所以，在教学中要把语文作为"活"的对象，切忌把"活"的语文搞成枯燥乏味的死的训练。第二，要把学生看成是"活"的语用对象。语用教育必须要充分尊重学生的主体能动性，把学生语用学习的主动性摆在应有的位置。语用教育的目的是以"提高学生语言文字素养"为指归的，语用教育必须要从学生语用技能训练的规律出发，建构自主性语用教育模式和运行机制，以促使每个学生的潜在语用能力得到最大限度的发挥。第三，要把语用教育和生活密切联系起来。语用教育联系生活则生动活泼，脱离生活则死气沉沉。这是因为："读（包括听），是通过语用认识生活和学习怎样生活；脱离生活，读就变成无意义的活动，吸收鉴赏都失去辨别优劣美恶的基本标准。写（包括说），是运用语言文字反映生活、表达自己的见解，并服务于生活；脱离生活，就变成无源之水，技巧就变成无所附丽的文字游戏。而与生活相结合，则读有嚼头，写有源头，全局皆活。"[①]语用教育要"活"的这三个基本原则，其实是对语用教育本质规律的深层概括，是我们深化语文教育与课程改革所必须把握的行之有效的重要法则。

---

① 刘国正：《实和活——刘国正语文教育论集》，人民教育出版社1995年版，第214页。

　　"实"和"活"是语文教育语用观建构的两个重要支柱，二者相济并举，相得益彰。"实"中求"活"，"活"中求"实"，使语用功能和教育功能得以充分发挥——不但让学生扎扎实实地进行语用基本训练，形成听说读写的语用能力，并在语用能力的训练中提高学生的语用素质，使学生的语用创造性得到充分的尊重和发展。因此，语用教育要致力于"实"和"活"的追求，即在切切实实的语用基本训练中，把握语言文字运用本身所固有的特性，促进学生语用能力的发展。

二、语用观的主要依据

　　语文教育语用观有着深厚的思想、理论和使用的历史渊源。应该说，古今中外的语文教育从来就没有离开过语用教育，一直注重语用本体思想和理论研究。目前，我们探讨的语文教育语用观，倡导"语言文字运用"的语用教育，就是以我国古代的语用思想和西方的语用理论为基本依据的。根据施麟麒博士对我国古代语用思想的研究及荣维东博士对西方语用学理论的有关探讨，在这里，我们对此作一简要的描述。

　　（一）古代的语用思想

　　我国古代的传统语文教育，早就具有语言实用主义的语用思想。《周易·系辞》中说"精义入神，以致用也。"这就是要求学习语文应深入领悟，学以致用。孔子在重视语用主体的道德意义，同时非常重视语言的实用价值。孔子说，"诵诗三百，授之以政，不达；使于四方，不能专对；虽多，亦奚以为。"（《论语·子路》）孔子看重"能办政事"与"独立应付"能力。孔子重视言语交际能力从孔门四科"德行、言语、政事、文学"中可以看出。孔子赞赏"宰我、子贡善为言辞"，自谦"我与言辞，则不能也"。他的"言语""诗教""雅言"是以交际能力为目标。孔子重视根据不同交际对象选择表达形式，这在《论语》中比比皆是。他认为交际要"听其言而观其行"、"察言而观色"。他重视言语交际的场合与言语表达形式。孔子"于乡党，恂恂如也，似不能言者。其在宗庙朝廷，便便然；唯谨尔"，注意言语的场合、语境和时机，"时然后言，人不厌其言"。汉代王充在《论衡·超奇》中写道"凡贵通者，贵其能用之也。即徒诵读，读诗讽术，虽千篇以上，鹦鹉能言之类也"，也是强调语言应用的重要。王充还说："为世用者，百篇无害；不为世用者，一章无补。"他反对艰深华丽的文风说："文丽而务巨，言眇而趋深，然而不能处定是非，辨然否之实。虽文如锦绣，深如河汉，民不觉知是非之分，无益于弥为崇实之化。"（《论衡·定贤》）唐朝韩愈强调"强学力行"。宋朝杨时主张，"读书将以穷理，将以致用也"。（《二程粹言·论学》）明代许孚远《原学》指出，"学不贵谈说而贵躬行，不尚知解而尚体验。"清代颜元说："读得书来口会说，笔会作，都不济事，须是身上行出方算学问。""实文，实行，实体，实用，率为天下造实绩。"这些古代的语用思想是现代语文教育的重要思想资源。

传承数千年的语文教育语用思想，从其语言实用主义的传统来考察可见，传统教育文化对人的认识和反思基本上限于人自身道德的完善，强调人存在的价值和意义就在于人对自身道德本质的体认、修养和践行，这种道德的养成实则是文的熏陶、学习和体悟的语用过程。因而，即有"文以载道"、"文道统一"的说法，我国古代的道德教育与语用教育是融为一体的。传统语用教育所选择、认可和使用的语言文化和教育内容都是根据道德教育的目的与任务来确立的，呈现出鲜明的道德伦理教化的特征。语用教育的内容等同于"道"，要"传道、授业、解惑"，传授具有道德价值的语用知识学问是根本任务。古代语用教育的内容以经史为基础，形成一个道德教化的网络，其共同特色是泛道德主义。如孔子根据道德价值标准整理了西周的文化典籍，编撰成诗、书、礼、乐、易、春秋——"六艺"，被奉为经典，成为此后语用教育的主要教材。

（二）西方的语用理论

西方的语用理论是一种体系性的系统研究，形成了多种不同的代表性语用学派，对我们探讨语文教育语用观有多方面的启示性意义。

一是语用学家乔姆斯基提出的"语言能力"、"语言运用"两个概念，既是语用学领域中的新探索，也是对语文教育语用观视野和思维的一种开拓。在他那里，"语言能力"是指语言规则内化的体系（internalized system），"语用能力"指人对语言的使用。按照他的理论，人类学习语言的活动就是人类天生的语法系统向特定语言语法系统"转换"，"生成"新的语法系统（也就是"内化"），当新的语法系统一旦生成，他就可以创造出无限的句子来，从而能够运用语言。所以，语言的学习过程，就是语言规则"内化"的过程。

二是哲学家奥斯汀和塞尔勒，先后提出了"语言行为理论"。奥斯汀在探讨语言与行为之间的关系时，首先注意到了这样一个事实：人说出话语不仅是提供信息，而且是完成许多其他的行为。人们在交际过程中不单单是构造语句，而且是利用语句来完成各种"行为"。也就是说，语言不仅是用来描写和陈述客观世界的，而且也是一种行为。根据奥斯汀的言语行为理论，当人们说出每句话时，不管其是否含有行为动词，都包括有"说"的成分和"做"的成分，而且所说的话还会对听话人产生某种效果。也就是说，人们在说出话语的同时实施了三种不同的行为，即言内行为、言外行为和言后行为。

三是语言学家海姆斯针对乔姆斯基的语言能力提出"交际能力"理论。他认为一个人的语言能力不仅指能说出合乎语法的句子，还包括能否在一定的语言环境中恰当地使用语言的能力，也就是在不同的场合、地点对不同的人进行成功的交际的能力。这些社会交往的能力，包括传递信息、交流思想和表达感情。既用口头形式，也用书面形式；既指听、读的理解能力，也指说、写的表达能力。他阐述了交际能力的四个特征：一是能辨别、组织合乎语法的句子；二是在适当的语言环境中使用适当的语言；三是能辨别语言形式的可接受性；四是能知道语言出现的或然性：是现实常用的，还是罕见的个人用语。海姆斯强调的这种交际能力，更全面地反映语言在社会中的使用能力。

目前，西方的语用理论研究，重在拓展新的应用领域，对我们的语用教育也有重要启示。如语用"关联理论"指出，认知环境并非现实存在，而是"交际者共处的世界"，这个"世界"在言语交际中体现为交际双方在某时、某地、关于某事所说的话或所做的事，体现为交际者在说话的时候对现实的某种认知程度。这种关联理论将交际与认知有机结合，从认知的角度对语用交际进行了有益的尝试，为语用研究提供了崭新的思路。

第三节　语文课程语用性特点

对语文课程的基本特点，长期以来存在着多种认识分歧，如工具性、思想性、人文性、民族性、言语性、实践性、综合性等等。而且公说公有理，婆说婆有理，一直争论不休。特别是2001年语文课标提出"工具性与人文性的统一，是语文课程的基本特点"这一定位性说法之后，对此的争论不但没有停止，反而越来越烈，越来越模糊。有的强调语文的工具性，有的强调语文的人文性，形成了工具性与人文性的对立。语文课改的实践也证明，这种对语文课程性质的定位性指向，不但没有切实解决语文课改的问题，反而造成语文教学的迷失和误区，如出现了"泛语文"、"非语文"、"伪语文"、"去语文化"的教学现象，许多语文教师陷入"什么样的语文课才是语文课"的教学追问，给语文课改带来不少困惑。所以，我们很有必要从语言文字构成的语文本体和语文运用构成的语用本体出发，对语文课程的语用性特点加以探讨，以切实树立语文教育的语用观，以推动语文课改的深入发展。

那么，语文课程的基本特点到底是什么？要切实弄清楚这个重要问题，应采取的对策就是确定语文课程的逻辑起点和学科基点。语文学科区别于其他所有学科的特质，在于它以培养学生理解和运用祖国语言文字为核心指向与根本宗旨，语文课程的目标与任务就是提高学生的"语言文字素养"和"语言文字运用"的能力。所以，从语文这个学科基点出发，应当肯定和确认"语用性是语文课程的基本特点"。实际上，语文是以语言文字为基质和本体要素而构成的，语文的世界是以语言文字为本体构成的世界。没有语言文字，何来语文？何来语文课？这是一个明摆着的客观事实，应该说是不容置疑的。语文课程本质上就是一种语用课程，即以"语用技能"为要，以"语用素养"为本，其目标和内容都立足于"语言文字运用"。我们切实把握语文课程的这种语用性特点，确认语文课程的语用性定位，那么就会从"泛语文"、"非语文"、"去语文化"的教学困惑中跃起，抓住语文教学的根本所在，给语文课程带来革命性的变化，推进整个语文课改的发展。

肯定和确认"语用性是语文课程的基本特点"，就会冲击"工具性和人文性的统一，是语文课程的基本特点"的原定认识，有利于打破脱离"语言文字运用"来空论语文教学的"非语文"弊端。所以，我们提出在语文课标的修订、教材编写和语文课改中，应重新审视"工具性和人文性统一"论，确立语文课程的语用性定位，以突出语用的基础性，着眼于"语言文字运用"的语用技能训练教学；把握语用的实践性，立足于"语言文字运用"的言语践行活动，重视语文课程的综合性语用学习活动，提高学生现实生活与自我发展的语用能力和语用智慧；强调语用的民族性，突出母语教育的民族性本色，深入了解和感知汉民族的固有文化，唤起学生对汉民族语言文化的理解力和认同度；讲究语用的科学性，要求语文课程的语用内容和体系结构加强教学的有序性，符合语文教学的语用规律和学生语用学习心理发展的特征；同时，体现语用的时代性，语文课程要顺应时代的潮流，把握时代文化精神的风貌和特质，为时代的发展和社会的需要服务。

对语用性这个概念，有不同的阐释。有人认为这种语用性观点与西方语用学的语用理论研究存有重合，但是，前者并不同于后者。因为语文课程语用性观点的根本指向是"语言文字运用",即从语言文字构成的语文本体出发,进行听、说、读、写的语用技能训练;而西方语用学的语用理论研究,对我们的语用课程具有借鉴价值,但它是一种语言学理论体系的探讨,不同于语文课程的语用性教学探索。正是基于这种思考和认识,我们确立了语文课程的语用性特点研究。

一、语用的基础性

语文课程着眼于"语言文字运用"的技能训练,注重的是语用基础教育。语文学科是一门基础性学科,学习和运用语言文字是一种基础性学习,是学习其他学科的基础,也是学会生活、从事各种工作、进行社交活动必备的基础。因此,语文课程突出的是语用的基础性。它要求语文课要指导学生扎扎实实地进行语用基本训练。字词句篇、听说读写,样样都不能马虎,必须严格要求,督促学生下苦功夫,反复地磨炼。"这好比学绘画练习素描,要先掌握准确的摹写物象的本领,有了这个基础才谈得到创作。这个基础不牢,则搞创作如同在沙上建塔,是很不可靠的。"[①]诚如古人所说"操千曲而后晓声,观千剑而后识器"。这就是说,"语言文字运用"是语文课程的基础。同时,我们还要强调,语用教学要真正做到"实",使学生真正提高语用的技能,必须要注意两点:一是要了解语用的功能和方法。语言文字的学习和运用,各有自己的套路,习得并掌握有关语用的知识,这是熟练运用它的前提。二是要进行语用的实际操作。语言文字运用在实际操作中才产生作用,发挥出应有的功能,语言文字也只有在实际运用的操作中才有生命,也才能真正掌握它。既有"知",又有"行",知行统一,是掌握语言文字运用的必要条件。这就是说,语文课程的语用性和操作性很强,让学生获得语言文字运用的能力,要靠语用知识加实际操作,实际操作是基本技能。打个比喻说,弹钢琴要懂得乐理,

---

① 刘国正:《实和活——刘国正语文教育论集》,人民教育出版社1995年版,第116页。

但如果不去实地练习弹奏，永远也弹不成曲调。只有进行实际操作，才能提高语用能力，打好语用基础。

需要强调的是，要打好语文基础就必须加强语文实践。语文课改证明，语文实践是打好语文基础的主要途径，语文的实践性是不可忽视的。众所熟知，语文课程重在语用实践，而非是空洞的"说教"。学生语用实践能力不是在课堂教学"说教"的过程中训练的，而是在其具体的语用实践和"言语践行"中形成的，语文课堂应是学生语用"践行"的场所。为此，语文课标对语文实践和语用表达提出了明确的要求：第一，能理解和运用祖国的语言文字，具有"在生活和其他学习领域中"的语用能力，并做到"正确、熟练、有效"。第二，语文运用要结合学生实际，形成学生自己的发展方向。"在语文应用中开阔视野，初步认识自己学习语文的潜能和倾向，根据需要和可能，在自己喜爱的方面有所发展。"这强调的是学生在语文运用方面应有明确的自我判断和自主选择。第三，语用实践中学生要明确作为传统文化传承者和先进文化传播者的角色。强调要增强学生的文化意识，对待优秀的文化遗产要继承和传播，对待多元文化要"关注"、"剖析"，要积极参与先进文化的传播和交流。第四，要综合性地运用语文。综合性的语用实践，一方面要做到语用内容的综合，拓展语用学习范围，实现不同学科间的横向沟通；另一方面要做到学习方式的综合运用，实现语用学习能力的横向迁移。

第五，应在语文实践中发现和创新。语文实践的语用过程是一个发现问题和解决问题的过程，要引导学生"注意观察语言、文学和中外文化现象，学习从习以为常的事实和过程中发现问题，培养探究意识和发现问题的敏感性"，在语文实践中要"尝试新方法，追求思维的创新、表达的创新"。

二、语用的民族性

语文课程强调语用的民族性，即着眼于我们的母语——汉语言文字运用能力的训练和培养，使学生在语用的过程中深入地了解民族的固有文化，得到汉民族语言文化教育，突出我们的汉语文教育的民族性本色。

应该说，语文课程是以汉语言文字运用为基本内容的语用活动，所以，必须充分重视汉语言文字的民族性特点和教学传统，体现出汉民族文化精神和气派。这种"民族文化精神和气派"，应渗透在包括语用主体的语用实践活动在内的语用教学过程中。因为语用教学情境中每一个语用主体，无论是教的主体还是学的主体，无不自产生伊始就处于民族语用文化的滋润和哺育之中，他们的价值观念、情感模式、表达方式等都深深地烙上了民族的印记，呈现出鲜明而独特的民族色彩，洋溢着浓郁而纯正的民族气息。如若无视这种民族的精神特征、文化品性，语用主体对民族语言文字运用的感受、体验，对民族文化心理的体认，自然就因受到阻滞而逐渐迟钝和漠然，进而语文课程的语用教学厚植民族文化精神的使命与价值将会落空。因此，语用教学必须体现民族文化的特色和意味，彰显民族的情感、精神和气派。

语用是民族的母语教育，它传承着我们民族的文化、历史传统，负载着我们民族的情感、思想和哲学，饱蕴着独属于我们的民族精神和民族智慧。"母语教育，说到底，实际就是'人的精神培植'，就是'丰富人的精神经验、丰富发展人的生命个性的教育'，是一种'本民族文化的教化'。——这是母语教育最根本的内在本质。"[①]语文课程是以源远流长的传统文化和博大精深的民族文化为土壤和血脉的母语教育，个性化语用能力、语用的思维素养和民族智慧、民族情感、民族意志当是语文课程语用教学的奠基性内容和终极性价值。洪堡特指出："语言的所有最为纤细的根基生长在民族精神力量之中；民族精神力量对语言影响越恰当，语言的发展就越合乎规律，越丰富多彩。由于语言就其内在联系而言只不过是民族语言意识的产物，所以，我们如果不以民族精神力量为出发点，就根本无

---

① 韩军：《一个危险的倾向：重技术，轻精神》，《中学语文教与学》2001年第8期。

法彻底解答那些跟富有内在生命力的语言构造的有关问题，以及语言的最终差别缘何产生的问题。"①民族精神是一个民族在生成、发展演化过程中逐渐积淀下来的民族生存哲学，是一个民族得以存在、生存和延续的灵魂，亦称民族意识。从文化的角度看，民族精神是民族传统文化的历史积淀，是在汉民族传统文化基础之上产生的。民族的语言是民族精神得以发生、生长的温润而肥沃的土地，而民族精神则是语言的灵魂。

　　正是语用母语的这种文化精神内核构成了汉语文教育的精神底色。我们倡导的语用教育的价值体现和实现，并不仅在于达成有关"何为语用教学"的学理，还应彰显"如何达成语用教学"的智慧与觉悟，而且更应传达出人类的真善美、理想、信仰和情操。语用教学的这种智慧和觉悟，自觉铺展为教学过程中的读、写、听、说等各种具体语用学习行为，在抓好语用训练的同时，唤醒沉睡在汉语言文本内的民族文化精神，更以一种文化本能和文化传统还原、照亮学生的心灵空间，使学生在母语学习和语用的过程中，在精神上形成深沉的文化自觉，一种对文化的认同与归属的内在情感和信念。

　　语文课程与其他学科教学相比较，其深厚的民族文化积淀、丰赡的民族文化精神，以及在培养学生的文化素养方面发挥的功能和效力，确是其他学科难以企及的。语文课程的语用教学其实是民族文化阐扬、民族情感认同、民族精神培植的过程与行为。汉语言文字构成的民族文化底蕴、民族性品格为语文教学价值的彰显和实践提供了条件和保证。打开课本，汉语文的字里行间，都跳动着民族文化的命脉，流淌着民族文化的血液，诉说着民族的生活、经验、思想和情感，显现出汉民族的文化个性和民族精魂，就是作为书写形态和信息承载的汉字，也以其"比物取类"，"观照人本"，而呈现出汉民族独特的生命意趣和文化心理。从某种意义上讲，掌握一个词语，理解一句诗词，阅读一篇小说散文，就是给人的神志打开

---

① 潘文国：《语言的定义》，《华东师范大学学报（哲社版）》2001年第1期。

一扇窗，为人的精神种下一粒籽。我们读《红楼梦》、《阿Q正传》、《边城》，不只是一种文字的阅读与接受，而更是一种情感的涤荡、精神的哺育。故而学习和运用语言文字并非仅仅是知识积累、能力历练的过程，还是民族文化体认与自觉、民族情感及民族精神建构与生长的过程，其间通过语言文字的内在通约性来呵护每一主体柔软而敏感的智慧和灵性，关怀其基于汉语言文字的学习和运用而萌生的生命激情和澄明的悟性。

民族精神的文化表现，构成其表象世界，反映到语文课程语用教学中就是以语言文本形态存在的具体课文。在汉语言文本的表层文字结构下面，潜藏着汉民族文化传统，闪耀着的是诸如刚毅奋进、积极进取的人生态度，"天下为公"、"世界大同"的理想精神，各族一家、协和万邦的宽容精神，忧国忧民、献身祖国的爱国精神，"先天下之忧而忧，后天下之乐而乐"的博大胸怀等等这些民族精神的光芒。这启示着我们这样的认知：语用教学不仅仅是民族母语的习得运用和民族文化的传承，而且是一种民族诗意的拯救、民族情感的激荡、民族精神的厚植。

三、语用的科学性

语用作为一种"语言文字运用"的基本技能学习活动，它要求语用教学的内容和体系结构，既要体现语文学科的特质，又要符合语文课程的语用规律和学生语用学习心理发展的特征。特别是语文教学的体系结构要有其整体贯穿的"纲"，各个构成部分和学段又有相对的独立性，并彼此紧密联系。语用教学的这种科学性基点，包括序化组合、功能整合等两个主要方面。

第一，语用内容的序化组合。所谓"序化组合"，就是按照既定目标，有序地设计语用教学内容。有序性是科学性的基本性质。语用教学的有序性，就是根据语文课标的要求，将学生应掌握的语用知识与语文能力按难易程度结合学生的年龄及心理特征、语文基础，设计成台阶式的有序训练过程，使语用教学从杂无梯度的状态中解放出来，形成有梯度的语用内容体系。这种序化组合的语用教学，会消除各学段教育的相互交叉重叠的弊端，使语用教学思路明晰，学生语用学习的每一步，面临的都是新鲜内容，符合青少年学生求新进取的心理特征，容易激发语用学习积极性，从而教得轻松、学得主动，语用效率高，这是语用教育内容序化组合的基本标准。要切实使语用教学内容的建构有这样严整的"序化"，我们必须要注意把握以下几点：一是明确，即以语文课程的要求规定语用内容，语用内容又要划定结构体系。反过来说，就是语用体系要鲜明地体现语文课程要求，包括总的要求，乃至每个学期、每个单元的要求。这样才能建构明确的有序化语文目标体系。二是渐进，即体现由浅入深、由易到难的原则，有步骤地循序渐进。分别来说，就是语用知识的教学要适当，便于学生理解和运用；语用能力的训练宜反复进行，不断加深，螺旋式上升，以利于学生获得熟练的技能。三是和谐，即语用体系的制定，要把纷繁复杂的语用内容合理地组织起来，使之成为一个和谐的整体。语用内容的组合要有一条主线，在主线的统摄下，要使各方面的语用内容都有适应的位置，配合得当，相得益彰，而不致失于互补搭累或互相干扰。语用教育的实践经验说明，这种语用内容序化组合观，是切实把握语用教学科学性基点的重要保证。

第二，语用教学的功能整合。所谓"功能整合"，主要是指强化语用教学的整体功能性。我们应把语用教学看成是一个整体构成，看到其构成要素之间的相互联系和相互作用，并从整体的角度注意协调和处理各要素之间的相互联系，以获得其功能整合的效益。语用教学的科学性，显然就内含着整体性的观点。在每个学段总的语用学习要求的统摄下，每个年级应有自己的语用学习要求和重点，要使其有个"序"，不仅要符合由易到难、由浅入深的原则，而且其中的各个语用学习要求应该有合乎规律的联系。这个"序"要言之成理，但不是定而不可移的，仍然可以在语用实践中灵活运用。这就是说，倡导把握语用教学的科学性基点，是以强化语用体系的整合功能为着眼点的。语用教学只有具备这种整合功能，才能使之既具有集约性与实用操作性，又能为语用教学提供阔大的张力空间，发挥其整体构成的综合性效能。

语用教学的科学性思想基点，归结起来说，包括三个方面的要义：一是语用教育内容的有序化，即序化语用内容，建构学生获取语用知识和语用能力的内部机制，使语用内容在开放状态下走向有序。二是体现语用规律，要循序渐进，体现教学梯度，以学生语用认知心理状态变化和语用知识的内在逻辑结构为依据，这是建立在认知心理学理论上的科学性观点。三是重视语用的个性特点，根据语用实际对语用的要求和各个学段的重点灵活把握，既可因材施教，又兼及学生个性。这样的语用教学更具有灵活性、开放性，在弹性发挥上也更具有优越性。

四、语用的时代性

语文课程的语用内容来自于广阔的社会生活，在一定程度上反映了人类文化精神世界的丰富性及其鲜明的时代特征。特别是社会的发展和时代的进步，往往制约着语文课程的语用教学，要求语用教学必须顺应时代的潮流，与时代生活的节奏同步，反映时代文化精神的内在律动，表现时代文化精神的风貌和特质。从而，才能为时代的发展和社会的需要服务，实现"人的发展"和"完整性建构"的语用目标，完成时代与社会赋予语文课程的特殊使命。

从语文课程的语用主体来看，无论是作为"教"的语用主体——教师，还是作为"学"的语用主体——学生，历来是"时代文化精神的体现者"和"时代文化思想的表达者"。在任何一个时代，他们无不都以传播其特定的时代思想、社会愿望、文化精神为己任。有人说，时代文化精神是无数个体精神理想、价值追求与取向的集中体现与凝聚。因此，常常处于一定时代文化思想前沿、备受时代文化精神召唤的语用主体，必然对之更敏锐地感知、更深刻地自主把握，使自身更自觉、更有效地从时代精神中汲取营养，积蓄和拓展自我的本质力量，促进语用主体的开放性与创造性升华。其实，自觉传播时代文化理想与愿望，反映时人的文化思想情感，开拓时代文化的疆界，弘扬时代文化精神，本来就是语文课程的语用主体不可回避的职责。语用主体如果沉寂于封闭的自我世界中，离开时代生活，在个人的生活小圈子中"不闻窗外事"，那么，就会因为"小我"的枯竭、"见识"的狭窄而缺乏语用教学的创造力和生命活力。而只有时刻感应时代的大潮，把自己的"笔触"探入外界的现实，与时代文化精神息息相通，才会开拓自己的语用思维、阔大语用视野和人文情怀，具有强旺的语用创造力。不仅如此，时代文化精神的主体自觉，还有助于加强和拓展语用交流的渠道，在各种新的时代文化信息的接受中，逐步摆脱陈旧语用观念的束缚，摒弃落后的语用思维方式以及僵化的教学模式，使自身的文化意识不断地适应时代文化、社会生活的变革与发展，从而真正成为时代文化精神的"体现者"、"表达者"与"传播者"。当然，语用主体对时代文化精神的感知把握和表达传播，并非意味着离开语用教学而向某种时代政治、意识形态机械地认同，更非是"以道为主"，去做时代政治的传声筒，而是将时代文化精神融化在自身的语用观念意识里，渗透在语用的创造活动中。这就是说，语用主体主要是凭借自身敏锐的感受力和认识能力，深入时代、社会、人生的底层，在沉隐的文化层面去感悟、理解和把握时代文化精神的本质与流向，将自身放置于时代文化精神的宏观背景中加以反思、拓展与确立，以此来获得自我意识、语用的思想观念和行为方式以及与时代文化精神的感应和同构。

从语文课程的语用内容来看，楔入和拥抱社会生活，感应时代的大潮与脉搏，切入历史的深层文化意识，揭示时代文化精神的美质，传达时代生活的足音，给生活和历史刻画精美的浮雕，表现鲜明的时代气质和亮色，这是作为语文教材的一系列名篇佳作所富有的一个突出特色。就语文教材来说，无论是现代文课文，如《记念刘和珍君》、《故都的秋》、《荷花淀》、《灯》等等，还是文言文课文，如《邹忌讽齐王纳谏》、《赤壁之战》、《游褒禅山记》、《师说》等等，无不融入时代与历史的潮流，跃动着时代与历史的声息，深刻地发掘着时代生活中的善与美、丑与恶，挚诚地和读者交流着关涉生活、社会、历史和人生的真知灼见，在一篇篇精美的文字底下，无不凝结着一种深沉的时代情感和厚重的时代精神。有人说，诗是生活的声音，对于时代精神，它是最敏感的水银柱；也有人说，沸腾的时代生活像海洋，散文就像是它的波浪，它最能反映时代生活的声息。就语文教材编选的课文来看，无论是诗歌、散文，还是小说、戏剧，尽管文体品类不同，但都是一定时代的声音，透射着时代和历史的精神光辉。

从语文课程的发展历史来看，一直存有两种语用价值观：一是语用的社会价值观，即认为语文课程的语用价值在于它能够弘扬时代的文化精神，促进时代的发展和社会的进步；二是语用的育人价值观，即认为语文课程的语用价值在于陶冶人性，促进人的全面发展。其实，这两种价值观不应当是对立的，而应该是统一的，因为无论是社会价值观，还是育人价值观，都要适应特定的时代精神和文化观念的要求。语用教学是以人的培养为目的的，而人的根基在社会和世界。人在社会中生活，在世界中生存，语用教学必须在人与世界、人与社会、人与生活的关系中展开，即把语用教学根植于人与世界、人与社会、人与生活的关系之中，关注世界的发展、社会的进步与人类的生存命运。国际21世纪教育委员会向联合国教科文组织提交的教育报告中，提出的21世纪世界教育的"四个支柱"，即"学会认知"、"学会做事"、"学会共同生活"、"学会生存"，显然就是从教育、人、世界、社会、生活的关系来着眼的，充分体现了21世纪社会经济与教育发展的时代精神和价值观念。毫无疑问，这也应该是语文课程语用教学文化精神时代性的鲜明体现。

长期以来，我们的语文课程一直不能很好地适应社会与时代对自身的语用要求，封闭性的语文课程观念多是关注"怎么教"的问题，而缺乏对前提"为什么教"的反思。语文教学形式名目繁多，但多数只是从不同角度来解释和设计语文课程教学方式本身，没有把语文教学置之于"社会与时代"的世界之中，没有着眼于人与世界、人与社会的关系来探讨语文课程的语用性问题。应该说，这是一个重大的失误，它致使语文教学在"应试教育"的泥潭中不能自拔，背离了新世纪呼唤创新精神和创造力的时代精神潮流。语文课程语用教学应该跳出狭隘封闭的小圈子，投入时代和社会的阔大怀抱，以展示汉语文别有文化意蕴的特质，给当今时代和社会赋予跃动的语用生机活力。

第二章　语文课程目标

　　课程目标是按照国家的教育方针，根据学生的身心发展规律，通过完成规定的教育任务和学科内容，使学生达到的培养目标。基础教育各学科均有其课程目标，语文课程目标就是从语文学科的角度规定的语文课程人才培养的具体规格和质量要求。它是语文课程编制、课程实施和课程评价的准则和指南。语文课程目标是语文教育全部工作的出发点和归宿，指导和制约语文教育的一切活动，所以，要保证语文教育的质量和效率，必须全面准确地把握语文课程目标。

第一节　语文课程的三维目标

一、语文课程三个维度目标的确立

　　国家教育部颁发的《基础教育课程改革纲要（试行）》在阐述"课程标准"时指出：国家课程标准"应体现国家对不同阶段的学生在知识和技

能、过程和方法、情感态度和价值观等方面的基本要求，规定各门课程的性质、目标、内容框架，提出评价和教学建议"①。其中国家对学生的基本要求，实际上就是制定课程目标的依据，并且这一基本要求直接表现了课程目标的基本结构。各门课程都如此，语文课程当然也不例外。《义务教育语文课程标准（2011年版）》就阐明："课程目标从知识与能力、过程与方法、情感态度与价值观三个方面设计。三者相互渗透，融为一体。目标的设计着眼于语文素养的整体提高。"高中语文课程标准中也曾指出：根据新时期高中语文教育的任务和学生的需求，从"知识和能力""过程和方法""情感态度和价值观"三个方面出发设计课程目标，努力改革课程的内容、结构和实施机制。课程目标采用了全新的设计思路，即突破了以往课程体系注重单一的知识技能取向的束缚，而同时关注过程和方法、情感态度和价值观方面的要求，亦即从知识和能力、过程和方法、情感态度和价值观三个维度进行目标设计。下面对语文课程的三维目标作简要分析。

（一）知识和能力

知识和能力目标是整个目标结构中的基础元素。因为只有掌握最基本的知识和技能，学生的综合素质才能得到整体发展。过去之所以一直把掌握基础知识和基本技能作为教学的首要任务，原因也在于此。在课程目标中，知识和能力仍是重要目标，但从现代社会对公民素质的要求看，对语文的"知识和能力"应有新的理解。当今是信息时代，信息的多样性和信息传播的多渠道性是这一时代的显著特点；人际交往日益重要，对人的实践能力和创新能力的要求也越来越高。因此，在教学过程中，我们仍要加强适应学生发展的基础知识和基本技能的教学，并努力引导学生逐步独立地运用已学的思考方法去学习新知识，使学生在不同的内容和方法的相互

---

① 朱慕菊：《走进新课程——与课程实施者对话》，北京师范大学出版社2002年版，第225页。

交叉、渗透和融合中开阔视野，获得现代社会所需要的，适应其可持续发展的语文实践能力。

（二）过程和方法

过程和方法是课程目标中最具动态性的元素。学习必须掌握方法，这已是中外教育者的共识。"授人以鱼，不如授人以渔"也为广大教师所熟知。之所以把掌握方法作为目标，是因为人们认识到，与掌握知识相比，掌握方法具有更为积极而广阔的意义。

把掌握过程作为课程学习目标，这在我国的教育活动中是一种新的提法。学习过程是一个包含学习时间的推移、学习方法的演进、学习活动的展现、学习内容的把握等多种因素的动态系统。掌握过程，就是要掌握这一动态过程中的基本规律，以及丰富各种具体的学习过程的体验。其实质，就是要使学生形成和发展学习策略意识和运用学习策略驾驭学习过程的能力。

语文课程要求学生掌握的过程和方法，不仅是听、说、读、写这些言语活动各自的过程和方法，而且还要特别掌握好综合性学习活动的过程和方法。强调掌握过程和方法，有助于改变以往过分重视知识传授而导致的学生被动接受的倾向。

（三）情感态度和价值观

情感态度和价值观，是作为对人品人格的一个概括性定义来使用的。在基础教育中提出培养学生健康正确的情感态度和价值观，不仅是对我国长期以来育人内容及其经验的高度概括，也反映出当前我国社会对人才品质的客观需求。

教育从来就不仅仅只是传授知识的活动。教育作为一种社会性活动，总是在传授生产与生活经验的同时渗透着生产与生活的规矩与范式的教育，从而保证社会的联系与秩序。在教育目标结构中，情感态度和价值观是具有绝对人格导向的元素，因而是目标元素中最重要的元素。

语文课程是一门具有很强的人文性的课程，其丰富的人文内涵必然对学生的精神世界产生广泛而深远的影响。因此，在语文课程的目标结构中，情感态度和价值观这些元素就具有更为特别的意义。培养学生高尚的道德情操和健康的审美情趣，形成正确的价值观和积极的人生态度，不仅不是一种外在的附加任务，而恰恰相反，它是语文课程的重要内容。[①]

二、语文课程三个维度目标的实质

三个维度目标的设计是新课程最具创新意义的内容之一，之所以这样说，是因为它体现了学生学习活动中的三个"统一"。深入理解三个"统一"，才能真正把握语文课程三维目标的精神实质。

（一）过程与结果的统一

对语文教学而言，过程表征语文学科的探究过程和探究方法，结论表征语文学科的探究成果。两者是互相作用、互相依存、互相转化的关系，什么样的探究过程和方法论必然对应什么样的探究结论和结果。一方面，语文学科的知识体系的获得依赖于特定的探究过程与方法论。任何知识体系，不论暂时看起来多么完备，它总是一种过程性、开放性、生成性的存在，总是一种需要进一步检验的假设体系，总是需要进一步发展为更完善更合理的知识框架。另一方面，探究过程与方法又内在于知识体系之中，并随着知识体系的发展而不断变化。探究过程和方法具有重要的教育价值，语文知识体系只有和相应的探究过程和方法结合起来，才能使学生的理智和精神世界获得实质性的发展和提升。从教学的角度讲，重结论、轻过程的教学，把生成结论的生动过程变成了单调刻板的条文背诵，从源头上剥离了知识与智力的内在联系；它排斥了学生的思考和个性，实际上是对学生智慧的扼杀和个性的摧残。正因为如此，我们既注重结果，又强调过程，强调学生探索新知的经历和获得新知的体验，强调过程与结果的统一。

---

① 陈建伟：《中学语文课程与教学论》，暨南大学出版社2003年版，第24～26页。

（二）认知与情意的统一

学习过程是以人的整体心理活动为基础的认知活动和情意活动相统一的过程。认知因素和情意因素在学习过程中是同时发生、交互作用的，它们共同组成学生学习心理的不同方面，从不同角度对学习活动施以重大影响。所以，学习的心理过程一方面是感觉——思维——知识、智慧（包括运用）的认知活动过程；另一方面又是感受——情感——意志、性格（包括行为）的情意过程。作为完整的心理过程的学习活动，它总是在认知因素和情意因素相互交织、共同作用下进行的。

根据系统论的整体原则，各要素孤立的特征和活动方式及其总和都不能代替整体的性质和运动规律，因此，片面地、过分地强调某一要素或忽略、轻视其他要素，都会有损于整个系统的功能。认知因素与情意因素同是学习系统不可或缺的要素，语文教学如果只重视认知发展，不重视情意因素的培养，不仅是不完善的，而且也有悖于学生学习的客观规律。

语文课标把情意因素提到新的高度，突出强调情感态度和价值观这一要素。在这里，情感不仅是指学习热情，更指内心体验和心灵世界的丰富感受。态度不仅指学习态度、学习责任，更指乐观的生活态度、求实的科学态度和宽容的人生态度。价值观，不仅强调个人的价值观，更强调个人价值与社会价值的统一；不仅强调科学价值，更强调科学价值与人文价值的统一，人类价值与自然价值的统一，从而使学生从内心确立起对真善美的价值追求以及人与自然和谐相处的理念。语文课程与教学重视情意与认知的统一，不仅符合语文学习的规律，也体现了现代社会对人才的规格要求。

（三）接受性与体验性的统一

学生主体参与教学活动包括接受性参与和体验性参与两个层面。接受性参与是接受主体的求真活动，指向逻辑认知层面，旨在生成人的知识性、技术性、实用性；体验性参与是体验主体的趋善活动，指向情感态度和价值观层面，以形成人的道德人格为价值归宿。无论求真，还是趋善，都是学生主体性的体现。对二者任何一个层面的片面强化都意味着对学生主体性的遮蔽和异化。教育的功利主义、技术主义的泛滥，正是长期以来对学生主体接受性单向度强调的结果。新课程纠正了这一偏失，语文课程标准多处提到了体验性目标，在不排斥学生主体接受性的同时，强调学生主体体验性，以接受为基础，通过体验升华精神境界，使有意义、合规律的接受性与合目的的体验性相统一，有利于全面提高学生的语文素养。①

第二节　语文课程的语用目标

对语文课程的目标历来存有认识分歧，人们一直在争论而达不成共识。特别是近年来对"工具性与人文性的统一"问题有不同的说法，有的强调"语言文字学习"的工具性目标，有的倡导从人文关怀的立场着重阐释语文课程的人文意蕴和实践意向的人文性目标。还有的对"知识和能力、过程和方法、情感态度和价值观"的三维目标提出质疑，认为这是其他学科诸如数学、历史、思想品德等课程的共性目标，是对语文课程目标的泛化、虚化、"非语文"化的一种偏向。因此，在语文教学中造成了语文课程目标和方向的迷失，出现了"泛语文"、"伪语文"、"教学形式化"的现象，使许多语文教师陷于"什么样的课才是语文课"的教学追问和困惑之中。所以，我们认为很有必要切实廓清上述语文课程的目标问题，从语文本体出发，对语文课程的语用目标加以探讨。

语用，即"语言文字运用"。语用目标就是以"语言文字运用"作为语文课程的核心指向和基点，让学生学习和运用祖国的语言文字，训练学生"语言文字运用"的技能，提高学生的语言文字素养。这就是说，语文课

---

① 倪文锦：《初中语文新课程教学法》，高等教育出版社2003年版，第79～82页。

程目标是以"语用技能"为要，以"语用素养"为本，要求语文课程的目标立足于"语言文字运用"。因此，对语文课程语用目标的探讨，我们要把握两个原则：一是从语文本体出发，摒弃一切"非语文"的东西，切实把握语文教育的语用本体，不可离开"语文本体"和"语用本体"来谈语文课程的目标和内容。二是从"实"着眼，重在"求实"，探讨实实在在的、可以抓得住、摸得着的、好实施和可操作的语文课程目标和内容，着力从语文本体构成要素切入。所谓"本体构成要素"，主要是指语文本体所固有的要素，是语用本体所规定的语文课程目标，它不是外加的、不是超越语文本体和语用本体的规定性而强加的"非语文"的东西。具体来说，语文课程目标的本体构成要素有两个方面：一是"语用能力目标"，即培养学生"语言文字运用"的基本能力；二是"语用素养目标"，即提高学生的语言文字素养。这两个构成要素，不是各自独立的，而是同构融注于一体的。前者是基础，重在"语言文字运用"的基本能力训练；后者是升华，重在提高"语言文字素养"，促进学生语文素质的整体发展。

一、语用能力目标：培养语文运用能力

语用能力目标，即培养学生"语言文字运用"的基本能力，是语文课程的基本目标。作为母语的汉语言文字本体构成内隐着民族的思维脉络，体现着民族的思维逻辑和特征，语言文字运用和民族思维方式是分不开的。所以，强调语用能力的训练必须与思维能力的培养结合起来。同时，语用的过程也是审美的过程，语用与审美有着血脉相承的关系。这是因为汉语言文字具有形象性、情感性、诗意性、审美性等特征，所以，语用能力的训练和审美能力的培养也是密不可分的。这就是说，语文课程的语用目标，是由语用基本能力、语用思维能力和语用审美能力构成的。

（一）语用基本能力

语文课程的主要目标和任务，就是培养学生听、说、读、写的语用基本能力。对此，我国有许多语文教育家作过透彻的论述，近现代以来的一

系列有关语文教育的章程和文件也都有明确的阐释。对学生进行听、说、读、写的语用能力训练与培养，是语文课程必须把握的基本目标。叶圣陶曾经反复强调，"听说读写四个方面不可偏废，必须一把抓"。随着国际交往活动空间的扩大，现在有些专家强调要拓展汉语文教育的国际视野，又提出了汉语言文字"译"的能力，即加强汉语言文字翻译能力的训练，这也是应该重视的"语用目标"。

语用能力的训练教学与生活相联系，是语文课程实现"语用目标"的重要法则。语用与生活是密切相关的，语用源于生活，在生活中才会有语用的生成。我们要从这种语文生活观的认识出发，来把握语文课程的语用目标。刘国正曾经指出："语文天然是与生活相联系的，它产生于生活，服务于生活。人们用它来反映生活中获得的知识、印象、思想、感情等等。语文的实际运用，不能脱离生活，脱离了就会黯然失色，'江郎才尽'。"[①]他还曾经多次强调，语文的运用与生活密切相关是它的特性，离开了生活，语用也就没有意义了。语文与生活所具有的血肉一体的关系，决定了语用训练只有同生活相联系，才能使语用教学生动活泼，取得好的成效，达成语用目标。否则就会枯燥乏味，劳而寡效。

语用与生活相联系体现了语文教育的客观要求，符合学生语用学习的内在规律。在语用目标的实施过程中，我们要充分认识到语文教育的社会性决定了语用训练必须与生活相结合。所谓"社会性"，包括两层意思：一是语用学习在整个社会生活中几乎是无所不在的，语文课堂、课外生活、家庭和社会活动构成了语用的广阔空间。"凡是有人的地方，都要运用语文。只要运用语文，就给学生以影响。"[②]二是语文天然是与生活联系在一起的，语文是反映生活又反过来服务于生活的。语文离开生活，就没有了实际内容。因此，语文课程的语用目标要求语用学习不可脱离生活，否则语用学习也就丧失了生活价值。总起来说，这两层意思说明语用与生活

---

①② 刘国正：《语文教学与生活》，《中学语文教学》1993年第2期。

相联系的空间有着普遍性，也说明语用学习与生活相联系的过程有着天然性。二者叠加，语用教学与生活相联系也就成为达成语文课程语用目标的必然选择。

（二）语用思维能力

语用的过程是思维的过程。在这个过程中学生的思维能力起着重要作用，它与语用学习的质量有直接的关系，语用能力的形成与思维能力的发展是分不开的。所以，要达成语文课程的语用目标，语用教学就必须与思维能力的培养结合起来，把思维能力的训练作为语用目标构成的重要方面。

思维能力是概括地、间接地认识事物本质规律的能力。它通过语言（第二信号系统）对观察、记忆、想象等能力起着调节作用。就思维形态来说，思维能力包括形象思维能力、灵感思维能力、批判和创造思维能力。而语用学习活动则具有发展思维能力的特有条件，实际上，发展思维能力是汉语言文字特点和语用本体的内在规定。在语用教学的过程中，切实把握好语用训练和思维训练的关系，会取得二者双赢的教学效益，这是在深入认识汉语言文字特点的基础上得出的结论。因为，汉语言文字具有象形性、情感性、诗意性、审美性等特征，这就决定了它具有广阔的联想、想象的天地。汉语言文字又是民族文化的高度体现，潜存着深厚的意蕴和思维空间，凝结着民族丰富的思维创造积淀；以形表意使汉语言文字具有不受时空限制的可理解性，最能拓展人的思维想象空间，有利于思维智能与创造力的开发；汉语言文字所具有的"一词多性"、"一词多义"的表意灵活性，也有利于多层次、多角度、立体交叉的语用思维的发展；汉语言文字的结构及其声调变化的丰富多彩，使汉语言艺术（如诗歌）的形式美、含蓄美、音韵美达到顶峰，极易诱人吟咏和诵读，启发思维联想和想象；汉语言文字既具有适于艺术表现的写意特性，又具有极强的理性化和逻辑化特性，有利于多种思维结构的合成。汉语言文字构成的思维创造魅力，在语用学习活动中自然会成为活跃学生思维、发展学生思维的触发点。

语用思维能力的训练是提高语用教学质量、达成语用目标的重要一环。语文课改的实践也充分证明，只有加强学生的语用思维能力，才能抓住语用教学的根本。学生在语用学习的过程中具备了这种语用思维品质，那么，就会以这种语用思维来把握语用规律，解决语用的问题，从而实现语文课程的语用目标，提高语文教育的效率和质量。

语用思维能力的训练和培养，达成语文课程的语用目标，是从"两个需要"出发的：第一，它是弘扬人的批判思维、创造思维本性的需要。批判思维和创造思维能力并不神秘，它不是少数天才人物的专利，而是任何人都具备的思维品质，批判和创造是人类的最高本性。德国心理学家恩斯特·卡西尔在《人论》中论证了这样一个命题：人性本不是一种实体性的东西，而是人自我塑造的一种过程，真正的人性无非就是一种人的无限的批判与创造性活动。德国人类学家兰德曼也说过，如果人有某种不可改变的东西的话，那么这个东西就是人的批判与创造本性。心理学家亚历山大·纳乌莫维奇·鲁克也曾经指出：批判、创造思维能力的素质是每一个人、每一个正常儿童所固有的，需要的只是善于把它们揭示出来并加以发展。这些论述说明，所有的人都具有批判、创造的思维能力。人作为活动的实践的文化生物，具有一种未确定的、未完成的特性，它不会停留在某种已经形成的东西上，不会满足于某种已经获得的规定性，人总是通过实践和批判再创造自己的新的存在状态，批判和创造是人的本质所在，因此，培养学生的语用思维能力，特别是创造性思维和批判能力，是语文教育弘扬人的批判、创造本性的需要。第二，它是当今时代经济社会发展的迫切要求。语用教育作为基础性教育是为未来培养人才的事业，我们的目标就是培养能够强国富民、去奋力实现中国梦的创造性人才。这就是说，创新型经济社会的发展赋予了基础性语文教育以新的使命，即它必须以创造性人才的培养与批判能力作为自己的重要目标和任务，在语用教学中加强批判能力和创造思维的训练，以完成语文教育担负的使命。

　　语文教育培养学生的语用思维能力，特别是创造性思维和批判能力有着得天独厚的优势。因为语文教育的语用本体包含了严密的科学性和鲜明的艺术性，其听说读写的语用目标要求，蕴含了丰富多样的批判性、创造性思维因素。紧紧把握语文教育语用本体构成的这一特点，寓批判性、创造性思维训练于语用教学的过程，指导学生以批判性、创造性思维去进行听、说、读、写的语用学习活动，就更有助于实现语文课程的语用目标。

（三）语用审美能力

　　语用的过程也是审美的过程，语用训练和审美能力的培养是融注于一体的。或许有人认为语文课程的主要目标是语用教育，应当着力于听说读写等语用能力的培养，强调什么审美能力，只能造成语文课程目标的多元化，顾此失彼，无助于语文教育质量和效率的提高。这是对语用审美能力培养的一种偏狭认识。它的偏颇就在于把语用训练和审美能力培养分割开来，对立起来。其实，语用训练和审美能力培养是一个整体中的两个方面，是有机同构的。鱼有两鳍、鸟有两翼、车有两轮，去掉其一，鱼不能游泳、鸟不能飞翔、车不能启动。只有在抓语用训练的同时进行审美能力的培养，把语用训练和审美能力培养有机地结合起来，使学生具有一定的审美能力，才能有助于学生语用能力的培养，加快语文教育质量和效率的提高。

　　语文教育家叶圣陶先生早就指出，进行美感（即审美）教育，培植学生的审美能力，是"语文教育悬着的明晰目标"，并且强调说明，学生具有了审美的本领，"岂但给你一点赏美的兴趣，并将扩大你的眼光，充实你的经验，使你的思想、情感、意志往更深更高的方向发展"，达到"接受美感的经验，得到人生受用"的目的，使自己能够辨真伪、识善恶、分美丑，自觉地投身到按照美的规律去创造新生活的事业中。叶圣陶还曾把语文教学中对课文的鉴赏（审美实践）比作采矿，"你不动手，自然一无所得，只要你动手去采，随时会发现一些晶莹的宝石。"[①]这就更加形象地说

---

① 叶圣陶：《叶圣陶语文教育论集》，教育科学出版社1980年版，第259页。

明，语用教学与审美能力培养有着不解之缘，审美能力不仅是语文课程所不可忽视的目标之一，而且加强审美能力培养有助于提高语文教育质量，深化语文教育的效果。

语用训练与审美能力培养有着难解难分、血脉相承的特别关系。语文教材中编选的课文，大都是"依照美的法则创造出来的"文质兼美的典范佳作，是集中反映自然、社会、艺术、科学、语言等客观美的结晶。它们不仅是语用教学发现"晶莹的宝石"的丰富矿藏，而且说明审美能力培养和语用训练一样，是语文教育语用本体所决定的不可推脱的份内任务。尤其是在文学作品的教学中，审美能力的培养不仅是其特有的教学本分，而且它和语用训练的关系，更是互为依傍，不可分割的。文学文本精美的语言，展示出美的艺术境界；而美的艺术境界本身，又丰富并加强了语用的艺术表现力。在教学中，教师一方面可抓住精彩传神的关键性字词语句，把学生引入它所展示的优美境界，使他们在美的艺术享受中得到熏陶，提高审美能力；另一方面，又可以抓住使人心灵颤动，令人迷醉的意象、情景和形象，引导学生反转过来去深入体味、领悟文本的语言艺术技巧，提高运用语言、表情达意的能力。不言而喻，这种所谓"披文入情"的过程，也就是语用教学和审美能力培养密切结合、有机统一的过程。这样把语用训练和审美能力培养融于一体的教学，才是高质量而有生命力的。如《荷塘月色》，这篇课文的教学，如果把语用训练和审美能力培养有机地结合在一起，就会取得两全其美的教学效果。在认真品味文本语言的基础上，把学生引入文本的艺术境界，诱发学生联想探求、观察体验，既可以对学生进行审美能力培养，又把审美能力培养和语用教学有机地交融在一起，使学生深入理解了课文，提高了教学效果和质量。

就普遍的语用教学现象来看，审美能力培养能够深化语用教育，二者互为依托、相互促进，是不容否认的教学事实。如诗歌中的意境美（《望天门山》"两岸青山相对出，孤帆一片日边来"，气势开阔，意境高远）；散文中的构思美（《海市》以假衬真，构思奇妙新颖）；小说中的形象美

（《荷花淀》里的水生夫妇）；议论文中的说理美（《崇高的理想》逐层论证，说理透辟）；说明文中的情趣美（《蝉》在说明中兼用文艺笔调，风趣形象）等等。在教学中，从这些不同的审美角度、不同的审美层面，引导学生深入地分析和理解，既可以使学生得到审美能力培养，又有助于学生对课文从表层性的体味感知到深层性的领悟理解，达到从艺术审美这个更高的层次上把握课文，从而深化语用教育，提高语用教学的效率和质量。总之，语用训练和审美能力培养不是对立的，而是统一的。

加强语用审美能力的培养，对语用教学有多方面的促进作用。

第一，在语用教学中进行审美能力培养，能够使学生对语用学习产生肯定性的、积极的情绪和体验，诱发学生语用学习的强烈欲望和热情，激发他们学语文、用语文的主动性和积极性。学生的语用学习态度及与之相应的语用行为，属于心理学中"意志行动"的范畴。依据心理学原理，任何意志行动总是由一定的动机引起的，而构成意志动机的，除了理性的认识因素之外，还有非理性的感情因素。一般地说，那些在语用学习中表现出极大热情、善于克服各种阻力的学生，大都与特定情感的强大推动力分不开，并非仅仅出于对语用学习目的的理性认识。语用教学的实践证明，加强审美能力培养之所以能够激发学生学习和运用语文的兴趣和积极性，对语用学习具有推动作用，就是因为审美是一种富于情感的精神活动。作为审美主体的学生，在语用的审美过程中，美的发现必然会激起他们学语文、用语文的欲望和热情，从而使语用教学收到事半功倍的效果。

第二，在语用教学中进行审美能力的培养，能够促进学生思维的科学性，产生发现和识别真理的灵感。"以美启真"发生作用的机制，是审美感和理智感的内在联系。人类主要的三种社会性情感——理智感、道德感和审美感——是相互联系、相互制约的。这种联系和制约，归根结底反映了客观存在着的真、善、美的一致性。由此，语用教学过程中的审美感就可以指引学生按照"美"的法则去探索"真"的知识。"真"和"美"的联系，在语用教学中是处处可见的。如散文教学中关于结构精巧、意境深远等知识的有序性形态的艺术分析，就能使学生产生巨大的审美感，就便于他们发现、分辨和掌握这些散文的语用知识。在其他文体的教学中，文本构成的形象世界、情感世界和意义世界，都能在学生脑海里打上"美"或"丑"的印记，并相应地影响到学生对语用知识的"真"或"假"的分辨与吸收。据此，在语用教学中，把"真"的知识所固有的"美"的形式充分表现出来，具有重要意义。

第三，在语用教学中进行审美能力培养，能够使语用教与学双方沟通心理意向，产生相互理解、相互信任的情感，密切师生关系，从而创造和谐的语用教学氛围和富有生气的语用教学环境。师生关系对语用教学的重要性是人所共知的。良好而融洽的师生关系有赖于师生心理情感上的沟通，而师生双方对语用知识的共同审美感，是实现其心理情感沟通的必不可少的条件和渠道。这是因为审美感能使师生产生心灵上的共鸣，把师生之间日常垒筑的鸿沟化为夷地，在自觉的审美引导下，共同进入课文所描绘和创造的美的境界。在这种特定的美的境界里，学生能够徜徉于轻松愉悦的精神活动中，可使审美个性得到最大限度的张扬。而教师则依照着一定的审美理想、审美规范来自觉地启发和塑造学生的美的感应能力和审美判断能力，从而使学生审美的精神活动向一定的目标贴近。这样，师生之间就会随着精神上的隔阂的消除，产生和谐的语用教与学的情绪氛围，进而打开学生语用思维的大门，使语用教学在愉悦中取得最佳效果。语用教学的实践表明，要对学生进行这种切实有效的审美能力培养，使学生所学的语用知识产生审美感，教师就必须首先要有这样的审美感。在语用教学过程中，只有教师具备了一定的审美感，那么他对语用知识的审美愉悦才会以各种形式表露出来，并且产生强烈的审美感染力，打动学生的审美情弦，激起他们对语用学习的浓厚兴趣。语用教学经验充分证实，凡是学生有兴趣的语文课，学得扎实的语文课，几乎都是教师倾注了强烈的审美感情的施教课。所以，语用教学过程中师生的情感交流，在很大程度上是对语用知识的美感交流。这种语用审美情感的交流以语用知识为纽带沟通了师生双方的感情，密切了师生关系，使师生双方自然萌发出相互理解、相互热爱、相互信任的情感。这种情感又反过来强化了师生对语用知识的兴趣，形成语用教学过程中的"良性循环"。

二、语用素养目标：提高语言文字素养

语用素养目标，即提高学生的语言文字素养，是语文课程的主要目标。致力于学生语言文字素养的形成与发展，实现"提高语言文字素养"的目标，应是语文课程一切教学活动的立足点和出发点。这是因为语言文字素养是学好其他学科的基础，也是学生全面发展和终身发展的基础。学生能熟练地运用祖国的语言文字、丰富语文的积累，培养语感，发展思维能力，使他们具有适应工作和生活实际需要的识字和写字能力、阅读与写作能力、口语交际能力，无疑是语文课程的主要目标和任务。

（一）语言文字素养的构成要素

语言文字素养，与语文课标中提出的"语文素养"，是有着重合与交叉的概念。但它们又有显然的区别：前者限定于"语言文字"，是一个内涵较明确的、具有规定性的概念；后者是没有限定的、内涵具有模糊性的概念，可做多种不同的阐释。为避免语文课程目标的虚化、泛化、非语文化，所以，我们从语文本体的构成着眼，认为"语言文字素养"更适应于语文课程目标的确定性表述。

那么，何谓"素养"？素，有"向来"之意；养，有"养成"、"修养"之意。所以，"素养"主要是指平时的训练、养成或修养，包括学识、技艺、才能、品格等方面形成的气质状态。语言文字素养是人的这种整体素养构成的重要方面，它就是指对语言文字有较扎实的基础和修养，通俗些说，就是能说会道，善读会写，具有稳固的言语基础和文字水平，具有能够适应生活和社会需求的语用能力和语用学识水平。

语言文字素养的构成要素，是由语文本体决定的。作为母语的汉语言文字本体构成是一个多元素的复合体，即是由语用的、文章的、文学的、文

化的等内容构成要素融注同构而成的。因为语言文字运用知识，是语言文字素养构成的基础，文章是语言文字的构成形式，文学是语言文字构成的艺术品，文化是以语言文字为载体。所以，语言文字素养的本体构成要素，包括语用知识素养、实用文章素养、文学艺术素养、语言文化素养等。

语用知识素养　是指具有一定的语言文字运用的知识水平，不仅掌握语言文字的基本知识，而且能够在实践中运用有关的知识进行听说读写的活动，把握语言文字运用的普遍性规则。如遣词造句的语用技巧，表情达意的语用方式（叙述、描写、议论、说明等），以及对语言文字运用的态度与习惯等。需要强调的是，语用的过程是动态过程，从语言文字运用的动态过程来评价学生的语用知识素养，是语文教育必须重视的问题。如把词组成句、把句组成段、把段组成篇的语用过程，就可考察学生语用知识水平。实际上，掌握富有汉语言文字特点的字与词、词与句、句与段、段与篇的语用活动知识，把握体现汉语言文字特点的遣词、造句、布局、谋篇的语用活动规律，是语用知识素养形成和发展的重要方面。

实用文章素养　就是指在平时工作和生活中能熟练地读、写常用的各类实用文章，如记叙文、议论文、说明文、应用文等，具有这类实用文章的读写能力。按叶圣陶的说法，就是"吸收文章和倾吐文章的能力"。这是实用文章构成的基本要素，也是实用文章语用实践的基本技能。在叶圣陶的实用文章能力素养的研究中，一直贯穿着"读写同等重要"的思想。他一方面从"读"的角度谈文章的吸收，一方面从"写"的角度谈文章的倾吐。他不是孤立地静止地就文章成品论文章，而是从文章流程研究文章。一个是文章的吸收、意化流程，研究"读"的实践技能，把握"读"的行为规律；一个是倾吐、物化流程，研究"写"的实践技能，揭示"写"的行为规律。显然，这是对实用文章的语用技能和素养形成所做的透彻阐释。

对如何提高学生的实用文章素养，叶圣陶做过许多探讨和论述，揭示了实用文章的语用规律，并明确指出实用文章素养的提高，必须着眼于实用文章能力的培养。一是实用文章阅读能力的培养，主要包括阅读力、研读力、鉴赏力，"阅读两个字不妨分开来用：阅——只要从文字求得内容就够了；读——不仅要了解内容，而且要研究文章的结构、词句的式样、描写表现的方法等等。"[①] 二是实用文章写作能力的培养，主要包括眼力、腕力、斟酌力。所谓"眼力"，即观察力、识别力、判断力。"写文章要训练一副明澈的眼光，唯有这样，写成的东西才不至于糊涂无聊。"[②] 所以，眼光是实用文章写作素养构成的重要因素。所谓"腕力"，即表现力，写文章要训练一副熟练的手腕。要力求熟练、规规矩矩地去写，"写信、写日记、写随笔，遇见可以写的材料都不放过，随时把它记下来；在写的过程中，莫说全段、全篇都得斟酌，就是一个句子、一个字眼，也要经过推敲。这样训练过来的手腕才是最能干、最坚强的手腕"[③]。所谓"斟酌力"，即思谋、构制文章蓝图的能力。诸如"聚材取事"、"命题练意"、"谋篇布局"、"定体选技"等。在这些方面，光照搬所"知"不行，关键要活化能"行"，把文章写妥帖，这才是实用文章写作素养提高的根本所在。

提高实用文章素养，其实就是养成读、写的良好习惯。习惯是稳定、持久的行为方式，养成良好的实用文章读、写习惯，就会形成实用文章素养。因为习惯就是能力，是实用文章的语用纯熟自然的表现。叶圣陶有关实用文章素养的论述，明确透彻应当是我们把握语文课程语用目标的"法宝"。可惜的是目前的语文教学把这些宝贵的东西给丢弃了，忽略了，被"非语文"的目标取而代之。

文学艺术素养　就是指具有阅读、鉴赏文学艺术作品的习惯，掌握文学艺术作品解读的基本特点和规律。能够从不同角度和层面阐释、评价或质疑文学艺术作品的问题；能够深入感受文学文本的形象世界、情感世界和意义世界的美，富有文学艺术眼光、文学艺术情趣和文学艺术审美的能力；能够具体理解文学艺术作品的"多层次结构"，体味涵义丰富的词句

---

①②③ 曾祥芹：《实用文章学研究》，高等教育出版社2010年版，第330、331、332页。

和精彩语言的表现力，把握文学艺术作品的生命和魅力。张志公早就指出：
"语文课它的特定任务无疑是培养和提高人们运用语言文字的能力。不过它身上背负的东西比较多：有思想意识，有文学艺术的修养，有逻辑思维能力等等。"①这说明文学艺术素养是语文课程不可忽视的目标之一。

文学是语言的艺术，语言的表现力在文学之中发挥到了极致。世界各国的母语教育几乎无一例外选用优秀的文学作品，因为它所表现出的规范、优美的语言是进行母语教育的理想版本。有的专家指出，让学生读文学艺术作品，读的是文学，学的是语言，文学艺术作品跟其他作品（如一般的议论文、说明文等等）有差别也有共同点。最明显的共同点，都是用语言来表达的。而好的文学艺术作品在运用语言方面更讲究，更富于艺术性，其中包含着大量运用语言的范例。这些范例可以提供给学生来学习和鉴赏。如鲁迅的小说，学生从中可以学到一般记叙文的写法，可以学到一般的遣词造句的方法。小说同一般的记叙文比较，有一点是不同的，那就是作者在创作小说的过程中是要进行艺术概括的。他要体验生活，在生活中提炼典型，然后进行艺术的概括。而写一般的记叙文则要求写真人真事，艺术创作这一部分可以不让学生去学。文学艺术作品的语言最富有感染力，学生喜欢学，学起来也容易见效。这就是说，中学的文学艺术教育是以"学语文、用语文"为基本立足点的，如果离开了"学语文、用语文"这个基本点，单纯追求"学文学、学艺术"，那就会不符合语文教育的实际，使学生既学不好文学，也学不好语文，因为"学文学"必须以语文为基础，没有好的语文基础是不可能学好文学的。特别是作为中学的文学艺术教育与大学的文学艺术教育并不相同，所以在语文教育的背景下，文学的一般属性更多的是学习语文的实例和训练语用能力的情境，它的特殊属性才是文学艺术素养教育。

总之，我们应把文学艺术素养视为语文教育范畴之内不可或缺的重要任务和语文课程目标构成要素之一，要充分估计文学艺术素养教育的作

---

① 宁佐权：《语文教学"自有它独当其任的任"》，《河南师范大学学报》，2000年第1期。

用，切实把握语文课程中文学艺术教育的特性，按照语文教育的规律和特点来进行文学艺术教育，即文学艺术教育必须遵循语文教育的语用观法则，不可将中学的语文课教成大学的文学课，离开语用训练而进行纯文学性分析，把文学性分析架空于语用教学之上。

语言文化素养　就是指富有语言文化的底蕴和民族文化的积淀。语言是民族文化的形成物，语文教育情境下学生语用知识的积累、语用学习活动既是发挥传递、选择和创新文化功能的过程，同时也是学生民族情感涵化、民族意识觉醒、民族思维拓展以及民族精神建构的过程。语言和文化的统一，情感和智慧的和谐，才是语文教育的全部内涵。语言文字的构成本质就是母语及其所负载的民族文化传统和民族文化精神。所以，语言文化素养教育是语文教育独当其任的"任"，是语文课程必须要把握的重要目标。

语文教育是民族的母语教育。民族的母语是民族经验、民族思想和民族情感的历史记录，是民族文化思维与文化精神的真实写照。诚如洪堡特所讲："语言使人逐渐上升到他所能企及的智力高度，与此同时，蒙昧的、不发达的感觉领域便渐渐趋向明朗。作为这一发展过程的工具，语言自身也获得了十分确定的性质。与风俗、习惯、行为、活动相比，语言的特性能够更好地说明民族的特性。"[①] 任何语言都与它的民族具有某种文化通约性，民族性使语言获得一种独有的色彩和情调、声响和精妙，语言因为蕴蓄着民族的气息和精神而呈现特有的气派和品质。因此，母语的学习必须依据母语所借以发生和存在的民族文化语境和民族思维模式。就汉语言文字来说，无论是作为语文教育凭借的语言客体，还是作为语用学习主体的语用行为，无一不体现汉民族的文化内涵和文化特质。所以，语言文化素养教育是母语教育本体所决定的。

母语教育所凭借的语言客体，具体到语文教学情境中，就是以汉语

---

① ［德］威廉·冯·洪堡特：《论人类语言结构的差异及其对人类精神发展的影响》，商务印书馆1997年版，第52页。

言文字为呈现形式的一篇篇文本。从汉语言文化来说，这一篇篇的文本，从古到今，时间纵横跨越几千年；诗词文赋，戏曲小说，文体各样摇曳多姿；豪侠郁拔，风流天然，风格迥异相映成趣；文旨意理，情趣理趣，人生万象各显其妙。它既是语言文字知识的载体，又是民族文化的荟萃。《故宫博物院》介绍了中国古代的建筑文化，《鱼我所欲也》讲的是汉民族的道德文化，《信陵君窃符救赵》体现了中国古代的礼仪文化，《归园田居》蕴含着丰富的隐士文化。即使同为体现中国古代政治文化的文本，有注重仁义、强调德化的《论语季氏将伐颛臾》、《得道多助，失道寡助》，有纳谏用贤、取信于民的《出师表》、《曹刿论战》，有以史为鉴、明乎得失的《过秦论》、《六国论》，有严明法纪、依法治国的《五蠹》、《查今》，有忠君爱民、清正廉洁的《屈原列传》、《庄暴见孟子》等等。这里，有"庄周梦蝶"的浪漫，有"塞翁失马"的哲思，有"精卫填海"的执著，有"飞舟三峡"的潇洒，有"紫色丁香"的愁怨，亦有"硕花木棉"的奔放和"六月飞雪"的悲愤。在这里，你可以穿梭时空，跨越国界，与人类的文化大师们进行思想的交流和情感的拥抱，在主体间性的澄明而敞亮的生命对话中，使自身的个性获得张扬，灵魂得以"诗意地栖居"。总之，作为语言客体的这些文化典籍是哲学的、也是文学的，无不积淀着丰富、深厚的民族文化传统。正是文本潜在的这种文化特质和文化品性，使得语文教育活动中学生对文本的阅读，就不单单是民族文化知识的掌握或民族语言的习得，也是民族文化思想的涤荡、民族文化情感的涵化以及民族文化精神的振奋，而这就是语言文化素养教育。

前面曾经说过，不仅汉语言文字构成的文本呈现形式深蕴民族文化精神，而且作为民族文化载体的汉语言文字本身，也体现了汉民族文化思想信息。[①]汉语言文字始于象形，与绘画相通，虽几经变化，却仍然保

① 梁一儒、户晓辉、宫承波：《中国人审美心理研究》，山东人民出版社2002年版，第349～351页。

留着合具象和抽象于一体的艺术特质。鲁迅在《汉文学史纲要》中说,汉语、汉字具有"三美":"意美以感心,一也;音美以感耳,二也;形美以感目,三也。"[①]正是汉语言文字的这种审美特征,使得我们可以透过"外形"直观古人的造字观念、审美心理,进而透视民族文化语境和汉民族独特的思维方式和文化意识。如"家"和"冢"。"家",《说文解字》言:"家,居也。"在甲骨文中象"屋内有豕(猪)",以此表示猪与史前先民生活的密切关系,"冢"则体现以猪随葬的习俗,说明猪与人死后"生活"的关联。考古也证明,在新石器时代,猪以其肥胖多脂成为地母的动物化身,象征着生命力和繁殖力。而且,考古学家对我国新石器时代半坡、姜寨、柳湾遗址的考察也表明,当时的穴居与墓穴形制差不多。可见,"家"和"冢",显现了汉族先民追求生殖、丰产和生命力的审美文化心理。再看"美"字。许慎《说文解字》云:"美,甘也。从羊,从大。羊在六畜主给膳也。美与善同意。"日本学者笠原仲二认为,"美"源于对"羊大"的感受,它表现出那些羊体肥毛密、生命力旺盛的强壮姿态,"意味着摄魂动心的激烈的官能性感受,并且最初是体现在对'食''色'这种人生最重要的本能的自然欲求的满足方面[②]"。同样,"美"的字源取象的深层历史和文化背景也当是初民对生殖的渴望、对繁衍的崇拜。由此看来,汉语言文字就不仅是简单的记录语言的符号,更是一个个活生生的生命单位,是信息丰富的文化代码;既是一个民族历史文化传统得以延续的主要手段,也是一个民族的民族性和民族认同的核心内容。所以说,语言文化素养教育是语文教育不可忽略的特有的目标和任务。

因此,汉语文教育应该对汉语言文字及其构成的文本的文化品格和文化特质加以透视和阐扬。然而在教学实践中发生着的却往往是"买椟还珠"现象:教师在向学生"说文解字"时,只要求学生背字典上的解释,

---

① 《鲁迅全集》第九卷,人民文学出版社1981年版,第344页。

② 梁一儒、户晓辉、宫承波:《中国人审美心理研究》,山东人民出版社2002年版,第351页。

并不重视积淀在汉语言文字中的民族文化内涵；师生在阅读课文时，更看重的是文章的思想内容和写作特色的剖析，而把其中蕴含的文化的质点、文化的精髓可惜地丢弃了；对文本的理解不是文化角度的阐述，多是意识形态层面的剖解，以干瘪的思想取代了原本灵性飞扬的个性解释，更是泯灭了本该拥有的文化意蕴。我们认为，汉语文教育不同于一般的语言习得，不能以意识形态来统一文化的领地。语文即语言文化，语言文化的底蕴、民族文化的精神是语文教育应有的品性和特质。所以，汉语文教育无论是内容还是方式都应当体现汉民族语言文化素养教育的自觉。

（二）语言文字素养的构成特点

语言文字素养在基础教育各个阶段的目标是有层次差别的。我们要把握语言文字素养"后天的教养效果"和形成过程。据此，我们认为，语言文字素养的各构成要素具有如下的结构特点：

首先，"语言文字素养"是一个复合性概念。从上述可知，语言文字素养的内涵和构成要素是十分丰富的，而且，各要素之间不一定是并列、平行的，而是分层次的构成体。表现在个体的人身上，语言文字素养也是一种复合性结构。

我们对语言文字素养的阐释，把"能力"仅仅作为"素养"的一个重要构成要素。更为重要的是，从我们这一解释中还可以看出，"语言文字素养"的要素显然不是处于一个层面上的，它们在构筑一个人的语言文字素养中的职能也不是等同的。我们把它大致分为四个层级：听、说、读、写——形诸于外的显性语用行为（操作层）；支配这些行为的知能因素——语用知识、语用技能和语用思维（实施层）；参与和支配这些行为的直接心理因素——语用态度、语用习惯和语用行为意志（动力层）；语用行为的背景要素——语用主体的语言文化知识积累和修养、人格个性以及具体的语用环境（基础层）。

其次，语言文化素养是一个动态实施过程。当语用主体面临一项具体的语文任务时，主体对这项任务是否具有积极的态度和热烈的情感；在投入这项任务时，能否调动起既有的认知结构和良好的语用习惯。这不仅是主体能否完成一项语用任务的动力源泉，而且还关系到一个人立足社会的根本态度。在完成这项语用任务的过程中，主体对于这项任务的具体感悟和思维水平，是能否顺利完成这项任务的前提；主体是否具备与任务相关的语用知识和技能，是能否顺利完成任务的基础，这些因素构成了主体实施言语运作的具体机制。只有这些隐性的因素都被调动起来了，都发挥作用了，人们才能看到形诸于外的、千姿百态的、主体的听、说、读、写的语用行为。这样，我们就可以把语言文字素养的动态实施过程大致划分为："启动——执行——操作"这样三个阶段。

再次，语言文字素养是一个逐渐养成和持续作用的过程。上述语言文字素养诸要素的形成都不是一蹴而就的，需要经由一个逐渐培育、逐渐发展的养成过程。另外，各个要素之间又是相互浸润、互为营养的。例如，开拓了知识视野，有助于语言的积累和文化品位的提高。语用知识可以为语用技能定向，有助于形成熟练的语用技能。再者，语言文字素养的形成和发展还是一个无止境的过程，它既不以学生入学之时为起点，也不以学生毕业之日为终结。语言文字素养的不断提升将伴随人的终身语用学习过程；它作为可持续发展的有"后劲"的学习动力，将在人的终身学习中发挥作用。

钟启泉在《学科教学论基础》一书中指出：任何一门学科教学的目标，大体有四个组成部分：（1）关心、动机、态度；（2）思考力、判断力；（3）技能；（4）知识、理解。这四个视点作为一个整体反映了一种学力观。有人借助"冰山模型"清楚地说明了这种学力观的特色。假如有一座冰山，浮在水面上的不过是"冰山的一角"。这个浮出水面的部分可以比作"知识、理解"及"技能"，而隐匿于水面之下的不可见部分（占冰山总体的80%—90%）才是支撑浮出部分的基础。这就是"思考力、判断力"和"关心、动机、态度"。正如冰山由浮出水面与未浮出水面两部分组成一样，"学力"也由显性部分和隐性部分组成。"显性学力"是靠了"隐性学力"的支撑才得以存在与发展的。韩雪屏先生也提出了语言文字素养的"冰山模型"，认为语言文字素养作为语文课程的目标理念，其实质在于倡导学生全面和谐的语言文字素养发展，我们应关注"冰山"隐匿于水中的部分，树立以学生语言文字素养发展为目标的语用教育观将是语文课程的不懈追求。

第一，语言文字素养的"冰山模型"作为语文课程的目标理念的形象展示，它的实质在于倡导语文教育应促进学生语言文字素养全面和谐的发展。这一目标理念要求语文教师不能只看到语文教育浮出水面的表层行为，而应当指导学生深入广泛地打好隐匿在水下的基础，练好支配语用行为的"内功"。这一目标理念要求课程注重语用知识教学和技能训练，强调学生在获得语用知识和基本技能的同时，形成主动积极的学习态度和语用习惯。这一目标理念也说明文学艺术素养和语言文化素养的培育，不是语文教育的份外之事，而是语文教育的份内之事，是多种因素综合、一体化的必然结果。

第二，语言文字素养的"冰山模型"必然会促进语文课程的改革和教学实践的深入探索。一门课程目标理念的变化，必然会带来课程实施过程和方法的更新。语言文字素养的"冰山模型"所显示的各种要素及其之间的关系，很难在以语文课本为中心、以语文课堂为中心、以语文教师为中心的传统教学过程中实现。换言之，肤浅的池水，难以负载巨大的冰山。语言文字素养的形成和发展，要求语文课程的内容能够提出基于生活真实情境的语文问题，能够提供具有一定复杂性的语文任务，并以此启动学生的思维，帮助学生在解决问题的过程中活化语用知识，变语用性的知识为听说读写的语用能力和素养。语言文字素养的形成和发展，还要求语文教育应该设计重要任务或问题以支撑学习者积极的语用学习活动，帮助学习者成为语用学习活动的主体；设计真实、复杂、具有挑战性的开放的语用学习环境与问题情境，诱发、驱动并支撑学习者的探索、思考与问题解决活动；提供机会并支撑学习者同时对语用学习的内容和过程进行反思与调控。总之，语文课程与教学的改革应基于语用本体和语言文字素养的形成与发展。

第三，"冰山模型"还启示我们：语言文字素养的形成和发展绝不是一朝一夕之事，也不一定具有明显的阶段性界限。因此，需要各个学段的语用教育协同一致，连续贯一地努力。语文课程是基础教育阶段各门学科学习的基础，语言文字素养的形成和发展，必将促进各个学科课程的综合发展。

第三节　语文课程的阶段目标

一、义务教育语文课程目标

《义务教育语文课程标准（2011年版）》在"总体目标"之下，按1~2年级、3~4年级、5~6年级、7~9年级这四个学段，分别提出"阶段目标"，体现语文课程的整体性和阶段性。在目标设计的结构框架上，纵向是知识和能力、过程和方法、情感态度和价值观三个维度，这是隐性线索；横向是识字与写字、阅读、写作、口语交际、综合性学习五个方面，这是显性的呈现。据此我们对义务教育阶段目标作一评析。[①]

语文课程"阶段目标"，按照四个学段，每个学段又分为识字与写字、阅读、写作（写话、习作）、口语交际、综合性学习五个领域，分别提出阶段目标。

（一）关于识字与写字

识字写字是阅读和写作的基础。教学生识字与写字，是为了掌握交

---

① 方智范：《关于语文课程目标的对话》，《语文建设》，2002年第1期。

际工具，同时，工具是被人使用的，使用工具的人必定有一个情感态度的问题；而语言文字本身就是一种文化，尤其是我们的汉字，其中蕴涵着丰富的文化信息，所以在识字写字方面，同样应体现语文的工具性与人文性的统一。语文课程标准加强了情感态度方面的要求，重视识字写字的姿势和良好习惯的培养。第一学段提出"喜欢学习汉字，有主动识字、写字的愿望""努力养成良好的写字习惯，写字姿势正确，书写规范、端正、整洁"；第二学段提出"对学习汉字有浓厚的兴趣，养成主动识字的习惯"；以此为前提，第三学段强调"有较强的独立识字的能力"，到第四学段实现"能熟练地使用字典、词典独立识字，会用多种检字方法"。为了落实总目标关于美育方面的要求，注意通过识字写字提高学生的审美情趣，在第一学段提出"初步感受汉字的形体美"，从第二学段开始要求"用毛笔临摹正楷字帖"，通过书法练习，第三学段要求"在书写中体会汉字的优美"，第四学段要求"体会书法的审美价值"。

（二）关于阅读

阅读是语文课程中极其重要的学习内容。阅读教学是学生、教师、文本之间对话的过程。在对话理念观照下，阅读教学必须注意：

1. 要重视学生在阅读过程中的主体地位。在阅读教学中，存在着多重对话关系，如学生与作者（文本）的对话，教师与学生的对话，学生与学生的对话，教师与作者的对话，但对话的中心是每一个学生个人。必须强调阅读的自主性和独立性，文本的意义是学生在阅读过程中自行发现、自行建构起来的，要让学生自己阅读、自己学会阅读。

2. 要重视学生的独特感受和体验。鼓励学生对阅读内容作出有个性的、富有想象力的反应甚至是"突发奇想"，将自己的阅读感受与作者的意图进行比较，为文本的内容和表达另作设计等等。在文学作品阅读教学中，不要去追求"标准答案"。

3. 教师是课堂阅读活动的组织者、学生阅读的促进者，也是阅读中的对话者。教师作为文本与学生的中介，他的思想深度、文化水准、人生经验、审美水平要高于学生，他可以起到向导的作用，但绝不能取代学生在阅读中的主体地位。

阅读目标在情感态度方面强调养成阅读的兴趣和习惯，第一学段的第一个阅读目标就是"喜欢阅读，感受阅读的乐趣""养成爱护图书的习惯"；到第二学段则要求"养成读书看报的习惯"。除强调阅读兴趣和习惯这些主观方面的因素外，还把情感态度和价值观的要求渗透到阅读的内容和方法之中。如，在第一学段的阅读目标中，第4条是："阅读浅近的童话、寓言、故事，向往美好的情境，关心自然和生命"；第二学段提出"关心作品中人物的命运和喜怒哀乐"；第三学段提出"说出自己的喜爱、憎恶、崇敬、向往、同情等感受""受到优秀作品的感染和激励，向往和追求美好的理想"；第四学段则从欣赏文学作品的角度，要求"有自己的情感体验，初步领悟作品的内涵，从中获得对自然、社会、人生的有益启示"。

在阅读的过程与方法方面，语文课程标准特别强调要加强朗读，而且将其贯穿于各学段的目标之中，即要求用普通话正确、流利、有感情地朗读。"正确、流利、有感情"这三个要求，不能互相分割、分别要求，但在不同阶段可以有所侧重。

突出学生阅读行为的自主性，重在感受体验、整体把握，而不是纯理性的、机械的分析。在阅读目标上强化感受性、体验性阅读，如目标在第一学段提出"对感兴趣的人物和事件有自己的感受和想法"，阅读诗歌要"展开想象，获得初步的情感体验，感受语言的优美"；第二学段提出"初步感受作品中生动的形象和优美的语言"；第三学段阅读叙事性作品要求"能简单描述自己印象最深的场景、人物、细节"，阅读诗歌要求"想象诗歌描述的情境，体会作品的情感"；第四学段则提出了综合性的要求："对作品中感人的情境和形象，能说出自己的体验；品味作品中富于表现力的语言。"从感受性阅读出发，逐步加强理性成分，强调探究性阅读。如第三学段要求"在交流和讨论中，敢于提出看法，作出自己的判断"；第四学段要求"对课文的内容和表达有自己的心得，能提出自己的看法，并能运用合作的方式，共同探讨、分析、解决疑难问题"。

在语文知识的要求和表述方面，义务教育课程标准确有较大变化。学习语文知识是为了运用，应该促使知识向能力方面转化，要重视培养学生的语感能力，而语感能力只有在大量阅读中才可能获得发展，课程阶段目标尽可能将知识要求转换成能力要求来表述。如关于标点符号，第一学段的目标是"在阅读中体会句号、问号、感叹号所表达的不同语气"；第二学段是"在理解语句的过程中，体会句号与逗号的不同用法，了解冒号、引号的一般用法"；第三学段是"在理解课文的过程中，体会顿号与逗号、分号与句号的不同用法"。如理解词句，注重不脱离语境，在各学段目标中分别提了"结合上下文和生活实际了解课文中词句的意思""能联系上下文，理解词句的意思""能联系上下文和自己的积累，推想课文中有关词句的意思，辨别词语的感情色彩，体会其表达效果""体味和推敲重要词句在语言环境中的意义和作用"等。如关于表达方面，从第三学段开始，提出"在阅读中了解文章的表达顺序，体会作者的思想感情，初步领悟文章的基本表达方法"；第四学段要求"在阅读中了解叙述、描写、说明、议论、抒情等表达方式"，将有关知识与阅读过程的展开和阅读能力的培养紧紧联系起来。对语法修辞知识和文学知识，语文课程标准不主张系统地讲授，所以在各学段都未提出具体的目标要求，在第四学段提出一条总括性的目标："随文学习基本的词汇、语法知识，用来帮助理解课文中的语言难点；了解常用的修辞方法，体会它们在课文中的表达效果。了解课文涉及的重要作家作品知识和文化常识。"

语文课程标准还特别重视加强积累。在总体目标中就强调"有较为丰富的积累"，然后在各阶段目标中再对此加以具体化，导向十分明确。落实这一目标，首先是从阅读的数量着手。一是提倡扩大阅读面，要求"养成读书看报的习惯，收藏图书资料，乐于与同学交流""扩展阅读面""扩大阅读范围""广泛阅读各种类型的读物"；二是规定课外阅读量，第一学段课外阅读总量不少于5万字，以后逐渐增加，第二学段不少于40万字，第三学段不少于100万字，第四学段不少于260万字，九年课外阅读总量应在400万字以上。其次是提出积累各种素材、加强背诵的要求。要求"在阅读中积累词语""积累自己喜欢的成语和格言警句""积累课文中的优美词语、精彩句段，以及在课外阅读和生活中获得的语言材料"。

（三）关于写作

写作的阶段目标，第一学段称为"写话"，第二、第三学段都称为"习作"，到第四学段才称为"写作"，这是为了降低义务教育阶段写作的难度。在低年级不过于强调口头表达与书面表达的差异，鼓励学生把心中所想、口中要说的话用文字写下来，让学生敢写。所以在低年级用"写话"来淡化作文意识，在中高年级用"习作"来初步体现作文意识，到初中阶段才称为"写作"。

在写作初始阶段的目标设定中，特别强调情感态度方面的因素，把重点放在培养写作的兴趣和自信上，第一学段的要求是"对写话有兴趣"；第二学段的相关表述是"乐于书面表达，增强习作的自信心"；到第三学段，才过渡到要求具有初步的写作意识，"懂得写作是为了自我表达和与人交流"；第四学段则提出"写作时考虑不同的目的和对象"，要求具有比较自觉的写作目的。写作的兴趣和自信，还来源于在写作的合作和交流中所产生的成就感，课标对此有意作了强化，在不同学段分别提出"愿意与他人分享习作的快乐""能与他人交流写作心得，互相评改作文，以分享感受，沟通见解"等要求。

对写作能力的培养，语文课程标准特别重视鼓励自由表达，在写作中培养学生的创新精神。在第一学段的目标中提出"写自己想说的话"；第二学段提出"能不拘形式地写下自己的见闻、感受和想象"；第三、四学段分别作了这样的表述："养成留心观察周围事物的习惯，有意识地丰富自己的见闻""多角度观察生活，发现生活的丰富多彩，能抓住事物特征，有自己的感受和认识，表达力求有创意"。

　　语文课程标准还倡导写作的个性化，如在第二学段强调"注意把自己觉得新奇有趣的或印象最深、最受感动的内容写清楚"；在第三学段提出"珍视个人的独特感受"；第四学段提出"写作要有真情实感，力求表达自己对自然、社会、人生的感受、体验和思考"。强调这些方面，有利于克服学生写作"假、大、空"的毛病。

　　语文课程标准把注意力放在了写作实践上，在各学段提出了写作次数、字数的量化要求，同时就写作提出一系列能力要求。为切实提高学生的写作水平，语文课程标准设计了一些具有可操作性的环节。一是重视修改以及修改中的合作，如第二学段要求"学习修改习作中有明显错误的词句"；第三学段要求"修改自己的习作，并主动与他人交换修改"；第四学段要求"根据表达的需要，借助语感和语文常识，修改自己的作文，做到文从字顺。能与他人交流写作心得，互相评改作文，以分享感受，沟通见解"。二是重视在写作中运用已积累的语言材料，如第一学段要求"在写话中乐于运用阅读和生活中学到的词语"；第二学段提出"尝试在习作中运用自己平时积累的语言材料，特别是有新鲜感的词句"；第三学段进而要求"积累习作素材"。

　　（四）关于口语交际

　　口语交际方面的要求主要体现在以下三方面：

　　第一，强调情感态度。关于口语交际，核心的意思是"交际"二字，所以情感态度十分重要，表现为人际交往的文明态度和语言修养，如自信心、勇气、诚恳、尊重对方、有主见、谈吐文雅等。第一学段要求"有表达的自信心""与别人交谈，态度自然大方，有礼貌"；第二学段要求"学会认真倾听，能就不理解的地方向人请教，就不同的意见与人商讨"；第三学段要求"与人交流能尊重和理解对方""注意语言美，抵制不文明的语言"；第四学段要求"注意对象和场合，学习文明得体地交流"。

　　第二，重视实践。语文课程标准强调以贴近生活的话题或情境来展开口语交际活动，重视日常生活中口语交际能力的培养，重在参与。第一学段要求"积极参加讨论，敢于发表自己的意见"；第三学段要求"乐于参与讨论，敢于发表自己的意见"；第四学段要求"讨论问题，能积极发表自己的看法"，分别体现了这样的要求。

第三，注重技能要求。语文课程标准注重交际技能要求，如第二学段要求"听人说话能把握主要内容""能清楚明白地讲述见闻""讲述故事力求具体生动"；第三学段"听人说话认真、耐心，能抓住要点，并能简要转述""表达有条理，语气、语调适当"；第四学段"能根据对方的话语、表情、手势等，理解对方的观点和意图"，说话"做到清楚、连贯、不偏离话题"，"注意表情和语气，根据需要调整自己的表达内容和方式，不断提高应对能力，增强感染力和说服力"，讨论发言"有中心、有根据、有条理"等。

（五）关于综合性学习

综合性学习是一种新型的学习方式，它重在学习过程，注重激发学生的创造潜能，能较好地整合知识和能力，尤其有利于在实践中培养学生的观察感受能力、综合表达能力、人际交往能力、搜集信息能力、组织策划能力、互助合作和团队精神等等，它对培养学生的创新精神和实践能力，培养他们终身学习的愿望和能力，具有重要意义。综合性学习与上述四个方面不在同一层面，正因为它特别重要，所以课程标准专门列出，加以强调。综合性学习阶段目标主要包括四个方面：

1.培养探究意识。培养学生对事物的好奇心，使他们具有探究的兴趣和意识。第一学段要求"对周围事物有好奇心，能就感兴趣的内容提出问题"；第二学段要求"能提出学习和生活中的问题"；第三学段要求"为解决与学习和生活相关的问题"或"对自己身边的、大家共同关注的问题"进行探究；第四学段要求"能提出学习和生活中感兴趣的问题""关心学校、本地区和国内外大事，就共同关注的热点问题"进行研究。

2.学会自主学习。主要由学生自行设计和组织活动，特别注重探索和研究的过程。强调观察周围事物，亲身体验，包括自然、生活、社会等各个方面，做到有感受，有发现。所以在第二学段要求"结合语文学习，观察大自然，观察社会"；第四学段要求"自主组织文学活动"等。

3.具有合作精神。要求学生主动积极地投身活动之中，善于与他人合作。所以在第一学段要求对提出的问题"共同讨论""热心参加校园、社区活动"；第二学段要求"在活动中学习语文，学会合作"；第四学段进一步提出"体验合作与成功的喜悦"。

4.形成综合运用能力。综合性学习主要体现为综合运用、整体发展，能在多学科的交叉中体现语文知识和能力的实际运用，促进学生素质的全面提高。所以在第一学段要求在活动中"用口头或图文等方式表达自己的观察所得"；第二学段要求"在家庭生活、学校生活中，尝试运用语文知识和能力解决简单问题"；第三学段要求"利用图书馆、网络等信息渠道获取资料，尝试写简单的研究报告""策划简单的校园活动和社会活动，对所策划的主题进行讨论和分析，学写活动计划和活动总结"；第四学段要求在选出研究主题、制订简单的研究计划后，"能从报刊或其他媒体中获取有关资料，讨论分析问题，独立或合作写出简单的研究报告"，还有"搜集资料，调查访问，相互讨论，能用文字、图表、图画、照片等展示学习成果"等，所有这些都体现出通过综合性学习培养学生的实际综合运用能力的目标追求。

二、普通高中语文课程目标

在我国，高中被称作"义务后教育"阶段，但普通高中依然是与九年义务教育相衔接的、面向大众的基础教育。因此高中语文课程"应进一步提高学生的语文素养，使学生具有较强的语文应用能力和一定的审美能力、探究能力，形成良好的思想道德素质和科学文化素质，为终身学习和有个性发展奠定基础"。高中语文课程标准仍由纵向和横向两条线索构建课程目标框架，纵向线索依然是"知识和能力""过程和方法""情感态度和价值观"三个维度，这是隐性的线索，是课程改革最本质的体现。横向线索则是必修课程目标和选修课程目标，这是显性的线索。两条线索纵横交错，贯穿于整个目标体系当中。为此我们从必修课程目标和选修课程目标两方面来把握高中语文课程目标。[①]

（一）必修课程目标

必修课程包含"阅读与鉴赏"和"表达与交流"两方面的目标。

1.关于"阅读与鉴赏"

课程目标中关于"阅读与鉴赏"共有十二条要求，综合起来看，认识"阅读与鉴赏"目标，应把握以下几点：

（1）把"鉴赏"提到前所未有的高度

过去虽然也曾提出应使学生"初步鉴赏文学作品的语言、形象和技巧"，但要求是"初步"的，鉴赏的内容也规定了方向。高中语文课标将鉴赏与阅读并列，把鉴赏提到前所未有的高度，体现了高中语文教育的新高度。鉴赏就是审美，目的是"陶冶性情，涵养心灵"。课程标准提出四项鉴赏要求：第一，要有"积极的鉴赏态度"，具备一种探新求异的精神；第二，鉴赏中外文学作品，"能感受形象，品味语言，领悟作品的丰富内涵，体会其艺术表现力，有自己的情感体验和思考"；第三，鉴赏文学作品应有广阔的社会时代背景，使文学鉴赏的过程成为探索民族心理和时代精神，以及了解人类社会生活和情感世界的过程；第四，在鉴赏活动中了解一些文学作品的基本特征、表现手法以及有关作品的背景材料，"了解"的目的是为了"用于分析和理解作品"。其中，应高度关注"有自己的情感体验和思考"一项，它是鉴赏的最本质要求，也是鉴赏必须达到的高度。

（2）高度重视阅读过程和方法

高中语文课程标准中提出了一系列的阅读方式和方法，并就阅读过程中的学生行为提出了新的要求：一是要求"发展独立阅读的能力"。强调

---

① 秦训刚、蒋红森：《高中语文课程标准教师读本》，华中师范大学出版社2003年版，第40~65页。

在阅读过程中要"善于发现问题，提出问题，对文本能作出自己的分析判断，努力从不同的角度和层面进行阐发、评价和质疑"。二是要求"注重个性化的阅读"。强调最终要"获得独特的感受和体验"。三是要求"学习探究性阅读和创造性阅读"，目的是发展想象能力、思辨能力和批判能力。四是要求"灵活运用精读、略读、浏览、速读等阅读方法"。运用这些阅读方法要针对不同的阅读目的，针对不同的阅读材料（阅读文本），目的是提高阅读效率。五是要求"能用普通话流畅地朗读"，朗读的效果是"恰当地表达文本思想感情和自己的阅读感受"；对古代诗词和文言文要求能"诵读"，并强调要"背诵一定数量的名篇"。六是要求转变学习方式，"注重合作学习，养成相互切磋的习惯"，同时要"乐于与他人交流自己的阅读鉴赏心得，展示自己的读书成果"。七是要求"学会灵活使用常用语文工具书，能利用多种媒体收集和处理信息"，以便能及时有效地解决阅读中的问题。以上七项要求都是针对阅读的过程和方法提出的。过程和方法是当前课程内容改革的一大追求，强调过程和方法表现出了语文学科阅读与鉴赏方面的新要求。

（3）重视文化传承，提高"文言"要求

与过去对古代诗词和文言文学习的要求相比，高中语文课程标准中的要求又向前迈进了一大步。

一是明确了古代诗词和文言文的学习目的。高中语文课程标准指出："学习中国古代优秀作品，体会其中蕴涵的中华民族精神，为形成一定的传统文化底蕴奠定基础。"

二是加大了学习古典诗词和文言文的"难度"。要求"从历史发展的角度理解古代作品的内容价值，从中汲取民族智慧；用现代观念审视作品，评价其积极意义与历史局限"。这一要求意味着要进一步扩大高中文言文学习的范围和高度，把高中文言文教学由过去的"以落实字词句为目的的串讲式教学"转变为全面落实"三个维度"目标的整体教学。

三是调整了文言实词、文言虚词和文言句式的教学方向。2000年的教学大纲要求把常见的150个文言实词、18个文言虚词和主要文言句式的用法作为教学的重点，而高中语文课程标准对文言实词、虚词和句式的用法仅要求"了解"，但强调"注重在阅读实践中举一反三"。这就意味着要调整过去将文言文教学异化为文言词法、句法教学的倾向，将文言词法、句法与具体的阅读实践结合起来，在阅读实践中学习并运用词法和句法。

四是继续强调"诵读古代诗词和文言文"，把诵读确定为学习古代诗词的基本方法；同时强调背诵一定数量的名篇，并制定出《关于诵读篇目和课外读物的建议》。

高中语文课标关于古代诗词及文言文学习要求方面的变化，可以用高、宽、活三个字来概括。"高"是指要求高，把古代诗词和文言文的学习目的上升到传承文化、形成底蕴的高度；"宽"是指学习文言文的范围越来越宽，对中国古代优秀作品，要从"历史发展的角度"去理解，"用现代的观念"进行审视；"活"是指文言文学习的过程要活，重视阅读实践，在实践中举一反三。

（4）将语文阅读能力的培养置于一个更广阔的学习背景之中

过去的阅读教学存在空间过于狭窄的缺陷，这表现在两个方面：一是阅读学习的内容过于限定在"课文"上；二是阅读学习的天地过于局限在课堂里。

在高中语文课程标准中，不再使用"课文"二字，这是一个巨大的变化。这一变化是基于对教材地位和价值的重新认识：过去教材是学习对象，现在是"凭借"、"通道"；过去教材是作为学习内容，现在是作为学习手段；过去教材是终极裁判者，现在是审视对象；过去教材是学材的惟一，现在是学材的"首选"等等。对教材地位和价值的重新认识，必然造就语文学习的新天地。

"课文"的替代者是"文本"。教材中的课文是文本，但作为文本的绝不只是教材中的课文。这就意味着，作为阅读学习的内容，不仅仅是作为文本的课文，还应包括课文之外丰富多彩的文本。这同样意味着，阅读教学要打破过去课文一统课堂的局面，将大量的有价值的充满生命力的文本引入课堂，使之成为学生阅读实践的沃土。

高中语文课标还强调课内学习与课外阅读的有机统一，强调扩大阅读空间，"努力扩大阅读视野"。标准要求"学会正确、自主地选择阅读材料，读好书，读整本书，丰富自己的精神世界，提高文化品位"，同时强调"课外自读文学名著（五部以上）及其他读物，总量不少于150万字"。与教学大纲相比，课程标准在课外阅读的要求上更具体、更细化，目的是使课外阅读能真正进入阅读学习的程序，使学生有一个更广阔、更丰富的阅读空间。

2.关于"表达与交流"

课程目标中关于"表达与交流"共列出九条要求，包括过去所说的写作和口语交际两个方面的内容。这些目标反映着表达与交流的新理念。

（1）强调学生的思想者角色

过去的写作教学，尽管也在一定程度上强调学生在写作中的创造性行为，但总体说来，是把学生的身份定位在学习者的角色，教学过于强调写作知识的灌输，过于强调写作方法和技巧的训练，学生的写作过多地受"规范"约束，学生的个性、想象力、联想力等受到严重束缚。人们越来越认识到，写作学习的过程，不是简单的模仿，也不是被动的学习，而是思想参与的过程。因此，不少国家在新制订的语文课程标准中提出，写作是思想者和学习者双重参与的过程。也就是说，学生写作已经不再仅仅是被动地按照教师的要求，机械地进行写作能力的训练，以掌握各类文体的写作。确切地说，学生在活动中，既是一种按照教师教学目标的学习行动，同时也是学生运用自己的思想进行独立创造的行为。学生学习者的角色已受到足够关注，关键是在作文活动中能否最大限度地张扬学生作为"思想者"的角色。高中语文课程标准强调"学会多角度地观察生活，丰富生活经历和情感体验，对自然、社会和人生有自己的感受和思考"，就是强调在高中作文活动中要强化学生作为思想者的角色，强调在作文教学活动中教师要引导学生深入地观察并思考社会、人生和自然，逐步形成对社会、人生和自然的认识，为作文提供强大的内驱力。

（2）兼顾"为自己写作"和"为不同读者写作"的双重目标

过去在相当长的一段时间内，作文教学过于注重作文传达社会信息的功能，过于强调作文的社会意义，忽视了学生作文是"为自己而写"的一面。最近几年，在教育民主化思潮的影响下，对作文之于个体的精神生活的充实、改进，表现出新的认识和观念，其表现之一就是在作文教学中十分强调作文对于个体的价值，注重强调写作对于学生自己的作用。

高中语文课程标准"表达与交流"的第二条指出："能考虑不同的目的要求，以负责的态度陈述自己的看法，表达真情实感，培育科学理性精神。"这一项要求强调作文要考虑不同的对象，也就是要考虑文章是写给谁看的，同时强调要"负责任"，强调要有科学理性精神。这项要求是就"为不同的读者写作"而言的。另一方面，课程标准的第四条又指出："力求有个性、有创意地表达，根据个人特长和兴趣自主写作。在生活和学习中多方面地积累素材，多想多写，做到有感而发。"第三条也说："在表达实践中发展形象思维和逻辑思维，发展创造性思维。"这里强调的是鼓励个性化的表达，激发创新精神，使学生在作文活动中不断地审视自己，校正自己的精神航向，使自己的精神健康发展，促进自我不断升华。这些要求是就"为自己写作"而言的。课程目标强调写作活动要实现"为自己写作"和"为不同的读者写作"的双重追求，这反映了在作文功能认识问题上的巨大进步，意味着高中学生作文价值取向的重大调整。

（3）强调在作文活动的宏观过程中培养写作能力

作文活动是一个宏观的过程，是积累、表达、交流几个方面互相融合、互相依托，不断提高发展的一个过程。作文活动与学生的学习过程是统一的，与学生的生活是统一的，学习和生活是学生作文的广阔的活动空间。基于此，高中语文课程标准强调构建学生作文的宏大背景，强调将作文准备与学生的学习和生活统一起来，养成良好的作文习惯。

　　一是要养成积累生活经验的习惯。"学会多角度地观察生活，丰富生活经历和情感体验，对自然、社会和人生有自己的感受和思考。""在生活和学习中多方面地积累素材，多想多写，做到有感而发。"

　　二是要养成与他人合作的习惯。"能独立修改自己的文章，结合所学语文知识，多写多改，养成切磋交流的习惯。乐于相互展示和评价写作成果。"

　　三是要养成课外练笔的习惯。高中语文课程标准中规定"45分钟能写600字左右的文章"，这是就作文速度上的要求；要达到这样的作文速度，课外练笔就必须得到加强。课程标准中规定"课外练笔不少于2万字"，这是训练作文基本功的必然要求，同时，这一要求将具体的写作行为（动笔）由课堂延伸到课外，使作文行为贯穿于课堂内外。

　　（4）将口语交际上升到一个新的高度

　　与过去大纲中的要求相比，高中语文课程标准在"口语交际"方面的要求更多，更高，也更明确。这表现在以下几个方面：

　　第一，强调口语交际中的情感态度。既然是交际活动，交际双方在应对中的情感态度就十分重要。健康的情感和良好的态度是交际双方形成良好的交际环境的基础，这包括文明态度和语言修养等，如有自信心、有勇气、诚恳、尊重对方、有主见、谈吐文明等。课程标准中要求"在口语交际中树立自信，尊重他人，说话文明，仪态大方"，正是强调在口语交际中要有良好的情感态度。

　　第二，重视口语交际效果。"注意口语的特点，能根据不同的交际场合和交际目的，恰当地进行表达。借助语调和语气、表情和手势，增强口语交际的效果。"这里强调了两点：一是表达的"恰当"，而恰当与否是根据不同的交际场合和不同的交际目的而言的；二是充分发挥口语的优势，使语调、语气、表情、手势等有声语言和形体语言在交际中"锦上添花"。这两点所讲的实际上是如何增进口语交际效果的途径和要注意的问题。

　　第三，突出公开演讲式的交际能力。在口语交际中，说话能力包括日常说话式和公开演讲式两个方面。公开演讲式的交际方式包括演讲、辩论、报告、朗诵等。课程标准明确提出要"学会演讲"，对演讲的要求是"观点鲜明，材料充分、生动，有说服力和感染力，力求有个性和风度"。对演讲的要求明显高于义务教育语文课程标准中的要求，后者的要求是能作"有准备的主题演讲，有自己的观点，有一定说服力"。课程标准还就辩论、朗读提出了具体的目标，要求在辩论中"积极主动发言，恰当地应对和辩驳"；朗诵文学作品"能准确把握作品内容，传达作品的思想内涵和感情倾向，具有一定的感染力"。

在众多的公开演讲式口语交际项目中，高中语文课程标准特别提出演讲、辩驳、朗读三种交际方式，并就三种交际方式提出较高的目标要求，这是口语交际发展到高中阶段的必然选择，也是着眼于学生未来发展的必然选择。

（二）选修课程目标

高中语文课程标准规定了五个系列的选修课程的内容，即"诗歌与散文""小说与戏剧""新闻与传记""语言文字应用"和"文化论著研读"，并就五个系列的选修课程分别提出了课程目标。

1.关于"诗歌与散文"

"诗歌与散文"作为五个系列的选修课程之一，其总的目标是："培养鉴赏诗歌和散文作品的浓厚兴趣，丰富自己的情感世界，养成健康高尚的审美情趣，提高文学修养。"围绕这个总目标，该部分的课程目标着重强调以下几点：

（1）重在"鉴赏"。"鉴赏"是学习"诗歌与散文"这一选修课程的基调。鉴赏什么？鉴赏到什么程度？课程标准指出："阅读古今中外优秀的诗歌、散文作品，理解作品的思想内涵，探索作品的丰富意蕴，领悟作品的艺术魅力。用历史眼光和现代观念审视古代诗文的思想内容，并给予恰当的评价。"并要求"初步把握中外诗歌、散文各自的艺术特征""不断获得新的阅读体验"。

（2）讲究方法。鉴赏是以一定量的积累为基础的。课程目标要求"背诵一定数量的古代诗文名篇"，并要求"学习古代诗词格律基础知识，了解相关的中国古代文化常识"，其目的是为了丰富学生的文化积累。同时，要学习并运用恰当的方法。对"不太艰深的古代诗文"，应"借助工具书和有关资料"进行阅读；要"学习鉴赏诗歌、散文的基本方法""注意从不同角度和层面发现作品意蕴"。其中"学习古代诗词格律基础知识"是过去没有提出过的要求。

（3）重视创作实践。在鉴赏诗歌、散文的过程中尝试诗歌与散文的创作，有利于加深了解，增进体验，获得诗歌散文方面的综合性学习效果。课程标准提出"尝试诗歌、散文的创作"这一要求，并提出"组织文学社团"，要求在创作活动中注重"展示成果，交流体会"。

2.关于"小说与戏剧"

本系列的课程总的目标是："培养阅读古今中外各类小说、戏剧作品（包括影视剧本）的兴趣，从优秀的小说、戏剧作品中汲取思想、感情和艺术的营养，丰富、深化对历史、社会和人生的认识，提高文学修养。"

与诗歌散文系列的课程目标要求相同，学习小说与戏剧这一选修课程的基调仍然是"鉴赏"，强调恰当运用阅读鉴赏的方法以及重视创作实践。所不同的是，"小说与戏剧"的鉴赏取向更多的是指向"评价"。课程标准指出："形成良好的文化心态，学会尊重、理解作品所体现的不同时代、不同民族、不同流派风格的文化，理解作品表现出来的价值判断和审美取向，作出恰当的评价。"这里强调的首先是两个"理解"，但最终要落脚到"评价"。课程标准还指出："注意从不同的角度和层面解读小说、戏剧作品，提高阅读能力和鉴赏水平。学写小说、戏剧评论，力求表达出自己的独特感受和新颖见解。""解读"的最高追求，就是对作品有自己的独特感受和新颖的见解。把这些"独特的感受和新颖的见解"表达出来，形成文字，就完成了对作品的评论。"学写小说、戏剧评论"，就是要求以书面表达的形式对小说、戏剧进行评价。

课程标准还就小说、戏剧的鉴赏方式提出了要求，有"朗诵""表演""比较研究""专题研究"等。这些方式的鉴赏活动是一种综合性学习的过程，有利于培养学生阅读鉴赏的兴趣，提高阅读鉴赏的效果。

3. 关于"新闻与传记"

"新闻"课程目标强调以下几点：一是强调养成阅读新闻的习惯。二是要明确阅读新闻的要求。阅读新闻既要"能准确、迅速地捕捉基本信息，就所涉及的事件和观点作出自己的评判"，又要"了解其（新闻、通讯）社会功用、体裁特点和构成要素，把握语言特色"。三是要落实写作实践。新闻的社会实践基础广泛，空间广阔，学习新闻最终应该也必须落实到新闻写作上。尝试新闻写作，要"广泛搜集资料，根据表达需要和体裁要求，对资料进行核实、筛选、提炼"。

"传记"课程目标有两个方面的内容：一是围绕"读"提出的目标，要求"阅读古今中外的人物传记、回忆录等作品，能把握基本事实，了解传主的人生轨迹，从中获得有益的人生启示，并形成有一定深度的思考和判断"；二是围绕"写"提出的目标，要求"认识传记作品的基本特征，尝试人物传记的写作"。

4. 关于"语言文字应用"

"语言文字应用"作为一个系列的选修课程，其鲜明的不同之处就是强调"应用"，目的是在生活和跨学科的学习中学语文、用语文，在学习和运用的过程中提高语言文字应用能力。课程标准中列举了语言文字应用的领域，并就每个领域的语言文字应用方式和程度提出了要求：

一是在阅读领域应用语言文字。要求"能综合运用在语文与其他学科中获得的知识、能力和方法，读懂与自己学识程度相当的著作"，在此基础上"运用多种方式展开交流和讨论"，把交流和讨论作为一个重要的语言文字应用途径。

二是在应用文领域应用语言文字。阅读应用文，要求"能把握主要内容和关键信息"；写作应用文，要求"能根据需要，按照有关格式和要求""力求准确、简明、得体",并注意培养"对事负责、与人合作的精神和严谨细致的作风"。

三是在交际领域应用语言文字。在交际领域应用语言文字,主要是增强口头应用能力,要求能"根据交际的需要,选择恰当的时机和场合,提出话题,敏捷应对",并要求学生积极参与演讲、辩论、演出、集会等活动,在活动中应用语言文字。

高中语文课程标准还强调要关注语言文字应用中的现象和问题,"思考语言文字发展中的新问题""尝试用所学的知识和方法作出解释",努力在语言文字应用过程中有所创新。在语言文字应用方式上,课程标准提出要"拓展运用语言文字交流的途径,学会用现代信息技术辅助交流"。

5.关于"文化论著研读"

"文化论著研读"系列课程总的目标是"拓宽文化视野和思维空间,培养科学精神,提高文化修养"。在开展文化论著研读活动过程中,对待传统文化、外来文化以及当代文化,要有"发展的眼光和开放的心态",文化论著研读活动,要通过多种途径以"文化专题研讨"的方式进行。

关于文化论著的阅读,课程目标提出了两个方面的要求:一是阅读程度方面的要求。要求"整体了解论著内容""把握论著的主要观点和基本倾向,了解用以支撑观点的关键材料",对论著中的疑点和难点"提出自己的见解"。二是阅读方式方法上的要求。"借助工具书、图书馆和互联网查找有关资料""选读其中的重点章节",这是就论著阅读方法上的提示;"在阅读过程中注重反思,探究论著中的疑点和难点""乐于和他人交流切磋,共同提高",这是就阅读方式提出的要求。课程目标要求"参考有关论著,学习对当代社会生活中的问题和中外文化现象作出分析和解释",并要求"积极参与先进文化的传播和交流",所以,从更深远的意义上讲,"文化论著研读"课程应使学生在文化论著研读过程中提高自己的思考、交流能力和认识水平,成为先进文化的传播者。

第三章　语文课程内容

　　语文课程标准规定了师生所要达到的教学目标，也就为课程内容的确定明确了方向，根据课程目标选择和安排课程内容是语文课程建设的核心问题。一般认为，课程内容是"各门学科特定的事实、观点、原理和问题，以及处理它们的方式"①，但是作为母语教育的人文学科，语文课程更为关注母语内在的文化内涵与精神影响，不应只是限于学科的知识体系。因而，我们必须从语文学科自身的特点出发对语文课程内容作一全面、客观的把握。

第一节　语文课程内容的概述

　　语文课程内容是指语文学科关于听说读写的知识、技能、方法、态度与价值观等教学内容要素的总和，这些内容要素在以言语作品为载体的言语实践中得以整合。"广义的知识观把知识、技能和策略都统一在同一个'知识'概念里了。这种知识也就是所谓的'真知'，不仅包括了'知'，

---

① 施良方:《课程理论——课程的基础、原理与问题》，教育科学出版社1996年版，第108页。

也包括了用'知'来指导'行'。"①我们这里所说的语文知识是狭义上的知识，是指关于听说读写的事实、概念、原理、法则之类的陈述性知识，即一种"是什么"和"为什么"的知识；语文技能，是指运用有关听说读写的概念、规则、原理执行某项任务的复杂的言语操作系统。语文知识与技能构成语文课程内容的基本要素。方法，是指语文学习的思维方式与操作方法，符合语文学科特点和规律的学习方式与方法，也是语文课程的重要内容之一。态度与价值观是最能体现语文课程人文内涵与文化特质的内容要素，一方面是指同其他学科一样渗透在知识、技能与方法中的情感体验与心理倾向，另一方面特指言语作品与言语实践中内含的情感态度、文化特质与精神价值，它们直接构成了语文课程的内容。

　　关于如何正确理解和把握语文课程内容的概念，我们特作如下的说明：第一，从课程与教学一体化的观点来理解语文课程内容。"课程作为教学事件"与"教学作为课程开发过程"是同一个问题的两个方面，从统一整合的角度看，可以称为"课程教学"②，同样的道理，课程内容与教学内容也是不应割裂开来的，它们本身是一个统一的有机整体，它们都是对"教"与"学"的建议或生成。第二，从语文学科自身的特点来理解语文课程内容。作为具有丰富的人文内涵与很强的实践性特征的语文，不能像其他学科那样刻意追求完整系统的学科知识体系，而应当通过言语实践活动让学生自行获得、积累和运用语文知识，锻炼和提高语言运用的能力，丰富和充实自己的人生体验。第三，从不同的层面来把握语文课程内容：第一个层面，是国家课程方案与课程标准规定或建议的教学内容；第二个层面，是教科书在特定的编排中所呈现出来的教学内容；第三个层面，是教师在备课过程中所理解的教学内容；第四个层面，是学生通过对有关课程资源的接触与开发所理解的学习内容；第五个层面，是师生在具体的课堂

① 皮连生：《智育心理学》，人民教育出版社1996年版，第57页。
② 张华：《课程与教学论》，上海教育出版社2000年版，第92页。

实施中所生成和实现的教学内容。因而，从不同的层面来理解课程内容，我们就会发现，"教什么"与"学什么"绝不只是课程专家与教科书编写者的规定或建议，也是师生参与选择与编排的结果。

一、语文课程内容及其相关概念的辨析

语文课程内容与语文教学内容、语文教科书内容、选文及其内容既有区别也有联系。

语文课程内容与语文教学内容的关系。关于语文课程内容与语文教学内容的关系问题，存在不同的看法，有学者认为"语文课程内容，也就是平素说的语文教学内容"[①]，也有学者认为，二者是不同层面的概念：语文课程内容是课程层面上的概念，是为了有效达成语文课程标准所设定的语文素养目标，语文课程研制者建议"一般应该教什么"；而语文教学内容则是语文教学层面的概念，是指针对具体情境中的学生，为使学生达成既定的课程目标，"实际上需要教什么"，和"实际上最好用什么去教"。[②]其实，课程与教学并非是两个独立无涉的领域，它们是彼此交叉融合在一起的，"课程不再只是一些于教育情境之外开发出的书面文件，而是师生在教育情境中共同创生的一系列'事件'，通过这些'事件'，师生共同建构内容与意义。"[③]正如课程与教学的关系一样，语文课程内容与语文教学内容也是不可以截然分开的，课程层面的"教什么"与教学层面的"实际上需要教什么"具有内在的一致性：都是课程专家、教科书编写者与师生对"教什么""学什么"的一种设想或方案。当然，这种对"教什么""学什么"的设想或方案，在实际的教学情境中会发生不同程度的改变，因而我们把在实际教学情境中发生的教学内容也看作语文课程的内容。所以，课程内容不是一种制度化的可供师生执行的外部要求和规定，同样，教学

① 王尚文：《中学语文教学研究》，高等教育出版社2002年版，第108页。

② 王荣生：《新课标与"语文教学内容"》，广西教育出版社2004年版，第20～21页。

③ 张华：《课程与教学论》，上海教育出版社2000年版，第88页。

内容也不是制度化的课程内容在具体教学情境中的执行和呈现。实际上，语文课程内容既包括课程研制者（师生也是课程研制者）对"教什么"与"学什么"的构想，也包括师生在具体的教学情境中对"教什么"与"学什么"的创生。

语文课程内容与教科书内容的关系。语文课程内容要通过语文教科书呈现出来，但我们不能据此认为，教科书的内容就是语文课程内容，也就是说不能认为，教科书上呈现什么教师就应该教什么，学生就应该学什么。语文课程内容要解决的是"教什么"与"学什么"的问题，而教科书要解决的则是"用什么教"的问题。教科书是以文本形式存在的课程内容的载体，它以特定的编排方式与线索将提示语、选文、注释、练习、综合性学习活动等一些材料要素即教科书的内容组织在一起，它体现了编写者对"教什么"与"学什么"的建议或设想。但是，由于教科书的使用范围较广，不可避免地存在地域的差别，因而教科书对课程内容的建议或设想不可能也不应当具体化、确定化，它需要一定程度的灵活性，以留给师生根据实际的教学情境确定和生成课程内容的弹性空间；此外，作为具有丰富人文内涵的语文学科，语文教科书所给出的材料尤其是那些选文，在某种程度上呈现出意义的"不确定性"，即便是专家的导读、导学，也只能是对师生教学的一种启发和提示，而不能代表权威性的结论。也就是说，语文教科书仅仅是提供一种有待激活的原生材料，而不呈现具体的意见和结论。所以，学生可以借助同一的语文教科书获得不同的内容，而同一内容也可以在不同的教科书里获得。在这个意义上说，教科书不过是一种凭借，教师是"用教科书教"而不是"教教科书"，而"用教科书教"则意味着要从语文教科书里确立"教什么"与"学什么"的具体内容，这显然向语文教师提出了更高的要求。

语文课程内容与选文及其内容的关系。教科书中的选文，是专门用作教学的对象，是学生进行言语实践的依据和载体，具有重要的教学意义，但是选文本身并不是课程内容，选文的内容也未必就是课程的内容。在课程实施中，任何一篇选文都可以根据不同的目的、用途从不同的角度加以解读，从理论上讲，这些从不同的角度解读出的有关听说读写的概念、原理、事实、方法、态度及其选文本身的意义等都可以确定为课程内容。所以，一篇选文为另一篇选文所替换，而课程的内容却未必更换，选文的内容，即选文自身所负载的信息或意义能不能看作课程内容，这要根据课程目标与实际的教学情境来确定。有的选文就是要学生去感知、理解、鉴赏和评论它的内容，以此来扩大视野、提升境界、净化思想、丰富感情，所以它的内容就是课程的内容；而有的选文则是为有关听说读写的知识、技能、方法等服务的，因而它的内容就不是学生需要学习的课程内容，而凭借它所要掌握的知识、技能、方法等要素才是课程内容。辨清语文课程内容与选文及其内容的关系，可以让我们从一个更高的层面理解叶圣陶"语文教本只是些例子"[①]这一句话，从而把精力从"教课文"转移到"用课文教"上来。

二、语文课程内容的文化内涵

就内涵来讲，语文课程内容具有浓郁的文化品格与文化特质，它是一种意义和价值体系。它蕴含了民族的精神、价值观念与思维方式。它对于学生具有非同寻常的影响与陶冶作用。因而对语文课程内容的掌握绝不单纯是知识接受、技能训练和信息获取，也是在丰富的语言世界里浸润、熏陶、感染民族的精神，认同和超越民族的文化，为人一生的发展奠定精神的底子。

听说读写的言语活动是语文课程内容的重要载体与呈现方式，它表现为汉语言世界里的文化呼吸运动。学生的听与读，从总体上看是一种文化的输入过程，也就是将民族的、传统的、他人的文化内化为自己的精神世界；同时，我们也要看到，这种文化输入过程，不是单纯的被动吸收，它也包含了言语主体的选择、反思、评判与改造，即言语主体在文化的反思

---

① 《叶圣陶语文教育论集》，教育科学出版社1980年版，第182～183页。

中也重组和改造了旧有的、他人的文化。说与写，是一种言语表达行为，从总体上看是一种文化输出过程：将自己的内在的精神展示给世界并试图改变他居于其中的世界。同时，他也在改变着自己，逐步使自己内在的思想系统化、条理化，实现自己情感与思想的丰富和发展。

选文，既是课程内容的载体，也是言语活动的凭借，它包含了丰富的文化内涵，学习选文的过程实际上就是学生汲取文化的营养、建构精神世界的过程。当然，对于任意一篇选文，我们都可以从不同的角度来确定其中的课程内容，比如，选文本身的意义、选文本身的写法特点、选文含有的学法知识等等，都可以成为课程内容。但是，无论选取哪一方面作为课程内容，都不可忽略这样一点：从关注选文"写了什么"开始，直指其内在的精神价值层面，从而让选文起到对学生精神陶冶与文化涵养的作用。即便是对于一些实用性文体的选文，我们所确立的关于"读法""写法"一类的课程内容也并不是与选文的内容相脱节的，也是需要从关注选文的内容开始，然后进入到语文知识与技能的学习之中。这样在掌握知识和训练技能的过程中，始终伴随了一条不易察觉的潜流：选文内容所呈现的民族智慧、文化观念、科学精神与思维方式等精神价值层面的东西所起到的对学生终身的文化影响。

事实、概念、原理等语文知识，是语文课程的内容要素之一。作为语文学科的特定知识，它们呈现出汉语文特有的文化现象与文化特征。语文知识总是与人的气息、人的生活、人的生命紧密联系在一起，它不能被单纯视为一种静态的知识体系，而应看到其内在的生命意蕴、文化价值。有学者认为，汉语的所有特点都是它浓郁的人文性的体现。"汉民族从不把语言仅仅看作一个客观、静止、孤立、在形式上自足的形象。而把语言看作一个人参与其中、与人文环境互为关照、动态的、内容上自足的表达与阐释过程。"①

---

① 申小龙：《汉语与中国文化·前言》，复旦大学出版社2003年版，第1~2页。

从语文课程内容的文化内涵来看，对语文课程内容的学习和掌握，并非是单纯的语言知识学习和语言技术训练，而是要感悟、体验和理解它内在的精神意蕴和它所包含的文化精神。在听说读写的言语实践中进行情感的陶冶、心灵的建构和文化精神的涵养，是语文课程的文化使命。

三、教师与语文课程内容的生成

与其他学科的课程内容不同，语文课程内容往往并不呈现为一种静态的知识体系，而是与我们一起处于一种变动的关系之中，也就是说它不是那种我们可以直接把握的外在客观对象，而是与我们交互作用。这体现出了语文课程内容预设与生成的统一。说语文课程的内容是预设的，是因为在课程实施之前，课程方案、课程标准、教科书都会对"教什么""学什么"作出相应的规定与建议，教师与学生也会对此有一个大体的计划或安排。说语文课程内容是生成的，是因为从国家课程方案、课程标准等文件所规定的课程内容，到教科书所建议的课程内容，并不是始终同一的，尽管它具有方向上的一致性，但总体而言是变化的，处于不断生成的过程之中。

对于语文学科来说，内容的生成性更能体现出语文学科的性质和特点。我们知道，国家的课程方案、课程标准以及据此编纂的教科书，以文本的形式规定或建议了语文课程内容，但这只能是一种宏观的方向性的规定或建议，它应当富有弹性，留有空间。正如多尔所说："一般的指导思想无论来自何处——课本、课程指导、州教育部、专业组织或过去的传统——都需要具有如下特点：一般性、宽泛性、非确定性。"[①]这就为师生对课程内容的改造、增删和重构提供了空间，从而让师生成为课程内容选择和重构的主体。首先，就教科书中的选文来讲，它所包含的知识、技能、策略、态度、价值观等要素都有可能是课程内容，但究竟选取哪一方面作为课程内容，不同的教师很可能会依据课程目标、学生的实际以及自

---

① 【美】小威廉姆·E·多尔：《后现代课程观》，教育科学出版社2000年版，第232页。

身的特长做出不同的选择。其次，语文课程的有些内容，如对某些言语作品的阐释，本身就具有不确定性，"一个好的故事，一个伟大的故事，诱发、鼓励、鞭策读者去阐释，与文本进行对话"，"好的故事应具有足够的不确定性以诱使读者参与到对话中来"[①]，一旦进入课程实施，对言语作品的多种阐释都有可能发生，因为言语作品的意义在很大程度上是师生在与之对话交流中发现和建构的，这实际上就是师生共同创生了课程内容。此外，像事实、概念、原理等实质性的语文知识，虽然可以直接确定为课程内容，但作为语文学科来说，它既然是在丰富的言语实践中抽取提炼出来的，也理应在丰富的言语实践中加以理解、掌握和发展。"任何概念原理体系，不论暂时看起来多么完备与周延，它总是一种过程性、生成性、开放性的存在，总是一种需要进一步检验的假设体系，总是需要进一步发展为更完善、合理的概念框架。"[②] 所以，对于中小学语文课程的实施来说，我们并不刻意追求静态的、封闭式的、系统性的语文知识，而是关注知识获得的过程，这不仅让学生在丰富的言语实践过程中感悟、自得、整合、融合这些语文知识，而且让学生懂得知识是在争议中协同生成的，从来不存在永恒不变的、一劳永逸的知识。这样，学生就会明白自己在言语实践的当下境域中，生成一种情境化的语文知识并非是不可能的。

既然语文课程内容存在一个生成的过程，那么，它也就对语文教师提出了相应的要求，它要求教师不仅是课程内容的执行者，也应成为课程内容的改造者、创生者。这是因为，任何课程方案、课程标准、教科书所设置、规定或建议的课程内容都要经过教师的理解和阐释，在理解与阐释中教师与课程方案、课程标准、教科书一起确定教学内容，在具体的情境中与学生一起创生课程内容。因而课程内容绝不是外在于教师的、静态的、封闭的、等待被传授给学生的客体，而是与教师共同处于互动关系之中的

---

① 【美】小威廉姆·E·多尔：《后现代课程观》，教育科学出版社2000年版，第241页。
② 张华：《课程与教学论》，上海教育出版社2000年版，第198页。

交往对象。对于教师来说，不存在对既定课程内容的全盘接受，而是需要依据实情对课程内容加以增删、修改、加工与重构。所以说，语文课程"教什么"与"学什么"，教师拥有主动权，这也是当前教师"用教材教"和"教师即课程"的具体体现。对于同一篇选文，同一个言语活动计划，在不同的教师那里可能会呈现出不同的教学内容，这是很正常的现象。同样的道理，即便是不同的教师所确定的同一的课程内容，在具体教学情境中，也会因学生的参与而发生改变。当然，这并不意味着教师可以对课程内容进行随意性处置，任何课程内容的取舍、修改和重建，都不只是教师个性化的行为，而且也是学科自身学理的要求，是教师与课程方案、课程标准、教科书及其编写者，与其他的教师以及学生协同作用的结果，因为不同的教师所选择的教学内容也应存在方向上的一致性。

总之，语文课程内容的这种开放性、生成性的特点，决定了语文教师的教学不只是对既定课程内容的执行，而且也包含了对课程内容的改造和创生，因而它会促使语文教师进一步关注"教什么"与"学什么"，这将会大大地促进语文教师的专业化成长。

现将本节语文课程内容概念、与其他相关概念的辨析以及语文课程内容的生成性图示如下：

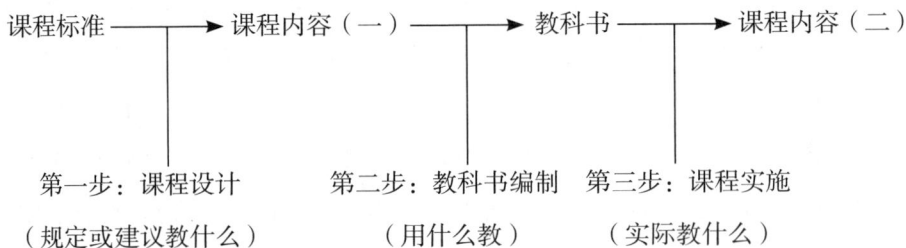

课程标准 ⟶ 课程内容（一） ⟶ 教科书 ⟶ 课程内容（二）

第一步：课程设计　　　　　第二步：教科书编制　第三步：课程实施
（规定或建议教什么）　　　　（用什么教）　　　（实际教什么）

从该图可以看出，语文课程内容始终处于动态的生成过程中：第一步是课程设计环节，指课程标准规定或建议教什么。目前我国现行语文课程标准没有明确规定或建议课程内容，这就需要将课程标准的目标要求、教学建议转化为相应的课程内容（课程内容一）；第二步是教科书编制环节，指教科书编写者将课程标准所建议的课程内容以什么样的方式呈现出来；第三步是课程实施环节，指师生在解读课程标准、教科书的基础上预设、创生和实现的课程内容（课程内容二），这是课程内容的最终落脚点。

第二节 语文课程内容的选择

课程内容的选择，是根据特定的教育价值观及相应的课程目标，从学科知识、当代社会生活经验或学习者的经验中选择课程要素的过程。

一、语文课程内容选择的主体

就选择的主体来看，教师与学生应当成为课程内容选择的主体，担当起课程内容选择的使命。构建具有时代性、基础性和选择性的语文课程是基础教育改革的一项重要任务，时代性与基础性体现了语文课程的共同价值取向与面向全体学生的共性要求，选择性体现了对教师个性化教学、对学生个性化学习的重视。只有教师与学生参与课程内容选择，他们才能在真正意义上成为课程的研制者与实施者。赋予师生以课程内容选择权，实际上是语文课程的一场文化革命。选择的依据、选择的内容以及选择的方式，一度被认为是课程专家的事，教师与学生基本没有发言权，教师与学生的任务就是等待他人的选择，然后，接受他人的"馈赠"。教师为了传承他人所选择的课程内容，要揣摩他人的选择意图，然后力求原封不动地传承给学生。这样，教师和学生都缺失了课程内容选择的自主精神与自觉意识。只有赋予师生以课程内容的选择权，让师生作为课程的主人行使选择的权力，才能打破这种被动局面，才能把语文课程从权力控制与他人视域中解放出来，从而形成语文课程多样化发展的态势，个性化的"师本课程""生本课程"和具有地域文化特色的"校本课程"也才会应运而生。在这个意义上，我们说，语文课程才能焕发出它应有的生命亮色。

学生能不能承担起课程内容选择的重任？也许有人担心。其实，只要我们从教育的深层意义上来理解这一问题，就会发现这一担心是多余的。教育是为未来社会培养人的活动，培养的是具有自主、自觉意识的人，说到底，是为未来社会培养主人，一个从小就习惯于等待他人奉献课程内容的学生，从小就被剥夺了课程内容选择权力的学生，是不会具有自主、自觉意识的。只有充分赋予学生以自主选择权，才能真正唤醒和激发他内在的自尊与自主意识，而当学生在行使他们的权力并真正自主地选择自己所需要的学习内容的时候，他们也将自己的情感与智慧倾注其中，因而他们所选择的课程内容也就带有了他们的个性色彩，显示了他们的本质力量。于是，在这样的选择中，他们会生发出作为主人所应有的兴奋与自豪。

当师生被赋予课程内容选择自主权的时候，他们所面临的一个实际问题就是他们应具有怎样的选择力、如何培养自己的选择力。我们知道，语文课程内容是非常丰富的，而这些丰富的内容大多是通过言语作品（选文）、言语活动呈现出来的，因此，选择语文课程内容在很大程度上就是选择具有价值、适合学习的言语作品，就是选择一种行之有效的言语活动方式。然而，言语作品浩如烟海，文化的海洋博大精深，语文的外延与生活等同，没有敏锐的洞察力、果断的判断力，很难作出正确的选择。说到底，课程内容的选择不同于物品的选择，它本身是一种价值的判断与文化的思考，这就需要我们对课程内容的选择，作深入的内在价值观念层面的思考。

二、语文课程内容选择的价值取向

课程内容的选择是一种具有价值取向的行为。学科知识取向的课程观认为，语文课程的内容应是关于听说读写的事实、概念、原理、方法等语文基本知识，它追求的是科学的、完整的语文知识体系；活动取向的课程观认为，语文课程应侧重语文活动，力求在丰富的语文活动中呈现相关的听说读写的知识、技能、方法与态度；学生经验取向的课程观认为，学生个人的言语知识与言语经验以及他在言语交往中所形成的社会经验是语文课程内容的基本构成，任何外来的课程内容，都需要经过学生自身经验的整合；社会生活取向的课程观认为，学生学习语文就是为了适应社会的发展，语文课程内容理应符合、适应社会的需要。

其实，不同的价值取向为我们提供了不同的选择视角，我们不能拘泥于某一取向，而要辩证看待，综合分析，取长补短，做出我们自己的选择。我们要看到，以学科知识为体系建立"科学化"的语文课程内容，注重了学科自身的知识体系，但是忽略了语文课程内容特有的文化特质；以言语活动和学生经验为中心选择课程内容，体现了语文课程的实践性要求，注重了学生的主体地位，但学生在活动中所获得的内容是千差万别的，学生的经验也往往是一些直接的感性经验，不利于判断学生掌握了哪些内容，掌握程度如何；以社会生活为取向的内容选择观，将语文课程看成了对社会亦步亦趋的反映与附庸，致使语文课程缺少了自主意识与个性特点。

语文课程内容的选择实际上是一种文化选择，也就是对某种文化的自动撷取或排斥，因而选择本身具有内在的价值取向和价值追求。在传统的工具论课程观看来，语文课程是作为社会文化的载体与器具而存在的，它所选择的课程内容往往是社会伦理、教化所需要的内容，因而在很大程度上语文课程是作为社会文化的附庸而存在的。选择什么，怎么选择，并不是语文课程的事，而是社会的、伦理的、政治的需要，因而，在内容的选择上，语文课程缺少了应有的个性。实际上，语文课程本身即是一种文化的存在，它应具有内在的、自主的文化品格，选择什么样的课程内容，如何选择，是语文课程自主自觉的行为。《普通高中语文课程标准（实验）》在课程内容选择的要求上，强调了两个方面的内容：一是学习个体身心发展的需要；一是语文课程自身的规律与特点。《普通高中语文课程标准（实验）》指出："高中语文课程应遵循共同基础与多样化选择相统一的原则，精选学习内容，变革学习方式，使全体学生都获得必需的语文素养；同时，必须顾及学生在原有基础、自我发展方向和学习需求等方面的差异，激发学生的兴趣和潜能，增强课程的选择性，为每一个学生创设更好的学习条件和更广阔的成长空间，促进学生特长和个性的发展。"这样的课程内容选择取向体现了语文课程的文化本体地位与文化自觉意识，它表明，语文课程在内容选择上已经走出了那种单极的思维模式，正以一种开放的文化心态进行着多元的文化选择。无疑，这样的文化选择能够让学生在立体的言语实践中，在具有丰富文化内涵的语言世界里，得到语文素养的整体提升。

三、语文课程内容选择的基本原则

语文课程内容的选择要把握好以下四个方面的原则：

（一）着眼于语文课程的发展性要求，关注语文课程内容的基础性与典范性

语文本身是一门基础性学科，它是学习其他学科的基础，也是学生持续发展、终身学习的基础。就知识和能力要素来说，语文课程内容的选择必须考虑课程内容的基础性，即选择学生适应未来学习、生活和工作所必备的基础知识、基本技能；就选文要素来说，它应该选取具有启发意义和典范价值的言语作品，为学生的终身发展打造一个精神的底子。

语文知识，实际上是正确反映了听说读写活动规律的言语经验，是人类在言语实践中积累下来的宝贵财富。就广义的知识分类来说，语文技能和狭义的语文知识都可看作语文知识，它们是语文课程的重要内容之一。由于语文课程具有很强的实践性，所以我们并不刻意追求知识体系的完整性、科学性，而是在言语实践中让学生自行掌握，融会贯通。但是，这并不意味着知识的选择不重要，对于课程研制来说，很重要的一项工作就是精选学生终身受用的知识，而且巧妙地呈现在言语活动之中。

陈述性的语文知识只是知识的一种，它是"个人有意识地提取线索，因而能直接陈述的知识"[①]，它主要回答"是什么"或"为什么"的问题，比如"什么是记叙"这一类的知识；而在语文课程中还有大量的程序性知

---

① 皮连生：《学与教的心理学》，华东师范大学出版社2003年版，第129页。

识，即"个人没有意识地提取线索，只能借助某种作业形式间接推测其存在的知识"[1]，它主要解决"怎么办"或"如何做"的问题，如"如何进行记叙"的知识。实际上，语文程序性知识就是语文技能，它包括语文的智慧技能与认知策略两个方面。我们认为，在语文课程内容的选择中尤其要突出程序性知识，这是因为：一方面，言语实践活动是语文学习的主要途径，它需要通过亲历性的操作与应用形成学生某项语文智慧技能，即一种语文智力活动方式；另一方面，作为语文实践活动的听说读写，听什么、说什么、读什么、写什么，这"什么"是无穷无尽的，而关于如何听、如何说、如何读、如何写的知识，即认知策略，却是有规律可循、"有法可依"的，所以要引导学生主动修正、调节和控制自己的学习活动，让他们获得一种方法的、策略性的知识。

理解和掌握语文知识与语文技能的目的在于形成和发展学生的语文能力。所谓语文能力，就是成功完成听说读写的言语任务所必需的个性心理特征。选择课程内容，不只是要关注语文知识与语文技能的习得，而且要关注语文能力的形成。"所选择的课程内容应该包括使学生成为社会中一名合格公民所必备的基础知识和基本技能，同时也要包括学生以后继续学习所必须的技能和能力。"[2]《普通高中语文课程标准（实验）》也指出："通过语文知识、能力、学习方法和情感、态度、价值观等方面要素的融汇整合，切实提高语文素养。"语文课程的一项重要任务是培养学生正确理解和运用祖国语言文字的能力。就语文课程内容的选择与呈现来说，语文能力不应是抽象的目标达成，而应落实为具体的知识与技能要素，也就是说，每一项语文能力的发展目标都应化为具体的课程内容。如"阅读应用文，能把握主要内容和关键信息"，这既是对能力目标的要求，也是对课程内容选择的要求，我们可选择相应的言语作品作为载体，把"把握主要内容

---

[1] 皮连生：《学与教的心理学》，华东师范大学出版社2003年版，第129页。

[2] 施良方：《课程理论——课程的基础、原理与问题》，教育科学出版社1996年版，第111页。

和关键信息的方法与技能"确立为课程内容。新的语文课程标准在"识字与写字""阅读""写作""口语交际""综合性学习"等领域都提出了能力目标，相应地我们要把这些能力目标化为具体的课程内容，即某一种具体的知识与技能要素，使学生在学习某一具体的内容中形成和发展自己的语文能力。

选文，是关系到选择何种课程内容问题的重要因素，无论是知识的获得、能力的发展，还是精神的陶冶、情感的体验，都离不开选文这一载体。选取具有典范意义的言语作品是课程内容选择的重要原则。就文学经典来说，它是在文学发展的历史长河中经大浪淘沙所流传下来的具有不朽精神内涵和艺术价值的典范之作。能被称得上经典的，一般应具有独创性、示范性，且经得起时间考验，为不同时代的读者所喜爱，为不同阶层、不同地域的读者也喜爱的文本。刘勰在《文心雕龙》中说："经也者，恒久之至道，不刊之鸿教也。"超越历史时空，对不同时代、不同地点的人说话，可见经典对人影响之深。因而选取这样的经典之作，也就选择了它可供阐释的广阔空间，它所内含的知识、能力、方法以及情感、态度、价值观等要素都可以依据现实的需要确立为课程内容。就实用文体的选文而言，它也应当是依据典范性标准精选的可供学生学习、模仿和借鉴的篇章，这不仅是指它在言语内容上内含了育人、化人、启迪智慧的因素，而且也指它在言语形式上就是某种典范，是学生学习"怎么读"和"怎么写"的范本。

（二）着眼于语文课程的内涵性要求，关注语文课程内容的
　　　　文化性与生命性

语文是一种文化的构成，是人类文化的重要组成部分。语文与思想、语文与情感、语文与生活、语文与生命是一个有机融合的综合体，呈现的是一种互生同构、共生共变的系统协同关系。语文课程内容选择的主要标准之一就是要在所选的课程内容的思想内容、审美规范及文化内涵与学生现有的知识、情感与文化发展水平之间形成一种适当的张力，使文本中的

思想驱动力、审美张力与文化诱发力成为促进学生精神发展的动力。说到底，语文课程是一种以价值判断和意义阐释为目的的价值活动或文化活动，它具有教育学意义上的文化品格。任何将语文课程内容视为价值中立、客观存在的东西的工具性意图，都是不符合语文课程的本质特性的。在语文实践中，学生掌握事实性、原理性知识，学生对语言的运用，对篇章的解读，对文化事实的分析、判断与思考，都是在特定语言情境中的文化行为与生命活动。从某种程度上说，学生作为学习的主体要与他所学的内容融为一体，成为他生命中的一种体验，也就是说，学生是在一种存在论意义上理解生命，提升生命。学生的语文学习不是那种主体认识客体的纯粹认识活动，而是学生在语言的世界里展现和延续自身的生命。学生学习语文，实际上就是在实践一种文化，是外在于学生的客体文化内化为学生心灵的过程，也是存在于学生主体的文化外化为客体文化的过程。在这种双向的运动过程中，主体文化与客体文化得以融合。此时，客体的文化作用于主体的心灵，主体的力量显现在客体文化之中，于是，彼此获得一个扩大了的文化视野。这与那种工具倾向的、技术理性的内容取向是完全不同的。在那种工具性、技术性目标取向的支配下，语文课程成为绝对主义、客观主义的代名词，它用知识的、逻辑的、理性的框架结构来建立语文课程的体系，以语言的某一知识点、技法的某一训练点作为课程的内容，企图建立"科学化""体系化"的语文课程结构。其实，这种貌似"科学化"的内容选择与呈现方式，是不符合语文学习的内在规律的，因为语文课程被当做了一种技术训练的工具，人被看做了批量生产的产品。这种做法，忽略的恰恰是人置身其中的生活世界与语言世界，忽略的是人的言语实践的自由与自我建构的自由。实际上，语文课程要求选择主体以文化的眼光，精选具有文化内涵与生命活力的课程内容，以此来建设开放、富有魅力、具有生命形态的语文课程，以一种文化整合的目标将知识与能力、过程与方法、情感态度与价值观融为一体，在一种融合实践的活动中实现学生语文素养的整体提高。

（三）着眼于语文课程的建构性要求，关注语文课程内容的过程性与经验性

课程，不应作为静态的"跑道"来看待，而应突出沿着跑道"跑"的过程。就课程的内容选择来讲，它不同于物品的选择，不是把物品从一个地方挑选出来并搬运到另一个地方的那种选择，语文课程内容选择本身就是一种课程建构，它表现为一个动态的发展过程。

语文课程所选择的知识内容，不是那种静态的、封闭的知识体系，而是开放的、变动的、情境化的言语经验及其规律、规则的总结，而人类的言语经验是永远开放的、不断经由否定之否定的经验；言语作品的意义，也并非是作品本身所固有的，而是读者与之共同建构生成的。所以语文课程的内容，无论是关于听说读写的言语经验以及在此基础上总结形成的语言的规律与言语行为的法则，还是言语作品内在的意义，都是一个发展形成的过程，它并不是惟一的、永恒的"真理"。所以，关注语文课程内容的过程性，有两个方面的含义：一是选择语文课程内容必须考虑到所选择内容的复杂性、变动性，并要呈现出这些内容自身发展的过程；二是关注课程内容在具体教学情境中的生成过程，就某些课程内容来说，选择的过程其实就是课程内容生成的过程。就第一个方面来看，在选择课程内容时，如果仅仅是选择那些现成的结论让学生掌握，那么语文课程的内容是不完整的，学生的发展也是不健全的。"学科的探究过程和方法论具有重要的教育价值，学科的概念原理体系只有和相应的探究过程及方法论结合起来，才能使学生的理智过程和整个精神世界获得实质性的发展与提升。"[①]所以，选择课程内容，就要关注课程内容的过程性，让学生知道，学习的内容并不一直都是现在的这个样子，它与过去不同，而且将来也会与现在不同；即使是现在这个样子，它也只不过是众多认识中的一种，或是不同认识相协同的结果；要让学生知道，有许多要学习的内容是有争议的，它

---

① 张华：《课程与教学论》，上海教育出版社2000年版，第199页。

不是一个定论。就第二个方面来看，某些特定情境中的课程内容选择，其实也是课程内容的创生。例如在言语实践中所形成的某些新的言语经验与言语规则，在教学情境中所生成的言语作品的新意义等等，这些带有境域性、个体化特点的内容在这种特定的学习过程中生成、选择并为学生所理解和掌握，最终转化为学生的语文素养。

过程性的语文课程内容总是要转化为学生的言语经验，学生的言语经验本身就是语文课程内容的重要组成部分。这是因为，过程性的课程内容，本身就处于不断的延续发展之中，过去的、他人的言语经验总是要与学生当下的言语经验融合成为一个新的意义整体，构成新的课程内容，并最终形成学生自身的语文素养。而学生的言语经验总是融过去与现在、他人与自身的经验于一体。所以说，从经验的角度看，课程内容就是一个不断运转、变动、处于过程中的经验统一体。这一过程明确地告诉我们，语文课程内容的选择必须关注学生的言语经验，"学习者的个人知识和经验、学习者在与同伴交往和其他社会交往中所形成的社会经验是课程内容的基本构成。"[①]具体说来，有以下三个方面的原因：第一，学生既有的言语经验构成了他语文学习的预期和指向，学生学习语文的过程就是在既有言语经验的基础上，同化、融合、改造他人的言语经验，并形成自己新经验的过程；第二，学生是学习的主体，也是课程的开发者，他在口语交际、阅读、写作、综合性学习的任一领域都有可能存在独特的认识、体验和见解。换言之，他不仅在接受他人的经验，而且也在创造着自己的经验，即一种知识和文化。因为选择学生的经验作为课程内容，是形成"生本课程"的重要环节，也是尊重学生主体地位、重视学生个性差异的表现；第三，学生的言语经验融入了社会生活经验，它本身也是对社会生活的体验、思考与表达，因而选择学生的言语经验能与广阔的社会生活和丰富的人生意义相联系，起到了对知识与能力、过程与方法、情感态度与价值观

----

① 张华：《课程与教学论》，上海教育出版社2000年版，第208页。

的统整作用。

（四）着眼于语文课程的方向性要求，关注语文课程内容的未来性与超越性

课程的根本使命在于为未来社会培养主人，它要引领学生反思和超越现实的存在，追求一种理想的、面向未来的新文化。语文课程是面向未来的课程，它所培养的学生是未来社会的创造者与未来文化的建设者，它应帮助学生获得较为全面的语文素养，以适应未来学习、生活和工作的需要，以开拓和建设理想的新生活。因而，在语文课程内容的选择上，要充分考虑选择那些激发学生主体意识、创造人格与反思精神的课程内容，以起到为未来社会培养主人的目的。

国际21世纪教育委员会报告《教育——财富蕴藏其中》这样说：

下一个世纪将为信息的流通和储存以及传播提供前所未有的手段，因此，它将对教育提出乍看起来近乎矛盾的双重要求。一方面，教育应大量和有效地传授越来越多、不断发展并与认识发展水平相适应的知识和技能，因为这是造就未来人才的基础。同时，教育还应找到并标出判断事物的标准，使人们不会让自己被充斥于公共和私人场所、多少称得上是瞬息万变的大量信息搞得晕头转向，使人们不脱离个人和集体发展的方向。可以这么说，教育既应提供一个复杂的、不断变动的世界地图，又应提供有助于在这个世界上航行的指南针。[①]

那么，语文课程为学生提供的那种复杂的、不断变动的"世界地图"是什么呢？我们认为，所谓"世界地图"就是语文课程所包含的复杂的、不断变动的"知识"——一种广义的语文知识。从本质上讲，这些语文知识是一种人文性知识，即通过认识者个体对于历史上所亲历的价值实践的总体反思呈现出的认识者个体对于人生意义的体验。作为一种反思性知识，人文知识具有非常明显的"个体性"（指个体独特的人生境遇和内心

---

① 国际21世纪教育委员会：《教育——财富蕴藏其中》，教育科学出版社1996年版，第75页。

经验的结果）、"隐喻性"（指非逻辑非实证的人生意义体验）和"多质性"（指对于同样意义的问题会出现多种多样的体验和回答）。[1]

　　为学生提供这样一个复杂的、不断变动的"世界地图"无疑是重要的，但更为重要的是，要为学生提供有助于在这个世界上航行的"指南针"。语文课程所提供的这样的"指南针"是什么呢？我们认为，那就是学生的独立思考与价值判断的能力，即一种文化反思力与创造力。也就是说，语文课程的内容不仅要包含某种知识与技能要素，而且要呈现出一种引领发展的要求，它让学生有所追求，有所创造，有所批判，有所超越。就与每一个体自我发展的关系来看，语文课程要引领学生的发展，让学生超越自身的实然状态，向着一种应有的状态发展；就与社会的关系来看，语文课程要通过培养人引领社会的发展，具体来说，就是让学生成为具有未来意识、主体思想与创造精神的人，从而开拓和建设一种新文化。关注语文课程内容的超越性，就要关注它的未来意义（为未来社会培养主人）与建构本质（建构新的自我与新的文化）。因而，语文课程就是要从关注"教什么"与"学什么"开始，追求一种超越的品质，让学生在语文学习的过程中超越个体，超越社会，从而达到人的"类特性"的境界，即"作为人类的一员真正地体会到人的尊严、人的价值、人的局限，在社会生活中肩负并实现人的使命"。[2]所以，语文课程所要传承给学生的一项重要内容就是在那错综复杂的"世界地图"中引领航向的"指南针"，即让学生拥有一种反思批判的精神，一种独立自由的人格，一种超越自我与现实的智慧。

---

[1]　石中英：《知识转型与教育改革》，教育科学出版社2001年版，第281页。
[2]　石中英：《知识转型与教育改革》，教育科学出版社2001年版，第312页。

第四章　语文教材建设

第一节　语文教材的文化品性

语文课程享有"百科之母"的美称，语文课程的教材建设实质上是一种文化建设。当今语文教材的风貌，可以在很大程度上预示未来十年、二十年中国一代人的文化风貌。因此，语文教材建设首先应该关注其独有的文化品性。

一、民族化文化品性

语文教育是一个民族的母语（即民族的语言）和国语（即祖国的语言）教育。民族的语言和祖国的语言是民族思想、民族情感、民族精神生活的历史记录，是一个民族的文化精神宝库。国内外许多教育家都曾对语文教育中文化精神所具有的这种民族性特征作过论述，说明母语教育并非只是简单的文字或字母用法和段落、句读的问题，不是一种单纯的语言教育，更重要的是母语所包容的民族思想和精神、民族情感与生活，是民族川流不息的生命。也就是说，一个民族的语言，其实质是一个民族精神、情感的载体，是一个民族精神、情感的符号，是一个民族生息繁衍的生命传递。

就我们的汉民族语言来说，它不仅是汉民族文化的载体，也是汉民族文化的构成。汉民族的文化精神主要是通过汉民族语言来传播和发展的，汉民族语言浸透着汉民族文化的精髓。如一个汉语言艺术作品，无论是一首诗、一篇散文，还是一部小说、一个剧本，无不是汉民族优秀文化的结晶，无不充溢着特有的汉民族文化精神。"关关雎鸠，在河之洲。窈窕淑女，君子好逑。"这是我国第一部诗歌总集《诗经》中被历代人熟诵的名句。显然，它不仅仅是一种爱情的表达，更是一种古代文化道德准则和伦理观念的表达，即"淑女"要配"君子"，美貌要与德才结合，推崇的是一种美与才、容与德并举的伦理规范和道德风尚。单就这首诗使用的名词来说，什么是"淑女"，什么是"君子"，不言而喻，"淑女""君子"显然不是一个少女、少男的概念，而是一个伦理规范、道德风尚的概念，是一个文化的概念，它有着鲜明的文化内涵和文化特征，表现的是一种特有的民族文化精神。[①]

语文教材要注重继承与弘扬中华民族优秀文化，要有助于增强学生的民族自尊心和爱国情感。要培养学生热爱祖国语言文字的感情，热爱以母语为载体传承下来的中华文化的优秀成果，增强继承和弘扬民族优秀文化的自尊心和自觉性，增强实现中华民族伟大复兴的使命感和责任感。数千年来，我们的先人在艰苦卓绝的实践中，创造了博大精深、丰富多彩的中华文化，这不仅是中华民族宝贵的精神财富，也是可供全人类共享的精神文明成果。现在的中学生从当年牙牙学语时开始，已经在母语环境中接受了十几年耳濡目染的熏陶，形成了比较稳定的母语心理。但是，对于大多数高中生来说，他们对母语的感情、对中华文化的认识还是停留在自发的状态，而尚未达到自觉的高度。因此，义务教育课程标准、高中语文课程

---

① 曹明海：《语文教育智慧论》，青岛海洋大学出版社2001年版，第16～17页。

标准都提出教科书要重视"继承和弘扬中华民族优秀文化",这是十分必要的。要充分重视并发挥教科书所具有的传播优秀文化的功能,通过对中华文化经典和精品的解读,在与大师的对话中,在对经典的解读中,加深对我们民族先人精神生活的感悟,获得丰富的内心体验,接受中华文化的优秀成果,在批判性的思考中不断提升自己的精神境界。

强调民族化的同时,还要重视多元文化的交流与融合。要引导学生培养开放的文化心态、开阔的文化视野,以科学、辩证的态度看待古今中外各种文化现象及其成果,在尊重和理解的基础上,能够取其精华,去其糟粕,为我所用。

二、时代化文化品性

语文教育活动的内容来自广阔的社会生活,在一定程度上反映了人类文化精神世界的丰富性及其鲜明的时代特征。特别是社会的发展和时代的进步,往往制约着语文教育,要求语文教育必须顺应时代的潮流,与时代生活的节奏同步,反映时代文化精神的内在律动,表现时代文化精神的风貌和特质,从而为时代的发展和社会的需要服务,完成时代与社会赋予语文教育的特殊使命。因此,教科书要充分体现时代特点和现代意识。

语文教育的内容与时代的发展密切相关。社会生活的发展变化和意识形态领域的各种动态,都会直接影响到语文教学,也影响到语文教科书的编写。语文教科书,一方面必须保持相对的稳定性,另一方面又应当贴切时代的脉搏。恰当地解决好这个问题,是对语文教科书提出的特殊要求。例如,对一些经典著作、传统名篇,学界已有定评,然而随着时代的发展,人们的看法、评价可能会有所变化。如何对待和吸纳最新的研究成果,这就是对语文教科书编者的挑战。

教材应具有现代意识,反映时代的进步和时代精神;关注当代文化生活,反映先进文化;反映具有时代特点的新观念,让学生接受新思想,形成符合时代精神的价值观念。教材应及时反映语言学和语文教育的新成果、新思维，运用和传递新知识、新方法。

三、生命化文化品性

生命化文化品性，指把教材的功能定位为一个"对话者"。"对话者"的本意是指人与人之间以语言为中介的谈话。这里的"对话"超出了语言文字的界限，包括人与人之间、人与世界之间一切以平等、自由及相互开放和相互激发为特征的沟通、体认与交流，其精髓在于对话双方的平等、开放、自由、协调以及相互激发。教材不再是作为学生必须服从的权威，而应把自己放在与学习者平等的位置上。教材不再是一个物，而应具有某种人格化的特征，教材中的知识也不能静静地躺在那里，而应具有某种活动力，主动走向学习者。总之，只有将教材的功能定位为一个"对话者"，教材中的知识才有可能实现"生命化"，教材也就实现了"生命化"。①

（一）语文教材应具有一种"召唤力"

像艺术品一样，教材内在的美，饱含一种热情，召唤着欣赏者的投入，使其敞开心扉，与其展开精神对话。艺术品之所以使人"沉迷"，原因就在于它不是一个冷漠的"无言者"，而是一个积极的、饱含着热情的"召唤者"，一个活跃的"动姿化"的"对话者"。艺术作品和教材在形式上都是一种"物"，但它们都不应是一般的物，而是趋向于人并能从精神的深处打动人的物，具有"妩媚动人"的特点。教科书要适应中学生身心发展的特点，符合语文能力形成和发展的规律，要有助于培养学生的实践能力和创新精神，要有助于学生形成良好的个性和健全的人格。因此，体现全人发展的理念，是语文教材应具有的一种"召唤力"。

语文教育对全人发展的作用体现在以下方面：第一，帮助学生体认中华文化，热爱中国语文；增强创新意识和合作意识；培养高尚的审美情

---

① 郭晓明、蒋红斌：《论知识在教材中的存在方式》，《课程·教材·教法》2004年第4期。

趣、良好的个性和健全的人格，形成对社会和自我积极的态度。第二，使学生具备适应实际需要的听说读写能力和语文基础知识，为在社会上良好地生存和发展奠定基础。第三，使学生学会运用有效的学习策略，为终身学习打下基础。语文教育要发挥这样的作用，必须建设好作为课程实施过程中关键性要素的教材。"召唤性"要求语文教材体现、展示使学生学会学习的理念。首先，学会学习的前提是学生乐于学习、愿意学习，即学习兴趣的激发、培养。对学生而言，没有自愿投入其中的激情、动力，没有成功的体验和感受，就不可能有继续学习的积极性和主动性。其次，学会学习的途径是学生在语文实践中不断尝试、运用有效的学习策略，并对自己的学习过程进行反思，因为学习策略不是知识点，学生会背诵学习策略，不等于学生掌握了这个学习策略，只有在语文实践活动的过程中尝试、运用，同时不断地进行反思、调整，才能够真正掌握学习策略。另外，就语文教育的特殊性而言，语文课程内容本身就具有内在的价值，学习这些内容的过程就包含着目标的实现，而无需通过预先规定的具体、确定的结果来加以证明。语文教材体现全人发展的理念，就形成了教材的艺术般的"召唤力"。[①]

（二）语文教材应具有一种主动走向学习者、向学习者靠近的姿态与倾向

教材不能只是静静地"站在远处"等候学生靠近，而必须主动"走向"学生。要做到这一点，教材就应突出语文课程的特点，要便于指导学生自学。"内容的确定和教学方法的选择，都要有利于学生自主、合作与探究的学习，掌握自学的方法，养成自学的习惯，不断提高独立学习和探究的能力。"

说到语文能力的培养，就涉及到教科书中练习的设计编写。我们认为，一些基本能力的形成，需要通过反复的练习。语文教学的实践证

---

① 郑国民：《课程改革视野中语文教材的发展》，《语文建设》2004年第1期。

明，培养学生的语文能力，要讲究训练的方法和效果，要注重让学生在民主和谐的氛围里，展开自主、合作与探究的学习，在感悟、体验和思辨的过程中，不断提高语文的应用能力、审美能力和批判能力。语文教科书要重在引导，而不单靠说教，既不能以工具主义、单纯的技术训练代替学生自主的体验和感悟，也不能以人文专题的铺陈和演绎来代替语文基本能力的培养。要循循善诱，引而不发，不要板着面孔给出现成的结论。要留给学生思考的空间，不能把太多的资料都塞进书中。要启发学生敢于提出自己的批判性的见解，不必把是非正误判断得一清二楚。语文教科书当然必须坚持正确的思想导向和健康的审美判断，但这和禁锢学生的独立思考是两回事。

语文教材不是把成堆的知识和现成的结论交给学生，而是能够引导学生独立思考、拓宽视野、大胆质疑、善于探究。教材要主动走向学习者，就应做到：

第一，全方位的开放性。让学生以语文教材为切入点，从教材引发开去，与其他学科和自己的生活结合起来，通过查找资料、参与社会活动等方式，拓展语文学习领域，突破传统语文教科书的局限，全方位地学习语文。同时，语文学习内容本身也具有明显的开放性特点，尤其是文学作品的阅读，应该启发学生对各种可能性始终保持开放的态度，促使学生进行多向度的理解与体验。在相互对话过程中，通过探讨、交流而不断修正、形成、发展、深化自己的认识。

第二，灵活的选择性。为学生个性化的语文学习提供广阔的空间，教材中学习内容和活动的设计应是多样化，教师与学生不仅可以选择，而且可以自主安排与设计。每个专题或情景的学习过程都不是固定的，教师和学生可以调整。这样做的目的主要是让学生在自己有目的、有计划的探究过程中，逐步形成自主学习和自主探究的意识与能力。

第三，广泛的适应性。如上所述的全方位的开放性和灵活的选择性等特点，决定了教材应该具有广泛的适应性。语文学习活动的设计应该注重引导学生充分利用本地的社会生活和自然环境，为开发各地区语文课程资源提供可能。语文教材还应该适应各个学校现有条件的不平衡性，为语文校本课程的开发留有余地。另外，语文教材要适合各种层次和水平的教师，在保证实现基本目标的前提下，为教师创造性地使用教材留有空间，并提供条件和机会。

（三）语文教材还应是"境域化"的

任何知识要具有生命力，都必须作为一个"过程"存在于一定的生活场景、问题情境或思想语境之中。知识本来产生于某种特定"境域"，按科学社会学的观点，知识产生于知识发现者的生活、情感与信念，产生于研究者的个人知识，产生于研究共同体内外的争论、协商和各种思想支撑条件。在知识的发现过程中，知识是活的，与共同体的整个研究境域和每个研究者的精神世界都有着内在的和丰富的关联。但是，知识一旦被定位，就失去了最初的生存境域，因而也没有了当初的活力。对于教材设计来说，其根本任务就是要立足于学习者的生活与精神世界，重新创造和恢复知识的活力。传统教材的设计者没有看到这一点，他们不仅割断了课程知识与发现者的深层关联，而且割断了知识与儿童的生活及精神的关联，从而使知识变成了"非境域化"和"非生命化"的东西。课程作为一个事先设计的、具有引导性和开放性的知识与人"相遇"的可能情境，知识就只是该情境中的一个要素，教材就必须将知识纳入到一定的"境域"之中。因此，教材编写的体例和呈现方式应灵活多样，避免模式化。

教科书的体例、结构以及呈现方式是教科书的突出标志，这并不仅仅是一个技术设计的问题，而且集中地反映了教科书编写的理念。编写教科书时，要有一个换位思考，要从学习者的角度考虑，满足他们的学习需求。强调"要注重设计体验性活动和研究性学习专题，有助于学生创造性地学习"，是因为过去的语文教科书在这一方面是弱项，甚至是没有予以考虑的。而语文学习如果离开了学习者自身的体验，离开了主动探究，就不可能成为培养创新能力的学习活动。

四、典范化文化品性

典范化文化品性，在高中语文课标中有明确的要求，指出教科书选文"要具有时代性和典范性，富于文化内涵，文质兼美，丰富多样，难易适度，能激发学生的学习兴趣，开阔学生的眼界"。

语文教科书离不开选文。让学生读什么样的文章，就是让学生接触什么样的文化，这关系到学生的终身发展。选文反映着编写者的思想深度、学术视野和审美眼光，可以说，选文品味的高下在相当程度上决定着教科书品位的高下。

语文教科书的选文要处理好三个方面的关系：

第一，要处理好经典性与时代性的关系。所谓经典，应当是经过长时间的淘洗并对众多读者产生过深刻影响的作品。但是经典作品又往往因其时间的久远而与当前的社会生活产生某种距离。这里就有一个如何对待和选择经典的问题。同时，当代的语文课程必然要与现实生活相结合，与当代文化现象相接触。当代的作品纷纭复杂，令人目不暇接。开发新选文也是值得语文教科书编写者下功夫的一项工作。

第二，要处理好难易深浅的关系。哪些作品适合中学生阅读，哪些不适合，不能单凭教科书编写者的感觉，而是需要通过深入细致的调查。有些作品看似文字并不艰深，但内涵深刻，中学生阅读起来并不容易理解。有些作品虽然有一定的难度，但是可能对中学生具有特殊的思想魅力，不见得就不能为他们所接受。

第三，要处理好价值导向与阅读兴趣的关系。能够进入教科书的作品，既要有正确的价值导向，又要能够激发学生的学习兴趣。选文要贴近学生的阅读兴趣，但并不是简单地迁就学生已有的阅读目光和审美水平，而是要善于诱导和培养学生的阅读兴趣，要精心挑选那些能够引起学生求知欲的精品读物，用思想境界和审美价值高的作品来引发他们阅读的欲望。

第二节　语文教材建设的理念

无论是义务教育语文课程标准，还是高中语文课程标准，均提出了一系列教材编写的新理念。这些教材编写的新理念从不同层面对语文教材观进行了新建构，体现了新时代的科学精神和文化精神，是多种现代教育理论、新文化思想和课改经验智慧交叉融合的结晶。深入地探析和把握其思想要义，无疑有助于语文新课程教材与教学的深化改革和创新。

一、人本化

教材编写的人本化，即由知识本位走向人格本位，从知识的人本化和学习的人本化角度，引导学生富有个性地学习与发展，促进学生完整人格的建构。

当今世界各国语文教材的编写，从教材结构到教材内容，都开始由知识本位走向人格本位，由死板的知识形态走向鲜活的生命形态，即以人的发展和促进生命的成长为教材编写的基本点，表现出鲜明的人本化趋势。高中语文课标从这一人本化趋势出发，强调要充分发挥语文课程与教材的育人功能，"增进课程内容与学生成长的联系"，引导学生通过语文学习"认识自然、认识社会、认识自我、规划人生"，实现语文课程与教材"在促进人的全面发展方面的价值追求"。毫无疑问，这就要求语文新教材的编写，必须着眼于促进学生完整人格的建构，重视语文学习的过程和方法、情感态度与价值观的正确导向，充分发挥语文课程的优势，使语文教材成为学生获取知识、唤醒灵魂、完善心智、建构自我的范本，即有利于促进生命个体的总体生成。因此，语文教材的编写要切实达到语文课程标准提出的这一要求，需要打破传统的教材结构与教材内容的编制模式。

　　从教材结构的角度来说，应当摒弃过去按照知识能力结构的逻辑组织教材内容的模式，而要按照学生心理发展的逻辑组织教材内容，即打破以知识接受为本位的教材结构，建构以人格发展为本位的教材新体系。这种以人格主线取代知识主线的教材结构，有利于学生的心理发展和人格成长，有利于培养学生自主、探究、应用与创新的学习兴趣，能够促进学生内在动机的形成和自我发现、自我建构、自我发展的实现。美国、日本等国家现行语文教材的编写，就已改变原先以学习、讲解文本为中心的组织结构，而是以适合学生身心发展为主线精选、编制教材的内容，注重设计语文体验性活动和应用创新实践活动。这样，既有助于学生掌握学习的过程与方法，又有助于培养他们的学习态度和实践、创新能力，使其在语文学习过程中获得人格的建构与发展。

　　从教材内容的角度来说，必须加强人文因素，突出语文教材的文化特征与文化功能，注重对文本文化资源的开发与利用，使语文教材成为学生学习民族文化、理解多元文化、吸收汉民族和其他民族文化智慧的发展平台。这就是高中语文课标中所强调的语文教材要"富于文化内涵"，让学生在教材的自主学习过程中获得情感陶冶，涵养文化精神，以利于学生"形成健康美好的情感和奋发向上的人生态度""树立正确的世界观、人生观和价值观"。这是因为语文不仅是语言符号的世界，它还是鲜活的生活画面，跃动着情感、思想、心灵与生命。语文与生活、语文与情感、语文与思想、语文与生命是一个有机融合的综合体。所以，语文教材内容要有利于学生体悟语文的文化内涵和它饱含的文化精神，使其通过对教材的体验与探究学习、审美与发现学习得到心灵的唤醒和人格的建构。这就是说，语文教材的编写应给学生勾出一道生命的底线，帮助学生建立一种做人的基本信念和准则。实际上，只有使学生在教材文本世界中动情动容，感受到文化精神的美的时候，才会取得语文教学的最佳效果。

二、整合化

教材编写的整合化，即由板块割裂走向板块融合，由学科隔离走向学科沟通，必修教材与选修教材结合，注重促进学生的整体发展，以适应现实生活和学生自我发展的需要。

随着课程整合观的确立和课程整合理论研究的不断深入，世界各国语文教材的编写已开始由板块割裂走向板块融合，由学科隔离走向学科沟通，并实行必修课程与选修课程的结合。其主要表现是，无论是语言与文学，还是阅读与写作，都特别重视语文学科内板块之间和语文学科外不同学科之间知识的沟通与融合，以促进学生整体语文素养的形成，适应现实生活和学生自我发展的需要。高中语文课标明确指出，语文课程与教材必须"加强与社会发展、科技进步的联系，加强与其他课程的沟通"，"注重跨领域学习，拓展语文学习范围"，并且，从学生发展的内在需要和学生的主体性出发，摒弃了长期以来单一的必修课程制度，开创性地建立了必修与选修课程相结合的课程模式，同时，还明确要求根据新时期语文教育的任务和学生的需求，从"知识和能力""过程和方法""情感态度和价值观"三个方面的整合出发，切实改革语文课程与教材内容、结构和实施机制。具体些来说，语文课程标准在重申"三维"整合要求的基础上，重点强调了语文构成板块与各种项目学习因素、跨学科领域、必修与选修教材这三个方面的整合。

对语文构成板块的整合，主要是强调语文教材的编写应围绕语文课程的育人功能这个中心。就语文版块来说，主要是力求语言与文学渗透、阅读与写作交叉；就项目学习来说，主要是力求使学生对语文的积累与感悟、体验与探索、品味与思考、应用与拓展、发现与创新等学习因素融会贯通，并将其有序地整合在教材的整体结构之中。这样，各种语文版块和项目学习因素之间相互交叉、互为渗透、高度综合，既能更有效地提高学生的语言理解能力和表达能力，又能陶冶学生情感，充实精神生活，完善自我人格，提升人生境界，从而实现"知识和能力""过程和方法""情感态度和价值观"的三维整合目标。

对跨学科领域的整合，主要是强调跨学科领域知识的沟通。就教材文本的选择来说，要力求内容丰富、形式多样，融合多种领域知识。社会生活、自然世界、人生情感、科技艺术等都应是教材整合的内容。如英国某一教材以"人与自然"为主题选择了"人与动物""探索自然"和"珍爱生命"三方面的文本，使教材内容沟通了动物学、地理学、生命科学这三个重要的学科领域。日本语文教材中的《灰姑娘的时钟》，由灰姑娘的童话故事说到"时钟"和机械时钟的发展历史，以及不定时法则向定时法则转化所造成的雇佣劳动制与"时间等于金钱"的经济伦理观念等等，沟通并融合了物理学、经济学等学科领域。可以说，语文教材应是一个包罗万象的多彩世界，应让学生在这个多彩世界的相互交流、理解、包涵、默契与认同中，增长见识，学会创造，拥有财富，升华人格。

对必修与选修教材的整合，主要是基于把学生作为主体的课程价值取向与目标，强调的是学科教学与学生发展的有机统一。我国长期实行的是单一的必修课程制度，一直不设置选修课程，这就忽视了学生自身发展的内在需求和学生的主体性。所以，实施必修与选修课程相结合的课程模式，是高中语文课标对语文课程与教材结构的一个重大改革。必修教材重在突出科目的基础性，选修教材重在突出科目的选择性。必修与选修教材的整合是以人的共同化和个性化整合发展的需要为内在依据的。

三、生活化

教材编写的生活化，即力求贴近学生的生活，贴近学生的情感，贴近学生的心灵，让学生在生活中学习语文，建构语文与生活相联系的教材新模型。

教材编写的生活化，就是强调语文教材的编写要着眼于与学生的现实生活相联系，贴近学生的生活，注入生活内容，创设生活情境，倡导生活化学习，使学生在学习语文的同时学习生活，体悟人生。注重教材编写的生活化，能够突出语文教材的情感性、开放性和整合性特征，有助于学生进行高质量、高效率的语文学习。所以，高中语文课标多次指出，"要让学生在生活和跨学科的领域中学语文，用语文"，"留心观察社会生活，丰富人生体验"，"以适应现实生活和学生自我发展的需要"。这显然就是要求语文教材的编写必须注意密切联系学生的现实生活和言语实践活动，注重从学生的经验和生活实际出发，选择学生最喜欢的、在学习中最有乐趣的文本和材料，设计学生主动参与的新鲜、活泼、有创意的生活化语文学习活动。

语文教材作为一种文化的存在，与人类的生活有着内在的一致性。丰富多彩的生活其实是语文教材的源头活水。生活既能为学生的言语交际活动提供直接的经验和基本的动力，又能为学生的言语交际活动设置特定的对话情境，激发他们交流的欲望，使其言语交流获得一种持续的稳定的内驱力。作为母语的教材，具有直接贴近学生生活的可能性，如听说读写活动本身就是学生情感活动、生命活动、心灵活动的主要渠道。只有这种与生活密切联系的语文教材才能唤起学生自主学习、自我探究和发现的原动力，促进学生的主体性发展，实现自我建构。

学生语文学习的内在规律也要求语文教材必须植根于生活，这主要表现在三个方面：一是语言的发展与思维的发展紧密相连、相辅相成，而思维的发展是一种经验的建构过程，起源于生活中的动作与活动；二是语言的习得必须借助于特定的生活情境，语言能力不是一种抽象的形式，它必须包含实质性的生活经验与价值体验；三是语言的学习是实践性的，它的途径不应局限于课堂教学，而应面向生活实际，因为生活的变化对语言学习具有实质性的影响。这三个语文学习基本规律，决定了语文教材的编写必须贴近学生的生活。因此，编写生活化语文教材，就要注意选文和其他所用的训练材料应尽可能来自生活，贴近学生生活与心理发展水平；即使是"练习设计"，也应挖掘它与生活的联系，善于在教材中创设生活情境。

语文是生活的需要，语文教材要贴近生活。但是，并不是所有的社会生活都可以无限制地进入语文教材，也并不是所有学生喜欢的东西都可以用作语文教材的内容。语文教材不应消极地适应生活，而应超越现实生活，追求一种人生理想，创造可能的生活。

四、活动化

教材编写的活动化，即以学生的活动性学习为主线，体现教材结构的活动性和动态化，使教材结构与活动性学习融为一体，建构活动与发展型教材新体系。

传统的语文教材以学生掌握静态的知识为目标，采用知识型体系进行编制，忽视学生的活动性学习设计。高中语文课标明确指出，语文教材必须打破那种忽视学生主体发展的知识型体系，建构有利于形成语文素养、促进学生学习与发展的活动型教材新模型，即把学生的探究学习活动、体验学习活动、审美学习活动、参与学习活动、实践学习活动、应用与创新学习活动作为教材编写的基点。这就是说，语文教材的编写要以学生活动性学习为主线，倡导多元化的活动性学习方式，从而使教材结构与活动性学习融为一体，建构以学生为主体的活动与发展型教材新体系。

建构这种新体系，是当代课程改革与发展的一个必然要求。活动性学习的价值，不能只局限于活动课程中，而要体现在所有的课程形态中，体现在整个教学过程之中。要将活动性学习引入课程、引入教材、引入教学过程，实现课程活动化、教材活动化、教学活动化。语文课程与教材教学的实践说明，将知识技能教学与实践性活动学习结合起来，不仅能使学生习得人类正确的认识成果本身，而且能使学生占有人类认识过程的活动方式与活动能力。只有从这个意义上来理解活动性学习的价值，才能树立正确的活动化教材观。

皮亚杰曾经指出，人对客体的认识是从人对客体的活动开始的，活动既是认识的源泉，又是思维发展的基础。只有活动，才能引起思维和认识的发展。建构活动与发展型教材新体系，就是要以人的主体性发展为指向，让学生在活动性学习中求得发展。活动性学习不仅重视活动在学生认知发展中的作用，更重视活动在学生个性形成中的价值。它能够给学生以更多的自主探究、自主实践、自我建构与发展的空间，能够给学生以更多的自主选择、自主体验、自主判断与评价的机会。人只有在活动中才能形成主体性，只有在活动中才能表现出主体性，因而活动性学习是人的主体性发展的决定因素。对学生来说，活动性学习是其认知、情感、行为发展的基础，惟有活动，才能提供给学生发展的最佳途径与手段；惟有活动，才能使实现多种潜在发展的可能性向现实发展的确定性转化。

第三节 语文教材建设的模型

对语文教育的不同认识和理解，决定着语文教材的设计思路和具体呈现方式。目前，依据高中语文课程标准，有五家出版社编写了高中语文课程实验教材，建立了新的教材模型，给高中课改带来了新视野。

一、综合型教材模型

综合型教材模型，是旨在全面提高学生的语文综合素养，突出过程和方法，体现大语文教育观，强调能力培养的语文教材模型。人教版教材体现了这一特点。

人教版教材的特点主要表现在三个方面：一是强调综合性，全面提高学生的语文综合素养，包括阅读鉴赏、表达交流、梳理探究等素养的综合培养；二是突出过程和方法，比如阅读鉴赏，就分别按照品味与鉴赏、思考与领悟、沟通与应用三条线索组织单元；三是体现大语文教育观，打破过去只在语文课堂上、只通过语文课本学语文的思维定势，力求沟通课堂内外、书本内外、学校内外的联系，培养学生较强的语文应用能力、一定的审美能力和探究能力。另有"名著导读"栏目，每册介绍两部名著，内容包括背景介绍、作品导读、思考与探究，引导学生养成阅读经典和优秀作品的习惯。

全套教材按照课程标准的规定，必修部分按5个模块，编为5册。选修部分，按照课程标准规定的5个系列，共编16册。这些选修课，并不要求所有的学校都教，也不要求所有的学生都学，而是给学生充分的选择空间，以发展学生的个性和特长。

在结构上，必修教材每一册都设有"阅读鉴赏""表达交流""梳理探究""名著导读"四个栏目。另外，还配有《扩展阅读》和《教师教学用书》以及相关音像资料等。

必修课程每册的"阅读鉴赏"有四个单元，其中两个单元侧重于"品味与赏析"，另外两个单元分别侧重于"思考与领悟""沟通与运用"。每个单元都分别由"单元提示""课文""研讨与练习"三个部分组成。"单元提示"简要说明单元教学要求以及学习重点、难点与学习方法，在教师教学用书中还会有比较详细的教学提示与建议。"课文"比以往的教材有明显的更新，所选课文大都是名家名篇，注重经典性，同时兼顾时代性，适合高中语文教学和高中学生的接受水平。全套必修课教科书共有80课，涉及98篇作品。现当代作品以及外国作品54篇，其中新选课文35篇，占总数的64.8%。古代诗文作品在全套教科书中的比例，约占45%。古代诗文的选目以传统经典名著为主，也适当扩大了选材范围，新选了一些古代优秀作品。

"研讨与练习"的设计，精读课文一般有四道题，略读课文两至三道题。这些题目的着眼点不一样，一般第一道题是整体把握课文内容的题目，以帮助学生整体把握课文，突出学习要点，激发学习兴趣与主动性。第二道题是文章写法上的题目，或最具特色的，或结构上的；第三道题是文笔精华的题目，或者是语言上的，或者是一些精彩的语句的品味。文言文还有重要的实词、虚词、句式方面的练习，强调重在积累。最后一题是开放性、拓展性的题目，旨在培养学生的探究能力，学生发挥的空间很大。这类题目没有标准答案，只要言之成理即可。四个单元的课文，意在为师生提供较为丰富的教学资源，教学中可根据学校的实际情况选学部分内容。

"表达交流"部分包括"写作"与"口语交际"两个板块。"写作"实际上有三个子系统：首先是集中独立的写作专题，每册共安排了4个专题，5册共20个专题。其特点是：第一，过去的写作教材往往只着眼于写法，容易导致纯技术性训练。这套教科书中的写作专题，既讲"写什么"，又讲"怎么写"，每一个专题包括"话题探讨""写法借鉴""写作练习"三部分内容。"话题探讨"提出"写什么"的问题，接着的"写法借鉴"对"写什么"进行具体分析，在分析的过程中带出"怎么写"，在写法上加以点拨。"写作练习"是在这个"写什么"的范围之内，设计若干个参考题目，让学生练习（可以选做）。第二，"话题探讨""写法借鉴"与"写作练习"三者密切结合，使学生在人文素养和写作能力两个方面同时得到提高。第三，在解决"写什么"的基础上谈"怎么写"，符合形式服从内容、写法服从题材的写作规律，有利于提高学生的写作水平。第二个系统是与阅读整合在一起，在每篇课文后的"研讨与练习"中安排相应的写作练习，写一些读书笔记，强调读写结合。第三个系统与"梳理探究"整合在一起，安排了一些带有综合性、研究性的写作练习。"口语交际"也包括三个子系统：一是每册设计一个专门的口语交际单元，分别是：朗诵、演讲、讨论、辩论和访谈。活动的设计强调具体情景的设置，少讲理论知识，多给学生以实际锻炼的机会。二是结合"阅读鉴赏"部分的课文学习，安排相关的口语交际练习，如朗读、背诵、复述、讨论等。三是在"梳理探究"中的专题实践活动中设计相应的口语交际练习。

"梳理探究"实际上是一些语文专题活动。这些活动有的侧重于对学生以前在语言、文学、文化等方面所学过的内容进行整理，以便于在长期积累基础上的巩固和整合；有的属于专题研究，重在引导学生自主思考、合作探究一些问题，培养创新精神和实践能力。这些专题活动要求学生在教师指导下进行，不同地区、不同学校可以有选择地开展。

二、语言鉴赏型教材模型

语言鉴赏型教材模型，指语言能力培养与文学鉴赏相结合的语文教材模型。语文版教材体现了这种特点。

语文出版社编写的高中语文必修教材共5册，每册4个单元。内容分为"阅读与鉴赏""表达与交流"及综合性的"探究性学习"3个系列，依据文体与主题相结合的原则组织单元。每单元以"阅读与鉴赏"为主线，围绕一定的主题，将3个系列内容综合编排，将听说读写活动有机整合起来，做到互相促进、整体提高。

为发展学生的独立阅读能力，引导学生对文章进行研读、思考，教材取消了传统的单元说明和课文导读，改为选取富有文化内涵、能体现本单元人文主题的名家名言做单元标题。这样既避免了预设结论来束缚学生的思路，又给学生提供了必要的思考启示。如第一模块新闻单元标题"用事实说话"，概括表达了单元文本的主题，课后练习和探究性学习也都侧重围绕新闻单元所强调的"事实"这一主题，开展本单元的听说读写活动。

大力开发适应时代发展与学生终身需要、文质兼美的选文是本套教材的主要特点之一。这些时代与经典相结合、洋溢着强烈时代气息和人文精神的新选文，体现了高中课标大力提倡的新理念，蕴含了学生终身需要与和谐发展所必需的语文综合素养。全国中小学教材审定委员会高度评价了语文版实验教科书的选文特点，指出：新的选文在现代文中占到90%以上，在古诗文中占到50%以上，比较突出地体现了"时代性"和"选择性"的目标要求。新的选文多为名家经典之作，具有典范性，内涵丰富，文字精美，为中学生提高语文素养提供了一个坚实可靠的基础。

必修课最后一个单元专门设计了先秦诸子的学习。在诸子中选取了最具代表性的孔、孟、老、庄四家，根据各家思想体系的特点确定一个主题，围绕这个主题选取和组织材料。这样，可以使学生对所选诸子思想的精华和语言特点有一个初步印象，对学生了解民族传统文化、形成一定的民族文化底蕴有所帮助。

将语言能力培养与文学鉴赏相结合，是语文版实验教科书最主要的特点。语言学习和文学鉴赏应该是一个有机的整体，二者不可割裂，不可偏废。只有把二者结合起来，才能充分体现语文学科工具性和人文性统一的特点。这是编写高中语文课程标准实验教科书的重要课题。语文版教科书在这方面做了积极的努力，在习题设计中注意到了以下几点：

（1）把理解语言文字作为解读课文的基础，引导学生从语言的品味、应用入手，对文本进行体验、感悟和鉴赏。

（2）引导学生关注现实语言生活，从生活中学习语言。

（3）文言文学习既注意古今汉语的辨异，更注意古今汉语的沟通，把学习古代汉语和准确把握现代汉语结合起来。

（4）引导学生结合自己的经验世界和想象世界，通过体验、感受、比较、迁移等方式，对作品进行多个角度和个性化的阅读。

这些努力在必修课的课后练习中体现最为明显。课后练习分为两个层面：

"理解·鉴赏"：体现理解与鉴赏的基本学习目标，引导学生对课文进行分析综合和感悟体验，品味语言，对作品的认识价值和美学意义进行鉴赏、探究。

"拓展·应用"：体现拓展思维、深入探究的进一步要求，引导学生在掌握课文的基础上拓展延伸，进行比较阅读和拓展阅读，将语文学习延伸到课文与课堂之外，提高语文综合应用能力。

为了给学生自主、合作、探究式学习创造条件，教材特意设置了"相关链接"和"单元链接"两个栏目，结合选文内容，给学生提供相应阅读资料。这些链接材料视野开阔，可读性强，富有学术厚度，有助于学生对文本进行多角度、创造性的阅读与思考，并在对比阅读、扩展阅读中开阔眼界，增加阅读积累。这些材料的着眼点不在于"结论"，而在于"过程"；不在于"诱导"，而在于"示范"，帮助学生培养良好的治学习惯和思维方式。

语文版教材的活动设计了两个系列："表达与交流"与"探究性学习"。

表达与交流中的"写作"集中训练的5个重点是：立意与选材，思路与结构，语言与表达，创意与个性，修改与润色。这5个重点是根据课标要求归纳出来，并按照写作的客观程序排列出的，训练的设计注意了写作过程的指导、方法的体验与运用和综合表达能力的训练。

表达与交流中的"口语交际"集中训练的5个重点是：朗读，讨论，交谈，演讲，辩论。训练的设计有"活动提示""活动评价"等等，活动的设计操作性强，评价注意了对在口语交流活动中确有提高的学生的激励，以利于全体学生口语交际水平的提高。

综合性的"探究性学习"大体可分研究性专题和体验性活动两类，共安排10次，每册2次。活动设计注意面向社会语文生活，既同单元学习要求有内在联系，又有意拓展学生视野，激发学生的探究兴趣和创造潜能；既有体现文化传承的活动，又有体现社会进步与需要的活动，并结合各次活动内容，附有相应的研究方法指导。

三、专题型教材模型

专题型教材模型，指以探究为核心，以人文话题为统领，构建研究性学习专题的语文教材模型。苏教版教材采用了这种模型。

江苏教育出版社编写的高中语文必修教材的基本理念是：以人为本，遵循规律，注重整合，引导学习，倡导开放，立体构建。主要特色有：

第一，以专题组织学习材料，构建多重对话平台。教科书不以知识能力点为体系，而是以学习专题统整积累与整合、感受与鉴赏、应用与拓展、发现与创新等方面的发展目标，每个专题形成块状结构，进而构成新的框架体系。专题设计努力创设新的语文学习情境，加强与社会生活的联系，拓展学习天地，每个专题都能衍生出丰富的语文活动内容，为学习提供多样化的学习途径，在学生与文本、学生与学生、学生与教师、学生与编者之间，构建多重对话的平台。

苏教版教材改变了传统的选文方式，打破时代、国别和话语方式等界限，根据专题需要，把各种有助于探究学习的材料如选文、背景资料、问题设计、思路、讨论题、音像资料、图表、索引等等有机地进行组合。

第二，以人文话题统领专题，促进语文素养的全面提高。教科书的专题以人文话题作统领，又熔铸着人文精神，包含着语文因素。教科书汲取传统文化中的人文观念，融合现代人文主义学说，对相关的文化内涵进行梳理和整合，提炼出一组人文话题。高中生能从这些人文话题中获取精神的滋养，初步形成正确的人生观和价值观。

人文话题的要素，主要是通过具体的文本及相关学习材料体现的。编写组特别重视选文的现代性，在必修部分，第一次入选教科书的文本超过了50%，而且大都是大家名篇，让学生尽可能多地获取经典文化的熏陶。编写组还从新的文化视角与不同的阅读层面对一些传统课文做了独到的解读和新的开掘，将其整合到相关的专题中，赋予这些文本以时代精神和现代意义。

教科书十分重视工具性与人文性的有机结合，每个专题既具有独特的人文内涵，同时又有阅读与鉴赏、表达与交流的具体要求，并在应用、审美、探究方面有所侧重，高中语文必修阶段知识教学、能力培养的目标都得到了较好的落实。在"人与社会"部分，设置了四个"语言文化"专题，重点分别指向文章的修改、作品风格的体味、口语交际能力的培养和文言文阅读及古代汉语知识的梳理等几个方面。"积累与应用"则使语文能力的培养得到强化。其中"写作与实践"既是相关专题内容的自然生发，又自成相对完整的系列。

第三，以探究为核心设计专题，引导学习方式和教学方式的变革，在呈现方式上进行大胆创新，设计了"文本研习""问题探究""活动体验"等三种着眼于学习过程的结构方式，明确提出了对教学方式和学习方式的建议。

　　——"文本研习"提供经典性的阅读文本，创设阅读对话情境，引导学生参与阅读对话，表达交流阅读的体验、感受和思考，侧重于提高学生解读文本、鉴赏作品的能力。如"和平的祈祷"是一个包含了"文本研习""问题探讨""活动体验"三种方式的专题，第一板块"遭遇战争"（选文是肖洛霍夫的《一个人的遭遇》和海因里希·伯尔的《流浪人，你若到斯巴……》），其"文本研习"的设计是：

　　（1）两篇小说都以第二次世界大战为题材，主人公分属敌对阵营，一个为保卫祖国而战，一个为法西斯卖命。研读作品，说说作者试图告诉读者的是什么，它们各自是从什么角度表现主题的。

　　（2）《一个人的遭遇》中，索科洛夫的命运是悲惨的，他在向陌生的"我"口述自己的经历时是一种什么样的心情？通过他的叙述，你能概括出他的性格特点吗？最后一节中，凡尼亚举手向"我"告别时，"仿佛有一只柔软而尖利的爪子，抓住了我的心"，这是一种什么样的感觉？"我"为什么不想让孩子看到眼泪？

　　（3）《流浪人，你若到斯巴……》中，作者为什么反复描写学校的环境布置？"我"一直处在怎样的精神状态？悬念的设置在这篇小说中起到什么作用？

　　——"问题探讨"着眼于培养发现问题、探讨问题的意识，引导学生发现问题，分析问题，解决问题，进而能提出有价值的问题，在问题驱动下进入专题学习，在探讨中发展理性思维和批判意识。如"和平的祈祷"专题的第二板块"黑暗中的心迹"（选文为《安妮日记》），其"问题探讨"的设计是：

　　（1）安妮遭受了难以想象的痛苦，却没有想到过仇恨和报复，只希望人类永远不再有战争。她为什么会这么想？她的日记传达了怎样的情感？安妮说："我不相信战争只是政客和资本家搞出来的，芸芸众生的罪过和他们一样大"，你如何理解这句话？人类制止或消灭战争的途径是什么？

（2）每个人都有自己的生活愿望，安妮最大的愿望，是做记者或作家。那么，《一个人的遭遇》中的索科洛夫呢?《流浪人，你若到斯巴……》中的"我"呢？请想一想，这些普通人原来的生活是怎样的，战争又是如何改变了他们的命运？曾有人批判《一个人的遭遇》，认为它"渲染战争恐怖，鼓吹和平主义"，你同意这种观点吗？为什么？请结合本专题文章，和同学交流你的看法。

——"活动体验"引导学生围绕专题人文内涵和学习要求，结合学习材料，开展丰富多样的语文活动，在活动中体验，在活动中思考，在活动中探究，在活动中提高综合的语文素养。如"和平的祈祷"专题的第三个板块"历史画外音"选了两组摄影图片，其"活动体验"的设计是：

（1）就一个时代而言，一幅照片所反映的内容是很有限的，但它记录的历史真相发人深思。第一组照片都表现了战争的苦难，和同学们交流面对照片时的感受，对这些照片发表你的评论，说一说它们是从哪些角度记录战争苦难的。

（2）摄影图片记录的虽然是瞬间，也能反映重大主题。比较、综合两组照片的内容，就"战争与和平"的话题，说出自己的感受；和同学交流你对摄影图片取材、画面构成的认识。

（3）游行的摄影作品往往都有丰富的内涵。为每一幅照片分别拟一段话，作为解说词。搜集同类题材的图片或照片，班级举办"渴望和平图片展"。选一幅你认为最有震撼力的照片，向没有见过此照片的人作口头介绍。

（4）读了安妮的日记，你一定会有很多的感触，请给文前安妮的照片配一段说明文字。如果安妮有安息之地，你将怎样为她写墓志铭？

教科书新颖而灵活的呈现方式，将有效地促进学生改变单一的接受性学习方式，同时也将引导教师教学方式的变革。

第四，以开放的弹性机制，提供选择和创造的空间。为适应学生个性发展的需要，兼顾不同地区、学校的需要，教科书提供了较大的选择和创造的空间。

教科书必修部分前四个模块各有四个专题，每个专题有多个学习板块，教学时可根据学生情况自主选择；有的专题部分板块设计两种以上的学习方案，以供教学时选择；第五个模块根据高中第二学年的教学实际，设计了六个专题，选择性更强。教科书的学习板块以及学习方案、活动方案、题目设计均具有多样性和选择性。学生、教师、学校都具有自主选择的机会，还可以在教科书提供的模块、专题、学习材料、学习方案的基础上，开发、创造和发展，进行个性化的学习和个性化的教学。

四、活动型教材模型

活动型教材模型，指以活动学习为线索、中心和载体，以学生自主学习的视角来叙述、编制教材结构体系，以求让学生在活动中学习语文的教材模型。鲁人版教材和广东版教材，都属于活动型教材模型。这里只着重介绍鲁人版教材。

山东人民出版社编写的高中语文必修教材，是以语文综合实践活动为中心，意在使学生进一步获得语文应用能力、探究能力和一定的审美能力，提高语文素养，形成良好的思想道德素质和科学文化素质，为终身学习和有个性的发展奠定坚实的基础。

（一）简捷科学、易于驾驭的单元结构

鲁人版教材的体系结构从整体上分为必修模块和选修模块两部分。必修模块与选修模块体系结构的设计共同遵守以下基本原则：第一，以活动学习为线索，以活动学习为中心，以活动学习为载体，体现本教材活动性特点，目的是让学生在活动中学习语文。第二，采用学生自主学习的视角叙述和呈现文本与活动，以语文综合实践活动为中心整体提高学生的语文素养。第三，突破原有"课"的概念，把一个单元整合成一系列的活动，在活动中开展自主、合作、探究性学习。

5个必修模块每个模块由4个单元构成，共有20个单元，每个单元围绕

一个话题组织选文，共20个话题。20个话题涉及八大学习领域：人生、情感、生活、自然、社会、艺术、科教、文化。不同领域的话题相互间隔分布，同一领域的话题在5个模块中循环出现，20个话题既相对独立，又有内在关联，同时，5个模块还各设计了一个活动性学习专题，编排在教科书的后面，作为单元学习的进一步拓展和升华。

（二）在活动中学习，在活动中发展，是教材编写的宗旨

内容丰富多彩、形式新颖的语文学习活动设计是鲁人版教材最突出的特色。

鲁人版教材关注学生的学习过程，重视学生的自身体验，以语文学习活动为中心，建立教材的体系结构，统整单元内容，着力于学生学习方式的转变，旨在让学生在活动中学习语文，在活动中发展自己，即让学生在丰富多彩的语文学习活动中掌握基本的语文知识，培养语文能力，掌握语文学习的方法和技能，对文本进行领悟、体验、鉴赏、探究性学习，并能够发现和创新。

"学习活动"基本形式分为针对文本的学习和由文本向课外拓展的学习两大类，从学习内容方面大致可分为7类——基础类、成果展示类、探究类、鉴赏体验类、文本品读类、学习方法指导类和发现与创新类。如"体悟山水神韵"单元的"学习活动"如下：

1. 文本赏读

（1）《听听那冷雨》《再别康桥》《石钟山记》都以其特定的情思、意境和独具魅力的语言，给人以美的享受和深刻的启示。请反复朗读体味这三个文本，并背诵《再别康桥》和《石钟山记》。

（2）《听听那冷雨》和《再别康桥》中有许多精彩的描写，请选取自己感触最深的语段，写一段赏析性的文字和同学交流。

（3）阅读的过程是自我体验的过程，当我们恋恋不舍地从《听听那冷雨》和《再别康桥》的艺术世界里走出的时候，心中已经形成了自己的"冷雨"和"康桥"，请根据自己的阅读感受口头描述"我心中的冷雨"和

"我心中的康桥"。

（4）苏轼在《石钟山记》中写道"事不目见耳闻，而臆断其有无，可乎？"你对这种说法有什么认识？请就此问题分小组讨论。

2."山水"诗文展示

（1）在《听听那冷雨》中，作者巧妙地化用了许多写"雨"的诗句，如"只是杏花春雨已不再，牧童遥指已不再，剑门细雨渭城轻尘已不再"。请在文中找出一些类似的语句，写出原诗句或整首诗，并与同学交流。

（2）古今中外描写山水的文学作品浩如烟海，请分组查找富含哲理的山水诗文，选出部分优秀作品，工整地誊写（或打印）出来，在班内展示。

（3）根据自己的游历体验，借鉴文本的表达技巧，写一篇游记，与同学相互点评。

（三）主题鲜明、文化内涵丰富的"活动性学习专题"

活动性学习专题是鲁人版教材的又一亮点，其主题鲜明、文化内涵丰富。既拓展了学习内容，也有利于体验实践性活动与文本研讨的有机结合。5个模块共设计5个专题——走进孔子、与经典对话、真情伴我成长、语文与我同行、感受古代汉语的文化意蕴。每一个专题又由"活动方式""活动资源"组成。"活动方式"体现出了教材活动性的特点，体现了让学生在活动中学习语文、在活动中发展自己的学习特点。如"走近孔子"活动性学习专题，其"活动方式"的设计是：

1.话说孔子

孔子在封建时代被尊奉为"至圣先师"，其实，在历史记载中他首先是一个有着喜怒哀乐的普通人。

（1）研读"活动资源"中的《〈论语〉六则》《孔子世家》，并借助图书、网络资源，初步感知孔子。

（2）以小组为单位，每人选择一个侧面，讲述孔子其人其事。

2.孔子名言展

孔子的许多言论富有启发意义，至今仍具有鲜活的生命力。

（1）收集孔子的名言警句，分类整理，标明出处。

（2）每人选择其中几句，写出它的含义和对自己的启发；汇总后以板报、宣传栏的形式展出，有条件的可制成网页。

3.讨论会

孔子为后人留下了一笔丰厚的文化遗产，他的思想涉及政治、哲学、教育、伦理等多个领域，其中一些观点，如修己安人、见利思义、因材施教、学思结合等，仍然值得我们学习和借鉴。

（1）阅读"活动资源"中的《孔子：第一位教师》或其他资料，了解孔子的基本思想。

（2）选择某一角度，确定讨论会主题，拟写发言提纲。

（3）组织讨论会，可邀请专家、老师现场交流或评点。

4.孔子文化考察

孔子创立的儒家学说，影响中国两千余年，已渗透到社会生活的方方面面，深入到中国人的心灵深处。全国各地，留下了许许多多与孔子有关的文化遗迹。

（1）实地考察或通过网络了解与孔子有关的文化景观、风俗礼仪，注意搜集碑刻、楹联、民间传说等资料。

（2）整理考察资料，并向专家请教，就某个专题，如孔子姓名考、孔子像与历史记载的差异等，撰写小论文，并编辑成册。

（四）时代性、经典性与多元文化兼顾的选文

选文是语文教材的核心部分和文本基础，也是语文教材改革的核心内容之一。上个世纪末关于中学语文教育的社会大讨论中，教材选文内容陈旧，跟不上时代前进步伐，曾是为人诟病的主要问题之一。鲁人版教材选文视野开阔，注意遴选古今中外各类文本，注重吸纳人类文明成果，重视多元文化，在选文开发上作出了努力，深受教育部教材审查委员会的鼓励与支持。

第五章　语文教育管理

历史的车轮早已迈进21世纪，开始了信息化的征程。在新的历史时期，有些专家认为，当代教育要重视培养学生利用信息技术表达的能力；也有些专家指出，未来社会没有阅读和沟通的能力，没有团结合作的能力，就没有通往工作的渠道。这说明阅读和表达是未来工作的前提条件，未来社会需要的是高水平的阅读能力，高信息的表达能力和高交际的综合能力。这无疑向我们的语文教育管理工作提出了新的挑战，要求我们从"整体"、"优化"观念出发，进行高效的智慧管理。

人的智慧主要体现在对复杂事物的分析判断和发现创造的能力上。孙子说"上兵伐谋"，意思是作战的上策是在谋略亦即智慧上战胜对方。同这种军事战略决策一样，教育也在于以智取胜，即创造性管理智慧是教育高效能的根本"法宝"。

第一节　语文教育管理的本质

要用智慧对语文教育进行有效管理，提高语文教育质量，以实现"向管理要效益",就必须首先搞清什么是管理,什么是语文教育管理。

一、智慧管理观:组织与协调

作为现代文明的三大支柱之一,管理在人类社会活动中起着不可估量的作用。正如前苏联管理学家波波夫在《管理学理论》中所说:"管理是我们生活中不可缺少的一个组成部分,如果不缩小热力函数,不提高组织水平,不利用管理杠杆,人类就不可能向前发展。"所以,在现代化建设的进程中,人们提出的口号是"向管理要质量"、"向管理要效益"。

那么,何为管理,管理的本质是什么?对于这个问题,学术界目前还存有各种不同的认识。不同的学派,分别从不同的角度提出了不同的解释。概括来说,对管理概念的界说主要有职能论、目的论、系统论、决策论、人本论、模式论等观点。有的认为"管理就是领导",有的则认为"管理是一种文化活动",还有些观点认为"管理就是决策"、"管理就是运用教学模型和程序最优化地解决问题"等等。由此可见,管理是一个比较复杂的多层性概念,我们必须从本质上对其作科学性的定义。

所谓"定义",通常指的是那些固定不变的"概念",而"概念"通常是指根据某些特殊事例得出的抽象观念和含义。因此,概念往往会随着人的认识不同和"特殊事例"中内容的不同而有所变异。这样,"管理"这个概念的含义自然会随着不同认识和不同角度而作出不同的解释。要准确阐明管理的概念,关键在于把握它的本质。

马克思指出:"一切规模较大的直接社会劳动或共同劳动,都或多或少地需要指挥,以协调个人的活动,并执行生产总体的运动——不同于这一总体的独立器官的运动——所产生的各种一般职能。一个单独的提琴手是自己指挥自己、一个乐队就需要一个乐队指挥。"[1]从马克思的论述可以看出,管理的本质是确定目标和为了有效地实现目标而进行的协调性工作。

---

[1]《马克思恩格斯全集》第23卷,人民出版社1972年版,第367页。

确定目标是指活动应该有目的，以目标统帅活动正是管理的前提，而科学地决策就是以确定目标作为管理的重要内容，以有效地促进目标的实现为进行协调性工作的最终目的。

系统理论认为，母系统的功能大于各子系统功能的总和，社会劳动和共同劳动的能力超过个人活动能力的总和。也就是说，当人们组成社会，组成一个集体后，对每个个体活动能力的总和起了放大甚至高倍放大的作用。那么，这个放大作用，是由什么来完成的呢？靠有效的管理。可以说，管理是联系各个子系统（个体活动）的纽带。由此可见，管理的本质在于协调，通过协调来放大所管理的系统的功效，这就是管理区别于一切社会活动的本质特点。

管理是一系列的协调活动，表现为通常所指的管理职能体系，包括计划、组织、指挥、评价、控制等，因而协调是广泛的。

通过以上分析可见，所谓管理，就是人们为了实现预定的目标，按照一定的原则，通过组织和协调他人的活动，以便收到个人单独活动所不能收到的效果而进行的各种活动，这是对"管理"含义最基本的理解。这就是说，管理有三个要素：①完成一定的目标；②负责一定的群体；③按照一定的原则。

根据对"管理"的这种理解，我们可以确认教育工作便是管理工作。①教师教育的班级有十分明确的行动目标：学好某几门学科，实现全面发展。②教师面对个性、基础各异的班集体，为了实现教育目标，必须遵循教育的原则，采取一系列的方法，协调教育过程中的各种矛盾和关系，发挥各种教育条件的作用，以便收到"整体大于部分之和"的功效。所以说，教育的本质就是"管理"，教育即管理。

把教育视为管理是教育发展的要求。现代教育已由孤立地讲授知识，转向以训练为中心的培养语文能力的轨道。"讲"的目的在于使学生获得知识、技能，最终形成能力，而这必须通过学习主体——学生的活动（听与记也是学生的活动）才能实现。教师的"讲"，是让学生去听、去记、去练习，包括学生自己阅读、思考及操作实践。可以说，教育只是一种管理手段，而非管理的全部。

现代教育工作是一种管理工作，既管教法，又管学法；既要管课内，又要管课外。教育管理就是要实现教师主导和学生主体的最佳结合，教法与学法、课内与课外的有机结合，最终达到"教"是为了"不教"。

语文教育作为基础教育的重要组成部分，比之其他学科的教学，更需要科学有效的智慧管理。语文的人文性决定语文教育必然是一个以课堂教育为主体的开放系统，教师的教育与家庭、社会密不可分，言语的习得、运用又是多渠道、多途径的，课内课外，语文与其他学科的种种关系需要妥当处理；语文的工具性决定语文学科是技能性学科，比之知识性学科更需各种组织形式的训练。言语习得的内潜性，口语、书面语错综复杂的关系，更要求语文教师获得学生学习信息的反馈，并及时分析处理；言语形式与内容的不可分割性，言语活动的高度综合性，对语文课的教学、检测、评价等的要求更高，更难使之客观科学等等，这些都决定了语文教育比其他学科的教学更复杂，决定了语文课的教者与学者要承担多重角色，开展多重活动。一句话，语文教育更需要进行智慧管理。

语文教育要走智慧管理之路就要求语文教师要善于计划安排，善于确定教学的预期目标，善于将教学目标转化为学生自觉学习的目标，善于组织学生个人、小组、班级的语文训练活动，善于调控班级全体学生的行为，使之协调一致，努力将期望目标变为现实。总之，语文教师不能只充当"传道、授业、解惑"的教书匠，而应像潘凤湘、魏书生老师那样，用更多的时间和精力来计划、安排、组织教育工作，成为善于教育管理的新型教师，使学生成为具有学习自主性的新型学生。

总之，语文教育工作就是一种管理工作，管理即教育，管理即协调，管理即服务，我们必须要树立智慧高效的管理观，使三者有机结合，以取得最佳的管理效益。

二、优化管理观：民主与和谐

语文教育工作是管理工作，但它与校长管理学校有着很大的不同，与厂长管理工厂更有着本质的差异。因此，我们必须要切实把握语文教育管理的特质。

第一，语文教育管理是通过对人——主要是对学生的民主管理，实现教学过程的最优化。最优化实质是对过程的各个组成因素实现科学的组合与调控。因此，语文教育管理便包括民主化管理与科学化管理两大特征。民主化管理是为了营造人与人之间和谐融洽的关系，从而创造使学生最能发挥学习积极性和展现才能的环境。科学化管理是让学生按照客观规律，运用得当的学习方式、方法，以便高效地实现预期目的。教师必须通过民主化管理，使师与生、生与生关系和谐融洽，激发学生以最大的主动性按照最优化的要求学习。只有学生高度主动地管理自己，教育过程的最优化才有望实现，高效的教育目的才有可能达到。

第二，师与生、生与生的民主关系建立在共同目标的基础之上，要实现科学有效的管理，必须使班集体有共同的明确的行为目标。当然学好语文课，是语文教育管理的最终目标，但这一目标在执行起来时太笼统，学生只有一个抽象的学好语文的目的，而没有具体的每一个学习过程的行为目的，学生的学习就会处于被动的地位。要使学生积极努力地学习，就要设立学习每篇课文、每个单元、每种教育活动的具体目标，即使目标细化；还要让学生明确这些具体目标，使老师、学生在短期内有共同的目标可循，有相同的目的可依。只有当教师的具体教育目的，变成全班所有学生的共同目的时，班集体才可能形成一个真正的集体，这一集体才能同心协力去实现这一目的。

第三，对语文教育——学生言语习得的全过程，包括过程中的各个构成因素与组织成分以及过程中各式各样的活动，活动中采用的方法手段进行全方位的控制，是语文教育管理的基本内容。要对语文教育实施良好的控制，使语文教育走向民主与和谐，就要充分运用反馈系统，从活动过程中的各种因素成分即方法手段的选择与组合开始，针对活动过程中的实际情况进行灵活调控。调控的目标与依据依然是预定的目的。

通过以上分析可以看出，语文教育管理，实际上是系统论、信息论、控制论、心理学、管理学、教育学等原理在语文教育中的具体运用。它既是应用科学，又是应用艺术；它既有宏观的环节，又有微观的过程，包括了信息的多渠道吸收、输出和反馈，也包括了信息的选择、评价和强化。所以说，语文教育管理实质上就是根据具体的教育目的，协调好教育中出现的各种矛盾、问题，使师生关系走向民主和谐，促使教育情境中的消极因素向积极因素转变，以便高效地实现语文教育目标的过程。

第二节　语文教育管理的原则

语文教育管理的原则，是根据语文教育管理的目的、教育管理过程的客观规律而制定的对语文教育管理的实践工作的基本要求，它是教育管理基本原则的具体化，是做好语文教育管理工作的行为准则。只有掌握符合客观规律的语文教育管理原则，才能够运用和创造科学有效的管理方法，实现智慧管理，达到教育管理的目标和要求。

一、科学性原则：最优的选择

语文教育管理的科学性原则，是指管理者在管理过程中遵循教育的客观规律包括管理对象的身心发展规律、语文学习规律和教育管理系统自身的运行规律等，运用先进的科学管理理论和方法技术，借鉴语文教育管理的成功经验，进行科学的管理，不断提高语文教育管理的水平。

贯彻科学性原则，需要我们注意以下几个方面：

（一）要有科学的管理思想和决策

语文教育管理思想和决策要讲科学性，"思想是行动的指南"，语文教师的管理思想对其管理行为起着支配作用。没有科学的现代化管理思想就不可能有科学的管理行为。这就要求语文教师必须破除片面追求升学率的错误观念，摆脱"应试教育"思想的束缚。立足于"人"的语文素质的教育，陶冶学生情操，启迪学生悟性，发展学生个性，塑造完美人格，以培养创新人才为己任，努力提高学生的技能素质、人文素质、审美素质，坚持以育人为中心的全面发展的语文教育管理思想。

在管理学中，"决策"泛指人们在行动之前对行动目标与手段的探索、判断与抉择的过程，也就是做出决定的过程。它普遍存在于现代管理活动中，管理者总是通过决策使组织正常运转，并影响组织的正常发展，可以说"管理是决策的艺术"。管理决策的科学性与否直接影响着管理行为的有效性的高低。要作出科学的决策，就要以正确的指导思想为指针，运用科学的方法，按照科学的程序多方考虑，设计不同的方案，并从中选出能实现预期目标的最优化的行动方案。

（二）借鉴科学的管理方法

管理方法是实施的方式，是执行语文教育管理职能的手段。管理思想、管理决策的科学化最终都要通过方法来实现，因此管理方法必须科学，而合理、有效就是判断其是否科学的重要依据。语文教育管理中的一些传统方法，有很多是非常有效的，如分工协作、调查研究、有的放矢、深入抓点、以点带面等等。这些管理方法对于提高语文教育管理效能都有一定的作用，在现代语文教育管理中应充分借鉴。随着管理科学的发展，现代管理理论和方法不断引进语文教育管理领域，使语文教育管理进入了一个新的阶段。运用系统论、信息论、控制论等的一些原理和方法，结合教育工作的特点，进行教育管理，已有不小进展。诸如建立封闭式的管理系统，形成有效的管理运动；建立信息反馈系统，及时准确地掌握情况，进行有效调节，消除工作中的漏洞；按照弹性原理，在制订语文教育计划的过程中必须留有余地，保持一定的、可调的弹性，以便适应客观情况可能发生的变化，实现有效的动态管理；按照管理心理学的集体目标和个人目标统一、参与和认同、心理平衡等原则，协调各方面的关系，使人际关系和谐融洽，充分调动各方面的积极性，以提高管理的效能等等。在语文教育管理中，要注意吸收、借鉴这些科学方法，将之运用于具体工作中。

（三）运用先进的管理手段

所谓先进的管理手段，就是管理中所运用的现代科学技术。现在我国大部分条件较好的学校里，已经采用先进的计算机来加强语文教育的科学管理和监控。语文教育软件也已开发出来并得到运用。今后，要进一步加强教育管理软件的研制，更大程度地发挥多媒体在语文教育管理软件中的作用，并充分利用网络等新型设施，完善语文教育管理的信息系统。

二、民主性原则：主体的参与

民主性原则，是指教育管理者要充分调动全员的积极性和创造性，发动和组织他们参与教育管理。它不仅仅指语文教师对学生管理的民主，还表现在学校、语文教学教研组等上级业务主管部门对语文教育实施管理过程中与语文教师形成的民主关系。

（一）领导部门的民主管理

领导部门，主要指语文教学教研室、校分管业务的校长及教研组等上级业务部门。相对于语文教师来讲，他们是管理的决策层，而语文教师则是管理的执行层，对语文教育管理活动中出现的矛盾和问题，语文教师体会最多，感受最深，得到的教育信息也最全，对教育管理最有发言权。坚持上级业务主管部门对语文教育实施民主管理，就是要领导充分相信语文教师，坚定不移地依靠教师，善于激发和集中语文教师的智慧和力量，调动教师参与管理的积极性，使他们真正成为管理的主力。

（二）语文教师的民主教学

教师、学生是展开教育具体工作的主体，他们的关系是否和谐融洽对语文教育有着更为深远的影响。要建立师生间良好的人际关系，营造和谐融洽的教育氛围，语文教师必须在语文教育中实施民主管理。

第一，要承认学生个体的人格价值。尽管教师永远是教育工作的主体，学生是受教育的客体，但因为这个客体与教师这个主体一样都是有主观能动性的人，在人格上是平等的；还因为言语能力只能在言语活动中形成和发展，而学生是学习活动的主体，没有学生学习活动中的主动地位与权利，学生的言语能力便不能充分发展。因此，在语文教育中，教师应抛弃传统的"以教师为中心"的教育模式，承认和肯定学生的个体人格，尊重他们，虚心听取他们的意见和建议，让他们参与制订工作计划，充分调动学生的积极性。特级教师魏书生在制定每一项管理计划时都和学生讨论、商量，学生觉得切实可行之后，才列入计划，付诸实施，这是他成功的关键之处。

第二，教育活动的开展应以学生学习练习为中心。教师要承认学生根据自己的情况进行学习的权利，给他们自主权，放手让他们自己安排学习活动，使语文教育活动从以"教师讲授范文为中心"转化为"在教师指导下以学生学习练习为主"，即以言语技能训练为中心。

第三，采用平等研讨的教育方法。教育民主，不是个人的绝对自由。学生学习的主动权也不是个体任意活动的权利，而是遵循群体学习目的下的主体活动权。因此，实行教育民主的一个关键就是充分发挥群体的作用。要善于运用班级讨论，特别是小组讨论的方式，使学生在讨论中充分发表自己的意见，通过讨论明辨是非，舍弃错误意见，集中正确意见。学生讨论时，教师不仅作一般的平等的发言人与听众，还应控制好局势；学生讨论时教师不但要关注讨论的内容，而且要关注讨论的方式方法。因为只有在民主的教育活动中，学生才能体会到民主、学会民主。

第四，实行民主教育有广泛而深远的意义。首先，能充分激发学生学习的积极性与主动性。一个人自己选择要干的事，比别人硬要他干更能引起他的兴趣，学生也是这样。他对于自己参与计划的事有兴趣，就会投入更多的时间、精力，努力完成。其次，可以集思广益，发挥集体的作用，制定最优的教学方案，做到低耗高效地完成语文教育任务。最后，在发扬民主的教育环境中，学生的智力才干，能得到充分的施展，也就是说民主的教育能够培养学生的主动精神、创造精神、组织能力、交际能力等等，有利于培养具有开拓精神的创新人才。

三、计划性原则：行为的导引

计划是工作之前或行为之前拟订的具体内容和步骤。在管理过程中，计划是围绕着管理目标，根据现实条件设计的具体协调管理行为的结构，是联结目标和实施过程的中间环节。语文教育的管理计划就是对语文教育的各种要素提前安排。

列宁指出："任何计划都是尺度、准则、灯塔、路标等等。"也就是说计划具有指向作用、指导作用和指挥作用，可以防止盲目性、片面性、随意性。在语文教育的过程中加强计划性，对提高语文教育质量有着重要的意义。

制定语文教育工作计划的意义在于为整个语文教育管理系统规定明确的任务，给教育管理工作提供重要的依据。计划管理是语文教育实行科学、智慧管理的重要内容，它提出教学目标，明确教学任务，使全体师生看到教育工作"蓝图"的全貌、远景以及要求、部署、方法，使大家沿着教育管理计划指出的方向，在计划的统一指挥和具体指导下前进，使学生、教师及上级业务管理部门都能明确自己的任务和各方面的关系，提高自己的责任感和自觉性，并能有预见性地正确安排自己的工作和学习，掌握管理的主动权。教育中什么事该管，什么事不该管，什么事应过问，什么事应由学生自己解决；何时备课，何时批改作业，何时讲评，阅读和作文的定量是多少等等，都应按计划进行。只有这样，才能使语文教育管理系统有节奏地运转，使语文教育管理工作取得良好的成效。

语文教育管理工作计划，也是检查、总结和提高教学质量的依据。语文教育管理系统要做到合理安排教学工作，使之有条不紊地开展，一个很重要的条件就是要有切合实际的经过周密思考的计划。正如麦克凯茨在《掌握时间，如何以较少的时间做更多的工作》一书中所写的："从某种意义上讲，计划是一切管理工作的开端，如果没有计划、组织和授权委派，管理者的任何努力都将得不到长期的成功；要进行有效地管理，必须计划在前。"实践证明，没有计划，就谈不上管理；缺乏科学性、指导性、预见性的计划，语文教育管理工作也不可能取得预期的成效。

在制订语文教育计划的过程中，我们应注意以下问题。

（一）要把近期计划和远期计划结合起来

近期计划是指一个学期或学年的计划，其中又可分为若干个小段，如一个月、一个星期、一天、一个学时等。远期计划是指较长时段的计划。

远期计划带有目标的性质，它可以指引、激励我们的语文教育管理行为，语文教育管理必须有远期计划。但若只有远期计划而没有近期计划，就容易使人的短期行为缺乏明确的目的性，减少了短期行为的动力，所以说，近期计划也是必要的，它对短期行为起着指导、补充和监督、检查的作用。就学生的自我管理而言，他们的元监控能力较弱，短期计划则显得尤为重要。

（二）要近详远略

远期计划是指导较长时期的教育管理行为的，所以远期计划可以粗略一些，但近期计划必须详尽，并且越是靠近现在的近期计划越是要详尽。一天是我们在计划语文教学时的基本单位，计划好每一天是我们语文教育计划的关键。大音乐家柴可夫斯基在总结他所取得的成就时说："全部秘诀，在于每天准确地工作……"在制定语文教学计划的时候我们一定要详细地规定好每天语文教学的目的、内容、程序、手段等等。学生制订自己的学习计划时，一定要详尽地规定学习内容、学习时间，要掌握哪些知识技能，要进行何种语文练习和活动等。

（三）要有一定的弹性

我们在制订语文教育管理计划时应尽可能周密地考虑到各种情况，但语文教育管理是动态变化的，我们不可能准确地抓住每一个细节，这就要求我们在制订教育管理计划时要设计第二方案，做到留有余地，使之富有弹性。我们还要定期分析与语文教育管理有关的各种因素的变化，对计划做出相应的调整与改进。这样，才能使计划在发展中逐步完善，才能使之更有效地指导具体的语文教育管理工作。

四、阶段性原则：过程的有序

所谓阶段性原则，是指语文教育工作如世界中的万物一样，在发展过程中，按照自身的运动和发展规律划分为若干个阶段，循序渐进地向前发展，最终实现语文教育管理系统的整体目标。

阶段性原则要求语文教育管理工作既要重视全过程的管理，又要抓好分阶段的管理，二者是辩证统一的。明确全过程的管理目标，加强对全过程的管理工作，能推动各个阶段的工作朝着整体目标前进；而工作阶段划分得宜，抓好了各个阶段的工作，又可使整体目标的实现得到具体的保证。过程是由阶段组成的，分阶段的工作做不好，全过程的管理就会落空。因而，贯彻阶段性原则对于语文教育管理意义重大。

管理系统在运行过程中分阶段进行，是符合语文教育本身的实际情况的。首先，分阶段管理的原则是由我国现有的学制决定的。在基础教育系统中，语文教育系统在时间上分为三个阶段，即小学阶段、初中阶段和高中阶段。每一阶段由于语文教育的目的、任务和要求各有侧重，因而其相应的管理工作也必然是各不相同的，是分阶段的。其次，阶段性原则是由同一学段中不同年级的特点决定的。在我国，年级不同，语文教育内容是不一样的。比如随着高中各年级语文教材难度的逐渐加深，课程标准对识字与写字能力、阅读能力、写作能力、口语交际能力和综合性学习知识五个方面提出的具体要求和规定，也有了明显的不同。教育内容不同，管理自然也就有了差别，各个年级的管理方式是不一样的。

分阶段管理的原则是符合语文学习本身发展规律的。早在古代，我国的教育家、思想家就对学习过程有了不同阶段的划分，孔子把它分为"学、思、习、行"四阶段，荀子把它分为"闻见、认知、行"三阶段，虽然由于时代和阶级的局限，他们的划分不免带有形而上学和唯心主义的色彩，但也在一定程度上提示了语文学习从低层次到高层次、循序渐进的发展规律。荀子说过"不积跬步，无以至千里；不积小流，无以成江海"。学生学习能力的获得必须从低到高，经历一个由量的积累到质的变化的过程。比如学生自学能力的获得，就是分阶段的。第一阶段，主要是教师教授给学生阅读方法，指导学生"粗、细、精"地阅读课文。第二阶段，使学生逐步养成自学习惯，采用的方式可以是教师指定课节进度，提示阅读提纲和思考提纲，指导学生阅读教材。第三阶段，重点在于培养学生的独立性，要求学生用自己的话写读书笔记和心得体会等等，使学生初步养成自学的习惯并获得一定的自学能力。第四阶段，要逐步使学生不依靠教师就可阅读教材，深刻理解教材内容，掌握各部分间的逻辑关系，获得良好的迁移能力、自学能力。当然，这种能力获得阶段的划分并非像时间阶段划分那样的明显，有时，还会出现一定的反复。但总的来说，学生自学能力的获得是从低到高分阶段进行的。在语文教育管理过程中，就要注意到这种阶段性，做好各个阶段的管理工作。

语文教育管理是分阶段的，但各阶段间并非完全独立，而是有一定的联系，前一阶段是后一阶段的基础，后一阶段又是前一阶段的继续。在教育管理中，前一阶段的安排是否适当，往往也需要后一阶段的检验。因而各阶段间又体现了一定的连续性。要在语文教育管理中合理地贯彻阶段性原则，就要一步一步地，一个目标一个目标地分阶段进行管理，既要放眼整体的管理，更要重视、抓好分阶段的管理。

五、自主性原则：自我的监控

自主性原则是语文教育管理的最高原则，它是学生学习主体性特征的具体体现，在语文教育管理中，学生自主性的获得过程亦即其自我管理能力的获得过程。语文教育管理必须实现自主性原则，达到学生自我管理的目标，这是素质教育的要义"让学生主动发展"所要求的；也是由现代语文教育方向决定的，现代语文教育的方向就是由授之以鱼，到授之以渔，使学生能够按规律自觉主动地去"渔"，即达到自我管理。语文科的可自学性的特点也决定了语文教育管理能够贯彻"自主性"原则，实现学生的"自我管理"。

学习的自我管理是指主体在达成学习目标的过程中，独立地对自己的学习活动进行自觉的计划、监控、检查、评价、反馈和调节。它包括三个方面，一是主体的自我导向，即学生自己确定学习目标、拟订计划、选择方法等；二是自我监控，即学生对自己的学习活动过程和学习结果的反思、评价、反馈；三是自我强化，主体对自己的学习活动进行调节、修正和控制。

要在语文教育管理中更好地贯彻"自主性"原则就必须注意培养学生的自我管理能力。

（一）教给学生学习方法，培养自学能力

德国著名教育家第斯多惠说："一个坏的教师奉送真理，一个好的教师则教人发现真理。"只有教给学生"发现真理"，让他们掌握学习方法，才能使学生在教师不在时，照样能按计划自觉地完成学习任务，照样自学、自测、自结，真正实现"教是为了不教"的理想。

（二）加强元认知培养，积累自我管理知识

学生所具有的关于学习活动的知识经验是影响其自我管理水平的重要因素。美国心理学家Hovell将学生学习的自我监控活动称做元认知，包括元认知知识和元认知监控两大部分。学习中的元认知知识主要包括：有关所学科目、教材特点方面的知识，有关学习任务方面的知识，有关学习策略方面的知识，有关学习者本人特点方面的知识。而元认知监控则集中表现为在学习过程中如何有效地、适当地协调上述几方面的作用。国内外大量实验研究表明，元认知知识的掌握和元认知监控方式的训练，能有效地提高学生的自我管理能力。在语文教育管理中加强元认知培养就是要让学生了解语文学科的特点，掌握语文学习的方法、策略等，还要有意识地训练学生有效、适当地协调各方面知识的能力。

（三）强化归因训练，让学生学会自觉调控

不同归因方式的学生对学习活动的自觉调节程度存在着差别。内控型学生总倾向于把学习活动归因于自己的能力和努力，常常通过对自己的努力程度、时间安排、方法选择等进行自觉调控，完成学习任务。而外控型学生则倾向于把学习归因于外部因素，很少控制和调节自己的学习行为。因此，在语文教育中要注意培养学生积极的内控的归因方式，加强其学习的自我管理。

一个现代语文教师，就是要教会学生自学，教会学生自己管理自己，要教给学生自学的方法，培养其自学的习惯，要教给学生管理的策略，培养其自我管理的能力，真正使语文教育管理走上"自主化"之路，达到"管是为了不管"。

第三节　语文教育管理的过程

现代管理理论认为每项工作的管理都按照一定的逻辑展开，即管理活动是一种动态的、有序的过程。那么，这个"序"由什么组成，其逻辑轨迹是怎样的呢？对此，人们有不同的看法，较有影响的是西蒙的"决策链条"说和戴明的"四环节"说。

诺贝尔奖金获得者，科学决策理论的提出者西蒙认为，管理过程就是一个不断进行决策的过程，整个管理活动由"决策——执行——再决策——再执行"这样一个连续不断的活动所组成。这一观点抓住了"决策"这一管理中的关键要素，突出了科学决策在管理中的重要地位，但它没能直观地指出"再决策"与"决策"在管理活动中的职能差别，对这一环节的特点分析不足，这样就给管理带来由于含义不明确而产生的操作困难。

美国著名管理专家戴明指出，管理过程是由计划、执行、检查、处理四个环节所构成的，这四个词的英文字头分别为P(plan)、D(do)、C(check)、A(action)，因此管理过程被认为是由PDCA构成的整体、连续循环过程。这一管理过程观被称为"戴明环理论"。

计划是对组织所要达到的目标的设想，对在此过程中可能遇到的问题的预见，以及对实现目标进程的筹划。

执行是将计划付诸行动，为达到预想的成果所采取的措施。这一环节包括了组织、指挥、协调、控制、激励等一系列活动。

检查是对计划执行阶段的活动和成果进行评价和诊断，肯定成绩，发现问题，纠正偏差。一般来说，检查是伴随着执行的过程随时进行的。

处理这一环节，现在多被称为总结，它是在工作总体完成以后进行的总评价，它的任务包括肯定成绩、发现问题、提出改进措施和对人员进行奖惩等。

戴明环理论确实能简明扼要地概括管理的全过程，但PDCA循环法将决策环节置于计划环节之中，没有突出决策在管理中的重要地位。尤其是决策已成为一门独立学科的今天，我们更要使决策成为管理过程中一个不可缺少的环节，赋予戴明环理论以时代的意义。戴明环理论不仅在工商界被广泛地利用，而且也适用于教育界，因此，这里按五环节阐述语文教育管理过程。

一、决策：面向未来的抉择

（一）语文教育管理决策的特征

决策，泛指人们在行动之前对行动目标与手段的探索、判断与抉择的过程，也就是作出判断的过程。语文教育管理决策，是指语文教育决策者为了达到语文教育管理系统的某个或某些目标，根据语文教育信息指定并选择合理方案的工作，它是面向未来的。

语文教育管理决策具有以下特征：

第一，目的性。管理系统中任何一个决策都是为了达到一定的目标而进行的选择，没有目的，也就无从决策。

第二，未来性。决策是面向未来的，它是一种立足于现实来指导和决定未来的行动，是对未来的前瞻和对远景的计划。

第三，择优性。决策的核心问题是择优，是对未来目标和通向目标的多种途径作出合理抉择，寻求合理有效的行动方案。

第四，创造性。决策总是以变革现在的教育情况为出发点和归宿点的，因此，每作出一项新的决策，特别是重大决策，必然都具有新意。比如，上级业务主管部门要改变现行语文教师评价制度，就会推出一套区别于以往的、有新意的评价方案。

第五，方向性。决策一旦作出，就会给语文教育管理工作指明方向，在决策执行的过程中，必须处处用它来规范、约束全员行为。

（二）语文教育管理决策的类型

语文教育管理过程中的决策是多种多样的，按照不同的标准可把决策划分为不同的类型。

按决策主体人数分，语文教育决策可分为集体决策和个人决策。集体决策是由多个决策者共同参与作出的，它可以集思广益，对方方面面的问题作出周全的分析，因而更具合理性，更易为广大成员接受，执行起来相对容易一些。个人决策是由单个决策者作出的，它容易带有主观偏见。在现阶段的语文教育管理过程中，一般采用集体决策，因为集体决策已经超越了个人智慧的水平，需要借助组织及组织内外的人共同参与。

按决策目标的多少分，语文教育管理决策可分为单目标语文教育决策和多目标语文教育决策。单目标语文教育决策是指整个行为围绕一个目标的决策，相对简单一些，但语文是一种融听、说、读、写于一体的能力集合，在实际教育中，仅仅围绕一个目标展开的行为少之又少，即便是有单一目标，这个目标往往也是可以细化为许多小目标的总目标，因此，多目标语文教育决策在实际教学过程中要多一些。由于目标多，目标之间的矛盾和制约关系也多，决策问题对决策的约束条件也多，这就要求决策者在决策时要注意目标的主次和轻重关系，尽量做到统筹兼顾、相得益彰。

按决策的规模分，语文教育管理决策可分为宏观决策、中观决策和微观决策。宏观语文教育决策是一种在较长时期较大范围内决定发展方向、原则和目标的决策，关系到全局利益和长远利益，是管理过程中成功与失败的关键。国家教育部门颁发的语文课程标准、有关语文教改要求的文件等都属于宏观决策。中观决策是在宏观决策影响和制约下制定的局部性决策，它往往由分管业务的学校领导和语文教研室作出。微观决策是指对班级教学有直接影响的语文教师和学生的决策。它比较灵活，影响的时间相对比较短，带有执行性的特点。这类决策的制定和选择，应以宏观和中观决策为依据，根据班级实际，由师生共同作出。

按决策形态分，语文教育管理决策可分为规范性决策和非规范性决策。规范性决策又叫程序化决策，是指按原来规定的程序、方法和标准去解决语文教育管理中经常重复出现的问题，比如对学生的作文和周记的处理。非规范性决策又称非程序化决策，是用来解决以往没有先例可循的新问题的决策。因其偶然，无先例，要求决策者在决策时必须根据情况具体分析，作出判断。程序化决策和非程序化决策是相对的，而不是截然分开的，在一项决策中，往往既有程序化部分又有非程序化部分，对作文的处理，总体来说是程序化的，但其中总不乏对学生作文中出现的意外情况、偶然事件的非程序化处理。有些问题，初次接触时还不十分了解，决策往往是非程序化的，但随着人们认识的不断发展，这类决策就会逐渐向程序化转化。

（三）语文教育管理决策的程序

科学的决策要经过一系列步骤，它们有机地联系在一起，被称为决策程序。大体上说，一个完整的决策过程包括明确问题、确定目标、制订方案、评价和选择方案、在实施中追踪方案等几个基本环节。

1.明确问题

明确问题，是决策过程的起点，是提出语文教育管理决策的根据。所谓问题，是指现实实际状态同期望状态之间存在的、需要缩小或消除的差距。只有明确问题、查明原因，才能定下决策的方向，这一阶段必须做好以下几项工作：

第一，查明问题的范围、程度和特点。范围是指问题发生及影响的广度，比如在教学中发现了用词不规范现象，就要弄清这种现象是发生在个别同学身上，还是发生在全体同学身上。程度是指问题发生和影响的深度，比如用词不规范现象严重吗？能否影响语文教育等等。特点是指所发生的问题与其他类似情况有何不同，存在什么新颖之处。

第二，分析问题的原因。任何问题都有它产生的原因，由于事物之间的联系是普遍的、复杂的，事物之间的因果关系也是多种多样的、复杂的。因此要深入地分析问题的原因就必须深入调查，详尽地了解和占有资料，进行纵向、横向的分析，从中找出可能的原因或因素。比如对学生用语不规范这一现象，通过深入调查、科学分析，我们了解到一方面随着社会的发展，语言也在发展，语言不规范现象在社会生活中尤其在流行歌词、网上交流中大量涌现。另一方面，学生出于追时尚、赶潮流的心理，对于这类问题，他们往往不加分析，盲目追随，于是就产生了大量学生用语不规范的现象。

第三，预测事态发展方向。预测就是对某一不确定的或者未知的事情作出分析，对其发展前景和过程的各种可能性进行判断。科学的预测要运用系统分析的方法，综合相关因素而作出整体性的判断，要经过确定问题、收集和整理资料、建立预测模型、得出预测结论、拟合验证等几个步骤。可见，作为决策过程一部分的预测，实际上是第二次"预决策"，它极大地影响着决策者的判断和决心，事关重大。

2.确定目标

确定目标是决策的核心内容，语文教育决策者应该根据语文教育管理系统所处的内外环境和事态发展趋势，确定决策目标。决策目标要明确、具体。不仅目标所表达的概念、含义要清楚、明确，而且要有确切的时间规定。其实明确问题本身就已经包含了解决问题的目标，但它还太笼统，必须根据现实情况，确定一个经过努力可以在规定时间内完成的具体目标。

3. 拟订方案

拟订方案就是人们为实现特定的决策目标而选择某种途径或手段，它是实现目标的蓝图。拟订方案宜先粗后细，"先粗"是指多方设想可能的情况，保证方案照顾到各种重要发展前景。"后细"是指对已提出的方案轮廓细节化，将每一行动的内容、方法、手段、时间及后果逐一进行讨论、编排。如"减少学习中不规范用语"这一目标确定后，就要想方设法来达成此目标，诸如开展教育工作，举办各种标准语大赛等等，还要对这些活动的日程安排一一仔细策划，以保证万无一失地达到预期目的。

4. 评价与选择方案

科学决策的精髓就是决策者有选择的自由，没有选择就没有决策。要对制订出的初步方案进行选择，就必须先评价各种方案，权衡其利弊得失，看其是否具有较高的可行性。评价标准一定要客观、全面，要考虑到是否符合本班的语文教学实际、教师的语文教学能力及学生的语言接受能力。

5. 追踪决策

一个决策在评价选择、付诸实践后还未完结，还必须经过执行过程的考验。因为在做决策时，由于主客观条件的限制，诸如信息不充分、经验不充足或情况发生变化等，会出现与决策目标方向相偏离的现象，这就要求对已经执行的决策进一步收集反馈信息，对不合乎实际或被证明存在错误的内容进行修改。

西蒙说过"管理就是决策"，由此可见，决策在管理中起着决定性作用，它小则影响一个人的语文学习，大则影响整个的语文教育成败，如果语文决策有了失误，其他的管理措施不管再怎么加强，也不能摆脱这种失误带来的困境。因此，语文教育管理要走高效智慧之路，决策首先要科学化、智慧化。

二、计划：决策方案的展开

（一）语文教育计划的特点

语文教育计划是指为彻底贯彻语文教育决策意图，实现决策目标，而对未来的教育管理活动及其内容、方法、手段进行的设计和谋划，它是联系决策和实施的桥梁，它的使命是使决策方案具体化，使之进一步展开和落实。语文教育计划有以下几个特点：一是整体性，语文教育管理计划是由目的、要求、方法、手段等要素构成的有机整体，这些要素相互联系，相互制约，协同作用；二是连续性，计划的各部分不是杂乱无章的，而是连续的，是根据计划内部的结构按一定的次序编制起来的；三是可行性，计划是根据学校、教研组、年级和教师个人以及学生的实际情况制订出来指导具体工作的，因而它应该且能够具备一定的可行性，计划的可行性与否是衡量它优劣的一个重要标准。

（二）语文教育计划的分类

按层次可把语文教育计划分为教研组工作计划、年级组教育计划、教师个人教育计划及学生个人学习计划。教研组的工作计划带有全局性，它从总体上规定一定时间内语文教育要解决的问题，要干的事情。教师个人教育计划和学生个人学习计划都带有明显的个人特征，制订计划时就要从个人特点出发，比如，教师制订个人教育计划时要顾及到自己的长处和短处，以长补短，有些教师有较高的朗诵能力，在制订教育计划时就可考虑"读"的方法，用读激起学生的感情，加深对教材的理解。但个人教育计划也并非纯个体的，它还要在集体中实施，所以在制订个人计划时还要符合集体计划，要广泛征求意见，尤其是教师个人教育计划，必须有学生参与，得到学生认同。

按时间可把语文教育计划分为学年语文教育计划和学期语文教育计划。学年教育计划是对一年中教育的目的、要求和工作内容及方法作出的规定；学期教育计划又可划分为期中和期末两个阶段，学期计划要保持一定的连续性。

按语文教材的结构特点分，可把语文教育计划分为一册书的教育计划、一个单元的教育计划和一篇课文的教育计划。一般单元教育计划最多，因为它既能总体规划教育内容，又能具体安排教育重点。对每个单元的教育计划进行总体筹划就是一册书的教育计划，对单元教育计划进行分解就是一篇课文的教育计划。

按语文学科知识构成划分，可把语文教育计划分为语文基础知识教育计划、阅读教育计划和写作教育计划。这种分类针对性较强，有利于学生语文能力的提高，对于"阅读"不太好的学生可适当增加阅读内容，要把阅读篇目数量化，还要规定好时间、确定好要求。而对于"写作"不太好的学生，就要从文体、字数、篇数等方面，对作文、周记提出明确的要求。总之，这种分类是与学生能力有直接联系的，它体现了学习语文的最终目的"能读会写"，是目前语文教育管理中普遍采用的。

按照语文教育管理的空间划分，可把语文教育计划分为课内语文教育计划和课外语文教育计划。我们所说的语文教育一般指课内教育，其实，学习语文是没有时间、空间限制的，通过一些社会活动，比如旅游、参观、访问等，我们会学到很多课内学不到的知识、能力。所以，在语文教育管理中，加强课外语文教育计划也是必要的。

以上几种对语文教育计划不同的分类方法，在制订过程中是相互交叉的，我们要注意各种计划间的联系，建立起科学、合理的语文教育计划分类网络，以便更好地指导语文教育实践。

（三）语文教育计划的制订

我们通常所说的语文教育计划一般指教师的学期工作计划。要制订好学期语文教育工作计划，使全学期的语文教育工作有个统筹安排，以便获取最佳的语文教育质量，就要做好以下几项工作：

1.明确教育任务

每一阶段的教育都有其规定的任务，要制订学期语文教育计划，就要认真学习语文课程标准，通览全册语文教材，全面领会学期语文教育任务。包括弄清一学期应教授的语文知识，应进行的语文训练，明确教育重点和应培养的语文能力。

2.了解教育对象

学生是教育的对象，要制订出切实可行的教育计划，就必须了解学生的情况。

要了解学生现有的语文水平，包括他们的语文基础知识、语文基本技能（听说读写能力），还要了解学生的兴趣爱好、家庭环境及社交关系等等。可以通过查阅档案、个别谈话、小型座谈、书面测试等方式了解。总之，要尽力把握学生现有的水平，弄清学生的长处和短处，共性和个性，做到对每个学生的情况都心中有数。这样，制订计划时才更有针对性。

3.确定教育目标

通过了解分析学生现有的语文学习水平，可预测其经过努力将能达到的水平，以确定教育的期望目标，这一目标是上级指示与学生实际的结合，即这一目标是在课标、教材的要求下，根据实际情况确定的。确定了教育目标，也就明确了努力的方向。

4.制订教育计划

在对学生和今后工作的总目标有个估计以后，便应根据课标及教材的要求，针对学生的实际，确定出相关年级的学期行动目标，包括定出听说读写各方面的知识、技能教育的要求，定出智育、美育方面的要求等。根据上级教育计划，安排好全学期的教育过程，分阶段明确要求；根据各方面的情况，包括教师的特长、环境、教学设备、学生特点等，确定教育方法、手段，具体地制订出学期语文教育计划。计划一般由两部分组成，一是文字说明，包括对教材、学生基本情况的分析，教育目的要求，教育的方法、手段、教育的总课时，复习、考试考查时间等的安排。二是教育进度表，一般以单元为基本单位。语文教育过程是有阶段性联系的，所以学期语文教育计划的制订，要以全年教育计划为纲，同时又要成为单元教育计划、课时教育计划之据。学期语文教育计划一般要在一学期开始之前制订，以便指导一学期的工作。

三、执行：计划"蓝图"的落实

执行是语文教育管理的中心环节，是落实计划、实现"蓝图"的行动阶段。这个阶段的管理，主要是通过组织、指导、协调、教育和鼓励使计划落到实处。

（一）组织

组织是按计划要求对语文教育中的人、事、时间所做的全面安排，是计划实施的第一步。它包括两方面的内容，一是合理分配语文教育任务，如教师方面的备课、授课、辅导、作业批改等，学生方面的练习、作业等。任务布置要恰当合理，布置任务时，一定要明确内容，规定数量、时间。二是健全教育组织。建立课代表、语文学习小组组长、学生的三级保障体系，以保证上令下达，完成任务。建立组织时一定要充分考虑学生个人情况，以便"人尽其才"。

（二）指导

指导是教育管理系统中上一层次对下级单位或个人在工作执行中进行的帮助。上级业务主管部门应该常深入教学一线，指导教师工作，教师更应对学生的学习予以指导，对他们在学习过程中存在的问题加以指点和解答，使他们克服学习上的障碍，走出误区，避免无效或低效劳动，争取更好的语文学习效果。

管理者要使自己的指导有效，必须注意以下几点：第一，要和下级单位或个人建立良好的关系，营造一个良好的指导基础；第二，要全面、深入、具体、及时地捕捉反馈信息，并能对之分析总结；第三，指导方法的选定要因人而异，追求实效。

（三）协调

协调是执行阶段一项重要的管理工作，它贯穿于执行阶段的全过程。教育管理者在计划执行阶段要随时根据进程，协调各种关系。首先是协调各级组织之间的关系，使语文教育组织内部步调一致，使师生之间关系和谐融洽；其次是协调人与事之间、事与事之间的关系，使人与事之间组合得当，事与事之间进度相宜。

（四）教育、鼓励

·教育、鼓励同协调一样，贯穿于执行阶段的全过程，是调动全体成员执行计划积极性的重要手段。

教育，主要是指加强思想工作。由于各种原因，有的学生不遵守纪律，不完成作业，教师应及时找到原因，对他们进行思想教育，教育时应切忌说空话、大话、假话。

鼓励是指运用表扬和批评，奖励和惩罚等精神的或物质的刺激手段，激发全员的进取心，使大家在执行计划的过程中形成"比、超、赶、帮"的局面。

执行阶段的组织、指导、协调、教育和鼓励五个环节，是一个不可分割的整体，它们相互交叉，配合进行，贯穿于执行阶段的全过程。

第四节　语文教育管理的方法

语文教育管理方法是为完成语文教育管理任务而采取的具体措施和途径，它是达到语文教育管理目标的工具和桥梁。"工欲善其事，必先利其器"，语文教育管理工作要走高效智慧管理之路，就要在其"器"，即方法上下功夫。

现代管理人本原理认为，管理运动的核心是人，人是所有管理因素中最根本、最有决定意义的因素。现代管理中的人，既是管理者，又是被管理者，管理既是由人进行的，同时又是对人的管理，而人是具有主观能动性的，所以，语文教育管理工作应立足于人，通过调动人的主动性和积极性，去提高工作效率，这体现在管理方法上就是协调、控制与激励。

一、协调：主体力量的凝聚

管理理论认为协调"是在目标既定的条件下，将组织的各个部分行为平衡和统一于一个方向的一种工作方式"[①]。法约尔将协调看做是管理过程五要素中的一个单独要素，认为协调是使组织活动协调一致，从而促进和加速它成功。应该说协调是实现组织目标不可缺少的行为措施。

（一）协调的必要性和重要性

协调的必要性和重要性来自组织的根本属性。首先，系统论认为任何组织都是由若干因素构成的系统，各因素之间经常彼此矛盾、冲突、排斥、关联、抗拒、吸引、促进。在相互交换作用中，即在相互关联、交织的关系中，形成一定的秩序和运动规律。福莱特认为："组织的相互关联和相互交织的关系，惟有通过协调才能实现。"其次，系统论认为组织不是各个要素的简单集合，而是各个要素按照一定目的，根据一定规则组成的集合体，它要求以整体观念协调诸要素之间的联系，以使系统的功能达到优化。协调正是将组织中各种力量和行为统一到实现目标的努力上来，达到"1+1＞2"的管理效能。应该说协调在管理中具有催化整合的功能。日本的士光敏夫先生在《经营管理之道》中说："身为管理者，最重要的是要具有综合精神，要做到这一点，必须先从除去各部门之间的墙这一点做起，即使这个方针对本部门是不利的，如果它对整个组织有利，那么就应该给

---

① 转引自高洪源、刘淑兰：《庙算之道——教育管理的理论与方法》，中国铁道出版社1997年版，第148页。

予积极的支持。"作为一个系统，组织通常具有相对开放性，即组织时时刻刻都与环境进行着物质、能量或信息的交换。协调正是通过解决组织与环境交换过程中产生的矛盾，实现组织对环境的适应，达到生存和发展的最终目标。

语文教育管理是由多个因素组成的一个系统，其管理组织在客观上分为四个层次。第一层是决策层，主要是国家教育部和地方各级教育行政和业务主管部门。语文教育系统作为国家基础教育系统的重要组成部分，决策层当然属于他们，这首先表现在各层次的语文教育方针，集中体现在各层次的《语文课程标准》以及为高等院校输送人才而制定的《考试大纲》，这两纲对语文教育系统具有法律法规作用，是每一个基层教育管理部门和各个基层教育单位必须遵守的。另外，地方各级教育行政和业务主管部门，根据本地区的实际情况还要制订出相应的语文教育计划、教改方向等等，供各学校执行。第二层是运筹层，主要是指各级学校的领导和教研组。这一层次的管理人员必须根据决策层的有关规定和要求，结合本校学生的接受能力和身心发展水平，对语文教育的各项活动进行研究，做出计划和安排，使教育活动的内容、方法、手段、时间等因素与学生结合起来。第三层是支配层，主要是指语文老师。语文教师是整个管理系统的执行者，他要对教学内容、教学步骤、教学方法、课外活动等各方面作出周到的安排和部署。同时，语文教师也对自己的教学活动如外出听课、交流活动、自我继续教育、科研活动等进行自我协调，只有把教师的自我管理和对学生的管理结合起来，才能取得良好的教育效果。第四层是学生的自我管理层。学生既是被管理者，同时又是自我管理者。他们在教师的指导下充分发挥主动性，通过自我控制、自我监督、自我激励，力求在有限的学习时间内获得全面牢固的知识，掌握更多的技能，形成更高的能力。以上是宏观上的管理组织层次，然而在具体的语文教育管理中，起重要作用的却是微观的管理组织层次，它是保证语文教育正常进行的关键。它的一级组织是作为决策者的教师；它的二级组织是语文课代表，他是联系老师和学生关系的纽带，有双重职能：辅助语文教师做好教育管理工作和作为学生语文学习的代言人；三级组织是班级语文学习小组的组长；学生自己则是四级组织（见下图）

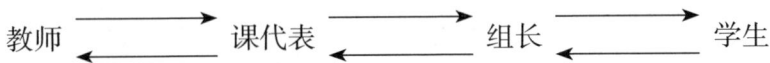

教师 ⟶ ⟵ 课代表 ⟶ ⟵ 组长 ⟶ ⟵ 学生

语文教育管理系统是一个由多要素组成的组织，各组织层次间肯定存在着这样那样的矛盾，作为管理者的教师就要注意观察，搜集资料，做好各层次间的协调工作，以便更好地适应社会环境，达到"1+1＞2"的管理效能，实现语文教育的目标。总之，协调是一切现代组织，包括语文教育管理组织存在和发展的必需，在语文教育管理中要将它作为重要的组织联系和管理方式加以重视。

（二）协调的方法和艺术

1. 目标协调

美国的哈罗德·孔茨等在他们所著的《管理学》中，提出了一个观点，即"使个人的努力与所要取得的集体目标协调一致是管理的目的，每项管理职能都要进行协调工作……主管人员的中心任务就是消除在方法上、时间上、力量上或利益上存在的分歧，使共同目标与个人目标协调起来"。有人把这种管理状态称之为"高度的管理艺术境界"。由此，我们认为，协调可以从目标着手，实行目标管理。目标管理，是现代管理科学的主要理论组成部分之一，它的理论基础，主要是泰罗的科学管理学说和行为科学的参与管理理论。1954年，美国著名管理学者德鲁克在他的《管理的实践》一书中，首先提出了目标管理，其后得到了管理学者的补充和发展。

在语文教育中，以目标为起始的协调行为具体表现为：

（1）建立起完整的语文教育管理目标体系，不仅要有总目标，而且要有从总目标中分解出来的一系列子目标。协调好子目标与子目标之间，子目标与总目标之间的关系，使各目标在实施过程中环环相扣，密切相联，从而保证总目标的实现。

（2）把组织目标转化为个人目标。我们知道，只有组织中的个人愿意接纳组织的目标才能主动为组织承担责任，组织才会有凝聚力。在语文教育管理组织中，个人的学习、工作、发展目标体系有时会与组织不一致，这就需要将组织目标和个人目标协调起来。如何协调呢？目标管理的内容，主要是让下属人员和被管理者参与制订工作目标，所以，在语文教育管理中，师生应该共同协商，制订一个既符合本班实际、又有益于自身的目标系列，用它协调个人与组织的不一致。特级教师魏书生之所以成功地进行了语文教育管理便得益于此。

在制订目标时，要注意目标是教育管理的出发点和归宿，具有明显的指向作用。这种指向作用一般表现为：方向目标×工作效率=管理效能。如果方向目标为正数，则工作效率与管理效能成正比例，即目标正确，工作效率越高，管理效能就越佳。否则，如果方向目标为负数，则工作效率越高，管理效能就越差。因此，师生共同制订目标时，必须把确定正确的教育管理目标放在重要地位，以此为前提组织、安排、监督、协调整个教育过程。

2.信息协调

协调这一管理行为不只是为了协调而协调，它有目的，也有内容。一般来讲，协调都是由某一信息的提出，经过信息交换而推进的。因此，信息传递和意见沟通是协调的内容，也是协调的渠道。美国唐纳利等人编著的《管理学基础——职能行为》模型中指出："管理的成绩在很大程度上取决于组织中所有各级管理能否获得信息和及时使用信息。信息是把整个组织结合起来的粘合剂。"语文教育管理中的信息传递是协调管理者与被管理者的关系，调动各种因素，确保目标实现的重要途径。一方面是教师与教研组的信息输入。二者必须经常地获得外界语文教育系统的有关信息，掌握大量的语文教育的第一手资料，以便协调自我管理的目标、方法，增强自我管理的动力和能力。信息越多，对外界教育管理的了解就越深，教育管理能力就越强。为此，就要经常阅读上级有关计划、政策，学习校外有关改革的经验、新的教育教学思想，加强与社会、家庭的沟通，加强教师和学生的信息传递。从教师的角度来说，教师管理语文教育是信息的输出者，而学生是信息的输入者。学生接受信息后的效果到底怎样，就要依靠反馈来了解。教师要根据反馈回来的信息确认一下管理效果如何，管理目标实现了没有，以便协调下一个阶段的教育管理。

信息协调的关键首先是信息的反馈应及时、全面。罗西与亨利用实验证明：反馈的时间不同，学习效果不同，每天反馈比每周反馈效果更好。这说明反馈越及时，效果越好。因此，在教育过程中，教师应积极主动地收集并善于捕捉教育反馈信息，要从学生的目光、表情、姿态、答问等细节中察看其对信息的接受情况，了解教学效果，进而协调自己的教学目标、教学方法。教师还要深入学生中间，体察下情，了解他们的所思所想。总之，要创造多种意见沟通的机会、渠道、氛围，及时获得反馈信息，做好协调工作。其次要对所得到的信息加以筛选、处理，做到"去粗取精，去伪存真"，并及时对反馈信息认真分析，抓住主要问题，根据教育情况进行全面协调。

3. 关系协调

语文教育管理中人与人之间的关系，尤其是教师与学生、学生与学生之间的关系是否和谐、融洽，极大地影响着语文教育效果。"五个指头有长短，山中树木有高低"，语文教育管理系统中的每个人也各有特点，其个性差异是绝对的，要使个性特征不同的人在同一集体中快乐地生活、愉快地学习，提高语文教育水平，就必须进行有效的关系协调。

教育是教师与学生在理智、情感、行为诸方面动态的人际交往过程，师生关系是教育中最重要的人际关系，它指导和调节着学生与学生之间的关系。下面，我们就来探讨一下，如何协调师生关系。

（1）树立正确的学生观。由于在师生的人际关系中，教师是较为主动的一方，因此良好的师生关系在很大程度上取决于教师的学生观。教师的学生观是指教师对学生的本质特征所持有的基本看法。在语文教育过程中，教师应树立正确的学生观，把学生真正当作社会主体看待（中小学生是成长中的社会主体）。课堂教育是主体（教师）⇄ 主体（学生）之间平等的双向互动活动，而非人 ⟶ 物、人 ⟶ 机、人 ⟶ 兽的单向支配活动。课堂教育既不应以教师为中心实行满堂灌，也不应以学生为中心完全忽略教师的作用，而应以教学目标的达成为中心，围绕教学目标，教师的导向与学生的学习相互作用，教学相长，共同达成目标。因此，在语文教育管理中，要协调好师生关系，就应抛弃教师中心论、教师权威论，正视学生的主体地位，承认学生的独立个性和独立人格，尊重其自尊心、自信心，相信学生的力量。

（2）缩短代际距离，增强代际协同。师生关系是两代人之间的关系，他们成长的社会环境、社会经历不同，他们的社会价值观、道德观、对同一件事的情感理解、思维方式、行为表现等也就有所差异。这种差异会影响师生关系，有时可能导致师生的人际冲突。因此，教育管理中教师就应承认并尽量减少这种差异，增强师生间的认同感和共鸣，达到代际协同。代际协同主要通过交流、移情等方式进行。教师应常与学生谈心，读一些他们正在读的书，听一些他们爱听的音乐等，真正走进他们、理解他们，并设身处地地想他们所想。同时，还要善于引导学生去熟悉教师，理解教师。

要协调好人与人之间的关系，单靠尊重、理解、认同是不够的，还要建立起群体的行为规范，约束个体行为。当然，群体的行为规范应由所有成员共同参与制定。

二、控制：教育节奏的和谐

控制，指人们按照某种目的或愿望，通过一定的手段，给系统提供一定的条件，使其沿着可能性空间中某个确定的方向发展，消除不确定性。

语文教育管理系统是由多个要素组成的系统，系统内部诸要素之间、系统与外部环境之间不断地进行着物质与能量的交换，处在动态的变化之中，其间，会出现很多不确定因素，影响语文教学目标的实现，为了避免或消除这种不确定性，保证语文教育活动的顺利进行，提高语文教育效率与质量，使语文教育沿着高效智慧的方向发展，就需要调动各种条件进行积极的控制。

控制是施控主体对受控主体的一种作用，由于施控主体的不同，语文教育管理控制系统可分为两级，一是学校、教研组等上级业务主管部门对教师的控制，主要通过一些规定、要求控制教师的教学内容、教学进度等，以使整个语文教育节奏和谐、有序；二是语文教师作为施控主体对学生的控制，由于教师、学生是教育的主体，这种控制在教育中就显得尤为重要。这里，我们探讨一下教师对学生实行控制的几种常用方法。

（一）语言控制

语言控制是指施控者（教师）通过与受控者（学生）进行对话、交流达到控制的目的。语言控制又可分为指令性语言控制和诱导性语言控制。

指令性语言控制是指教师通过向学生发出带有强制性特点的指示、命令控制学生的行为。在教育中，为了使学生获得明确、具体的信息，并以此调节自己的思想、行为，达到教育的目的、要求，教师常采用指令性语言来控制课堂教学。如教师就疑难处向学生发问，令其回答；布置作业，令其完成；向学生宣读纪律，令其遵守；对其听、说、读、写能力提出要求，令其达到等。教师用指令性语言控制学生的行为，运用得法，可使学生目的明确，严于律己，行动有素，在学习中获得长进。如果说指令性语言控制是一种硬控制，那么诱导性语言控制则是一种软控制。语文教师在教学中常采用的语言控制是诱导性语言控制，即不直接明确地指出这是什么，那是什么，学生需要掌握什么，要求又是什么，而是根据学生的反馈情况，排除障碍，逐步引导，使学生的思维活动在教师的牵引启发下积极运转，以达到学习知识、发展智力、培养能力的教育目的。上海市特级语文教师于漪就常用此法，如她在执教《记一辆纺车》时，本以为学生会喜欢这篇课文，可学生却回答不喜欢，这使她颇感意外，不确定因素出现了，怎么办？于漪老师没有直接反学生之言大讲其好，而是根据学生的反馈情况，因势利导，导出了学生"不喜欢"的多种原因。尔后，她话锋一转，归入正题，通过回忆、联想和比较，向学生指出这篇课文采用了新的形式，并通过讲解、诱导，使学生由"不喜欢"达到了"喜欢"这篇课文的目的。于漪老师循循善诱，牵着学生的思维，使其跟着自己步步深入，让学生在不知不觉中受到自己的支配、控制，既使学生掌握了知识，又培养了学生的思维能力，达到了预期的目的。

教师在采用语言控制时，还要注意辅助语言的运用，因为语音、语量、语调、类语言等的变化也可对教育起到不可忽视的调控作用。

（二）动作指引

教师在教学中不仅可通过语言控制课堂教学，还可通过动作对学生加以监控。教师在课堂上举手投足的一招一式都传递着教学信息，对学生起到一定的监控作用。教师的手势具有状物、言志、召唤、传情的本领，通过它，可把教师的意图、语文的宗旨与学生的接受意向牵引到一起，引导学生的意识，使学生按照教师启示的思路去学习、领悟。如教师可用手指方位或板书中的某些内容引起学生的注意，用挥动手臂抒发情感带动学生的思绪；教师的头部动作也能表达多种语言，对学生学习行为起到控制作用。如点头表示肯定，摇头表示否定，微笑颔首表示赞许等。当学生回答问题出现错误或出现某种错误行为时，教师微笑摇头便可对学生的行为起到控制的作用，达到制止的功效。甚至教师的站态，与学生的空间距离和行间巡视等体态活动，也具有控制学生注意力，组织教育管理的作用。例如，上课铃响后，教室里仍然非常混乱，这时，教师就可站在教室门口而不上讲台，暗示学生上课了，应该安静下来；有些同学上课时看杂志、小说，搞一些小动作，教师可走到他跟前，他就会有所觉察，有所检点；在讲台上批评一个学生和走到这个学生身旁轻声去批评他，控制效果也大不相同。教师的面部表情也直接影响着学生的行为，马卡连柯说过"做教师的不能没有表情，不善于表情的人就不能做教师"。所以教师要控制好自己的表情，以便更好地控制学生的学习行为。

"眼睛是心灵的窗口"，目光可表达多种情感，传递各种信息。一般说来，热情、赞许的目光表示出教师的期望和鼓励，严厉、责备的目光则意味着对学生的不满。在语文教育中，教师要根据情况选择表达适当情感的目光去注视学生，通过与学生的目光接触，控制学生行为，促使其专心听讲。如老师在满怀激情地讲解课文时，有的学生注意力不集中，思想开小差，教师就可用责备的目光注视他一会儿，让他体会到教师的愿望、态度，收敛其错误行为。这样既有效地控制住了这个学生的注意力，又没打断上课思路，影响其他同学的听课兴趣。所以，教师应习惯于用目光适时地去暗示个别学生。但平时，不论是提出问题、指导自学、启发释疑或小结强化，都要尽可能去平视、环顾大多数，要让大多数学生感到老师注意到了自己，以便控制其行为。切不可老是双手伏案，猫着腰，视线紧盯着课本或前几排同学，也不能只站在教室一隅，使视线顾此失彼，失去对全场的控制作用，否则，就不能使全体学生紧紧地跟着教师的指挥棒前进。

语文是一门情感性很强的学科，语文教师要通过富有感情的语言、动作对学生的情感、行为实现良好的控制，使学生随着课文、教师感情的变化而变化，提高语文教学效率，教师首先要有良好的自控能力。第一，教师要有正确的自我意识。在与学生交往中，教师要清醒地意识到自己是一名教师，自己的言谈举止对学生有着莫大的影响，并受到学生的监督，要时刻注意自己的行为，维护自我的形象；第二，教师应能自我调节控制。在课堂上，教师应能自我观察、自我分析、自我评价、自我克制、自我激励、自我调节，切不可把个人感情带入课堂。当学生在课堂上的调皮捣蛋行为激怒教师时，教师要进行情感自控，冷静克制住自己的"火气"。教师还应控制好自己的教态、语言，善于因势利导，表现出教学的机智。

（三）环境熏陶

语文教育必须在一定的环境中进行，教育环境可对学生的成长产生隐形而有力的影响。因此，教师要尽力创造一个良好的教育环境，通过环境去控制学生的行为。一方面，教师应注意营造一种良好的班级氛围。因为理想的社会心理，以外在的组织气氛潜移默化地影响着群体中每一个学生的心理状态和行为方式，以一种无形的力量非强制性地规范着群体中每个成员的行为。语文教育改革的实践证明，新的教育思想和教育模式可以创造出优秀的集体，优秀的集体又以良好的社会心理环境和班风、学风，控制学生的心理状态，使他们积极向上地主动学习。这种良性循环，带来了语文教育管理的高效能。另一方面，教师还应注意课堂客观环境的营造。如教室的布置要注意颜色的选择和光线的处理。朴素、淡雅的颜色不容易使学生分散注意力，自然适度的光线有助于师生在教育中的情感交流，促进学生情感跟随教师而改变。教室空间的合理布局和桌椅的美观排列不仅可消除"教学死角"，还能使全体学生处于教师视野之内，更好地接受教师语言、动作的控制，客观上提高了课堂教育管理效果。此外，教师的服饰也是教育环境因素之一，同样具有潜在的控制作用。如浅色服饰给学生以亲切感，深色服饰给学生以庄重的"权威"感，艳色服饰则易分散学生注意力。一般说来，教师服饰应讲究朴素、整洁，衣服色调尽量以淡雅、协调、鲜明为宜。这些因素，对学生起着潜移默化的作用，对语文教育管理的约束力、控制力也是非常大的。教师应注意这一点，在教育环境上下一些功夫，通过改变教育环境，达到控制学生注意力、心理、行为的目的。

（四）自我控制

不管教师通过自己的语言、动作对学生进行直接控制，还是通过改变教育环境对学生实行间接控制，控制效果的取得，最终取决于学生的自我控制水平。因此，教师应帮助学生进行自我控制，培养他们的自控能力。要培养学生的自控能力，首先，教师要转变教育观念，尊重学生的人格和自主权。在传统的语文教育中，学生只是被动地听从教师的指挥，培养的只是一种接受控制的能力，而不是自我控制的能力。要改变这种陈旧的教育管理观念，就要尊重学生学习的自主权，发挥他们主体的积极性。也就是说"要解放孩子的双手，解放孩子的时间，解放孩子的空间。"（陶行知语）要让他们在时间安排上有自主权，在课内、课外，有着自由学习的时间。其次，要改革教育方法，让学生自主学习。传统的教育方法使学生缺乏自主学习的机会。要培养学生的自控能力，就必须给学生创造自主学习的机会，让学生放开手脚自己去读、去写，自己去找答案，在课内、课外的阅读、写作中培养自控能力。再次，要教给学生一些自控方法，引导他们进行自控。

三、激励：内在心灵的呼唤

心理学实验表明，当人们产生某种需要而未得到满足时，心理上会产生不安和紧张的情绪，这就形成了一种内在的驱动力，即动机。这种动力支配着人去寻找并确定满足目标的行为。需要、动机都是内在的心理状态，要把这种心理需要转化为实现目标的外部行为，需要有一定的内在或外在的因素去诱发、激活其相应的动机，产生行为的推动力，这就是激励。也就是说，激励是一种引起需要、激发动机、指导行为有效实现目标的心理过程。

许多心理学专家以及行为科学专家通过无数个实验表明，有无"激励"，效果是极不相同的。哈佛大学教授威廉·詹姆士对职工的研究发现，在同样的按时计酬的情况下，一个人受到了激励，他的能力能发挥到80%~90%，甚至更高。相反，如果没有受到相应的激励，便只能发挥其能力的20%~30%，甚至更低。可见，激励可以促发动机，促成需求，使人的行为心理得到最大限度的成功和满足，从而更进一步激发人的工作、学习积极性，发挥超常的聪明才智，做出高于一般人几倍甚至几十倍的成绩。法国有一句古老的谚语："一个人累了也能再走完一段很长的道路。"但是，这需要调动人本身的动力和受到外界的激励。激励的作用，就是鼓励人们在这条道路上走下去，直至实现目标。

从某种意义上说，语文教育管理就是管理者通过调动被管理者的积极性，达成教育目标的一种行为。因此，激励理论的研究，对语文教育管理者有着不可低估的启迪意义和作用。能不能最大限度地激励全体学生，挖掘出他们的最大潜力，使他们能够自觉自愿地学习、工作，可以说是评价语文教育管理工作优劣的重要尺度。那么具体而言，在语文教育管理中，哪些激励方式可资借鉴呢？

（一）兴趣激励

兴趣和爱好是学生学习的最大动力，皮亚杰称"所有的智力方面的工作都需要兴趣"。这说明兴趣在学习过程中的作用及对激发内部情感的重要性。著名教育家孔子也说过"知之者不如好之者，好之者不如乐之者"。这"好之"、"乐之"即指兴趣，学习兴趣浓厚，求知欲望强烈，学习起来效果才更加明显，那么如何培养学习兴趣，使学生"好之"、"乐之"呢？

1. 激情引趣

语文是一门人文性很强的学科，它不可避免地带有丰富的情感性，在教育中教师要注意到语文学科的这种特殊性，以此激发学生的情感，引发学习兴趣，激励学生积极主动地学习。要激发起学生的情感，教师首先要有真情实感。心理学表明"情感具有感染性"，因此教师的每一堂课都应饱蘸深情。这种深情源自对课文的深入剖析，如讲《孔乙己》，教师若不对"孔乙己"的悲剧深入把握，而以玩笑口吻讲来，学生就体会不到那种埋藏在文章深处的情感，不能引起共鸣，也就无从引发兴趣。当然，感情的激发可通过用满含深情的话语讲解课文背景，描述故事情节，使学生感同身受，还可利用各种视听手段，使学生如临其境。例如一位教师教学《富饶的西沙群岛》一课时，绘制了精美的西沙风景画，录制了配乐朗诵，让学生听着配乐朗诵来观赏西沙风光。在声、乐、图的共同作用下，学生犹如身处其境，喜爱之情油然而生，学习热情高涨，学习兴趣大增。当然，情感的熏陶，兴趣的引发，也不仅仅在课内，"语文"是个大概念，它渗透于社会的各个角落，作为教育管理者的语文教师要有意识地利用好社会这本"无字书"，把学生带到大自然中，在山川田野、风云雨雪中展开语文教育活动；把学生引入生活中，学习风土人情、行为习俗等等。总之，要用书本、生活之情，激发学生内心之情，使它们在学生内心产生同化作用，培养起学生喜欢语文，热爱语文的情感，使之"好学"、"乐学"。

2. 问题激趣

21世纪是信息世纪，21世纪需要的人才是具有创新能力的人才，要培养这样的人才，传统的"以教师为中心"、"以书本为中心"的教育方式显然是不适应的，现在及未来社会的教育应是"以问题为中心"。以问题为出发点去引导学生探索、发现，在探索中让学生体味到追寻之乐，激发学习兴趣。我们说问题能够激趣，但并非任何问题都能激发兴趣，只有那些学生有话要说，有话想说，有话好说的问题才能真正"一石激起千层浪"，达到激发学习兴趣的效果。所以，问题的设置要新、要奇、要能贴近时代的脉搏、要能抓住学生的好奇心，使之不得不去探索追寻。如我们布置作文，可设置这样的问题：有人认为未来的生活是"机器化"的，有人认为未来的生活是"网络式"的，那么你认为未来的生活是怎样的？面对这种问题，学生自会揣测他认为的未来生活怎样，他自会去查阅、去寻找、去思考……这样，其学习兴趣自会在问题求索中高涨。问题的设置还要巧妙，要难易适中，使学生"跳一跳就能摘到桃子"，问题太难或太易，都不易激发学生求索的欲望，无法使他们享受到思索的乐趣。

（二）期待激励

20世纪70年代，美国著名的心理学家罗森塔尔和雅尔卜生来到了美国的一所学校，经过一番实地考察研究后，他们郑重其事地宣布了预测结果，向该学校教师提供了一份"具有优异发展前途"的学生名单，并郑重叮嘱："必须保密，否则无效。"实际上，这些名字完全是随机抽取的。结果，8个月后，教师获得了如期待那样的结果，这些特定孩子的智力得到了发展，特别是一、二年级的学生，显示了明显的进步，且"精神焕发"、"求知欲强"、"师生关系良好"。一年后，再一次测试，这些"最佳发展前途者"成绩仍在提高，但低年级未提高，因为原任教师调走，新任教师不知谁是"最佳者"不能特殊地对待他们。这就是所谓的"期待效应"，由于那份特殊的名单激起了教师对所谓"天赋"学生的未来学业的期望，故能全身心地投入。教师对学生的期望表现为表情、动作，可激起学生的自我期望，激发其学习积极性。

在语文教育管理中，我们要利用好"期待理论"。

首先，要对不同层次的学生寄以不同目标水平的期待。教师要对所有的学生都有所期待，要相信每一个学生都能进步，都会成功，因为"你的教鞭下有瓦特，你的冷眼中有牛顿，你的讥笑中有爱迪生"。期待要一视同仁，没有优、中、差之分（只重视优等生，不重视中、差生），但有优、中、差之别，要对不同层次的学生寄以不同目标水平的期待。如果一个学生没有文通字顺的语言表达能力，教师却期待他写出文辞优美的作文，这就容易使学生因达不到目标而产生自卑感；同样，如果对优生期待过低，也会产生适得其反的效果。

教师的期望转化为动作，可以是点头赞许、拍手表扬、疾批快语；转化为表情，可以是渴望的目光、满意的笑颜、由衷的喜悦。总之，教师要对所有学生有所期待，还要有所表现，要让学生接受到这种"期待信号"，从而带来行为的改观。

其次，期待需由评价来强化和引导。期待在本质上是以价值评价为主体内容的，而且期待实质上即表现为一种特殊的评价活动，所不同的是，期待只提出价值目标，并不做出具体的价值判断，因而也就不能实现价值意识的主体性生成，也就是说，期待的传递，期待转化为行为的动力，归根结底是由评价来实现的，期待必须由评价给予强化和引导。只有评价的参与，期待才能真正实现由教师期待向学生期待的转变，才能真正激发学生学习的积极性。心理学家赫洛克的实验研究表明，对学生的学习结果进行评价，能强化其学习动机，对学习起促进作用；适当表扬的效果明显优于批评，而批评的效果比不予任何批评要好。因此，语文教师要看到学生的每一个微小的进步，适时地加以评价，让学生意识到"我能行"。这样，教师的期待便经由评价转化为学生的自我期待，形成强烈的内驱力。

评价应以表扬为主，但不要夸大其词，如果一味地对其进行不符合实际的表扬，可能会使学生的自我期望值过高，而不易达到教育效果。评价时还要公平。公平与否，直接影响教师在学生中的威信，影响班集体的情绪。办事公平，一视同仁，学生得到的是平衡的公道的待遇，就会更加积极地向期望值努力。如果处事不公，则易使学生产生厌恶感或消沉情绪。

（三）审美激励

马克思说过"社会的进步就是人类对美的追求的结果"。美能激起学生热爱科学、热爱学习、热爱生活之情。在语文教育中进行审美教育，可激发学生在语文教育中寻找美、发现美的热情，激励其努力学好语文。语文课本中的散文可以说都是精挑细选的美文，这就为审美教育在语文教育中得以实施提供了条件。教育管理者——语文教师可通过挖掘课文中的美，引导学生尽情地欣赏、品味、琢磨，使其得到美的陶冶。如在讲授朱自清的《荷塘月色》时，可以让学生欣赏文中所描写的那种"清幽之美"；在教授文天祥的《〈指南录〉后序》时，可以引导学生领略文中那种"悲壮之美"；在讲解周敦颐的《爱莲说》时，可以引导学生品味莲花的那种"高洁之美"。

由于语文是个大概念，不仅可让学生在课堂上领略文章之美，还可以让他们在生活中感受文辞之美，把语文教育中的审美教育延伸到自然、延伸到社会，让学生在生活中体味"语言"、"文学"之美。

总之，在语文教育管理中，利用好美言、美文，利用好生活中的文化、习俗，对学生进行审美教育，可培养其追求美、探索美的素质，激励其学好语文。激励的方法还有很多，如教育环境激励、榜样激励、竞争激励等等。总之，激励是一种外在动力，是学生学习的启动机，是学生进步的加速器。语文教育管理要取得良好的成效，就要利用好激励艺术，使学生的学习主动化、自觉化，真正变"要我学"为"我要学"。

第六章　语文审美教育

　　语文课程是按照一定时代的审美意识（审美观念、审美趣味、审美理想），借助各种审美媒介，向学生施加审美影响，进行审美教育，培养学生审美素质和审美能力的重要阵地。语文课程标准中强调，塑造学生美的心灵，培养学生健康高尚的审美观，重视和加强语文审美学习，训练和提高学生的审美能力，是语文课程重要的目的和任务之一。因此，科学地分析语文课程中审美教育的地位和作用，探讨语文审美教育的基本理论和规律，寻求在语文课程中进行审美教育的内容、途径和方法，是语文教育研究的一个重要课题。

第一节　语文审美教育的作用

　　审美教育是美学在语文教育中的具体应用。它的任务和作用是：按照美的规律、用美的信息去激发、引导语文教育对象——学生的审美心理和情感，培养学生符合人类崇高理想的审美意识，帮助学生获得健美的心灵和高尚的审美情趣，使他们在语文学习过程中逐步形成正确的审美观念和健康的审美品质，把握辨真伪、识善恶、分美丑的正确的审美准则，提高学生的审美素质和审美能力，以培养全面发展的人。

我国近代美学教育家蔡元培先生曾提出美育与德育、智育、体育并列为"四育"的教育主张。他认为，教育是帮助被教育的人，给他能发展自己的能力，完成他的人格，于人类文化上能尽一分子的责任。所以施教者必须对受教育者进行美的教育。而且，作为受教育者，除了意志、智能外，还有感情问题，要培养健全的人格，就不能不注意用美来陶冶情感，塑造性灵，使"知识和感情两不偏枯"。对此，周扬也曾指出："美育同德育、智育、体育有密切的关系，是缺一不可的。……在现代化教育中，没有美育是不成的。"这些论述都充分说明审美教育在整个教育中有着重要的地位，它对培养全面发展的人有着重要的作用。语文教育的实践和经验也证明，重视和加强健康有益、丰富多彩、生动活泼的审美教育，既可以开阔学生的视野，培养学生的高尚情操，又可以促进学生智力结构的改变，发展智力。进行审美教育，可以大大提高学生的观察能力和思维能力，丰富学生的想象力，强化学生的记忆力和实践能力，使学生的智力结构向着有利的方向发展，从而加快学生成长的速度。所以说，审美教育是造就人的重要途径，承担着引导学生走向美好的生活，并自觉地按照美的规律去创造新生活的不可忽视的教育任务。

具体说来，对语文审美教育的作用，我们可以从以下两个基本方面进行分析、认识。

一、审美教育能深化语文教育效果

对语文审美教育的作用，尚存有不同认识。有人认为，"一手难抓两条鱼"，语文教学的主要任务是语文教育，应当着力于语文知识的教学和语文能力的培养，强调什么审美教育，只能造成语文教育目标的多元化，顾此失彼，无助于语文教育质量和效率的提高。这是对语文审美教育作用的一种偏狭认识。它的偏颇就在于把语文教育和审美教育分割开来，对立起来。其实，语文教育和审美教育并不是两条鱼，二者是一个整体中的两个方面，是有机统一的。鱼有两鳍、鸟有两翼、车有两轮，去掉其一，鱼不能游水、鸟不能飞翔、车不能启动。只有在抓语文教育的同时进行审美教育，把语文教育和审美教育有机地结合起来，重视培养学生的审美观，使学生具有一定的审美能力，才能有助于学生语文能力的培养，加快语文教育质量和效率的提高。

著名语文教育家叶圣陶先生早就指出，进行美感（即审美）教育，培植学生的审美能力，是"语文教学悬着的明晰目标"。并且强调说明，学生具有了审美的本领，"岂但给你一点赏美的兴趣，并将扩大你的眼光，充实你的经验，使你的思想、情感、意志往更深更高的方向发展"，达到"接受美感的经验，得到人生受用"的目的，使自己能够辨真伪、识善恶、分美丑，自觉地投身到按照美的规律去创造新生活的伟大事业中。叶圣陶还曾把语文教学中对课文的鉴赏（审美实践）比做采矿，"你不动手，自然一无所得，只要你动手去采，随时会发现一些晶莹的宝石"。这就更加形象地说明，语文教育与审美教育有着不解之缘，审美教育不仅是语文教育所不可忽视的目标之一，而且，加强审美教育有助于提高语文教育质量，深化语文教育的效果。

诚然，语文教育与审美教育是两个不同的范畴，但在语文教学中，二者却有着难解难分、血脉相承的特别关系。语文教材中编选的课文，大都是"依照美的法则创造出来的"文质兼美的典范佳作，是集中反映自然、社会、艺术、科学、语言等客观美的结晶。它们不仅是语文教学发现"晶莹的宝石"的丰富矿藏，而且说明审美教育同语文教育一样，是语文教学本身所决定的不可推脱的分内任务。尤其是在文学作品的教学中，审美教育不仅是其特有的教学本分，而且它和语文教育的关系，更是互为依傍，不可分割的。作品精美的语言，展示出美的艺术境界；而美的艺术境界本身，又丰富并加强了语言的艺术表现力。在教学中教师一方面可抓住精彩传神的关键性字词语句，把学生引入它所展示的优美境界，使他们在美的艺术享受中得到熏陶，提高审美能力；另一方面，又可以抓住激人心灵颤动，令人迷醉的意象、情景和形象，引导学生反转过来去深入体味、领悟文章中高超的语言艺术技巧，提高运用语言、表情达意的能力。不言而喻，这种所谓"披文入情"的教学过程，也就是语文教育和审美教育密切结合、有机统一的过程。这样把语文教育和审美教育融于一体的教学，才是高质量而有生命力的。如朱自清先生的《荷塘月色》，是一篇别具风采神韵与艺术魅力的散文佳作。有位老师教这篇课文，把语文教育和审美教育有机地结合在一起，取得了两全其美的教学效果。起始课上，他先作富有表情性的范读，从而把学生引入课文的艺术境界。然后他又配合教材，选读了一组有关写月、写月色、写赏月的古今名家的诗词散文作为补充教材，让学生去品赏体味、辨析比较。还结合课外语文活动，组织了一次中秋公园静夜赏月活动。在赏月过程中，又让学生欣赏了两组乐曲的录音：一组以古典乐曲《春江花月夜》为主；另一组以小提琴独奏的乐曲为主。由此不仅使学生的心灵在月白风清的夜晚、在大自然的怀抱里得到一次感情净化，而且给学生以直接的审美体验，帮助学生更深入地理解了课文。这个教学设计的突出特点，就在于调动多种教学艺术手段，把学生引入美的艺术境界，诱发学生联想探求，观察体验，既成功地对学生进行了审美教育，又把审美教育和语文教育有机地交融在一起，使学生深入理解了课文，提高了教学效果和质量。

如果说上述的这个教学实例有它的特殊性，而就普遍的语文教学现象来看，审美教育能够深化语文教育，二者互为依托、相互促进，也是不容否认的事实。如，诗歌中的意境美（《望天门山》"两岸青山相对出，孤帆一片日边来"，气势开阔，意境高远）；散文中的构思美（《海市》以假衬真，构思奇妙新颖）；小说中的形象美（《荷花淀》里的水生夫妇，《普通劳动者》里的将军与小李各具特色）；议论文中的说理美（《崇高的理想》逐层论证，说理透辟）；说明文中的情趣美（《蝉》在说明中兼用文艺笔调，风趣形象），等等。在教学中，从这些不同的审美角度、不同的审美层面，引导学生深入地分析和理解，既可以使学生得到审美教育，又有助于学生在对课文表层性的体味感知的基础上进行深层性的领悟理解，达到从艺术审美这个更高的层次上把握课文，从而深化语文教育。总之，在语文课程的教学中，语文教育和审美教育是一家之亲，它们不是对立的，而是统一的。

二、审美教育对学习主体的促进作用

从教学情绪与学习心理的主体来说，审美教育在语文课程的教学中也有多方面的促进作用。

第一，在语文教学中进行审美教育，能够使学生对语文学习产生肯定性的、积极的情绪、体验，诱发学生探索语文未知世界的强烈欲望和热情，激发他们学习语文的主动性和积极性。学生的学习态度及与之相应的学习行为，属于心理学中"意志行动"的范畴。据心理学原理，任何意志行动总是由一定的动机引起的，而构成意志动机的，除了理性的认识因素之外，还有非理性的感情因素。一般地说，那些在语文学习中表现出极大热情、善于克服各种阻力的学生，大都与特定情感的强大推动力分不开，并非仅仅出于对学习目的的理性认识。语文教学的实践证明，加强审美教育之所以能够激发学生学习语文的兴趣和积极性，对学习语文具有巨大的推动作用，就是因为审美是一种富于情感的精神活动。作为审美主体的学生，在语文教育的审美过程中，美的发现必然会激起他们学习语文的欲望和热情，从而使语文教学收到事半功倍的效果。总之在语文教育过程中，学生对语文未知世界的孜孜不倦的追求，离不开他们对语文的爱，而对语文的爱，离不开语文所产生的美感，这是不容置疑的。

第二，在语文教学中进行审美教育，能够促进学生思维的科学性，使之产生发现和识别真理的灵感。"以美启真"发生作用的机制，是审美感和理智感的内在联系。人类主要的三种社会性情感——理智感、道德感和审美感是相互联系、相互制约的。这种联系和制约，归根结底反映了客观存在着的真、善、美的一致性。由此，语文教学过程中的审美感就可以指引学生按照"美"的法则去探索"真"的知识。"真"和"美"的联系，在语文教学中是处处可见的。如散文教学中关于结构精巧、意境深远等知识的有序性形态的艺术分析，能使学生产生巨大的审美感，这样就便于他们发现、分辨和掌握这些散文的有关知识。在其他文体的教学中，课文的中心是否突出，主题是否鲜明，结构是否完整，论证是否严谨、周密，语言是否准确、生动等等，这些普通的语文基本知识的教学，都能在学生脑海里打上"美"或"丑"的印记，并相应地影响到学生对这些基本知识的"美"或"假" 的分辨。据此，在语文教学中，把"真"的知识所固有的"美"的形式充分表现出来，具有重要意义。符合审美要求与符合逻辑、符合事实一样，都是"服人"的知识所必备的。

第三，在语文教学中进行审美教育，能够使教与学双方沟通心理意向，产生相互理解、相互信任的情感，密切师生关系，从而创造和谐的教学氛围和富有生气的教学环境。师生关系对语文教学（也包括其他学科的教学）的重要性是人所共知的。良好而融洽的师生关系有赖于师生心理情感上的沟通，而师生双方对知识的共同审美感，是实现其心理情感沟通的必不可少的条件和渠道。这是因为审美感能使师生产生心灵上的共鸣与和谐，把师生之间日常垒筑的鸿沟化为夷地，在自觉的审美引导下，共同进入课文所描绘和创造的美的境界。在这种特定的美的境界里，学生能够徜徉于轻松愉悦的精神活动中，并得到性情的最大限度的张扬；而教师则依照着一定的审美理想、审美规范来自觉地启发和塑造学生对美的感应能力和审美判断能力，从而使学生审美的精神活动向一定的目标贴近。这样，师生之间就会随着精神上的隔绝的消除，产生和谐的教与学的情绪氛围，进而学生思维的大门打开，教学在愉悦中取得最佳效果。语文教学的实践表明，要对学生进行这种切实有效的审美教育，使学生对所学的语文知识产生审美感，教师就必须首先要有这样的审美感。在教学过程中，只有教师具备了一定的审美感，那么他对知识的审美愉悦才会以各种形式表露出来，并且产生强烈的审美感染力，打动学生的审美情弦，激起他们对语文学习的浓厚兴趣和炽热的爱。长期以来的语文教育经验充分证实，凡是学生有兴趣的课，学得扎实的课，几乎都是教师倾注了强烈的审美感情的施教课。所以，语文教学过程中师生的情感交流，在很大程度上是对知识的美感交流。这种审美情感的交流以知识为纽带沟通了师生双方的感情，密切了师生关系，使师生双方自然萌发出相互理解、相互热爱、相互信任的情感。这种情感又反过来强化了师生对语文知识的兴趣，形成语文教学过程中的"良性循环"。

第二节　语文审美教育的内容

　　语文教育中的审美教育有极其丰富的内容，它几乎包容了一切美的表现。语文教材中一篇篇"依照美的规律创造出来的"文质兼美的典范佳作，作为美的信息载体，差不多包括了人类文化传统中各个领域的美的积淀。无论是自然的美、社会的美，还是艺术的美、科学的美以及语言的美，在语文教材中都有生动的反映和鲜明的表现。语文课文中描绘的大自然（包括人类改造的第二自然），千姿百态，异彩纷呈，能给学生以多方面的美的享受，可以培植学生热爱祖国河山的美好感情；语文课文中描绘的人物形象美、思想美是社会美的艺术反映，可以使学生具体感受到社会生活的美好，体验到美的理想、美的情操和美的心灵，得到思想的启迪和性灵的陶冶。再者，凡是编入语文教材的课文，其本身就是语言艺术的美的构筑，它可以使学生领悟到优美的艺术意境、巧妙的艺术构思、精湛的写作技法，受到语言艺术美的教育。除了语文课文的这些审美因素之外，在作文训练中指导学生观察美丽的大自然，参加社会实践，访问模范先进人物，也都是审美教育的内容。不仅如此，整个语文教学的过程，语文教学的各个方面，如生动形象的讲述，朗朗上口的诵读，工整、规范的书写等等，都可以使学生得到美的感受。所有这些，都构成了语文课程中审美教育的内容。

由于语文课程有其特定的审美教育的丰富内容，施教者和受教者的审美思考也就必然有所侧重，从而使不同的审美内容发挥不同的审美功能，这就导致了语文课程中审美内容的分野。这种审美教育内容的分野，是与美学的分类大致对应的。

一、自然美的教育

在语文课程的教学中引导学生发现和欣赏作品中描绘的自然美，对学生进行自然美的教育，进而激发学生的爱国热情，培养学生健康高尚的审美情趣，是审美教育的重要内容之一。特别是文学作品中的自然景物美、自然环境美的描写，有助于培养学生对自然美的感受力，提高他们对自然事物的审美情趣。

譬如说，作为审美对象的太阳星月、高山大川、花草树木、虫鱼鸟兽等自然景物，一旦出现在文学作品中，就不再是纯客观的自然，它们已经融入了作者独特的感情，是一种人化了的自然美。它们的温暖明亮、巍峨澎湃、生机勃勃等特点，往往同作者健康的情趣、积极向上的精神意志融为一体，从而焕发出令人陶醉的美感。以孙犁的《荷花淀》来说，作者对自然景物的描写就十分出色。作品一开头就描绘了一幅清丽明净的"月下水乡图"，由天上的皓月清辉，写到月下的千里水乡，形色俱全，浑然一体，充满诗情画意。作者特别从色彩的角度极力去点染月色和水乡："洁白的雪地""洁白的云彩""银白的世界""透明的夜雾"，色彩鲜明、洁白。最后，作者又写了一阵清风拂来，"带着新鲜的荷叶荷花香"，既有静态描写，又有动态描写，是静态美与动态美的高度结合，给人以一种恬静、清丽、富有活力的美感。又如作者写"日中水乡图"，明丽的色彩、清新的景致和荡舟淀上的妇女爽朗乐观的笑声相融合，显得十分熨帖和谐。随着环境气氛的变化，荷花叶也显出不同的特点："密密层层的大荷叶""粉色的荷花箭"，作者赋予它们以挺拔、俊美的英姿，显示出白洋淀人民战斗的身影。教师在教学中从这些方面引导学生进行审美分析，既可以使学生认识到什么是作品中的自然景物美，培养和提高学生对自然景物美的感受力和审美情趣，又可以激发学生热爱祖国山河、热爱祖国人民的热情，在自然美的教育中，受到爱国主义思想的熏陶。

在语文课程中进行自然美的教育，主要是以语文教材中的各类课文为审美中介的，并不是实地欣赏自然景物和自然风光（当然也不排斥实景游览和欣赏），自然美教育本身具有的想象性，要求学生在课堂上神游和徜徉于课文中描绘、再现的自然美之境中。教师在学生的自然美审美活动中好似导游，必须准确地进行审美指点，集中学生的审美注意，唤起学生的审美想象。同时，语文课文中描绘的自然美都是经过作者过滤的，呈现出典型化和倾向化的特点，已经不是单纯的自然物或自然风光了，只有深入理解作者如何典型化和表现什么倾向，才能取得一定的审美效果。因此，在语文课中进行自然美教育必须注意抓好以下几个方面：

（一）再现课文描写的自然形象和画面

再现课文描写的自然形象和画面，就是引导学生具体感知自然物的形姿状貌，领略自然物的形态美，使学生如临其境，产生"身在画中"的美感。如果描写的是单一的自然物，如《白杨礼赞》中的白杨、《松树的风格》中的松树、《井冈翠竹》中的翠竹、《爱莲说》中的莲、《黔之驴》中的驴和虎、《小麻雀》中的小麻雀、《猫》中的三只猫，就要引导学生根据课文的有关描写，再现其美的形象特征，并把它展现在学生面前：白杨树的傲然挺立，松树的郁郁苍苍，翠竹的重重叠叠，莲的亭亭净直，驴的鸣、虎的狎，麻雀的眼神，活泼的猫、顽皮的猫、忧郁的猫等等，从而使学生具体感受这些自然物的美，把握其形态美。如果描写的是综合性的自然风光，如《从百草园到三味书屋》中的百草园、《社戏》里的夜航景色、《七根火柴》里的草地、《沁园春·雪》里的北国风光、《听潮》中的潮涨潮落等等，就需要再现其自然画面，使学生身临其境：百草园的明丽，夜航景色的朦胧，草地的荒凉，红装素裹的北国，乌云压着大海、滚滚海潮的轰鸣等，使之都成为学生耳目所及的景象，从而获得审美享受。

（二）体味自然形象和画面蕴含的感情

对课文描写的自然形象与画面的再现，虽然使学生产生了美感，但并没有达到审美主体与审美对象的交融程度。因此，在再现形象与画面的基础上，还必须引导学生进一步体味自然形象与画面蕴含的感情，从而使学生的审美感受深入化。作者写文章是画中含情，学生读文章应是由画生情。只有使作者寄寓的感情和学生的审美情感产生共鸣和交流，才能达到"披文入情"，取得深层性的审美享受。对白杨的崇敬、对松树的热爱、对翠竹的思恋、对莲的钟情，在百草园的快乐、夜航中的新奇、草地上的艰辛，为祖国壮丽山河建功立业、为革命不畏艰险勇敢献身等等，都需要在再现自然形象与画面的基础上，引导学生去反复体验和品味。只有这样，才能使学生对自然景物获得深层的审美情趣，取得净化学生心灵的审美效果。

（三）领悟自然美的理性内容

语文课文中描写的自然美，与现实中的自然美，特别是现实中的原始自然美是大不相同的，因为它都含有特定的内层意蕴和理性内容。对作者来说是借助自然形象和画面来表现内层意蕴和理性内容，对学生来说是通过展现画面去理解内层意蕴和理性内容，因为求得自然形象和画面之后的审美是形象美 $\longrightarrow$ 情感美 $\longrightarrow$ 意蕴美的深入反复活动，审美的深层是内在意蕴的领悟和理性内容的把握。茅盾对白杨的礼赞，其实是对抗日军民的礼赞，是对坚强不屈的斗争精神的礼赞；陶铸热爱松树，其实是热爱具有共产主义品格的人，是提倡为了人民的利益牺牲自己的共产主义精神；袁鹰对井冈翠竹的思恋，其实是对井冈山人的思恋，是歌颂井冈山的革命传统；周敦颐对莲的钟情，其实是向往高风亮节；柳宗元对驴的讽刺，其实是表达对不学无术权势者的蔑视；老舍对小麻雀的同情，其实是表现弱小者与命运的积极抗争；郑振铎对猫的自省，其实是表现了一种待人接物的哲理。在教学中只有引导学生领悟到这些不同的内层意蕴和理性内容，才能揭示课文描写的自然美的真谛，达到自然美教育的目的。

另外，自然美的教育也包括着科学美的教育。我们知道，美学是对审美对象作艺术的哲学思考。凡是包含了人类劳动成果，特别是创造性成果的客观事物，都具有审美价值，都是审美的对象，科学发现和科学发明追求的实际是美。科学美的教育主要是突出自然的和谐美和真理的发现美。《苏州园林》为了给人以闲适之感，不讲究对称；《故宫博物院》为了显示威严，讲究严格的对称，都呈现出和谐美。《宇宙里有些什么》揭示了宇宙无限的真理和星球发展变化的规律；《花儿为什么这样红》从各个角度揭示了万紫千红的花朵的奥秘，不管从哪个方面阐述都表现出必然的因果关系，而这些关系又都和谐一致地表现出来。这些都是科学知识，然而都给人以美感。这就是科学美。教学中抓住科学美去介绍知识，能使学生从获得的美感中激发学习的兴趣，受到科学真理的熏陶和启示。

二、社会美的教育

社会美是语文审美教育的重要内容。人类社会是复杂的，人与人之间的关系组成了多姿多彩的审美内涵。语文教材中那些记叙和描写人物及其活动的课文，每一篇都具有社会美的教育价值。因为社会美集中表现在一定时代的人物的生活、业绩、品格和理想上，语文课文中的人物美，就是社会美的反映。通过这些课文的教学，学生就会感到社会生活的美，体验到人物的心灵和理想的美，受到性灵的陶冶，培养高尚的情操和品质。对于社会美的教育内容，我们主要从劳动美、风尚美、生活美这几个方面略作阐述：

（一）劳动美

美是劳动创造的，劳动实践又体现了劳动者对自身创造价值的美的享受。好逸恶劳固然是旧社会遗留的恶习，但不懂得劳动美也是重要的原因之一。《普通劳动者》里的老将军保持革命者的本色，就是保持了劳动者的本色。他并没有因为当了部长而忘掉当年当过矿工的生活。当然，两者劳动的意义是不同的，过去是当奴隶的劳动；今天是做主人的劳动。在教学中，要针对他装筐时加"馒头"、抬土时筐绳拉前拉后等举动，紧张劳动后休息时的回忆和带头冲进雨里去装砂等情节，引导学生去理解林部长跟小李之间的关系，去体味劳动的美。其他课文如《故乡》中那幅神奇的图画、《菜园小记》中种菜的收获、《果树园》中摘果子的场面等等，教学中也都应当引导学生去体味劳动的美。这种劳动的美，也包含着一种意志美，也就是人认识自然和征服自然的气度、毅力和胸怀。诸如《雄伟的人民大会堂》《向沙漠进军》《中国石拱桥》《从甲骨文到口袋图书馆》《祖冲之》《哥白尼》《地质之光》《卓越的科学家竺可桢》等课文所表现的就是人类不懈地探索自然、创造奇迹的意志美。在教学中，教师应当具有这种劳动美和意志美的审美意识与审美指向，以通过这些课文的教学，使学生得到切实的社会美教育。

（二）风尚美

所谓风尚美，就是指人与人在社会交往的言行中表现出的美。如《驿路梨花》《闻一多先生的说和做》等课文，都体现了风尚美。审美教育就是让学生潜移默化地形成这种美感，推崇高尚的道德思想行为。这种高尚美的教育，其核心内容是塑造学生美好的心灵，培养学生的高尚情操。因此，在教学中要善于引导学生发现和欣赏作品中的人物美，使学生对美的人物产生审美情感的激动，不但要了解人物的外形美，尤其要引导学生了解人物的内心美。如《荷花淀》中写水生嫂月夜编席，她"手指上缠绞着柔滑修长的苇眉子。苇眉子又薄又细，在她怀里跳跃着"，"不久，在她的身子下面就编成了一大片"，这时，"她像坐在一片洁白的雪地上，也像坐在一片洁白的云彩上"。这不仅描画出了人物优美的劳动姿态、矫健的身影，而且那似乎荡漾在人物胸中的青春活力也依稀可见，使一个聪秀、俊美的水乡女性的形象展现在我们面前。然而更美、更感动人的是她的心灵。她知道丈夫为什么当兵、为谁打仗，她深明大义，在民族灾难深重的时刻，在家庭利益和民族利益发生冲突的时候，正确处理了两者的关系，毅然决然地挑起了家务和生产两副重担，让丈夫安心去打仗。在教学中，引导学生体味这种外在美和内在美相结合的人物美，能给学生以心灵的愉悦、感奋和教益，是最为形象的风尚美的教育。

（三）生活美

生活美在语文课文中首先表现在人物健康高尚、积极向上的生活情趣上。情趣美而高雅，生活也就美而充实，富有意义。如茅盾的《风景谈》中描写到的两对不同的青年男女。一对是西装革履、烫发旗袍，坐在公园的长椅上偎依低语的情人；另一对是在改天换地的黄土高原上被雨赶到一个天然的石洞里，摊开着一本札记簿，头凑在一起，一同在看的伴侣。课文对这两对青年不同的生活情趣作了评判：前一对只不过是恋人而已，而后一对伴侣却是"能使大自然顿时生色"的"奇迹"。因为这"是两个生命力旺盛的人，是两个清楚明白生活意义的人，在任何情形之下，他们不倦怠，也不会百无聊赖"。显然，这就是新时代新社会所孕育出来的一种高尚的生活情趣。其次，生活美的另一个表现是品格美。如因为藤野先生是那样一位勤奋朴实热情正直的学者，所以他那身并不美的打扮也令人产生美感；梁生宝虽然披的是一条麻袋，吃的是五分钱一碗的面汤，睡在车站的砖地上，但因他是一个无私的社会主义创业的带头人，这些行为便衬托出人物的品格美。在教学中，注意从人物的生活情趣和品格上去引导学生感受生活，才能使学生深入领略生活的美，受到具体生动的生活美的教育。

三、艺术美的教育

艺术美的教育也是语文课程审美教育不可忽视的内容之一。艺术的表现形式是多种多样的，但在语文课程中进行艺术美教育主要是靠语文教材中的文学作品。凡是选入语文教材的文学作品，大都是内容和形式美的统一。作为艺术的形象，无论是诗歌、散文的意境，还是小说和剧本的人物，本身就具有艺术美的魅力，能够引人产生艺术的美感，这是进行艺术美教育的有利条件。

在语文课程中进行艺术美的教育，必须要把学生带进作品的美的艺术境界中去，使作品创造和展现的艺术美在学生头脑中加以浮现。如孙犁是一位具有独特风格的作家，他的小说往往具有一种诗情画意的艺术意境美，我们读他的小说，会感到浓郁的诗意和浪漫的艺术气息，他的小说是诗体小说，有人甚至说他的小说就是诗。《荷花淀》便体现了他在写作上的这种艺术特点。因此，教学这篇小说就可以有意识地引导学生去发现作品的艺术意境美，有目的地对学生进行艺术美的教育。《荷花淀》的艺术意境美，主要表现在对月下进行和平劳动的描写和晌午进行英勇战斗的描写。前者优美，后者壮美。当学生领悟到精彩的诗化描写与强烈的抒情交织融会于一体时，就可以得到一种难以言传的诗意美的艺术享受。

引导学生从作品的艺术表现技法去探讨艺术魅力的构成因素，也是进行艺术美教育的重要方面。如《我的叔叔于勒》中的于勒发了财造成的情节动势，使情节由盼望于勒到发现于勒而躲避形成极大的反差，人物之间和人物前后的心理距离都忽然拉得很大，从而表现出强烈的艺术魅力。又如《多收了三五斗》等课文，也可以从艺术魅力的构成因素这个角度，对学生进行艺术美教育，进而把学生感受到的艺术美引向深处。这就是说，以感染、欣赏、探讨等方式去引导学生认识具体作品艺术魅力的构成轨迹和真谛，是进行艺术美教育所不可忽视的。

在语文课程中进行艺术美教育的内容是多方面的。语文教师应当把艺术美教育贯穿在语文教学的始终。在艺术美教育的园地里，语文教师应该是一名能工巧匠；在艺术美教育的舞台上，语文教师应该是一位出色的导演。总之，语文教师在教学中进行艺术美教育大有用武之地。

第三节 语文审美教育的途径

在语文课程的教学中进行审美教育的途径和方式是多种多样的，不同的审美对象，就有不同的审美途径和审美方式。但从语文课程审美教育的一般规律来看，最主要的是教师必须按照美的规律，从审美角度进行教学设计，处理教学内容，安排教学活动，深入挖掘语文教材中的审美因素，创造审美的教学环境，着力拨动学生"美感的琴弦"，唤起学生的美感情绪，使学生获得深切的美感体验。具体说，应该注意从以下几个方面来进行：

一、利用有关的审美媒介，精心创设审美情境

据审美对象和审美主体的特点，精心创设审美情境，对学生审美意识的培养、审美感情的熏陶和感染起着重要的作用。因为审美情境对学生不是强行给予的，而是从学生的审美心理自由出发而设定的。它较之单纯的说教更易于被学生理解并引起审美情感的共鸣。它具有各种审美因素，可以通过多种渠道，综合地、整体地对学生施加审美影响，有利于全面塑造学生的审美心理结构，能够使学生在不知不觉的潜移默化中得到美感体验和审美陶冶，把学生从有我之境，带入到无我之境，变语文课文中的"此情此景"为"我情我景"。如有位老师讲《荷塘月色》，一开始他就给学生描绘了一幅"月夜图"，创设了一个"遍地月华清辉"的特定的审美情境，从而把学生引入到一片融融的月色之中："在日常生活中，我们常常经历这样一种情景，即当夜色降临，黑暗就要吞噬大地万物的时候，一轮明月跃出，使山山水水，一景一物，宛如镀上一层白银，笼上一层轻纱，显得那么恬静，那么柔和、神秘而富有诗情画意。那如盘的明月，如水的月色，

皎洁的清光，像甘露沁人心脾，像醇酒令人心醉。"随即他又用"接天莲叶无穷碧，映日荷花别样红"等三首古诗启开学生的审美心扉，使学生心驰神往，犹如进入了一个荷叶亭亭、荷花艳艳、荷香袅袅的优美境界。学生置身于这种特定的荷塘情境中，兴味盎然地带着一种对荷塘月色美景的憧憬和领略荷塘月夜风光的审美情感，进入文章的情感世界，引起情感的共鸣。这种情感的共鸣，可以转化为学生自觉审美的"催化剂"，使学生产生新的审美追求，主动深入到文章构筑的内部世界，领悟文章构筑的艺术真谛。由此可见，创设审美情境，是语文教学中进行审美教育的有效途径。这种审美情境所产生的审美陶冶性，是与所谓水到渠成的"自然教育论"有着本质区别的。运用这种审美情境来陶冶学生，进行审美教育，显然要从纯自然的语文情境的描述中走出来，从而致力于陶冶性审美情境的艺术设计。只有这样才有可能拨动学生"美感的琴弦"，保证语文审美教育的定向性和目的性。

二、发掘教材的内在美点，揭示深层的审美情趣

在语文教育中进行审美教育，不能只是简单地让学生去欣赏一些美丽的词句，或仅仅停留在对作品中描写的景物美、形象美等客观表层的品赏上，而应当结合作家的个性与写作时特定的心境，帮助学生深入发掘课文中的内在美点，揭示作者通过描写景物美或形象美等各种客观美所表现的深层性的审美情趣，使学生不仅领略到"美"，而且深悟到这种"美"所隐含的高尚情趣，从而与培养学生的审美情趣、净化学生的思想灵魂结合起来，使审美教育确有成效，落到实处，而不至于成为所谓的"摆弄花架子"。如朱自清的散文《绿》描写梅雨潭闪闪的绿色之美，是那么醉人迷人，是那么奇异可爱。对他所表现的情趣，如果教师仅仅说些"这是在歌颂祖国山川自然的美"之类的话，就会使学生觉得空泛平浅，对培养学生的审美情趣也是浮而不实，苍白无力的。学生甚至可能产生这样的疑问：为什么描写绿色的美就是歌颂祖国的山川之美呢？把祖国山河描写得五彩

缤纷不是更美吗？要解决这样的问题，就要从审美的角度揭示绿色之美所隐含的深层情趣。绿色在美学上是一种象征安定、平静的色彩。作者尽情地描写这片绿，正表示着他对安定、平静生活的一种渴望和追求，是对当时军阀混战、兵荒马乱的社会现实的不满，也流露出他缺乏变革现实的勇气的柔弱。朱自清是一个朴质正直、诚恳无伪、虚怀若谷的作家，其散文也正是他性情笃厚、品格高洁的表现。在这篇《绿》中，作者描写"绿"的形象的真切自然、细腻柔美、含情脉脉，字里行间无不蕴含着作者内心的高洁情趣。他的精神世界也正像他描写的"宛然是一块温润的碧玉"那样的洁净而看不透，像那梅雨潭"仿佛能把蔚蓝的天融了一块在里面似的"那样深厚莫测。朱自清是散文家，也是诗人，他曾用诗的语言痛悼闻一多先生说："你是一团火，照澈了深渊"，把闻一多先生拍案而起的斗争精神比喻成"一团火"；而在此将梅雨潭这绿的美，命名为"女儿绿"。虽然时期不同，但用以表现审美情趣的方式几乎一样。所以有人说，闻一多是恨多于爱，朱自清是爱多于恨。正因为他是那样真挚、纯洁、执著地爱着这"女儿绿"，因此，随着时间的推移，对破坏"女儿绿"美的敌人，也自然会像闻一多先生那样爆发出"一团火"来。朱自清从一个正直的诗人、学者发展成为一个坚守民族气节的民主主义斗士，即从喜爱透明的洁净到向混浊的社会举起战旗，这不正是《绿》中描写的绿色之美所表现的深层情趣和值得认真体味发掘的美点吗？凡是优秀的散文作品都是一种美的创造。这种美又绝非是画家的绘画所能比拟的，正如古人所说："一切景语皆情语也。"在语文课程中进行审美教育，就是要让学生通过对美的形象的感受，对美的本质的认识，去领悟它所包容的人生意义，从而拨动学生心灵的琴弦，促使他们情感和理智的融洽，培养他们高尚的审美情趣。

三、开辟审美通道，启发学生的审美想象

审美想象的培养，对语文审美教育是至关重要的，因为它是语文审美创造的前提。康德就曾说过，"想象力是创造性的"。我们知道，选入教材

的文学作品的艺术之美，不是露天的珍珠，伸手可以摸得着；也不是碧空的银星，抬头可以看得见。它往往隐藏在艺术形象所给人留下的深广、多层的审美空间里，也常常蕴含在生动逼真的意境中。那么，怎样使学生深入作品营构的意境或它构筑的审美空间里，从而探索其蕴藏的艺术之美，获取其艺术的真谛呢？这就要靠学生的审美想象。在教学中，教师应当在审美对象（作品）和审美主体（学生）之间，建立起一种能够触发的审美联系，给学生开辟审美想象的通道。这种审美想象的通道，就是作者描写的艺术形象。因为美总是蕴藏在一定的形象之中的，美和形象是结合在一起的。那种离开具体形象而超然于物外的美是不存在的，如果没有形象也就没有美可言。因此，只有把握艺术形象，通过对具体形象的品赏，才能启发学生的审美想象，进而揭示形象中包含的美，达到对作品的更深一层的审美把握。就以上例举的《荷塘月色》来说，教这篇散文时，就可以通过作者描绘的荷叶、荷花等形象，来启发学生展开审美想象。如针对"叶子出水很高，像亭亭的舞女的裙"这一荷叶的形象，可引导学生先联系自己的生活体验去想象，用语言描述"出淤泥而不染"、宽大、微曲的荷叶的轮廓，再联想舞蹈演员身着芭蕾舞短裙亭亭玉立、翩翩起舞的视觉形象，从而体味出荷叶轻盈舒展、挺拔直立的秀姿之美。再如学习作者用歌声比喻荷香一段，可引导学生先用嗅觉感知已体验过的荷花的清香，然后再想象那种飘忽不定、隐约轻微、时断时续的荷香的美。通过具体的艺术形象，启发学生展开审美想象，可使学生流连忘返于荷塘月色的诗情画意之中，感受到景语中的情语，进而领悟这优美的意境中所寄托的作者不满当时的黑暗现实、追求自由光明的美好生活的人生理想。

在教学中以艺术形象为审美通道，启发学生展开审美想象，不仅可使学生领悟深层性的艺术美，而且还能激发学生的审美兴趣，调动学习的积极性，使学生于平淡之中发现神奇，获得审美的愉悦和满足。如有位老师讲《敕勒歌》，开始学生觉得这首诗平白如话，"没多大意思"。于是老师就启发学生的审美思考："诗中描绘的天山、草原、牛羊都是什么颜色？哪些景物勾勒出了草原画面的背景？哪些景物是这幅草原画面的主体形象？它们各占多大比例？"顿时，学生活跃了起来，展开了兴趣盎然的审美描述：无垠的蓝天下三片辽阔碧绿的草原，在和风吹拂下，丰茂的草木俯垂摇曳，绿波此起彼伏，正在吃草的牛羊时隐时现，而那草原与蓝天之间镶着的紫色远山，又勾勒出了天高地广的恢弘气象。学生在想象中描绘出了一幅雄浑豪放的北国草原画卷，从而共同感受到了这首诗歌的美，但审美活动至此并没有结束。接着，老师通过诗的结句所活现的风、草、牛羊三种景物，又启发学生：这幅草原图究竟美在哪里，使学生进一步展开审美想象："牛羊是这幅草原图画的主体形象，是绿色锦缎上托出的珍珠，是画中的诗。美妙的是作者不是把这个主体形象死板地画在那里，也不是一开始就让人看到，而是直到末了才时隐时现：风吹草低，现出了牛羊。言外之意，风吹草起，又隐没了牛羊。那么，草深处还有多少牛羊，还有多少美的事物，那放牧牛羊的人，是白发苍苍的老汉，是天真活泼的姑娘，还是踏着牧歌归去的小伙子？……"学生在老师的引导下，徜徉神游于这个广阔的审美空间，尽情地领略这首诗的神韵妙境。正如师生共同归结时所述："风儿吹，草儿摇，牛羊在欢跳。"多么自在安乐，多么富有生机，多么令人神往！真是"一切景语皆情语"，它洋溢着诗人对草原、对乡土、对如画江山的真挚的情、热烈的爱。这个教学实例生动地告诉我们，以艺术形象为审美通道，来启发学生的审美想象，是语文教学中进行审美教育的重要途径。它可以激发学生特定的审美情绪、审美愉悦，使学生对作品从表层的审美感知，进入到审美的全新天地，从而把握文章深层的艺术美，在满足审美要求的同时又得到语文训练，深化了语文教育。这种审美效果，是那种"只可意会不可言传""教师没有必要去作干预"的做法所不可能获得的。

四、设计审美议题，寻找审美光点，诱发学生的审美体验

审美体验的本质是一种对象化的自我享受。作为一种审美享受，所欣

赏并为之感到愉快的不应该是客观的对象，而应该是自我的情感。语文教学中的审美教育就必须诱导激发学生对审美客体的喜悦感、自由感、质疑感、惊异感等。只有这样，才能真正调动审美主体——学生的审美潜力，产生审美激情，进行深刻的审美体验。为达到激发学生的审美体验的目的，在教学中可采取设计审美议题和寻找审美光点的方式。

设计审美议题，就是说，教学中根据课文的审美特点，从不同的角度确定几个审美议题，让学生在审美体验的基础上自由选择，进行鉴赏评析。如教学《荷花淀》时，可以设定以下几个议题：①《荷花淀》中的对话描写；②情切切理昭昭的"夜话"；③充满诗情画意的景物描写；④《荷花淀》的语言美；⑤恰到好处的"补叙"；⑥《荷花淀》的妇女群像；⑦水生夫妻的爱情观；⑧《荷花淀》的人情美。这些议题，就审美媒介说，能够从多角度、多层面使学生产生美的启迪与体验；就文学作品欣赏的主观能动性而言，"有一千个读者就有一千个哈姆雷特"。通过选题鉴赏评析，学生不会感受到强迫接受知识的被动，思维有了自由飞翔的天空，自愿倾心赏美并能够陶醉于自己趣味无穷的体验与想象之中，作称心如意的审美品位。这正如黑格尔所说，"审美带有令人解放的性质"。

美存在于客观事物中，如果不善于或者不能够寻找出审美光点，就不能达到审美教育的目的。要对美的媒介有美的体验，必须具有美的审视力，施教者只要重视知识的多层面指导、多角度引导、主体的或纵或横的比较、思维方式的训练，就能提高学生的审美能力。教学中，注意启发学生捉疑、质疑、释疑的能力，同时授之以审美的常用思维方法，经过训练，学生就能识别出事物的美丑、真假、善恶。

爱因斯坦有一句名言，意思是说要使学生对价值有所理解并且产生热烈的情感，最基本的是，他必须获得美和道德上的鲜明辨别力。爱因斯坦所说的"价值"，就是美的属性与灵感；"辨别力"就是寻求美的光点与灵感的能力。因此，在语文课程中进行审美教育，一定要注意培养学生寻找审美光点的能力，这样才能使学生发现美，产生审美的体验。

五、确定审美目标，展开审美鉴赏

审美鉴赏是对审美对象的鉴别与评价。审美鉴赏的层次高于审美感受。审美情境、审美情感及审美体验是属于审美感受这一层次的，是初级性的审美活动。而审美鉴赏则是在较深刻的审美领悟、品味、感受的基础上进行的，是理性因素相对突出的高层次审美活动。在教学中组织审美鉴赏活动，可以采取两种形式：

一是自由式讨论鉴赏。审美鉴赏能力的高度发展，就是个性与共性的统一。语文教学中的审美教育对象是群体的，但由于受教育者审美意识、审美趣味、审美理想、审美素质、审美经验等存有差异，这就使受教育者形成鲜明的个性。因此，对于学生的鉴赏评析，施教者应该使之充分发表，能成立的让其成立，要淡化鉴赏审美的权威性，不能硬套一个审美模式，压抑学生的审美个性。如上面例述的《荷花淀》的教学，就是确定审美目标让学生围绕议题写鉴赏评析文章，而后充分讨论，鼓励持不同鉴赏观点者发表意见。这种审美教育活动使师生之间、学生之间"平等或对称，其气氛是活跃的、轻松和自由的"，审美的收效大，美的感受深。它能使师生共欢愉、同忧伤，改变了那种"老师动情学生木然"的教学常态。

二是定向式鉴赏讨论。上述自由讨论有利于培养个性，但只注重这一点是片面的，还需重视共性培养，要让个性和共性和谐统一。为了达到这一点，定向式鉴赏讨论是一种适宜的形式。所谓定向式，就是根据确定的审美目标，师生共同逐层深入地展开鉴赏讨论。这种形式有利于施教者把自己由审美对象引起的审美感受、审美经验传导给受教者，从而发挥审美指导作用。同时，也有利于受教者把自己的审美信息传递给他人，进行审美交流，相互借鉴，逐步统一，一起提高审美能力，达到理性的高度。如教《天山景物记》，就可先确定一个审美目标——景物艳丽、幽静而迷人，然后按照写景的空间顺序或景物种类逐项鉴赏，或按照写景语言风格特点进行鉴赏。采用这种审美形式，其审美效果明显，能使学生对美的印象更清晰、深刻。

第四节 语文审美创造力的训练

长期以来，语文课程中的审美教育，普遍存在着一种现象，这就是：注重引导学生赏美、寻美，踏步于审美感知的领悟阶段，而不同程度地忽略了语文审美创造力的培养，没有致力于学生创造美、表现美的深层性审美训练。其实，审美、寻美仅为审美过程的起步，而不是审美途程的终点。在语文课程的教学中进行审美教育应当致力于启迪学生"创造美的智慧"，训练学生创造美的能力。也就是说点燃学生审美智慧的火花，使学生在语文审美实践中能有美的创造，美的发现，才是语文审美教育的立足点。因此，在语文教学中，作为审美教育主导者的教师，不仅应当具有审美创造观念，更重要的是要把启迪学生"创造美的智慧"，训练学生创造美的能力，贯穿在整个审美教学过程的始终。

一、训练学生的语文审美创造意识

在语文审美教育过程中，必须重视训练学生的审美创造意识，使学生在具体的语文审美活动中，认识到美是可以创造的。如《虎吼雷鸣马萧萧》中李自成讲话的感情起伏，同虎吼、雷鸣、马嘶相呼应，形成了作品壮美的基调；而结尾的景物描写，又给人以清新优美的艺术感觉。作者把两种不同的美学情趣相结合，从而给我们创造了美的作品。当然，要切实训练学生的语文审美创造意识，仅懂得美是作者创造的，是明显不够的，还应当使学生的审美认识深入一层，这就是认识到作者是怎样创造出"美"来的，进而使学生学到创造美、表现美的艺术技法。如孙荪在《云赋》这篇散文中，放开思路、自由驰骋地去构想天姿天色，从而创造了一种恢弘壮丽而又和谐的意境美。那么，作者是怎样创造这种意境美的呢？教学中就应当从两个方面引导学生去认识作者创造美的技法：其一，是物境的三个结合。先是将云景与天景结合，把云天合写，云浮而幻象，天借云而生姿，构成了一个浩渺阔大的独特景象。继之将动美和静美结合。乌云进攻，游云溃散，都是动；淡云飘浮，由动转静，似动若静；彩云幻象，玉月停飞，这是静。这样动静相生，使意境幽深，屈曲有致。再是将实境与仙境结合。写乌云，有神煞妖魔之形；写淡云，有仙画银羽之姿；写彩云，有天宫、天物之状。在实境上笼罩一层仙境的光辉，显示了意境恢弘的神韵。其二，是情境的三种状态。作者写乌云、游云，处处有"我"在，"我"时而焦急，时而慨叹，动情动容，这是"以我观物"，是"有我之境"。写淡云、彩云，也写"我"有时像"驾着祥云遨游九天的神仙"，有时在"默默地体味这空漾的仙境中片刻的静美"，这里既有"我"在，又忘"我"形，是"忘我之境"。写云外青天，则意出尘表，既无云在，又无"我"在，只画出青天月牙图，超然旷现，此谓之"无我之境"。"有我""忘我""无我"这三种境界融合一体，显示了意境的丰富蕴涵和纵深发展的层次性。在教学中这样引导学生，不仅能够启迪学生创造美的智慧，培养学生的审美创造意识，而且还使学生深入到文章内部的审美世界，学到创造美、表现美的写作艺术技法。

二、指导学生的语文审美创造实践

创造美是美学理论的实践化，在语文教学中训练学生创造美的能力，主要还是指导学生按照美的规律进行语文审美创造的实践活动。一般来说，这种审美创造活动主要包括两个方面。

第一，引导学生用正确的美学观点塑造自己的灵魂，热情地投身于改造自然、社会的实践中去。例如，从欣赏作品所表现的自然美中感受山河的壮美，培养学生热爱大自然、热爱生活、热爱祖国的感情；从欣赏作品里的优秀人物形象中，特别是许多爱国主义者和先进人物的形象，激发学生追求正义、并勇于献身的高尚精神和埋头苦干、建设祖国的热情；从欣赏作品的主题中，启发学生思索社会、思索人生，勇于承担建设和保卫祖国的重任。

第二，引导学生用正确的审美观点去发现美、创造美，重视在作文教学中训练学生创造美的能力。作文是综合性很强的审美创造训练。用书面语言描述自然世界的美和社会生活的美，表达美好的思想和健康的情感，这本身就是一种创造美的过程。作文不仅讲究思想内容的美，而且讲究语言形式的美，要求二者统一。学生要写出一篇"美文"，除了必须具有高尚、美好的思想情感以外，还必须掌握语言表达方法，用美的语言形式反映美的思想内容。因此，在作文教学中，要启迪学生创造美的智慧，给学生插上创造美的翅膀，让学生独辟蹊径，勇于创新，不要让学生人云亦云，亦步亦趋，跟在人家后面跑。这是衡量能否切实培养学生创造美的能力的重要尺度和标准。语文教师作为语文审美教育的主导者，理应取前者而抛弃后者。如有位老师在一次冬季写作训练中，让学生写一篇作文——《雪》，绝大多数学生的立意是"赞雪"：赞颂雪的"洁白无瑕""大公无私"。但有一个学生却正好相反，立意是"贬雪"：写雪的虚伪，即以其洁白的外衣掩盖世间的污秽，见不得阳光；写雪的穷凶极恶，即依仗狂风，耀武扬威，不可一世；写雪的残忍无情，即雪压冰封，万木萧条。最后抒写自己"不怕风雪严寒"的意志和"迎接春天到来"的信心。面对立意如此"相对"的作文，这位老师却能赞赏它观点明确，立意新颖，独辟蹊径，是审美创造的智慧闪光；同时作为"范文"在全班赏读，充分肯定了学生的创造精神，也因此使全班学生受到在作文中创造美、表现美的启发，培养了学生作文的审美创造意识，启迪了他们在作文中创造美的智慧。

当然，在作文教学中，要培养学生创造美的能力，只限于单纯的鼓励是远远不够的，更重要的是要引导学生投入到大自然和社会生活的怀抱，去探索美，发现美，进而在写作中才能表现美，真正提高学生创造美的能力。叶圣陶先生说过，作文原是生活的一部分，生活就如泉源，文章犹如溪水，泉源丰盈而不枯竭，溪水自然活泼地流个不歇。是的，生活是美的基础，可以说没有生活就没有美。只有充实生活，获取真切的体验，才能使学生在作文中进行美的创造，美的表现。

第七章　语文课程评价

第一节　语文课程评价的理念

　　《基础教育课程改革发展纲要（试行）》提出了新的评价理念："建立促进学生全面发展的评价体系。评价不仅要关注学生的学业成绩，而且要发现和发展学生多方面的潜能，了解学生发展中的需求，帮助学生认识自我，建立自信。发挥评价的教育功能，促进学生在原有水平上的发展。"为克服语文课程评价领域长期存在的弊端，尤其是片面追求高考升学率的负面影响，《义务教育语文课程标准（2011年版）》及《普通高中语文课程标准（实验）》都明显体现着新的评价理念。

　　《义务教育语文课程标准（2011年版）》中的"评价建议"，主要表述了几个重要的评价理念并规定了若干评价原则。在"具体建议"中分别从识字与写字、阅读、写作、口语交际和综合性学习五个方面，交代了评价的实施要点及注意事项等。它在评价的目的、评价的价值取向、评价的具体方式以及评价的主体等方面都与传统的评价方式有着明显的区别。

　　从"一切为了学生的发展"的理念出发，语文课程评价的目的不仅是为了考查学生实现课程目标的程度，更为了改进师生的教与学，改善课程设计，从而有效地促进学生的发展。

在课程评价的取向上摒弃了片面的评价观念，尽可能全面真实地反映课程的全貌。课程实施过程是一个十分复杂的研究领域，它包含了许多相关的因素，必须从不同的角度，用不同的方法来认识和评价具体的课程实施。因此，课程标准坚持全面评价的取向，突出了语文课程评价的整体性和综合性。所谓整体性，主要包括两个方面：从内容看，语文课程是一个整体，评价语文课程的内容应该包括识字与写字、阅读、写作（包括写话、习作）、口语交际和综合性学习，而不能像以往那样只重视阅读与写作的评价；从评价领域而言，它的范围不能仅限于知识和能力，即认知领域，还要从过程和方法、情感态度和价值观进行全面评价。也就是说，评价既要对产生这一学习的结果进行描述和判断，又要对产生这一结果的多种因素和动态过程进行描述和判断；既要看到学生智力发展的一面，也要看到他们的动机、兴趣、情感、态度、意志、性格等非智力因素作用的一面。

在课程评价手段上，注重多样化和灵活性。全面的课程评价要有与之相适应的手段来配合。对课程的不同层次和不同侧面的评价，需要采用不同的评价手段。所以，"评价建议"强调综合运用多种评价方式，注意将形成性评价与终结性评价、定量评价与定性评价相结合。其中，"加强形成性评价"和"更应重视定性评价"被置于非常突出的地位。而这些评价中的诸如"成长记录的方式""语文学习的档案资料"等评价手段，正是以往的传统评价中所没有的。

在课程评价主体上，注意将教师的评价与学生的自我评价和相互评价，以及家长评价相结合，加强学生的自我评价和相互评价，改变以往的评价只有教师参与的倾向，确立了学生的课程评价主体的地位。这种评价的实质，从一个侧面反映了学生是学习主体的现代教学观。

《普通高中语文课程标准（实验）》的"评价建议"分三个部分：评价的基本原则、必修课程的评价和选修课程的评价。评价的基本原则分别从评价目的、评价对象和基准、评价功能、评价主体、评价内容、评价方式和手段六个方面阐明了评价的重要思想。必修课程的评价和选修课程的评价，则从不同的侧面强调了两者的联系和区别，以及具体的实施细则、操作要点和注意事项。下面我们以高中语文课程评价的基本原则为依据，进一步讨论语文课程评价的新理念。

一、评价目的

语文课标"评价建议"中指出：课程评价要"致力于进一步提高学生的语文应用能力、审美能力和探究能力，全面提高学生的语文素养"。全面评价学生的语文素养，必然包括从"知识和能力、过程和方法、情感态度和价值观"等多方面对学生进行综合考察。学生在高中阶段的语文应用能力、审美能力和探究能力无疑是评价中的重点。值得一提的是，从这一"评价建议"可以看出，高中语文课程标准在语文能力的评价方面注意了不同类型的差别，这三种能力既是高中阶段学生语文能力发展的必然要求，又是他们经过循序渐进的努力能够逐步达到的具体目标。这种思想体现在阅读领域，便形成了阅读的三个层次，即独立（理解）阅读——鉴赏阅读——探究（研究）阅读，标志着阅读能力的发展由理解能力到鉴赏能力再到探究（研究）能力逐层递进。独立阅读，主要立足于理解能力的培养，包括"从整体上把握文本内容，理清思路，概括要点，理解文本所表达的思想、观点和感情"。鉴赏阅读，特指对中外文学作品的阅读鉴赏，旨在"注重审美体验"和发展"审美能力"，提高学生对文学类文本中"不同文体作品的阅读鉴赏能力"。探究（研究）阅读，包括通过学习探究性阅读、开展"文化论著研读"、鉴赏研读"诗歌与散文"等，立足于培养学生的探究（研究）能力，发展批判能力。

二、评价对象和评价基准

"评价建议"中体现出原则性和灵活性的高度统一。它的原则性表现在首先要求评价面向全体学生，要让所有的学生实现基本目标；其次强调了课程目标是评价的基准，评价不能脱离课程的总目标和分类目标。它的灵活性表现为，在保证达成基本目标的基础上，"尊重学生的个体差异，关注学生的不同兴趣、不同表现和不同学习需要"；要有重点，抓住关键，使评价有利于鼓励学生自主选择课程，促进每个学生的健康发展。

三、评价功能

"评价建议"中指明："课程评价具有检查、诊断、反馈、甄别、选拔、激励和发展等多种功能"，"评价的各种功能都不能忽视，但首先应充分发挥其诊断、激励和发展的功能，不应片面强调评价的甄别和选拔功能。"这里包含了几层含义：一是评价的功能是多元的，不能只强调它的甄别和选拔功能。二是评价的诊断、激励和发展功能的发挥，主要用于教学过程中的形成性评价，所以必须充分注重和加强平时的形成性评价。三是重视和发挥课程评价的不同功能，要区别不同的情况，根据不同的教学需要进行。只有正确的评价才能促进学生的语文学习，同时也有利于教师的专业发展。语文课程评价的上述功能实际上是发展性评价在语文学科领域的具体化，因为发展性评价除了基本的检查功能和固有的甄别、选拔功能外，它还有反馈调节的功能、展示激励的功能、反思总结的功能、记录成长的功能及积极导向的功能。

四、评价主体

强调"评价主体多元化"是当前评价改革的重要理念和方向。如果说义务教育语文课程评价"主体多元"强调"要尊重学生的个体差异"，"加强学生的自我评价和相互评价"，突出的是"注意教师的评价、学生的自我评价与学生间互相评价相结合"，那么，高中阶段"使评价成为学校、教师、学生、同伴、家长等多个主体共同积极参与的交互活动"，重点则落实在"要尊重学生作为评价主体的地位"，"指导学生开展自我评价和促进反思"。很明显，前者是针对过去的"一元评价主体"而言的，即要改变教师是单一评价主体，而学生无法参与评价过程、只能充当被评价的对象这一不合理的现象，因此提出要让学生成为评价的主体。而后者是在已经确认学生的评价主体地位的前提下而提出的新要求，它明显是对义务教育语文课程评价要求的提升和发展。

五、评价内容

与义务教育语文课程内容分为"识字与写字""阅读""写作""口语交际"和"综合性学习"五个方面不同，高中语文课程分必修课和选修课两种类型，学生学习两种不同类型课程所达到目标的程度便构成了评价的基本内容。"评价建议"指出：必修课和选修课，"它们的目标既有联系又有区别，共同构成高中语文课程总目标。语文课程评价既要注意两者的相互衔接，更要注意它们的不同特点"。课程类型不同，课程目标不同，课程内容不同，决定了评价应有所侧重："必修课的评价应立足于共同基础，而选修课的评价在注重基础的同时，更多地着眼于差异性和多样性。"

六、评价方式和手段

"评价建议"中指出："课程评价有多种方式，每一种方式都有其优势和局限，都有适用的条件和范围。学生发展的不同侧面有不同特点和表现形式，对评价也有不同的要求。"这一要求是对以往只采用单一的纸笔考试方式的否定，同时也阐明了评价的方式方法具有多样性、针对性、综合性的特点。

评价方式方法的多样性，指的是在教学过程中具体的评价方式方法的运用不可能一成不变，必须灵活多样。这种多样性是由教学过程中师生相互作用和学生语文学习方式的多样性决定的。而语文课程内容和教学实施具有综合性的特点，更决定了语文评价方式方法的多样性。

评价方式方法的针对性，指的是任何一种评价方式方法的选择和实施都不是孤立的，而必须针对特定的评价内容和对象，依赖于一定的条件。万能的、处处都可适用的方式方法是没有的。教学的实际情况是，一种评价方式方法可以顺利地完成某一项评价任务，但对完成其他评价任务却不那么有效，甚至完全不适用，因此为保证评价具有实效，必须反对评价方式方法的机械套用。"评价建议"根据不同的发展要求，提出了相适应的评价方式：如认知水平，需要通过书面的语文考试进行评价；如学生的兴趣特长，较适合于通过观察活动来评价；如学生的情感态度和实践能力等，用成长记录的方式能比较全面地评价；如探究能力，由于它的形成具有重过程、重体验的特点，所以不能简单地以活动结果作为评价的主要依据，而应将学生自主探究的过程与结果统一起来加以评价。

评价方式方法的综合性，指的是我们必须注意各种评价方式手段的辩证统一。如果说我们评价学生的认知水平时采用了考试的方法，那只意味着考试的方法在评价该项任务时起了主要作用，而并不意味着就不能使用其他评价方法了。因为从评价的实际看，评价方法的概念总是综合的。理解了这一点，我们就不会人为地割裂各种评价方式方法的联系，而会注意将多种方法手段融会贯通，为我所用。教师在设计评价方案时，就可以全面、充分地考虑评价目的、评价内容、评价对象，以及班级教学实际等不同的情况，综合选择和使用各种不同的方式方法。

当然，提倡语文课程评价手段和方法的多样性，并不是盲目追求花样翻新，或一味迎合学生的兴趣，而是为了保证能有效地考查学生对课程目标的实现程度，以充分发挥评价的诊断、激励和发展等功能，要在调动学生学习积极性、减轻学生负担与保证评价的信度、效度之间找到合适的平衡。

第二节 发展性语文学习评价

《基础教育课程改革纲要（试行）》和普通高中课程改革方案都积极倡导建立发展性评价体系。所谓发展性评价体系，是指由多元主体共同参与的、以促进学生发展为目的、综合采用学生学业成绩及成长记录等多种评价手段所形成的评价体系。这种评价体系对师生的共同发展具有多方面的促进意义，其中最突出的主要体现在以下三个方面。

一、对话式评价：学习意义的共同建构

建构主义理论强调，学生学习不是空着脑袋走进学校的，而是具有一定的经验背景，教师应重视学生的已有知识背景，重视学生对各种现象的理解，倾听他们的意见，洞察他们的想法，以此为依据展开与学生的对话与交流。构建师生间双向交流对话评价观，引导学生参与到评价的对话过程中来，真正使评价过程成为师生共同建构意义的过程，是高中新课程改革所竭力倡导的，是一次真正意义上的评价改革。

（一）师生共同构建、评价教学文本

"教学文本是在教学沟通的过程中产生和接受的，可以视为对话文本与读写文本，以及对话文本与读写文本的总体"，"是教师与学生一起合作创造的极其复杂的产物"。[①] 教学文本主要包括学生正在进行或已经完成的各类习题、试卷、阅读材料、专题活动、笔记及各类报告等，是评价学生的材料依据。传统意义的评价就是教师要为学生的"最终产品"标出

---

① 钟启泉、崔允漷、张华：《为了中华民族的复兴为了每位学生的发展：基础教育课程改革纲要（试行）解读》，华东师范大学出版社2001年版，第45页。

等级，打上分数，作出优劣的评判，而对话式的评价则要求师生共同去构建和评价教学文本，使评价成为一种动态的过程，在这个过程中，学生上升到一种主体的地位，他可以和教师一起去评价自己的学习行为和学习结果；教师不再是对学生居高临下的审视，而是与学生共同面对教学文本，一起商讨成败得失。这里允许学生丰富多彩的体验，允许学生妙笔生花，允许学生自由的评判，也允许学生自由心声的表达。对话评价展现出的是学生丰富的个性、鲜活的生命，是一个个丰满的立体的学生，是一个个完整的心灵世界。

（二）师生走向互评与沟通

对话式评价的第二层含义是学生具有同教师平等的评价权，他完全有权利去评价教师的教学行为和教学结果。正如学生在教师的评价中观照到自身的存在状态一样，教师也要从学生的反馈中调整自己的教学行为。因为师生在长期的教学行为之中，达到了相互了解与沟通，学生评教作为对教师行为评价的一个标准，可以从另一个侧面评价教师的教学行为与教学结果，也可以间接反映出学生的学习程度与结果。

"为什么非得是教师问，学生答？能不能是学生问，教师答，学生去评判教师回答的质量？为什么非得是教师出题，学生做？能不能是学生出题教师做，学生去批阅和讲评？为什么非得是教师命题学生作文？能不能是学生命题，教师作文，学生为教师评分？为什么非得是教师选文，学生读？为什么不是学生选文，教师读，教师去谈阅读的体会？"[1] 这些问题既是对现实评价方式的不满，也是在构建一种新的民主的对话式的评价观。

二、情境性评价：实现完满人格的塑造

建构主义学习理论既重视结构性的知识，更重视非结构性的经验背景。这里，结构性的知识，是指"规范的、拥有内在逻辑系统的、从多种

---

① 钱吕明：《建立开放型中学语文教学模式》，《中学语文教学》2000年第8期。

情境中抽象出来的基本概念和原理";非结构性的经验背景,是指"在具体情境中形成的,与具体情境直接关联的,不规范的、非正式的知识和经验"。[①]建构主义理论指导下的情境性教学,强调情境中"真实任务"的解决,并主张采用与教学过程和教学情境融为一体的评估——"场合驱动评估"。建构主义的认知灵活理论也认为,"只要将知识运用到具体情境中去,都会有大量的结构不良特征(即概念的复杂性、实例间的差异性)","据此,我们不可能靠将已有知识简单提取出来去解决问题,只能根据具体情境,以原有的知识为基础,建构用于指导问题解决的图式"。[②]

据此,我们认为,评价要与情境性的学习相适应,它不能是一种静态的结果的评价,而更多的应是与情境相联系的动态的过程评价。这一评价不仅要关注学生的学习成绩,更要关注学生的情感体验;不仅要关注知识的获得,更要关注学习方法、认知策略。

倡导情境性的评价对于促进学生的发展具有重要意义:

(一)情境性评价使知识获得与能力提高得到统一

学习必须建立稳固的基础知识结构,这是发展能力必不可少的因素。但是形成知识结构不是目的,而是实现能力发展的手段。因此,重视学生在现实情境中对知识的运用是发展能力必不可少的途径。

《义务教育语文课程标准(2011年版)》从不同的角度对要学习的知识内容作了说明。在"总体目标"中指出,"学会汉语拼音。能说普通话。认识3500个左右常用汉字","能根据需要,运用常见的表达方式进行写作,发展书面语言运用能力",在第一学段目标中指出,"掌握汉字的基本笔画和常用的偏旁部首"及"认识课文中出现的常用标点符号",第二学段目标中指出"能联系上下文,理解词句的意思,体会课文中关键词句表达情意的作用",第三学段目标中指出"能抓住要点,了解文章基本的说明

---

① 张华:《课程与教学论》,上海教育出版社2000年版,第79页。
② 陈琦、刘儒德:《当代教育心理学》,北京师范大学出版社1997年版,第101页。

方法"，第四学段目标中提出"学习基本的词汇、语法知识"，并在附录中列出了语法修辞知识的要点。可见，义务教育语文课程标准仍然是要求牢牢掌握语文基础知识的。但是，它并没有把这些基础知识单列出来，而是贯穿在四个学段的"识字与写字""阅读""写作""口语交际"等目标体系之中。这种安排方式意在强调语文基本知识的学习是要落实在语文的运用与实践之中的，要避免那种单纯、机械地学习语文知识的方法。所以，义务教育语文课标在"评价建议"中指出，"语文知识的学习重在运用，其概念不作为考试内容"，古代诗词和浅易文言文的阅读评价，"词法、句法等方面的概念不作为考试内容"。这里有一个明确的导向：教师应树立以能力为本位的教学观与评价观，不刻意追求语文知识的系统和完整，而是让语文基本知识的掌握融于学生能力的提高之中。可见，只有把对知识的理解放在特定的情境之中，才能达到对知识的灵活运用，才能有助于形成能力，发展能力。

（二）情境性评价使对学习过程的关注与对学习方法的关注达到统一

情境性的评价，贯穿于学生学习的全过程，并关注学生的学习策略，它不是两次评价，而是同一评价的不同方面，体现出的是对人的全面发展的关怀和促进。它要求评价者对学生的平时表现给予充分的重视和引导，对学生的课堂表现、课下作业、课外活动以及学习习惯、学习方法进行综合的评价。我们必须看到这种动态评价的分量。苏霍姆林斯基说："我给的评分总要包括学生在某一时期内的劳动，并且包含着对好几种劳动的评定——包括学生的回答（也可能是好几次的回答）、对同学回答的补充、书面作业（不太长的作业）、课外阅读以及实际作业等。这样，学生也很明白，他的任何情况都逃不出我的注意。"[①]当学生学习的各个环节都置于评价、反馈、矫

---

① 【苏】苏霍姆林斯基（杜殿坤译）：《给教师的建议》，教育科学出版社1984年版，第38页。

正、调控的视野之中，这种评价将会极大地促进学生的发展。

在这一情境性评价的过程中，对学生学习方法的评价实际上就是引导学生在学习的过程中发展"元认知"水平，即要提高学生对自己的认知过程和结果的反省意识水平，使学生认识到自己在学习过程中所运用的认知策略的优劣。这就要求教师在学生学习的过程中不但要评价学生学了什么，而且要评价学生怎么学的，不但要评价学生问题解决的结论，还要评价学生推导结论的过程，这样使过程的评价与方法的评价得到统一。

（三）情境性评价是对情感、态度与价值观的评价的统整

情境性的学习必定伴随着态度、情感与价值观的形成，《论语》中所说的"知之者不如好之者，好之者不如乐之者"，充分说明了学生在学习过程中的情感体验的重要性。知识和能力是学习的基础，即一种学习智力；过程与方法是学习的重点，即一种学习智慧；情感与态度是学习的保证，即一种学习的动力。义务教育语文课程标准多次强调，语文学习要"培育热爱祖国语言文字的情感"，"培养爱国主义、集体主义、社会主义思想道德和健康的审美情趣"，"逐步形成积极的人生态度和正确的世界观、价值观"；阅读方面要"注重情感体验，发展感受和理解的能力"；在各阶段的学习目标里，也一再强调"阅读的乐趣""独特的感受、体验和理解"等情感因素。对语文学习情感、态度与价值观的评价，是义务教育语文课程标准立足于语文学习工具性与人文性相统一的学科性质，着眼于人的全面发展所提出的一条重要评价标准。因为，语文课的意义不仅仅局限于教给学生某种语文知识，更重要的是通过一篇篇凝聚着作者灵感、激情和思想的文字潜移默化地锻造学生的情感和情操，影响他们对世界的感受、思考及表达方式，并最终积淀成为他们的精神世界中最深层、最基本的东西——价值观和人生观。

苏霍姆林斯基从来不给儿童打不及格的分数，如果儿童有什么地方做得不对，苏霍姆林斯基就对他说："你试一试重新做一遍，要是有哪道题不懂，明天上课前到学校里来，咱们一起想一想。"苏霍姆林斯基这样评价第

二天上课前的半小时，"这是我跟学生一起进行最有趣的脑力劳动的时间"，"是我跟学生心灵相互交往的幸福时刻"，"如果我跟他一起解除了他的苦恼……我叫他自己把分数写在记分册里，这给他一种自豪感和尊严感"。[①]可见对于情感、态度和价值观的关注，应真正地贯穿在整个教学过程中，激发起学生学习的兴趣，形成他们积极的学习态度，这样才能使这一学习语文的过程成为形成他们正确价值观的过程。

三、多元化评价：多几把尺子衡量学生

建构主义理论认为，学生学习既然是以各自不同的方式建构对事物的理解，那么就允许学生的理解存在差异，不强求统一的惟一的标准。据此，我们认为，评价要尊重学生的差异，尊重学生的个性，并设立不同的评价标准和评价方式，全面地最大可能地促进每一个学生的发展，使评价由过去"选择适合儿童的教育"转变为"创造适合教育的儿童"。

（一）评价要尊重学生学习理解的差异性

学生是富有个性的、有着鲜活生命的个体，他们在学习中从各自不同的角度看问题，使学习过程带有了很强的个性特点和体验。那么，评价学习要尊重学生学习理解的差异。

这几年来，高考命题以及各地的中考命题都不同程度地体现了这一点。如有的学校语文中考阅读理解题，节选了当代女作家毕淑敏的文章《精神的三间小屋》中的一部分，其中一道题，问学生对作家表达的观点都同意吗，请就某一方面写一段话表明同意或不同意的理由。题目的设计就没有出题的"先见之念"，而是让学生进行仁者见仁、智者见智的表达。

（二）评价要尊重学生学习中的个性特长

智能是多元的，人的特长也是各不相同的，要通过学习的评价让学生的个性特长得以充分自由的发挥。在评价上，既可以为学生设计各种"表

---

① 【苏】苏霍姆林斯基（杜殿坤译）：《给教师的建议》，教育科学出版社1984年版，第43页。

现"行为层面的评价形式，也可以为特长学生设立单项的测评方式。以语文学科为例，课前三分钟演讲可以满足学生口语表达的欲望，读书报告会能展示学生读书的收获和思考，课本剧的改编和表演可以满足学生再创造的愿望，辩论赛、"记者招待会"让学生从不同的角度体验到生活的意义。总之，评价就是要为学生的特长开创一片天地。对这些特长评价的重视完全可以促进学生更加全面地发展。如果我们把学生学习过程中的作品、读书报告、专题作业、成绩报告等有关反映学习情况的资料，以文档的形式整理存放，就成为一种对学生成长的记录档案。

发展性评价不是一种具体的评价操作模式，而是在建构主义学习理论指导之下提出的一种评价思想。正如建构主义的学习主张一样，发展性评价重视评价主体的交互作用，关注评价过程的动态情境性，提倡评价标准的多元性。这种评价观并不排斥作业、测试等学业成绩评定方式，而是让这些评定方式呈现新的面貌；它并不否定量化评价，而是让评价融入更多的人文关怀；它并不否定终结性的评价，而更侧重形成性的动态的情境的考察。这一评价的根本目的在于，把学生置于评价的主体地位，以多元化的评价标准，实现学生的全面发展，培育学生的个性特长，在评价的交流对话中构建立体的完满的人。

第三节 语文档案袋评价

发展性评价体系特别强调和重视学生成长记录的意义和价值。学校应根据目标多元、方式多样、注重过程的评价原则，综合运用观察、交流、测验、实际操作、作品展示、自评与互评等多种方式，为学生建立综合、动态的成长记录手册，全面反映学生的成长历程。成长记录袋是根据教育教学目标，有意识地将各种有关学生表现的作品及其他证据收集起来，通过合理的分析与解释，反映学生在学习与发展过程中的优势与不足，反映学生在达到目标过程中付出的努力与进步，并通过学生的反思与改进激励学生取得更高的成就。成长记录袋又称档案袋评价，是一种有代表性的发展性评价方法。

一、什么是档案袋评价

（一）档案袋评价的涵义

所谓档案袋评价，是指通过对档案袋的制作过程和最终结果的分析而进行的对学生发展状况的评价。档案袋，是指用于显示有关学生学习成就或持续进步信息的一连串表现、作品、评价结果以及其他相关记录和资料的汇集。档案袋的内容选择与评判标准的确定都有学生参与，同时包含了学生自我反思的证据。由此可见，档案袋评价具有四大特征：[①]

1.目的性

档案袋中材料的收集和选择是有目的、有针对性的。教师要根据教育教学与人才培养目标，指导学生有目的地收集、选择自己成长、发展的相关材料、信息，展现自己在一个或数个领域内的努力、进步和成就。

2.丰富性

既要收集反映学生某方面的成就与进步的材料，也要记录学生存在的问题，还要收集学生自我反思的证据；既要记录学生本人的信息，也要记录与学生有密切联系的家长、教师、同学、社区人士等的信息。当然，档案袋的基本成分是学生的作品。

3.自主性

档案袋评价的主体为学生本人、教师、同学、家长以及社区人士，但学生既是选定档案袋内容的主要决策者，也是对档案袋内容进行分析、诊断、评价的主要人员。

---

① 施章清：《论档案袋评定与学生评价》，《课程·教材·教法》2004年第1期。

4.发展性

档案袋评价的主要目的是要通过大量材料的收集和学生本人对材料的反省,客观而形象地反映学生某方面的进步、成就及问题,以增强学生的自信心,提高学生自我评价、自我反省的能力。它留给学生发表意见与反省的空间。

（二）档案袋评价的类型

1.格莱德勒的观点——五形态说

美国教育心理学家格莱德勒认为,依据档案袋功能的不同,可以把档案袋分为五种类型:（1）理想型（ideal）,通过一段时间的成长,帮助学习者成为自己学习历史的思索者和非正式的评价者;（2）文件型（documentation）,用于记录学生的成长、进步与成就,内容包括学生作品,同学反映,教师对其在德、能、勤、绩等方面的评价、观察、考查意见,表现性测试结果;（3）展示型（showcase）,用于向家长和其他人展示由学生本人选择出的最好、最喜欢的作品、成果及获得的荣誉证书、获奖证书等;（4）课堂型（class）,是一种总结性文件,用于向家长、管理者报告学生情况,包括:根据教育教学目标描述所有学生取得的成绩及表现情况的总结,教师的年度课程、教学计划及修订说明,教师对每个学生在德、智、体等方面的观察、评语;（5）评价型（evaluation）,根据预定的标准,对学生所取得的成绩及表现情况进行标准化的评价,用于向公众和国家机关、企事业单位作报告。

2.约翰逊的观点——三形态说

约翰逊认为,依据入选材料性质的不同,可以把档案袋分为三种形态:（1）最佳成果型（best-works portfolio）,通过收集学生在某一学科或某一领域的最佳成果,来对学生在这一学科或这一领域达到的水平做出评价;（2）精选型（selection portfolio）,要求了解更广泛的学生成果,不仅有标志学生达到的最高水平的成果例证,还包括学生感到最困难的典型成果例证;（3）过程型（process portfolio）,致力于寻求发展性成果证据,要求学生一步一步地收集能够反映他们在一定领域中从起始阶段到完成阶段所取得进步的成果证据。

二、档案袋评价的实施策略

（一）终结性评价、诊断性评价、形成性评价相结合

美国学者布卢姆把教育评价按其作用划分为诊断性评价、形成性评价和终结性评价三种形式。档案袋评价不仅要关注学生发展结果的终结性评价，更要重视学生发展过程的评价，把终结性评价、形成性评价和诊断性评价结合起来，使发展变化的过程成为评价的重要组成部分，让学生真正参与到评价中来，使评价能触及学生的内心深处，使评价产生教育意义，把学生评价过程变成教育和指导的过程，变成不断促进学生发展的重要载体。这也是近年来世界各国教育评价改革的主要趋势。

（二）评价内容从单一的认知评价扩展为综合素质的多元评价

传统的学生评价仅仅局限在认知领域，无法满足素质教育的要求。素质教育是一种面向全体学生、面向学生全面发展而实施的教育活动。这就要求在学生档案袋评价中，所收集的材料是全面的、多元的，要把认知类的资料与综合素质提升的资料统合起来。所关注的评价点要超越认知范畴，走向认知、情意等的综合。既要关注学生的学习成绩，也要重视学生的思想品德以及多方面潜能的发展。评价不再仅仅是甄别和选拔学生，而是促进学生的全面发展，促进学生潜能、个性、创造性的发挥，使每个学生都具有自信心和持续发展的能力。

（三）自我评价、小组评价、教师评价及家长评价相结合

实施评价，应注意学生的自我评价、学生之间的互相评价及教师的评价相结合，还应该让学生家长以及社区人士积极参与评价活动。这就改变了传统学生评价中教师说了算、学生处于被评价的被动地位的评价形式，旨在构建自我评价、同学与小组评价、教师评价相结合，家长及社区人士参与的整体评价体系，充分发挥各自的评价功能。学生评价要以学生自我

评价为中心，还要以教师、同学、家长及社区人士评价为辅助，使他人评价与自我评价相统一。

三、语文档案袋评价

众所周知，我们以往的语文课程评价采用的是量化评价，就是力图把复杂的课程现象简化为数量，进而通过数量的比较与分析，推断某一评价内容的效果。这种评价如果使用得当，的确能够凸显某些教育现象，发现一些教育问题，并提供具有说服力的根据。但遗憾的是，我们过去的评价目的是追求惟量化评价，甚至更简单化为分数评价。这种过分夸大量化评价的功能，并错误地根据分数高低为学生排队，强化评价的甄别与选拔功能的做法导致学生的学习为分数所驱使。在教学过程中，其典型的特征就是标准化测验在评价中占主导地位。这种测验在很大程度上脱离了知识应用的具体情境，师生的主体性、创造性由此而被湮灭。而事实上，把复杂的课程现象和教育现象简单化为数字，它不仅丢失了许多非量化的重要信息，而且还会歪曲教育信息，更何况语文学习的内容本身就有许多是无法量化的。为了较为全面、客观、正确地反映课程与教育现象的真实情况，以及为改善课程设计、促进学生发展提供真实可靠的根据，课程评价还必须有定性评价。所以，定性评价就是力图通过自然的调查、全面充分的描述和揭示评价对象的特质，以彰显其中的意义，增进理解。定性评价的方式是多种多样的，但档案袋评价无疑是一种效果比较明显的形式。档案袋评价不同于以往的评价把课程→教学→评价三者看作简单的线性关系，而是如下图所示，将之视为动态的循环回路关系，它实质上就是考查学生运用所学知识而获得的效果。

档案袋评价的意义，对教师而言，主要的变化就是可把课程、教学与评价整合起来，贯彻到日常课程活动中去，即运用当前的课程活动达到对学生的成绩进行评估的目的。具体地说，就是学生的某项语文学

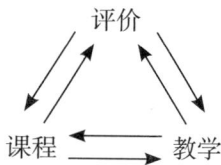

习活动的成果如作文、读书报告、问题设计或解决方案等，能够提供有关他们学习的情况，因而也就有了评价的意义。

对学生而言，档案袋评价的更大意义，在于为他们提供了一个学习机会，使学生能够学会自己判断自己的进步。因为在传统的量化评价中，问题的设计、答案的确定、分数的评判，全由教师掌握，学生完全无法介入。而档案袋评价可以使学生成为选择档案袋内容的一个决策者甚至是主要决策者，因而他们也就有了判断自己学习质量和进步的机会。

如前所述，采用档案袋评价，尤其是理想型档案袋，它的构成内容一般分三部分：一是作品产生过程的说明；二是系列作品；三是学生的反思。系列作品是学生在完成某一学习计划过程中创作的各种类型的作品集。如果说，对一项作品产生过程的记录表明了学生语文学习成效的深度，那么档案袋中的系列作品则表现了学生取得成效的广度和范围，例如，一个档案袋可以包括被报刊采用的随笔、论文、诗歌，以及课堂表现的录音等。学生的反思记录，指他们在语文学习的过程中，对自己作品的特征、自己在成长过程中的进步表现以及已经实现的目标等所发表的各种看法，它是学生成长的重要契机。当学年终结时，档案袋中所包括的学生最后一份作品产生过程的记录、反思，以及最后一件作品的完成，它们都变成了学生该学年成长记录的一部分。

语文档案袋评价的实施主要有七个要件：（1）确立明确的评价目的、内容、主题，保障每一个学生有自己的成长记录袋；（2）制定清晰明确的说明或使用指南，指导学生选择广泛多样的不同类型的作品样本；（3）指导学生依据所收集的作品样本的性质归类存放；（4）师生合作明确评判作品质量的标准；（5）在教师指导下总体或分项评价作品；（6）举办作品交流会；（7）鼓励家长参与评价的过程。

这里我们呈现一个适合中小学写作教学的概括性的样例[①]：

写作成长记录袋的创建与使用

1.确立目标

要在写作教学中创建和使用成长记录袋，首先要认清目的。写作成长记录袋应用的目的一般为三个方面：①证明、描述学生与写作有关的能力的发展；②让相关人员（包括学生自己）能够显而易见地看到或感受到这种发展或改变，由此引发写作的兴趣与积极性；③吸引学生参与到自我反省的过程之中，切实有效地提高写作技能与水平。

成长记录袋的类型有很多，教师必须根据教学目标和学生的学习现状做出自己的选择。就写作成长记录袋而言，为了达到上述三个目的，可以使用描述发展的过程型成长记录袋，用来呈现学生在一学期或学年里在课堂上完成的各种写作活动及取得的成果，并以此描述、证明学生在语言学科上的成长和进步。

2.实施过程

在正式实施成长记录袋前，除了要明确教学目标，还要清楚地了解学生们在写作方面的有关经历。有了这些背景资料，设计出来的成长记录袋就会更加适合学生的实际。

从目前写作教学的目标看，学生的写作任务大体上包括记叙文、说明文、议论文、日常应用文或新闻综述以及研究报告等。学生在完成这些写作任务时产生的习作、作品都可以考虑收进他们的写作成长记录袋之中。但是不同的写作类型需要收集的资料可能有所不同，因此在确定成长记录袋的内容时，教师首先要对不同类型的写作要求与目的有清楚的认识，然后把具体的要求告诉学生。

---

① 国家基础教育课程改革"促进教师发展与学生成长的评价研究"项目组《成长记录袋的基本原理与应用》，西安：陕西师范大学出版社2002年版，第76～85页。

确定了成长记录袋的内容后，进一步要考虑的问题包括：

（1）成长记录袋是否能够促进学生写作能力的提高，是否有助于提高写作的主动性。为了了解这些，有必要对学生进行某些方面的调查。调查问卷可涉及学生对写作的兴趣、写作上的困难与优势、与写作有密切关系的课外阅读情况等。如：你喜欢写作吗？写作的时候你通常会遇到什么困难？在写作方面你最擅长（感到最得意）的是什么？你最喜欢写什么类型的作文？课余时间你经常读什么书？在写作上，你需要老师提供哪些帮助？

（2）为了更加有效地运用成长记录袋，需要有家长的协助。为了让家长的参与或指导有针对性，教师可以为家长提供一些标准，让家长据此对孩子的作文进行评定。这样做的另一个目的是让家长能够有所比较，去发现成长记录袋对孩子发展的影响。

（3）在收集完基本信息后，教师就要考虑成长记录袋里应收集的材料了。由于写作成长记录袋的目标是为了促进学生对写作的兴趣及相关能力上的发展，教师可以根据学生的年龄与学习状况决定收集的内容，但要让学生自己学会制定计划与选择作品，发展学生的创造力。每个学生都可以根据自己的想象力与自己的特长设计一份富有个性的成长记录袋，并计划其中的作品与相关的材料。教师可以根据学生的计划，让学生进行自我监控与反思，同时提出建设性的建议。

（4）对作文的反思与修改。在成长记录袋的实施过程中，尽管可以让学生最大限度地发挥创造力与自主性，但对于学生来说，学会自我分析与改进是一个循序渐进的过程，因此教师要提供给学生多次自我反省的机会，多一些倾听，通过对话（可以是书面的形式）对其进行具体的指导。我们在写作成长记录袋的实施中发现，学生们的反省一般都很简单，而且往往是对教师意见的模仿。例如，"内容具体、语句很通，写得很真实""想象比较丰富，比前两次稿都好"等。因此，教师在学生自我反省方面需要做出具体的指导。表1与表2是帮助学生反省的两个样例，供教师参照。

表1　学生对成长记录袋中作品的反省表

学生反省表

姓名＿＿＿＿＿＿＿＿＿　　　填写日期＿＿＿＿＿＿＿＿＿

1.我认为这是我的＿＿＿＿＿＿中最好的一个，因为＿＿＿＿＿＿＿＿＿＿＿＿＿＿

词汇：＿＿＿＿＿＿＿＿＿＿＿＿＿＿＿＿＿＿＿＿＿＿＿＿＿＿＿＿＿＿＿＿＿＿

开头：＿＿＿＿＿＿＿＿＿＿＿＿＿＿＿＿＿＿＿＿＿＿＿＿＿＿＿＿＿＿＿＿＿＿

景色描写：＿＿＿＿＿＿＿＿＿＿＿＿＿＿＿＿＿＿＿＿＿＿＿＿＿＿＿＿＿＿＿＿

对人的描写：＿＿＿＿＿＿＿＿＿＿＿＿＿＿＿＿＿＿＿＿＿＿＿＿＿＿＿＿＿＿

故事情节：＿＿＿＿＿＿＿＿＿＿＿＿＿＿＿＿＿＿＿＿＿＿＿＿＿＿＿＿＿＿＿＿

2.我从完成这篇文章的过程中学到的一些东西是

3.我觉得自己已经得到改善的一个方面是

4.我仍有待改进的一些地方是

表2 成长记录袋中的作文等级

作文等级

三

我的作文……

· 文章从开头到结尾保持主题一致。

· 有一段吸引读者的介绍。

· 正文充分展开，足以阐述整个主题。

· 有一段有说服力的总结。

· 在某些方面使用描述性的语言使得文章更生动有趣。

· 使用多种句式。

· 几乎没有书写上或语法上的错误。

· 文章版面整洁，字迹清楚。

二

我的作文……

· 文章的大部分能保持主题一致，但有些部分可能偏题或改变了主题。

· 有一段介绍。

· 文章能涵盖主题，但还可以进一步展开，介绍更多的细节或信息。

· 有一段总结性的话。

· 使用了一些描述性的语言。

· 使用了少量生动的句子。

· 有一些版面上的或语法上的错误（如书写、标点、段落）。

· 基本上做到文章版面整洁，容易阅读。

一

我的作文……

· 脱离主题或者有很多与主题无关的细节。

· 没有一段清楚的介绍。

· 没有给读者足够的细节或信息。

· 结论不够清楚。

· 没有使用描述性的语言。

· 大多数情况下只使用了一种句式。

（5）交流与总结。写作成长记录袋的另一个重要作用是可以让学生将自己满意的习作、自我评价或对他人的评价与他人进行分享，从中体验到获得成果之后的快乐，知道写作是为了自我表达及与人进行交流，由此进一步激发写作的动机与兴趣。但教师需要清楚地认识到这种交流以激励为主，而且可以有目标地加以点评，以明确地树立写作的规范、要点、评价的标准等要求。

第四节　语文课程与教学评价的实施

一、关于义务教育语文课程评价的实施

语文课程的课程目标，尤其是阶段目标对"评价什么"已有明晰的规定，"评价建议"对"如何评价"也有原则性的说明，这里仅就与评价相关的若干问题作一阐释。[①]

（一）关于"过程和方法"的评价

由于我们过去习惯于只从"知识和能力"上评价学生的语文学习，所以许多教师总觉得评价"知识和能力"是"实"的，而评价"过程和方法、情感态度和价值观"是"虚"的。其实，这种认识是非常片面的。在学生的语文学习过程中，无论他们从事听、说、读、写何种言语实践活动，他们总得借助一定的方法，伴随着一定的情感态度，具有一定的价值取向，这是一种客观存在。所以，对它们的评价应该是语文课程评价的题中之义，而不是外加的。举一个简单的例子，比如背诵，过去我们对学生的评价只看结果，打一个分数：背得比较流利的打80分；能够背完整，但

---

① 倪文锦：《初中语文新课程教学法》，高等教育出版社2003年版，第322～332页。

有些夹生的，打60分；不能背完整，而且背得断断续续的，打40分。但光看这个分数，并不能真正反映学生的学习态度和努力程度。也许得40分的这位同学为背诵这篇诗文非常努力，下了很大功夫，他已经读了20多遍，只是他的方法不对头；而得80分的同学也许只读了10遍。实行这种简单的分数评价，由于学生的努力得不到肯定，容易产生负面影响，导致学生丧失自信心，因而也不会从方法上去找原因。同样，那个读10遍就得80分的同学，也许他在读书方法上有独到之处，但光看这个分数也得不到正确的反映。

此外，有关价值观的问题，它同样也不是"虚"的。某地一次作文考试，题目叫"母爱"。一些学生为获取高分，突出母爱的"伟大和珍贵"，不惜把自己身体健康的家长说成身患绝症，把自己健在的家长写成已经与世长辞。因此，光凭简单的一个分数，往往掩盖了这种严重的人格背离的现象，其结果只能为学生今后的发展埋下隐患。语文课程标准正是看到了原有评价制度的缺陷而提出了新的评价要求，这是非常必要的。至于如何评价学生语文学习过程中的价值观，这要根据具体情况作具体分析。

（二）关于"知识和能力"的评价

这里需要说明的是，我们现在对"知识和能力"的评价，既不是全盘照搬以往的评价，也不是对以往评价的简单否定，而是在坚持"一切为了学生的发展"这一大前提下，在原有的评价方法和手段中筛选出行之有效的好的方法，并不断加以完善和发展，同时也需要创造出一些新的方法，尤其要避免评价的繁琐化。

（三）关于"阅读"的评价

义务教育语文课标中指出，"阅读的评价，要综合考察学生阅读过程中的感受、体验和理解，要关注其阅读兴趣与价值取向、阅读方法与习惯，也要关注其阅读面和阅读量，以及选择阅读材料的能力"。

阅读活动是从朗读开始的。朗读是阅读的基础。因此，整个九年义务教育阶段，尤其是小学，朗读是阅读教学评价的重点。评价学生的朗读能力，一般要从吐字、发音、停顿和重音、语调和速度等方面进行综合考察。还要注意区分不同文体，以利于正确把握读物的内容。能用普通话正确、流利、有感情地朗读课文，是朗读评价的总要求。

关于对诵读、默读、精读、略读及浏览的评价，语文课标中也都作了具体阐释：

一是诵读的评价。"重在提高学生的诵读兴趣，增加积累，发展语感，加强体验和领悟。在不同学段，可在诵读材料的内容、范围、数量、篇幅、类型等方面逐渐增加难度"。

二是默读的评价。"应从学生默读的方法、速度、效果和习惯等方面进行综合考察"。

三是精读的评价。"重点评价学生对阅读材料的综合理解能力，要重视评价学生的情感体验和创造性的理解。第一学段可侧重考察对文章内容的初步感知和文中重要词句的理解、积累；第二学段侧重考察通过重要词句帮助理解文章，体会其表情达意的作用，以及对文章大意的把握；第三学段侧重考察对文章表达顺序和基本表达方法的了解领悟；第四学段侧重重点考察理清思路、概括要点、探究内容等方面的情况，以及读懂不同文体文章的能力"。

四是略读及浏览的评价。"略读的评价，重在考察学生能否把握阅读材料的大意；浏览的评价，重在考察学生能否从阅读材料中捕捉有用信息"。略读与浏览，都是扩大阅读面和增加信息量的基本阅读方式，阅读的对象一般以书本为主，也涉及网页等现代传媒。略读与浏览不同于精读的深入钻研，而只求概览大意，目的在于调查和寻找与自己学习、生活、研究有关的资料，或摸清某一方面当前的动态，看有哪些东西值得注意。这类阅读可以加快阅读速度，不注重词句，通览全篇，吸取其精华，获得其旨趣。因此，评价学生的略读和浏览能力，不能从语言的品味、思路的展开到主旨的把握、写法的探究全面加以考核，而应把重点放在阅读方法和由此获得的信息量上。例如：可关注学生拿到书后，是否先看序、前言、目录、插图、图表、照片及注释、参考文献和索引等，从而对全书有个大概了解。

关于文学作品阅读的评价，"着重考察学生感受形象、体验情感、品味语言的水平，对学生独特的感受和体验应加以鼓励。第一学段侧重考察学生能通过朗读和想象等手段大体感受作品的情境、节奏和韵味；第二学段侧重考察在阅读全文基础上对重要段落和语句的细致阅读，具体感受作品的形象和语言；第三、四学段，可通过考察学生对形象、情感、语言的领悟程度，以及自己的体验，来评价学生初步鉴赏文学作品的水平"。

需要强调的是，良好的阅读态度和习惯是阅读的基本保障。阅读量也是阅读能力和阅读效率的重要标志之一。能否熟悉并掌握常用工具书的门类和使用法，从而学会准确地选择工具书；能否利用图书馆的各种目录、索引、文摘等进行阅读，是评价学生使用和开拓信息资源的重要方面，也是阅读能力的重要表现。所以，对阅读质量的评价，主要包括五个方面：（1）理解的情况；（2）记忆的情况；（3）评价的情况，即学生对读物的评价与鉴赏；（4）阅读的速度；（5）阅读的习惯与方法。

阅读是读者与文本相互作用、构建意义的动态过程。理解是阅读过程的中心环节。

阅读从感知文章的语言符号——文字，即认读开始。认识生字、生词是顺利进行阅读的前提。所谓认读，一要知道生字生词的读音和解释，二要熟悉它的用例，知道它的使用场合。评价学生的认读能力，可考查他能否使用工具书和利用课文注释，以及在上下文具体的语言环境中加以认读，而不是孤立地就字词论字词，就句子解句子，甚至孤立地死记硬背词语解释和句子含义。例如，评价学生对"蒸蒸日上"这个词语的掌握，只要考查他们在日常的口语交际和平时的作文、随笔中能否正确运用就可以了，没有必要像以往那样，用"解释下列加点词"的考法，非要让学生对加点字"蒸"作出解释不可。

汉语的特点是字不离词，词不离句，句不离段，段不离篇，所以阅读首先要整体感知，由整体到局部；然后，按照语言单位的扩展（词语——句子——段落——篇章），从局部到整体，再从整体到局部，循环往复，达到把握全文的目的。

对阅读理解能力的评价，要注意综合考察以下几项主要内容：

（1）是否拥有丰富、广泛的词汇量。

（2）是否领会逐步扩大的意义单位。

（3）能否寻求特定问题的答案。

（4）能否筛选关键词句和理解主要意思。

（5）能否理清事情的发展顺序。

（6）能否回忆重要细节。

（7）能否把握文章结构。

（8）能否用自己的话对读物进行准确、完整的概括。

（9）能否对阅读内容进行评价。

（10）能否记住已读的主要文字材料。

随着学生阅读经验的积累和阅读能力的提高，评价学生的理解能力，重点应放在整体理解上，具体包括整体感知、理清思路、把握主旨、领会写法等要点。

阅读是由主体操作和进行的一种行为。它是一个不断发现问题、分析问题和解决问题的过程。良好的阅读品质应该是主动的。主动性是一种内在的积极性，在阅读过程中，要重视对阅读主体积极性的评价。

欣赏是在理解的基础上进行的。它需要驱遣想象，调动情感，运用形象思维，对文章不仅"分析地研究"，而且"综合地感受"；不仅"理智地了解"，而且"亲切地体会"，真正领略"文章的细微曲折之处"，"窥见作者的思想感情"，进入阅读境界，使读者与作者共鸣。毫无疑问，欣赏是一种主观体验。评价欣赏能力必须立足于学生用言语表达自己的主观感受。现在比较流行的那种将鉴赏辞典中的赏析设计成选择项，然后让学生做选择题的做法，实际上违背了欣赏的本意，所以它并不能真正评价学生的欣赏能力。

欣赏是对作品的整体来说的，包括内容与形式。对义务教育阶段的学生来说，文学作品欣赏的重点是作品的形象、情境和语言，以引起感情的共鸣。在评价中，要考虑文学作品欣赏的特殊性。文学形象的多义性，决定了人们对文学形象及其社会意义理解的不确定性，因此不能用一个统一的固定答案评价学生，限制学生的思维。在人文社会科学领域，事物的正确答案往往不止一个，要鼓励学生不满足一种结论，提倡多角度地探索事物的本质。

欣赏是读者的一种艺术再创造，再创造的主要方式是想象和联想，所以考查学生欣赏文学作品，重在评价他们的想象能力和联想能力，即评价他们通过想象是否正确把握作者的艺术构思，丰富地再现作者创造的形象。

欣赏是一个逐步提高的过程，而且读者个体之间的差异性很大。评价学生是否具有初步欣赏文学作品的能力，要特别重视学生的个别差异，不能搞"一刀切"，而且评价方式要以定性评价为主。

要鼓励学生根据作品所提供的材料，通过课内课外的多种渠道，寻找、搜集相关资料，进行创造性学习，发展创造性思维。

文言文阅读是对古代汉语书面语言的阅读。古代诗词和浅易文言文的阅读是义务教育阶段学生语文学习的一个难点。评价学生古代诗词和浅易文言文阅读的能力，重点不在于考查学生对词法、句法等文言文知识的掌握程度，而应立足于考查他们能否凭借注释和工具书读通、读懂原文，并通过对原文的记诵形成一定的文言语感能力。

（四）关于"写作"的评价

对学生写作的评价应以"抒真情、写实感"作为首要标准。学生写作应该说真话，抒发真实的情感。要让学生认识到，只有写实实在在的事，写自己最熟悉的事，才有话可说，才能具体、明白。当然，在写实的基础上，应鼓励学生展开想象和联想，进行延伸展开式的合理大胆的虚构。总之，评价学生写作，要引导学生写真情实感，并在此基础上进行有创意的表达。

提倡学生自评自改作文。教师的责任在于教会学生自己修改作文，而不是代替他们来改文章。

教师对学生写作的批改，是学生自改作文的示范。我们应指导学生以教师的批改为例学习修改文章的基本方法和要领，最后学会自改作文。我们还可以安排一些学生相互批改作文的练习，让他们彼此取长补短，共同提高，培养学生的分析能力、评价能力和写作能力。

评价时应综合考察以下几个方面：

（1）主旨：明确对象和目的，中心明确，观点前后一致。

（2）内容：紧扣中心，能自圆其说，信息和细节与主题有关。

（3）语言：简洁得体，句子富有变化，运用想象和联想，表达方式恰当。

（4）结构：有头有尾，条理清晰，有逻辑顺序。

（5）文面：书写整洁端正，行款合乎规范，标点符号正确。

（6）创意：感情真实，有自己的体验和独立见解，有个性特征，表达有创意。

学生写作评价结果的呈现方式，根据实际需要，可以是书面的，也可以是口头的；可以采用分数、等级等表示，也可以用评语表示；还可以采用多种评价形式综合评价。

写作能力的培养，多写只是一个方面，还要重视多改。从某种意义上说，好文章是改出来的。修改能力是写作能力的重要组成部分。修改，是学生的认识不断深化的一个过程，也是写作活动由初级阶段通向高级阶段的阶梯，好的作品都是反复修改、多次加工的结果。能根据不同的目的、对象而写作只是读者意识的一个方面，修改也是对读者负责的具体表现。

要重视考查学生在修改过程中完善主旨、丰富材料、调整结构、润色语言、检查文字等具体内容和方法，这是评价写作修改能力的主要方面，

221

也是培养学生具有严谨的写作态度和自觉的过程意识的重要途径。要使学生通过自改和互改，取长补短，促进互相间的了解和合作，共同提高写作水平。

二、关于高中语文课程评价的实施

高中语文课程评价的具体实施分必修课程的评价和选修课程的评价两部分。高中语文课程的必修课和选修课，虽然都是按模块来组织学习内容，但两类课程内部的分类也是有差异的。[①] 必修课分"阅读与鉴赏"和"表达与交流"两大板块，其分类标准是信息的输入和输出。而选修课分"诗歌与散文""小说与戏剧""新闻与传记""语言文字应用""文化论著研读"五个系列，其分类标准是课程内部的科目。因此两者的文体、语体有交叉的地方，如选修课中的五个系列，它们的文体和语体可以涵盖"阅读与鉴赏"中的论述类、实用类、文学类的文体，以及文言文；而必修课板块"阅读与鉴赏"中的文学类文本也与选修课中的"诗歌与散文""小说与戏剧"两个系列的内容并行。所以评价必修课和选修课，不必像以往那样过于拘泥于文本的具体形式，而要着眼于两种不同类型的课程，按照不同的要求加以评价，即"必修课的评价应立足于共同基础，而选修课的评价在注重基础的同时，更多地着眼于差异性和多样性"。

（一）关于必修课程的评价

由于必修课程强调其基础性和均衡性，主要培养学生"具有良好的思想文化修养和较强的运用语言文字的能力，在语文的应用、审美和探究等方面得到比较协调的发展"，所以作为立足于共同基础的必修课程的评价，可以把重点落实在语文应用能力、审美能力和探究能力上。从"评价建议"对"阅读与鉴赏"和"表达与交流"的评价分别提出的不同要求来

---

① 巢宗祺、雷实、陆志平：《普通高中语文课程标准解读》，湖北教育出版社2004年版，第163～169页。

看，也能反映这个特点。

关于"阅读与鉴赏"的评价，"评价建议"主要就论述类、实用类、文学类文本阅读和文言文阅读的评价重点做了简明的规定：论述类文本阅读着重考查学生的抽象思维能力；实用类文本阅读着重考查准确解读文本以及筛选和处理信息的能力；文学类文本阅读着重考查学生对作品的整体把握，对不同文体作品的阅读鉴赏能力，以及借助有关资料评价作品的能力；文言文阅读的评价，重点考查对不太艰深的文言文的阅读能力。

关于"表达与交流"的评价，主要分写作和口语交际的评价，评价的重点是语文应用能力。对写作的评价，应关注学生的写作态度和写作水平。论述类文本写作的评价，应考查能否恰当地表达自己的观点，并用可靠的材料支撑观点。实用类文本写作的评价，应考查学生能否根据此类文本中常用文体的特点和要求，完成常见实用文的写作。对口语交际的评价，应考查学生参与口语交际实践活动的态度，能否把握口语交际的基本要求，善于倾听，在交流中捕捉重要的信息，清楚、准确、自信地表达自己的思想和感情。

鉴于"表达与交流"的评价内容比较具体，也容易操作，这里重点谈"阅读与鉴赏"的评价。

高中语文课程标准的"阅读与鉴赏"十分强调"学习探究性阅读和创造性阅读，发展想象能力、思辨能力和批判能力"。根据这一精神，结合"评价建议"关于"文学类文本阅读的评价，是阅读与鉴赏评价的重点"的要求，下面以文学作品中诗歌的阅读鉴赏为例谈谈必修课程的评价。

从根本上说，文学的欣赏活动是一种再创造，它是凭借语言来进行的。再创造的主要方式是想象活动。如果说诗人是通过想象创造出诗的形象，那么读者则是通过想象正确地把握住诗人的艺术构思，并且丰富地再现诗人创造的形象。所以从某种意义上讲，文学作品的创造性阅读，就是读者通过想象对原作进行重新创造的艺术活动。比如艾青的《我爱这土地》，诗的形象的核心，是一只不懈地为土地、河流、风和黎明歌唱，死后连羽毛也奉献给土地的多情鸟。诗人借这只鸟的形象来表达他热爱受苦受难的祖国和人民的情怀。我们阅读这首诗的全过程，想象活动都是围绕这只鸟的形象而展开的，并通过对这一艺术形象的感悟，进而把握诗中的爱国主义激情。

读现代诗是这样，读古代诗也是这样。如崔颢的《长干曲》："君家在何处？妾住在横塘。停船暂借问，或恐是同乡。"整首诗只有二十个字，读者阅读后，一个青年女子活泼、爽朗而又令人亲近的形象便跃然眼前，一对青年男女的友好相遇所引起的新鲜与亲切之感得以显现，这就是读者的再创造，是想象在欣赏中的作用。

诗的欣赏上的再创造，还表现在读者通过诗人的启迪，往往把自己内心的主观世界融进诗的境界中。比如阅读李后主的词"问君能有几多愁，恰似一江春水向东流"，我们不仅能够领会作者对于繁华失落的哀伤，而且可以走进诗人创造的境界中去，添加进去若干属于自己的东西，使得"问君能有几多愁"的"愁"不再成为亡国之君的哀怨，而变成了属于每个人自己的怅惘、失落的情怀的象征。

诗的语言在于精炼。读者欣赏诗歌不仅要努力把握它以少量的字词包孕着的丰富的含义，而且要努力去寻求它的诗句之外包含的不尽韵味。这在中国古典诗词的欣赏中极为普遍。例如杜牧的《清明》绝句："清明时节雨纷纷，路上行人欲断魂。借问酒家何处有，牧童遥指杏花村。"连续叙述的中断，戛然而止的结尾，给读者留下无穷的余味。正如周汝昌先生在《浅说一首〈清明〉绝句》中所说："在实际生活中，问路只是手段，目的是真的奔到了酒店，而且喝到了酒，才算一回事。在诗里就不必然了，它恰恰只写到'遥指杏花村'就戛然而止，再不多费一句话。剩下的……都含蓄在篇幅之外，付与读者的想象……"

由于诗歌形象的基本规律是以一代十，以少胜多，文学文本往往只给读者提供一个艺术空框，所以作者只用有限的语言去引导读者填充作品的艺术空框，以生成"象外之象"和"言外之意"。而诗的语言又往往是不连贯的，断断续续的，跳跃性很大，形成许多有形或无形的省略，这些省略都是含义丰富的空白，都是读者介入文本的艺术空间。所以阅读时难免要"猜"，即需要读者对诗和诗人进行综合性思考，用自己的经验和思考把不连贯的地方加以填补。如李商隐的《夜雨寄北》："君问归期未有期，巴山夜雨涨秋池。何当共剪西窗烛，却话巴山夜雨时。"这是诗人旅居巴蜀时寄怀妻子的诗篇，时间和空间跨度都很大，中间省略了很多关联，隐去了不少说明。这一切都给读者的欣赏与进行创造性的解读留下了广阔的天地。前一个"巴山夜雨"，是思念此时此地的；后一个"巴山夜雨"，跳到了想象中的未来，夫妻团聚后的彼时彼地，那时节，西窗闪着烛光，他们一起回想如今这个令人情思绵绵的雨夜。这里的欣赏便是读者通过想象重新创造的艺术天地。

由此可见，对文学类文本的阅读与鉴赏，评价应重在"学生对作品的整体把握，特别是对艺术形象的感悟和文本价值的独到理解，鼓励学生的个性化阅读和创造性的解读"，主要考查其围绕艺术形象能在多大范围和多深程度内展开自己的想象和思考，想象和思考的具体内容是否合理，这些想象和思考能否填补作品中的艺术空白，以及通过艺术形象产生何种感情上的共鸣，等等。

（二）关于选修课程的评价

我们知道，选修课程的开设遵循多样选择的原则。"为顾及学生在原有基础、自我发展方向和学习需求等方面的差异……促进学生特长和个性的发展"，课程内容分"诗歌与散文""小说与戏剧""新闻与传记""语言文字应用""文化论著研读"五个系列。根据"评价建议"，"选修课的评价在注重基础的同时，应更多地着眼于差异性和多样性"。评价"要注意各类选修课本身的特点和要求"，要"因课制宜"，突出每个系列的个性。"尤其要突破一味追求刻板划一的传统评价模式，努力探索新的评价方式来促进目标的达成"。

新课程强调选修课的评价"更多地着眼于差异性和多样性"，要在五个不同的系列中突出各类选修课的评价个性。具体表现为：

第一，诗歌与散文。评价分读、写两个方面。关于读的评价，简言之，一看阅读积累，即看学生读了多少诗歌与散文；二看读得怎样，即以审美能力等为评价重点；三是评价的方式，用具体成果评价。关于写的评价，指评价诗歌与散文的评论和创作：一看参与态度；二看成果水平。

第二，小说与戏剧。评价的基本要求除和"诗歌与散文"大致相同外，强调关注作品中人物、情节和场景等的感受。

第三，新闻与传记。评价也分读、写两个方面。关于读的评价，一是考察态度、习惯，二是考察对主要内容和关键信息把握的程度。关于写的评价，新闻写作主要看其对基本要求的掌握以及文风；传记写作重在看是否真实、生动以及社会效果。

第四，语言文字应用。着重评价学生对语言文字知识、能力和方法的综合运用程度，以及对语言文字的负责态度。应用文写作的评价，主要看是否掌握基本格式，具有良好文风。

第五，文化论著研读。我们通常所说的文化论著，一般来说属于"经典"的范畴。研读文化论著，也就是通过对经典的研读提高学生的语言文化素养。朱自清先生对经典的教育就非常重视，他曾从文言作品学习的角度来思考经典问题。与当时多数人非议古文教学的意见不同，朱自清先生十分强调文言作品的学习："我可还主张中学生应该诵读相当分量的文言文，特别是所谓古文，乃至古书。这是古典的训练，文化的教育。一个受教育的中国人，至少必得经过古典的训练，才成其为受教育的中国人。"[1]在《经典常谈》的序言中，朱先生特别强调："在中等以上的教育里，经典训练应该是一个必要的项目。经典训练的价值不在实用，而在文化。有一位外国教授说过，阅读经典的用处，就在教人见识经典一番。这是很明达的议论。"[2]

---

①②《朱自清选集》第二卷，河北教育出版社1989年版，第3页。

　　语言文化，说起来非常复杂，大致说来，就是指以语言文字为载体的精神遗产，具体表现为两种类别，一是文学，二是典籍。所谓语言文化素养，就是文学方面的修养和典籍方面的修养。语言文化素养方面的评价，就包括文学方面的修养的评价和典籍方面的修养的评价。然而人的文学方面的修养和典籍方面的修养是内隐的，不像人的语言交际能力，是外化的，对象化的，我们可以通过外在的表现直接来评价。语言文化素养存在于人的内部，它并不必然地要求表现于外。那么这一部分怎么评价呢？可以设置两个尺度：一是广度，就是看学生在多大的范围内接触到文学作品和典籍作品，他们的阅读兴趣和文化视野如何；二是深度，看学生在多大程度上把握和内化了这些文学作品和典籍作品的精神内容，使之成为自己的价值追求和人格内涵。至于具体的评价方法，根据"评价建议"的精神，可采用写"读书心得或小论文"，展示、比较"文化专题探究方面的成果"等方法，同时"兼顾学生在参加研讨会、报告会、讲座、调查考察等活动中的表现"，做出总体评价。

　　总之，从语文选修课的"评价建议"看，它力求返璞归真，不管评价什么和怎样评价，其最终成果都必须通过学生的语言文字运用及其实践活动表达出来。这样，就为"努力探索新的评价方式来促进目标的达成"形成了一个良好的开端。惟有如此，语文评价（包括考试）才有可能有效地促进教学的发展，真正变成推动课程改革的动力。

第八章　语文教师培养

　　"国运兴衰，系于教育"，高素质的教师队伍，是高质量教育的一个基本条件。当前我国深入开展基础教育课程改革，全面推进素质教育。基础教育课改所引发的新旧教育理念、新旧教学模式的碰撞，不可避免地给语文教学带来极大的冲击和震撼，改革的浪潮促使教师去思考：今天的语文该怎样教？今天的语文教师该具备怎样的素养？

第一节　语文教师的素质结构

　　在世界范围的教育改革浪潮中，人们越来越清楚地认识到，教育改革的成败关键在教师。因为教师是所有改革方案的具体执行者，只有教师自觉自愿地把自己的意识行为融入到改革中，教育改革才能取得成功。语文素质教育和课程改革的推进当然也要由高素质的语文教师来承担。

　　教师素质被看作是"教师拥有和带往教学情境的知识、能力和信念的集合，它是教师具有优良的先存特性的基础上经过正确而严格的教师教育所获得的"①。从优秀教师素质结构的研究来看，一个优秀教师应该具备多方面的专业要求，概括起来主要有三个方面：专业知识、专业技能和专业情意。

一、知识素养

一个语文教师应具备的素质，除了符合对所有教师提出的共同要求之外，还要反映语文教育的特殊要求。根据我国语文教师队伍的实际以及现代化发展的需要，语文教师应具备的知识素养应包括：语文专业知识素养、科学文化知识素养、教育科学及心理学知识素养、信息技术知识素养。

（一）语文专业知识素养

一名语文教师如若不精通其所教学科，自然不可能在教学上有所成就。语文教师的专业知识结构，包括语言学知识、文字学知识、文章学知识、文艺学知识、美学知识等等。

1.语言学知识

语文教师首先要了解语言的产生、性质、结构及发展规律，了解语言和社会及其他学科的关系，了解当今语言学研究的新成果及发展趋势；其次，要有现代汉语的系统知识，熟练掌握汉语的声、韵、调，汉语拼音方案和普通话语言系统，懂得词汇学，谙熟汉语语法学和汉语修辞学；再次，要有较系统的古汉语知识，掌握常用的文言实词和虚词，能区别古今汉语在词义、语法上的异同。

2.文字学知识

根据汉字教学的需要，语文教师须了解汉字的起源、发展、性质和体系；了解汉字的历史功能和发展前景；熟练掌握汉字的各种笔画、笔顺、各种结构与形、音、义的关系；熟知标点符号的使用规则，规范地

---

① 转引自郑燕祥：《教育的功能与效能》，广角镜出版有限公司1991年版，第122～123页。

使用汉字。

3.文章学知识

读写在语文教学中占相当重要的地位。因而，语文教师首先要精通文章学的基本理论，如文章的性质功能、起源流变、主旨材料、体裁表达、结构思路、语言风格、文气文风等；其次，要熟知文章的基本技巧，如文章的构思写作、阅读鉴赏，评价修改等。

4.文艺学知识

语文课程标准强调"阅读教学应注重培养学生感受、理解、欣赏和评价的能力"。培养学生的鉴赏能力，必然要求语文教师具有丰富的文学史、文艺理论、文学创作和文艺批评方面的知识，而且要特别熟悉古今中外的主要作家作品。针对初中生的特点，还要懂得儿童文学和民间文学常识。为了适应不同学生的兴趣爱好上好选修课，指导好学生课内外文艺欣赏，对影视、戏剧、曲艺、音乐和美术方面的知识也要有所了解。

5.美学知识

培养学生的审美情趣也是语文课程标准强调的，"语文具有重要的审美教育功能，高中语文课程应关注学生情感的发展。让学生受到美的熏陶，培养自觉的审美意识和高尚的审美情趣，培养审美感知和审美创造的能力"。在某种意义上，语文教育也是一种审美教育。语文教育要培养学生体验美、鉴赏美、表现美、创造美的能力，教师必须有一定的美学修养，如掌握基本的美学理论和美学史知识，不仅懂文艺美学，也要懂科学美学。

语文教师的专业知识要"渊博"，不能仅仅满足于语文教材所包含的分量，也不能再局限于"一桶水"与"一碗水"的比率，教师的知识应是"江、河、湖、海"，能随时满足学生的需求。特别是要不断吸收新知识，让学生知晓知识本身发展的无限性和生命力。把知识活化，在教学中实现科学精神与人文精神、理论与实践、知识与人生的统一，充分发挥语文学科全面育人的价值。

（二）科学文化知识素养

前苏联教育家赞可夫曾经强调，"扩充教师的科学知识量，几乎成了提高学生知识质量和提高教师在学生中的威信的最重要的条件"。尽管在当今时代还不可能要求语文教师精通各门学科，但是，在掌握语文学科专业知识的前提下，要求语文教师广泛地提升科学文化知识素养却是应当的。首先，语文学科具有很强的综合性。语文教学中几乎会涉及各门学科知识，如天文、地理、历史、哲学、生物等等；而在科学一体化趋势日益增强的今天，可以说语文学习的外延与生活的外延相等。其次，学生的求知欲十分强烈，兴趣爱好非常广泛，在当前新知识迅猛增长的情况下，教师应当不断丰富自己的知识储备，完善知识结构，来满足学生的知识需求，丰富学生的精神世界，培养学生的创造能力；此外，广博的科学文化知识也是教师自我完善和全面和谐发展所必需的。

（三）教育科学及心理学知识素养

现代教育要求教师必须掌握教育科学和心理科学知识。教学工作是一种培养人的专业工作，"仅通晓一门学科并非必然地使他成为该学科的好教师"，一个教师要成功地完成自己的职责，在通晓所教专业的基础上更重要的是具有教育科学和心理科学知识。教育是一门创造性的艺术，教师要掌握这门艺术，必须遵循教育工作自身的科学规律和青少年身心发展的规律。语文课程改革，要求语文教师确立先进的现代化教育理念，这就要求语文教师重视对教育学和学科教育学的基本理论的研究，关注社会发展的总趋势。只有站在时代发展的前沿，去实施教学改革，才能把握教育教学的新动向，才能更新观念，开拓进取。现代教育也要求教师掌握和运用教育心理学的理论和知识，在传授知识的同时能够顺应青少年的身心发展规律，重视学生智力的开发和创新能力的培养，促进学生的健康发展。

（四）信息技术知识素养

21世纪人类已步入了信息时代，信息的传递不再依赖单一的文本形式，以多媒体、网络为核心的现代信息传递融入了声音、图片、影像等多种媒体，信息的丰富与多彩既改变着人们的生产和生活方式，也改变着人类的思维和学习方式。21世纪需要开放的语文课程，课程的开放性趋势必然涉及到课程模式的重构、课程内容的重选，这就要求我们把现代信息技术纳入语文教学之中，即把现代信息技术与语文课程有机整合为一体。《基础教育课程改革纲要（试行）》明确指出："大力推进信息技术在教学过程中的普遍应用，促进信息技术与学科课程的整合，逐步实现教学内容的呈现方式、学生的学习方式、教师的教学方式和师生互动方式的变革，充分发挥信息技术的优势，为学生的学习和发展提供丰富多彩的教育环境和有力的学习工具。"目前，以多媒体和网络为核心的信息技术对语文教育的推动已初见成效，不仅为语文教学提供了理想的物质平台和教学环境，而且已渗透到阅读、写作、口语交际等各个方面。从当前的发展趋势来看，现代信息技术与语文课程的整合将是语文课程与教学改革的突破口。因此，掌握现代信息技术知识是现代语文教师必备的知识素养。

二、能力素养

"教师的能力指的是教师在教育教学活动中形成并表现出来的直接影响教育教学活动的质量与效果，决定教育教学活动的实施与完成的某些能力的结合。"[1]对语文教师来说，应该具备的能力是多方面的，当今社会赋予教师更多的责任和权力，提出了更高的要求和期望，教师要胜任就需要新的能力。

（一）语文教师的教学能力

依据语文教学的课堂模式，语文教师的教学能力包括：

1. 备课的能力

备课、设计教案是教学前最重要的一项准备工作，是提高教学质量和教师业务水平的重要途径。备课能力可分解为以下方面：

---

① 李景阳《语文教学论》，西安：陕西师范大学出版社2003年版，第81页。

（1）处理教材的能力。处理教材应遵照课程标准，依据教材的整体结构把握语文课本的特性，通晓语文教材的体系，掌握语文课程的教学要领，合理恰当地利用教学资料，做到懂、透、化。教师在处理教材时需考虑的方面很多，但应更多地结合学生的实际来思考。如：如何使语文课的工具性与人文性有机结合，让学生既积累语文知识又提升人文素养；如何使学生的已知与未知恰当地衔接与融合；如何寻找教材的切入口，引发学生的兴趣，激发学生的求知欲等。处理教材还可以考虑合理地开发利用网络、社区等教育资源来拓展延伸教材内容。

（2）了解学生的能力。新课程强调学习是学生的自主探究行为，学习过程是学生自我意识、态度、兴趣、价值观的自我构建过程。新课程关注每一个学生的发展，要使每一个学生在原有的基础上获得最佳发展，那么我们制定教学计划就要考虑学生的实际，在熟知其知识、能力及生活经验的前提下，教学才有意义，才会收到理想效果。教师不仅要了解学生语文学习的目的、现有的语文知识与能力水平，还要了解学生的兴趣、爱好、行为习惯、个性特点等，并且能摸索出一套了解学生各种状况的方法。

（3）设计教学的能力。语文教学设计是语文教师实施教学活动的总体构思，是针对语文教学的整个程序及具体环节进行精心策划的思维流程。它是优化语文教学过程，保证语文教学效果的有力措施。教学设计的核心在于课堂重建。语文课标要求课堂教学是以学生为本，已不是传统课堂教学的以教材为本；教师、学生都是自主的，教师已不是权威、专家，要凭借自己的智慧用心设计与经营课堂。因此教师要在吃透课程标准和教材的前提下，根据教学的不同阶段和学生实际，创造性地设计教学。可以对"协同教学""讨论教学""探究教学"等新型教学方式进行有效的尝试。教师教学设计能力在教学实践中会不断得以提升，一般可以从确定教学目标、解决教学重点难点、安排教学过程、选择教学策略、设计语文作业等方面体现出来。

（4）编写教案的能力。编写教案的目的就是把教学的总体构想用文字固定下来，使之具体化和规范化。有了好的教案，就能使教学目标明晰化，教学内容条理化，教学过程系列化和教学方法科学化。这一能力体现在教案的编写是否符合"科学、独特、实用"的总体要求，是否体现目标准确具体、内容充实恰当、过程紧凑有序、方法灵活有效、时间分配合理的原则。

2. 说课的能力

说课是近几年兴起的一种教学研究形式，是指教师面对同行陈述、阐说自己对课的设计思考。语文教师的说课能力不是对其教学设计的照本宣科，而是要求能简练地将一堂课的全貌清晰地描摹出来，如课的理念、目标、任务及方式、流程等，突出课的特色与探究性。语文教师应当特别关注的是，说课应当体现现代语文教育的特点，例如：对语文课程标准的把握理解、对教材的研究处理、对学生实际的了解、教师的课堂指导策略、课内外的一体化设计、评价与鉴赏能力的提升、语文的文化思考、人文精神的养成等等，将现代语文这些十分明显的特征反映在说课之中，是教师语文素养的较好体现。说课既能把教师的备课与讲课结合起来，又能把教师个体与群体的研究结合起来，既是教师运用教育理念去解决实际问题的尝试，也是运用集体的研究力量来促进教师素养提高的较好途径。

教师应根据说课的具体要求灵活掌握几种说课的类型：

（1）针对说课的内容指向，分整体性说课和专题性说课。

整体性说课。要求对某一教学内容（课文），按说课内容要求的每个项目，作系统的全面的讲述说明。

专题性说课。要求对某一教学内容中的某一角度、某一方面的内容，根据说课要求进行局部讲述。专题的范围很广，它既可以是学科教研中的热点和难点，也可以是不同体裁、知识的分类，还可以是某篇课文的重点难点的突破或教学方法的设计等等。

（2）针对说课的目的，分教研型、汇报型、示范型、考核竞赛型等说课类型。

教研型说课一般是在备课组、教研组内部的小范围内说课，形式比较自由，内容比较宽泛，气氛比较宽松，有利于同行间的交流、切磋。

汇报型说课一般是向前来听课的领导、同行进行说课的实际操作，显示说课活动开展的状况和水平，求得批评指导。

示范型说课是说课较好的教师作出示范，供大家研究学习。

考核竞赛型，是检验教师水平、选拔优秀教师的说课。这种类型的说课面对的是评委，说课的内容和时间都有严格的限制，并制定一些规则和评分标准，以保证公平公正。

3. 实施教学的能力

施教能力主要指教师实施语文教学计划，在课内外充分发挥主导作用的能力。具体表现在：

（1）教学组织能力。语文教师应围绕教学目标，合理地实施教学方案。主要指在教学过程中能够合理地安排教学环节，准确地把握教学结构，巧妙地激发学生的学习积极性，妥当地稳定教学秩序；能够在新的教学理念的指导下合理有效地综合运用班级教学和小组学习这两种课堂组织形式，让学生在有限的时间内获得最大的收益。

（2）语言表达能力。语言是从事教育教学的最重要的媒介，是实现师生交流沟通的最重要的方式。教学语言能把教师的教学设想变为教学现实。教学语言的质量，是教学成功的最重要因素。语文教师的教学语言必须符合语言规范，即要说流利标准的普通话，严格地遵循文字、词汇和语法标准。要符合教学论对教学语言的要求：正确规范、清楚明白、准确简洁、具有启发教育性；还应满足教学美学对教学语言的要求：生动形象、富有情感、体现个性。语文教师只有达到了以上要求才能发挥语言的教育教学功能，才能较好地完成教学任务，才具备了较强的语言表达能力。

（3）书写、写作能力。即能写一手工整流利、美观大方的粉笔字、钢笔字，懂书法，板书设计科学美观，并有一定的速度。能写一手好文章，能够亲自"下水"作文，还要善于撰写科研论文和教研论文。

（4）运用现代教育技术的能力。新课程特别强调教师要创造性地设计教学，而信息技术在教学中的普遍运用，信息技术与学科课程的整合会使语文教学的创造性更加突出。语文教师必须掌握现代化的教学技术，熟练操作计算机，灵活运用多媒体，积极制作课件，发挥信息技术的优势，增进教学效果。充分利用网络调动学生学习的自主性和参与性，并能正确引导、及时解决网络运用中出现的各种问题，以促进学生的健康发展。

（5）教学应变能力。教学应变能力是教师对教学突发事件及时果断地做出妥善处理的能力。它要求教师面对突发的偶然事件在短暂的时间内，能敏锐地"激爆"出多种处理方案，并能迅速地选择解决问题的最佳方案。如及时变通教学思路，恰当调控自己及学生的情绪等。它是教师观察的敏锐性、思维的灵活性和意志的果断性的有机结合，是教师教学机智的具体体现。俄国教育家乌申斯基曾经指出，不论教育者怎样地研究了教育理论，如果他没有教育机智，他就不可能成为一个优秀的教育实践者。

（6）语文评价能力。语文课标要求，语文课程评价的目的不仅是为了考察学生实现课程目标的程度，更重要的是为了检验和改进学生的语文学习和教师的教学，改善课程设计，完善教学过程，从而有效地促进学生的发展。语文教学评价贯穿于语文教学的全过程，是获取教学反馈信息，用以检查、督促、激励、评价教学的重要手段，因而教师的评价能力也成为语文教学能力的有机组成部分。它具体反映在设计练习、编制测验和试题、评判与分析学生的做答以及评价自身和他人的教学质量等方面。按照新课程的要求，教师对学生的综合评价要改变传统的"分数决定一切"的方法，要体现新课程的多维性。评价的内涵应体现知识与能力、过程与方法、情感态度与价值观三个维度。评价方式注重形成性评价与终结性评价结合，定性评价与定量评价结合，自我评价与他人评价结合，纵向评价与横向评价结合。

4.评课的能力

对课的合理评说，也是教师的典型行为能力之一，评课主要指教师通过对自身或他人教育行为的研究评说，以促进自身调整行为方式，改善行为结构，形成良好的行为素质。评课一般分自评与他评两种情况。自评，一般是对自己上课情况的回顾，是一个回溯性的研究过程。他评，是同行或专家对教师课堂行为、课堂结构、教材处理、课堂氛围、即时效应等方面进行研究并做出评价，是一种评价性研究。语文教师的评课，要集中体现语文教育的特色。通过评课，肯定对语文教育的各种有益尝试和探索；通过评课，研究现代语文教育的要素、结构和策略；通过评课，发现自身的行为特色并进行培育，促其发展，使之形成教育风格。通过评课逐渐克服语文教育中的常见问题：重局部轻整体、重知识轻研究、重语言轻思维、重自身轻学生、重过去轻现在与未来等。

（二）语文教师的教研能力

教研能力是探索语文教育规律，用以指导语文教育实践改革创新的能力。语文教师参与教育科研，是提高教师素质，使教师由"经验型"向"科研型"转化，变"教书匠"为"教育家"的重要途径。语文教研能力体现在：

1. 选择课题的能力

教师的教育研究一般是结合自己的实际工作展开的，其研究能力首先表现在对自己周围的教育现象的关注与反思上。在日常工作中教师要保持一分敏感，善于发现新问题，善于发现新教育现象的意义。然后根据语文教学的需要、已有的研究成果以及自己的教学和科研经验，选择那些既有理论意义，又有实用价值，并且有成功可能性的领域确定自己的研究课题。

2. 研究设计的能力

教师选定课题后，就应运用多方面的经验和知识综合地、创造性地设计研究方案。这是教师研究能力的进一步发展，体现出教师面对新的教育问题能够进行多方面的思索和探究的能力。

3. 收集与分析资料的能力

教师能够按照设计方案，通过调查、观察和实验收集相关资料，并通过对资料的整理分析达到对情境的深入理解并形成理性认识，然后在研究结果的基础上形成自己的实验策略。

4.开展教学实验的能力

教师根据研究的结果，依照自己的科研设想，进一步有目的有计划地把自己的行动策略运用于教学实践，在实际教学中验证教学研究的具体效果，以便进一步发展完善或者重新进行审视修正。

5.撰写论文和论著的能力

研究工作的最后阶段，要把研究成果表达出来，形成语文教研论文和论著，论文、论著的撰写能力是语文教师科研能力的主要标志。

三、情感素养

教师的专业情感是教师从事教育活动的动力系统，是直接关系教师工作态度和专业发展的重要因素。"专业知识""专业技能"关注的是会不会、能不能的问题，"专业情感"则是强调愿不愿的问题。它比一般心理学意义上的愿意、喜欢、向往有更深的含义和更高的境界，它是教师在对所从事专业的价值、意义有深刻理解的基础上形成的孜孜以求的奋斗精神。它涉及教师的职业理想、专业态度、工作动机等方面的问题。

（一）专业理想

教师的专业理想，是教师对成为一名优秀教育工作者的向往与追求，它为教师提供了奋斗的目标，是推动教师专业发展的巨大动力。具有专业理想的教师对教育事业会有坚定的信心和执着的追求，愿意终生献身于教育事业。具有专业理想的教师对教学工作抱有强烈的责任感，他们能承担起时代赋予教师的崇高职责。这种对教育事业的自觉的职能意识、高度的热情以及使命感和责任感，是事业成功的保障。我们语文教育界有许多令人钦佩的表率，如提出"三主四式"，为语文教学过程描绘出师生互动蓝图的钱梦龙；倡导"民主与科学"教学方法的魏书生；注重培养学生人文素质，主张语文教学情感化的于漪等等，他们专业信念坚定，坚守"杏坛"痴心不改，其专业精神令人敬佩。

（二）专业情操

教师的专业情操，是"教师对教育教学工作带有理智性的价值评价的情感体验，它是构成教师价值观的基础，是构成优秀教师个性的重要因素，也是教师专业情意发展成熟的标志"[①]。教师的专业情操一般可用敬业、爱生、律己、献身来概括。正如叶澜先生所说，作为教师"谁如果想成为一名出色的教育者，谁如果愿意把自己的生命献给这一伟大而崇高的事业，那么，谁就应该努力使自己成为富有历史感和时代感的人，成为热爱人、理解人、善于研究人的人，成为深刻地了解社会与教育相关的一切，并对人类社会未来充满信心的人。只有这样的人，才能在为使人类与社会变得更美好的教育事业贡献自己智慧、力量与生命的同时，使自己也变得更美好"[②]。

（三）专业风格

教师的风格是教师教学的独特个性，它常常体现在教师独特的教学方式、教学特色、人格魅力以及深刻与广泛的影响力等方面，是其教育思想、修养、学识与个性的独特结合。具体体现在教学活动中思考的深刻性、敏锐性、广阔性以及教学特色的亲和性、民主性、思辨性、启发性等方面。教师的教学风格，一般是稳定的、自然流露的特质。风格体现教师行为方式的独特性，并不意味着高质量的教学。但是，教师风格通常是借助高水平的教学来成就的，因而教师风格与高质量的教学又是密切相关的。同时，教师风格所带来的权威效应也会从某种方面改善客观的教学状况，产生较高的教学成效。语文教师教学风格的独特性，还常常表现在人们所说的"书卷气""学者风"与"胸襟"，就是说既要有深厚的学养还要有典雅的气韵；既要有儒雅的学者风范，又要长于研究，形成自己的教学

---

① 教育部师范教育司：《教师专业化的理论与实践》，人民教育出版社2003年版，第64页。
② 叶澜：《教育概论》，人民教育出版社1991年版，第338页。

特色；既要有广阔的视野、深刻的见识，又要具备广泛涉猎的兴趣与从容不迫的气度。

综上所述，树立崇高的专业理想，养成高尚的专业情操，是教师专业态度发展的主要内容，教师的专业风格在很大程度上是教师自身先存的特性，其形成改变是一个长期的过程。

第二节　语文教师的理念更新

教育理念是指"教师在对教育工作本质理解的基础上形成的关于教育的观念和理性信念"。"从宏观角度来说，教师的教育理念包括学生观、教育观与教育活动观；从微观的角度来说，教师的教育理念主要有关于学习者和学习的信念，关于教学的信念，关于学科的信念，关于会学习的信念，关于自我发展的信念等。"[①]教育理念决定着教师教育工作的方向，是教师教育行为的基础，也是教师自身成长发展的指南。在新形势下我们每一位教师都要有紧迫感，要使自己的教育思想与教育行为符合现代教育规律和时代发展趋势。要使自己成为能够面对多方面挑战的优秀教师，就必须重新审视自己，抛弃陈旧落后的教育理念，构筑起教育理念的新体系。

一、以学生为本，关注学生的全面和谐发展

以学生为本，着眼于学生全面和谐的发展，是新课程的核心理念。具体讲就是要求教师"一切为了每一位学生的发展"，使学生发展成具有"存在的完整性"与"生成的完整性"的一个"整体的人"。钟启泉先生认

---

① 倪文锦：《初中语文新课程教学法》，高等教育出版社2003年版，第337页。

为："首先，人的存在是个体、自然、社会彼此水乳交融、整体和谐共处的有机整体；其次，人是完成着的人，个体生成的终极价值是学会做人，人的发展是智力与人格和谐发展的过程。"① 就是说要使学生成长为一个"整体的人"，主要关注两个层面的内容：一是引领学生在寻求个体、自然、社会的和谐发展中学会生存；二是引领学生在追求智力与人格的协调发展中学会做人。

语文教学应努力树立这一符合未来社会发展需要的教育理念，在教学中把每一位学生都看作是生动活泼的、发展的、有尊严的人，去尊重关心他们。关注他们的情绪反应和情感体验，让学生在愉悦的情绪中学习语文知识，体验美好情感；关注他们的道德生活和人格养成，挖掘和展示各种德育因素，引领学生的道德表现和发展，使教学过程成为学生对高尚道德和丰富人生的体验过程；关注学生与自然世界、社会生活的关系，尊重学生的个性及生存发展的需求，积极开发课程资源，以综合性实践学习为联结自然、社会、自我的纽带，致力于人的自然性、社会性和自主性的和谐健康发展。这样，学科知识的增长过程也就成为人格健全与发展的过程，学生的语文素养将同他们的爱心、责任感、修养协同发展。

二、教学过程要重视学生的全面发展

语文作为普通教育的基础课程，奠定了学生全面发展和终身发展的基础。语文教学要促进学生的全面发展，应确立以下理念：

（一）打破"权威"，与学生平等交流

新课程背景下的教学倡导对话、合作与探究。在学习过程中每一个学习者都有自己对信息的解读和接受方式，教学不再是教师的独白过程，而是创造情景，让学生以自己的理解方式去解释信息，师生共同参

---

① 钟启泉、姜美玲：《新课程背景下教学改革的价值取向及路径》，《教育研究》2004年第8期。

与知识的创生的过程。这就要求教师打破习以为常的教学习惯，克服种种教学惰性，寻求多样化的教学方式，实现教学内容和教学过程的生成和开放。语文教学要重视本学科丰富的人文内涵，注重教学内容的价值取向，尊重学生的个性体验，教学中用对话的方式形成主体间平等交流的人文情景，使学生在语文学习中受到熏陶、感染，实现对学生精神领域的深广影响，让每一个学生健康地发展。合作、探究的教学方式极易激发学生的自主性和创造性，语文学科实践性的特点，适合采用合作、探究的教学方式。教学中教师要注意提供策略和指导，鼓励学生探究，让学生在形式多样的实践活动中获得知识积累，发展语文能力，培养情感体验，提升社交能力。

（二）关心学生需求，提升语文能力

现代语文教育要在学生知识的获得和能力的提升过程中，关注学生的内心需求和生活需求。传统的教学方式忽略了人在发展过程中的个性差异和需求，也忽视了学生个体学习的主动性、能动性和独立性，新课程要求在尊重学生个性特征的基础上，提倡和发展多样化的学习方式，让学生成为学习的主人，培养学生的创新意识和实践能力。

语文课程的目标不是要帮学生掌握概念、理论、原理等系统，而是要提高学生的语文实践能力，语文教育的过程是学生读写听说不断实践的过程，是学生在语文实践中受到熏陶、感染的过程。因此语文教学要注重指导学生在语言实践中积累语言材料，在语言实践中感受、体验优秀作品的语言魅力，掌握语言规范，提高语言能力。注重开展合作、探究性学习，通过合作提高学习效率，增强合作精神，通过探究增加文化积淀，提高审美情趣和能力，并在探究中面对生活深刻领悟生命的意义和生活的价值，产生自己的观念，在学习过程中形成一定的创新意识，提高综合学习的能力。这是学生发展的基本需求，解决的是社会要求的带有共性色彩的基础素养问题。

语文教学还要注重学生具有个性色彩的发展问题，研究性学习是实现学生个性发展的有力途径。在研究过程中学生能够掌握知识、开阔视野、探究新知、提高认识；可以变被动为主动、变班级统一学习为小组或个体学习，使不同个性、不同需要的学生得到符合其自身特点的发展。

（三）拓宽学习渠道，促进学生整体发展

语文课程标准强调："语文课程应该是开放而富有创新活力的，要尽可能满足不同地区、不同学校、不同学生的需求，确立适应时代需要的课程目标，开发与之相适应的课程资源，形成相对稳定而又灵活的实施机制，不断地自我调节、更新发展。"语文的课程资源是丰富的，语文学习有着广阔的天地，开发和利用语文课程资源对扩大学生语文学习的视野，提高学生运用语文的积极性，并且在课内外的学习与运用中开拓语文课程的内涵是非常有利的。新课程要求教师转变课程观念，合理有效地利用开发课程资源：一要打破教材是惟一课程资源的观念，在灵活地、创造性地使用教材的基础上，根据学生现有的发展基础优选对学生终身发展有决定意义的课程资源，比如校内外场馆资源、网络资源、乡土资源等，拓宽学生的学习空间。二是提升自身素质，增强课程意识。教师的素质对课程资源的识别、开发和利用是极其关键的。教师需具有先进的教育理论和观念，依据一定的教育目的，结合现实条件和学生的特点，对课程资源进行鉴别、开发和利用，切实保证课程资源应有的教育意义。把教学过程当作师生合理运用课程资源、共同建构知识和人生的过程，使学生最大限度地获得多方面的发展。

第三节　语文教师的角色转变

语文课改提出的新教学理念给教师带来了诸多的挑战，促使教师在教学实践中作出回应，并积极转变教学行为，对传统的教师角色进行重新定位和理解。

一、对传统教师角色观念的再认识

（一）对"传道授业解惑"的再认识

韩愈提出的"师者，所以传道授业解惑也"被公认为是对教师职能的最经典的描述及最权威的解释。这一定位体现的是我国传统的崇尚权威的价值取向赋予教师的绝对权威，这一价值取向对当代教育的影响是学生从属于教师，听命于教师。新课程对教师的这一职能定位提出了质疑和挑战，反对这种制约学生主体意识和创新精神的教学方式，要求教师不要做高高在上的拥有知识的权威者，而是要尊重学生，成为学生学习的促进者。

（二）对教师隐喻的再认识

教师在社会中担当的是不同于其他职业的特殊角色，教师职业的特殊性自然会引发社会的期待和关注，因而社会上流行着许多对教师角色的隐喻。这些隐喻在今天看来有许多片面的甚至是陈旧落后的观念，我们对此应重新进行思考和认识。

1. 教师是"人类灵魂的工程师"

这一隐喻的内涵是丰富而复杂的，它表明教师职业的崇高，教师职责是育人，是塑造具有健康心灵的人。而它同时又暗示教师是按照固定统一的标准进行教学设计，不顾个体差异，像工程师那样按照自己的蓝图制造产品，也就忽略了教师职业的独特性，把学生也视为可以任人摆布、随意塑造的产品。其实灵魂是不能随意塑造的，它需要的是在相互的理解和尊重中被唤醒和升华。

2. 教师是燃烧自己的"蜡烛"

这一隐喻主要是赞扬教师的无私奉献精神，但是教师不能只做照亮别人的蜡烛，它在燃烧自己照亮别人的同时也要照亮自己，使自己光彩照人。教与学是相辅相成的，新课程背景下的教学提倡探究、创新，教师面对教学中的实际问题需经常探究、反思，提高教学水平，促进学生发展。

教师在发展学生的同时也要发展自身，教师自身的发展同时也带动了学生的发展。

3.教师"要给学生一碗水，自己要有一桶水"

这一隐喻对教师的知识和能力储备提出了较高的要求，似乎教师的储备一定要远远地超过学生。这反映的是应试教育的模式，"桶"和"碗"都是容器，教师把自己储备的知识倒给学生，考试时学生再把这被注入的知识原样倒出。其实在学习的时空领域发生了巨大变化的今天，教师的知识储备不一定也未必多于学生。韩愈早就说过，"闻道有先后，术业有专攻""师不必贤于弟子""弟子不必不如师"，师生教学相长，教师要不断地学习，甚至要主动向学生学习，才有可能走在前面。教师应是挖泉人，有能力去发掘学生的智慧之泉，生命之泉，使其喷涌而出；教师还应是引泉人，引领那永不停息的泉水顺畅地汇入江河湖海。

二、课改对语文教师的期待

语文课改对教师提出了较高的期待。语文课改的实施要求教师必须调整教学行为，转变单一的固定不变的支配式的角色，把教师的多元的角色功能充分展示出来，从单纯的知识传授者转变为学生学习的促进者、课程的开发者和研究者。

（一）语文教师是学生学习的促进者

课改让语文课堂变得丰富多彩起来，要求语文教师由知识的化身和权威，转变为学生学习的促进者。

1.关注学生主体，引导学生转变学习方式

语文学习是学生自身的实践活动过程，没有学生积极的主体状态，任何语文教学都将难以发挥作用。因此语文课改背景下的语文教学要突出实践性、自主性、学习性，教师的角色也就进入了一个更为广阔的社会生活领域，由"传道、授业、解惑"转变为"认识、设计、研究"。就是说教师要不断地去了解、认识学生学习语文的动机水平与已有的发展状况，根据学生的起点水平不断地调整教学设计与指导方式，在指导中通过倾听、交流、组织、反思、论证等研究学生的发展状况，为下一次循环提供依据，这便是语文教师的角色要求。这样，学生的角色任务也会相应地改变，他们的学习方式由接受式学习变为"研究式学习"和"在实践中学习"。研究式学习就是把学习要求任务化、问题化，在教师的引导下去探究任务的完成方式，寻找问题的解决之道，在研究中实现知识和能力的融合与发展。在实践中学习是指在实际生活中学习语文，这具有更好的学习效应。把社会的需要作为语文学习的指导要求，学习活动会成为学生的自觉行为。因此语文教师如果能够从学生的发展出发，能够根据社会生活的需要去促进语文学习，引导学生选择一些实践性、应用性的问题来进行研究，那么学习的结果就不仅仅是学习本身而是整体素质的深化与升华，学生也将具备更强地迎接未来社会挑战的能力，语文教育也就真正实现了它的社会归宿，走进了社会生活。

2. 转变教学行为，实现平等交流互动合作

教师作为学生学习的促进者，首先要优化教学过程中的信息传递方式。转"居高临下"的单向传递为平等交流讨论式的多向传递，实现师生心灵上、情感上的交融。平等交流能够融洽师生关系，营造和谐宽容的课堂氛围，在良好的情境中教师能更好地指导学生确定恰当的学习目标，寻求、确认达到目标的最佳途径；能激发学生的学习动机，培养学生的学习兴趣。

其次，教师作为学生学习的促进者，还要学会合作。社会需要合作，教育同样需要合作。教师要与学生合作，合作的基础是信任，相信他们的能力，采纳他们的建议，老师的信任能促使他们成功。当教师以民主的精神、开放的态度和合作的方式去组织教学时，课堂教学才能真正地焕发学生活力，促进学生成长。要与同事合作，教师之间的合作能为课程的综合化和学习方式的综合化提供保障；要与家长合作，与家长共商教育问题，取得家长对新课程的理解和支持，是教育成功的重要保

障；与管理者合作，新课程的实施不会是一帆风顺，克服来自管理者由于误解而产生的阻力和干扰是十分必要的。教师要善于和管理人员合作，勇于向管理者阐明自己的改革计划，与他们共商改革方案，以确保改革计划的顺利实施。

（二）语文教师是课程的开发者

教师要成为课程的开发者是新课程对教师提出的新要求。教师是课程的实施者，也是课程的开发者，教师从课程开发活动的外围逐渐参与到课程开发之中，不仅提高了课程的适应性，对发展学生个性、促进学生健康全面的发展也具有积极意义。

语文教师的课程开发一般包括两个层面：一是对现有语文教材的"二次开发"，二是校本课程开发。

对教材的"二次开发"，就是教师根据实际教学情境的需要，对教材进行妥善处理，使之更好地适应学生的学习。对教材的开发处理应考虑以下几个方面：使处理过的教材具有发现性，以转化学生的阅读倾向；使处理过的教材具有问题性，能引发学生的思考性阅读；使处理过的教材具有揭示性，让学生在阅读中产生揭示欲望，不由自主地参与表达；使处理过的教材具有加工、创造性，使学生在阅读中构建起具有个性特色的审美情趣。如：山东版新编高中语文教材选入了余光中的散文《听听那冷雨》，我们在处理教材时除去考虑单元教学要求，还可考虑作品主旨的类属特征：怀乡。它可以涉及、包容古今诗、词、曲、赋、文等许多名篇。阅读这篇课文的同时可指导学生对怀乡类作品的把握和理解，甚至可扩展到凭吊、贬谪、思念、咏叹等类作品。由一篇课文引领学生把握一类作品，便实现了对教材资源较好的开发利用。

校本课程开发，一般指教师在具体教学情境中根据学生的个性化学习需求而开发的课程。校本课程开发的基本途径一般是：了解学生的日常生活、兴趣、爱好、情感、能力等，发现可以开发的课程素材，为制定课程计划奠定基础；开展社会调查了解社会需求与发展，确立指导学生参与社会生活的基点，以提高学生适应社会的能力和素质；积极主动地、有鉴别地利用校外资源，整合利用各种社会资源，使其成为学生学习和发展的财富；建立校本课程资源数据库，拓宽资源渠道，提高资源使用效率。

语文校本课程的开发要在借鉴一般课程资源开发经验的基础上，突出语文特色。可以利用开展社区教育活动，组织学生参观、调查、访问，走进自然，追踪热点等形式。例如，可以把走进社会与写作练习相结合。指导学生开展感受社会生活活动，可根据学生的不同情况，让学生分别去感受家庭亲情、关心邻家友爱、体验社区文化等。感受家庭亲情可使学生对那些不经意中忽视的家庭亲情，产生重新审视的欲望，获得全新的心理感受。关心邻家友爱能使学生的视线越过自家门窗落在对门老人、邻家女孩身上，学习欣赏、赞美与关爱，让他们胸襟开阔，目光远大。体验社区文化能够让他们在关注、体验社区多元文化的同时形成对民族文化的认同，培养其人文素养。这些活动在锻炼、培养学生整体素质的同时，还会唤起学生的写作欲望，既解决了写什么的问题，还会引发他们的写作冲动。教师在指导学生完成写作的同时，要尽量寻找机会促使学生的文本产生价值效应，像班级的表扬、对社区的推介、与邻里或家长的沟通等，甚至可以推荐给报刊、电台、电视台等传媒。这些价值化的活动不仅是对学生语文写作学习的强化，更是对其他语文学习活动的促进，以至能影响其人格素养的形成。

（三）语文教师要成为研究者

教师是研究者已成为新课程的内在要求。它首先要求教师重新审视理论与实践的关系，即教师要更加关注具体的教学情境，把理论应用于实践，提高教学的质量和水平；更加重视对教学过程的反思与研究，把一些成功的教学经验上升为理论，为理论的发展做出贡献。

其次，要求语文教师必须把研究作为语文教育的出发点，要研究学生的发展水平与语文学习特点，研究语文教材的教育要求与知识系统，研究课内外语文学习活动的规律与特点。实际上语文教师日常的教育活动中渗透着大量的"研究性"活动，诸如备课、说课、讲课、评课等，这一系列的活动有利于教师作为研究者这一新角色的确立。

教师要成为研究者还要善于挖掘自身的创新潜能，形成个性化的教学风格。语文教师的创新表现为教学实践中的不断反思，并在反思中不断实践：反思自身知识与学生的经验和心理感受的关系；反思教学设计与实际教学的差距；反思教学中存在的问题……在反思性实践中检查、验证，积累经验，深入理解新课程，提高实施新课程的效果和水平。每一位教师都有着最佳的研究机会，因为教师处在最有力的研究位置上，也有能力对自己的教学行为进行反思、研究与改进。语文课改使教育情境中的问题增多并变得复杂，教学实践中教师面对新的教学情境，就会对自身的教学行为不断地进行审视与研究，并能形成独到的经验化的处理方式，继而去研究新的教学情境，接受新的教学理念，能够创造性地使用教材、设计教学，形成富有个性的教学风格。

下篇　语文教学方法论

第九章　语文教学设计

　　教学设计是教学工作中最基础的环节。教学是有计划、有目的的行为，在教学之前，教师总是要对教材内容、教学环境、教学方法及其所引起的效果进行预测，从而谋划出最科学、最优化的教学行为，即形成教学"构想"。教学设计就是教学之前的构想、计划之意。为使学生积极参与教学，保障学生学有所得，提高教学效果，教学设计是不可缺少的。

　　教学设计是教师教学观念和实践经验的表现形式，也是教师教学的个性特长和教学智慧的外化产品。教学设计如同工程师的设计蓝图或音乐家的乐谱，它所描述的只是想象中的教学行为，即教学构想计划。而教学的实际操作不可能全凭教师的构想而进行，因为教学的对象——学生是个性各异，有思维、有感情的活生生的人，教学实践不可能完全按照构想的计划来进行，教师也不可能绝对完全预测出教学中可能发生的一切情况。因此，教学设计中具有许多不确定因素。这就是说，教学过程是动态的、变化的，教学设计也就必然具有不确定性，它总是时刻对教师提出新的挑战。

第一节 教学设计的一般原理

教学设计是运用系统理论和方法，对教学中的各种因素进行分析和研究，具体策划解决教学问题、实现教学目标，具有可操作性的教学方案，它包含制定方案的行为过程和行为结果（实体方案）两层含义。教学设计的行为及其结果是否科学可靠，只有经过教学实践才能证明。但现代教育科学是不允许以教学的失败为代价来换取教学的经验、改进教学设计的，而是要求教师在掌握先进的教育理论的前提下，以科学的教育理念为指导，进行符合现代教学规范、确有可行性的优化教学设计。所以，我们有必要了解有关教学设计的一般原理。

一、教学设计的本质含义

教学是以指导学生学习为目的的活动。在现代学校教育中，教与学都是在明确思想支配下进行的有计划性活动，无论教者还是学者，对于自身的行为都有一种构想和目标。对于教者来说，这种构想就是教学设计。从这个层面上讲，教学设计古已有之。例如，古代教育家孔子主张的学思结合、启发诱导，不但体现着孔子的教学指导思想，更是具体的教学（学习）设计和方法。学思结合的指导思想是：学是求知之源，是思的基础；思是学的方向，是学的深入。所以，学习的路径应是：学——思——学。孔子认为，学习是一个主动探索的过程，教学应该发挥学生的主动性，而且应当遵循这样的程式：学生有疑（愤、悱）——教师启发、点拨（启、发）——学生反复思考——自求解答（举一反三）。《中庸》一书所提出的"博学之，审问之，慎思之，明辨之，笃行之"集中体现了古人对教学方法、教学程序的探索。在古代西方，从苏格拉底的"产婆术"到夸美纽斯的"感知——记忆——理解——判断"再到赫尔巴特的"明了——联合——系统——方法",无不是在其独特的教学理论指导下进行的一种教学设计及其实施行为的一种构想。

作为现代教学论中的教学设计,是"一个分析教学问题、设计解决方法、对解决方法进行试行、评价试行结果、并在评价基础上修改方法的过程"[①],是教育技术领域中研究教学系统、教学过程,制定教学计划的系统方法。所谓系统方法,就是运用系统理论的观点、方法,研究和处理各种复杂的系统问题而形成的方法。系统理论的基本观点是:在广阔的时空里,任何事物或现象都是由相互联系、相互作用的若干要素按一定的结构方式组合在一起,并与外部环境发生某种联系的有机整体。换言之,系统是处于一定相互联系中,与环境发生关系的各个组成部分的整体,是由相互联系、相互依赖、相互制约、相互作用的事物组成的具有整体功能和综合行为的有机整体。系统理论的核心是强调系统的整体性:以相互作用和相互依存的观点看问题;重视系统的行为过程;一般以某种研究目的来考察系统……处理任何一个"系统"的技术和方法都必须侧重于这个系统的整体性分析,即从系统组成的各个要素之间的关系和相互作用中发现系统的规律性,从而寻找到解决复杂问题的一般步骤、程序和方法。教学是一个特殊的系统,它是由若干相互依存、相互作用的教学要素构成一定的组织形式,并在特定的环境中实现一定教学功能的整体。教学,从本质上说是一种环境的创造,是创造由教育内容、教学方法、教学作用、社会关系、活动类型、设施等组成的环境。教学设计就是创造这种教学环境的方法。作为一种系统方法,教学设计关注的是教学系统,它考虑的是教学的整体步骤,是整体中的各部分的相互关系,追求的是对整体的评价和最优选择。就"方法"这个概念本

---

① 张祖忻、朱纯、胡颂华:《教学设计——基本原理与方法》,上海外语教育出版社1992年版,第1页。

身，在不同的教育理论层次上表现为不同的含义。这里的"方法"有别于学科教学法、授课计划和传统的教学方式。它是"为达到教学目的、掌握教学内容、运用教学手段而进行的由教学原则指导的一整套方式组合的、师生相互作用的活动"[①]。是由教学指导思想、师生关系、教学组织形式、教学媒体和手段诸要素组成的实现教学目的的结构。寻找这种结构的行为过程便是教学设计。因此，教学设计又被称为实施教学的系统方法。可见，这里的"方法"是属于教学论范畴的关注教学整体的方法。无论从"系统"的角度还是从"方法"的角度，教学设计强调的是教学要素的整体、整体中各部分之间以及整体与外界的联系。

教学设计作为一项现代教学技术，属于现代教育技术学的范畴。在20世纪60年代，西方教育界形成了一门旨在有助于改进教育教学过程中的技术、手段、方法、系统的体系化新兴学科，这便是教育技术学。它是以教育科学的教学理论、学习理论、传播理论和系统科学理论为基础，依据教学过程的客观性、可再现性、可测量性和可控制性，应用现代科学技术成果和系统科学的观点与方法，探求提高教学效果的技术手段和优化教学过程的一门学科。教育技术学具有丰富的内容，其核心内容是教学的设计、实施与控制和评价技术，教学设计是其核心内容之一。教育技术学作为在现代科学技术和现代教育理论等学科的交叉点上发展起来的一门具有方法论特征的学科，人们对其持有不同的界说，但也存在不少共同认识：①把教学过程看成是构成要素的集合，针对特定教学目标作出最优化的组合；②尽可能开发和利用有助于实现教学目标的各种技术、手段和方法；③努力将上述教学技术加以体系化。教育技术学关于教学过程的这些观念，为教学理论的研究注入了新的活力，它改变了教育研究中的经验总结式、抽象思辨式的研究方式，突出了教学研究中的客观性、外显性、可测性和可控性，因此成为教学设计的理论指导和技术借鉴。教学设计面对的是教学

---

① 吴立岗：《教学的原理、模式和活动》，广西教育出版社1998年版，第176页。

过程要素的整体，是将教学的物化形态技术（工具、手段、媒体等）和智能形态技术（方法、程序等）结合起来，形成可供操作的教学系统，以帮助每个学生按照他自己的方式和途径达到既定的学习目的，从而提高教学效能。

二、教学设计的理论依据

在现代知识经济社会里，教育的终身化、社会化和个性化的观念显得越来越重要。如何提高学校教育教学的质量和效率，让每个学生用最少的时间和精力，获得最多的、最有用的知识和技能，得到最充分的发展，是广大教育工作者面临的最大难题。教学设计正是在这种情况下产生并发展起来的，它从产生之日起就是为了面对并试图解决这一难题。那么，教学设计为什么有能力解决这个教学实践中最棘手的问题？因为教学设计是以现代信息理论、传播理论和发展了的学习理论为基础的，它有坚强的理论后盾。

（一）信息理论

信息，通常是指人们在交往中通知对方的内容。主要包括消息、情况及对某种事物的解释、阐述、知识等。信息的表现形式除语言、文字外，还有热、声、光电、磁、色、香味、数字、信号、图形、报表等。信息具有可用性，它能成为一种资源，在特定的目标下和特定的时间里发挥作用；信息具有寄载性，它必须借助某种材料或能量作为载体方可表达或传递；信息具有可处理性，它可以被识别、提取、转换和加工；信息具有可传递性，它可以从信息源出发，经过一定载体的运动和传播，为接收者接受；信息还具有共享性和无限性特点，同时可以被多个接收者利用，不会因为接收者的增多而影响信息的质量和数量，而且信息在传递和利用过程中会不断扩充和增大。

信息论，是研究控制系统中信息的获得、计量、变换、传输和处理等规律的一门科学。狭义的信息论是美国数学家、工程师香农在20世纪初提出的关于解决电子通讯技术的编码和干扰等问题，从而提高通讯系统的传输效率和可靠性的理论。在香农的狭义信息论中，主要涉及了信源、信宿、信道和编码等问题。①信源问题，主要是对信源提供的信息量加以定量描述，以确定其信息量的大小。②信宿问题，研究信息接收者能收到多少或提取多少由信源发出的信息量。这里还不涉及信息的语义及其对接收者的实际效果。③信道问题，主要研究传输信息的载体能传送或储存多少信息量，传送信息的数量和速度能否满足传收双方的要求。④编码问题，主要讨论如何对信息进行编码才能使信源发出的信息被充分表达并满足信道的要求。广义的信息论在狭义信息论的基础上还充分考虑信息的语义特征和信宿的作用及效果。

信息理论产生之后，被广泛地运用于社会和自然科学的各个领域。教育系统的信息传递与电子通讯系统的信息传播模式极为相似，于是便同样被运用于教育研究的领域。用信息论的观点和方法来探讨教育问题，不但扩大了信息源，改进了信息转换方式，丰富了信息储存形态，拓宽了信息传递通道，增强了信息接收效果，而且，更为重要的是，信息理论改变了人们对学习行为和学习过程的认识。学习不再是简单的刺激反应，学习是"在同他人处于某种关系之中才得以有效地展开的"[①]活动。学习的过程是接受他人传递来的知识和意志情感（即信息）的过程，或是将自己的知识和意志情感（信息）传递给他人的过程。所以，一切学习活动都离不开信息及信息的传递行为，信息的寄载性、可处理性、可传递性等特征，揭示了学习过程的可控性。

（二）传播理论

传播，是人与人之间为了共享、建立共同意识以及协调行动的关系而进行的信息交流活动。传者、信息和受者是一般传播活动的三大要素。专门研究个人与个人、个人与团体、组织与社会通过传播以建立关系的学

---

① 钟启泉编译：《现代教学论发展》，教育科学出版社1992年版，第73页。

问，称为传播学。传播学研究的中心课题是对传播的全过程及各个环节包括传者、内容、媒介、受者、效果等相关的因素分析和考察。传播的一般过程是由传者从信息源中选取相关信息，然后将信息转化成符号，再把符号转化成信号，并通过相应的传播通道发送给受者。受者在主动意识支配下接收到由传者发出的信号后，先把信号转化为符号，然后按自己的经验将符号转化为信息或意义，并作出适当的反应。在这个信息转化的全过程中，至少有这样五个因素是至关重要的，即所谓"5个W"：

Who：信息的组织者和传播者。传者在组织和传播信息时是在他的有意或无意支配下表达自己思想感情的过程。个人的立场、观点、经验以及转换能力与技巧都直接影响传播的效果。

Say What：发送出了什么样的信息。具体指信息量的多少和信息的质量高低。

In Which Channel：通过什么方式、媒体来传播的，这种方式、媒体是否传达了最大的信息量。

To Whom：信息接收者。他的社会地位、心理特征、文化程度、转换能力与技巧，也直接影响传播的效果。

With What Effect：产生了什么效果。指传播对人的态度、价值观和行为所产生的影响及效果。

这便是美国传播学奠基人之一拉斯韦尔的"5W"公式，它初步揭示了传播过程的复杂性。后来，美国的另一位传播学者伯罗在其传播理论著作《传播过程导论：理论与实践》中，提出一个更为具体的传播模式，并详细阐述了传播过程中的构成要素：①信息（传者）和编码者。需要考虑其传播技能、态度、知识水平；传者在社会中的地位、影响与威信；学历、经历与文化背景。②信息。影响信息的因素有传播"内容"，即传者所选取的材料，除了信息成分，还有信息的结构；"符码"，包括语言、文字、图像与音乐等；"处理"，即传者对选择及安排符码所作的决定。③通道。传播信息的各种工具，如人的视、听、触、嗅、味等各种感觉器官；载送信息的声、光、电、空气、电波、书报、杂志、影视技术及以网络为中心的信息高速公路。④受者和译码者。在传播过程中传者可以变为受者，受者也可以变为传者，双方处于互动之中，故影响受者的因素与传者相同。伯罗的传播模式比较适用于研究和解释教学传播过程，尤其他对传播要素的分析，进一步揭示了传播过程的复杂性。

从信息论的角度看，教学是一种特殊的信息传播过程。教学中的传者主要是教师和教材的编者，传播内容就是教学内容，传播通道就是教学的媒体、技术、方法及程序，受者自然是学生，传播的效果也就是教学的效果。由传播的复杂性我们便可以窥见教学的复杂性：从教师选取传播信息（即确定目标、选定内容），到转换为教学信号（处理教材、进行内容编码），再到选用适当的通道（媒体、方式等）发出信息，最后经过学生的选择性注意、选择性理解和选择性记忆之后，有选择地接受信息，这中间涉及了几乎数不清的因素，而任何一个因素都有可能影响教学的效率和效果。并且，各种因素之间又是相互联系、相互制约的，往往是牵一发而动全身。

（三）发展了的学习理论

教学设计的理论依据还包括现代学习理论。现代学习理论的依据是现代心理学，或称科学心理学。科学心理学是在19世纪末20世纪初自然科学快速发展的背景下，采用自然科学的实证的研究方法而形成的，试图将人的心理行为外显化的一门学科。这一理论后来发展成为行为主义心理学。其代表人物是美国的桑代克和斯金纳。他们都是从对动物的操作条件反射研究出发进而来研究人的学习行为。行为主义心理学的突出贡献是初步建立了科学心理学的基础，即在人类学习研究中，由传统的哲学思考转向科学的实证，把人的复杂的学习活动行为化。但是，用简单、机械的条件反射来解释人的复杂行为显然是十分有限的。到了20世纪20年代，随着信息科学和计算机科学的兴起，心理学领域产生了以奥苏伯尔为代表的认知心理学派。认知心理学不同于行为主义心理学的地方是，它强调学生学习的意义性，认为学生的课堂知识的学习主要是有意义言语材料的意义学习。20世纪60年代以后，认知心理学发展成为两大流派：一是以皮亚杰、布鲁纳、奥苏伯尔为代表的结构主义或建构主义心理学；另一派则是吸收了新兴的信息理论发展起来的信息加工心理学，他们认为，人的学习过程是信息从外部输入到人的大脑，再由人脑输出信息并产生外显行为反应的过程。在输入、输出的过程中，人脑自始至终都进行着信息的选择、处理、编码的加工活动。

在这些心理学派的交互发展中，出现了加涅的行为主义——折中主义的信息加工学习理论。他吸收了信息加工心理学的思想，也吸收了建构主义的心理学思想，逐步形成了一个能够解释大部分课堂学习行为的学习理论新体系。加涅的贡献之一是他运用信息加工理论对学习的行为过程进行了详细的分解，提出了学习层级说。他认为个体的学习是积累性的，是由低级向高级逐步进行的，一般人的一般学习过程可以分解为辨别学习、具体概念学习、定义概念学习、规则学习和高级规则学习等不同层级，而高一级的学习总是以偏低一级的学习为先决条件。加涅的另一个贡献是他在其学习层级说的基础上，提出了学习结果分类说。加涅认为，人类学习的结果是其性能发生相对持久的变化，人通过学习而获得的性能主要有言语信息、动作技能、智慧技能、认知策略和态度。这是五种学习结果，也是五种学习类型。对于这五种不同的学习类型，加涅认为应该各有一套完整的学习条件来促进它们的有效学习。这些学习条件包括内部条件和外部条件，即来自学习者自身的条件和来自外部环境的条件。加涅的最大贡献是他在上述理论研究的基础上，第一次完整地论述了教学设计的原理和技术。加涅的教学设计原理和技术成为当代世界教育技术研究和教学设计研究的最主要的理论依据和行为指南。

除加涅学习层级说、学习结果的分类及学习条件分析外，促成教学设计理论形成的还有以布卢姆为代表的目标分类学和评价理论，以霍本为代表的对视听媒体和其他教学技术的研究成果，以及关于个别化教学的理论与方法研究等，它们都是现代教学设计理论和技术方法形成的基本理论依据。

三、教学设计的一般构成

加涅认为，教学设计的基本原理是根据不同的学习结果类型创设不同的学习的内部条件并相应安排学习的外部条件。教学设计着眼于激发、促进、辅助学生的学习，保证让每一个学生都处于教学的优势，使所有的学生都有同样的机会来发挥和完善自己的才能和个性，以适应自然环境和社会环境并改造它们。所以，教学设计应对不同的学生产生不同的效果，让学生按各自的特点有所发展。进行教学设计不是为了追求教学的一致性，而是为了达到教学的丰富性。这样，不同的教学任务和范围，教学设计的具体方法和步骤也不同。但是，不同类型的设计却有共同的构成因素和规律。教学设计共有的基本因素是教学目标（学习结果）、教学策略（教学形式、媒体和活动）、教学对象（学生）和教学评价。缺少其中任何一项都不能形成教学设计。而教学设计的步骤如美国学者肯普所列举的那样，一般包括：①分析课题，讨论并确定该课题中每节课的教学目标。②分析学生，列举学生的各种特点。③确定具体的可以取得明显学习成果的学习目标。④列举每一学习目标的主题内容。⑤对学生有关课题的基础知识和表达水平的诊断。⑥选择教学活动和教学资源，使其符合主题内容及学习目标的要求。⑦协调所提供的服务，如师生关系、教学媒体、教学环境、时间安排等。⑧根据学生完成学习目标的情况，评价学生学习成绩，以便进行教学的改进。这种设计步骤特别适用于课堂教学系统。

在不同的教育家那里，教学设计的步骤略有不同，但教学设计的内容大致相同，而且形成了这样的设计模式：需求评估→目标陈述→学生预测→设计→实施→评价与修正。

第二节　语文教学设计的特征

语文教学设计是教学设计系统中的一个子系统，教学设计的一般原理和技术要求对其均具有规范和指导意义。按照层次的不同，语文教学设计可分为课程设计、学段设计、单元设计、课堂教学设计、课件设计和媒体设计等。我们这里研究的主要是以课堂教学设计为中心的单元设计和课件、媒体设计，而且侧重探讨教学设计技术在语文教学设计中的实践意义。和其他所有的教学设计一样，语文教学设计也是通过分析教学中的各种矛盾和问题，寻找解决矛盾和问题的系统方法。所以，进行语文教学设计，首先要了解语文教学过程中的基本矛盾。

一、语文教学过程的基本矛盾

语文教学是"以学生为主体，以教师为主导，以教科书为主要认识对象，实现教学、发展和教育三大功能和谐统一的特殊的认识和实践活动过程"[①]。语文教学过程是动态的，是师生交互作用、相互推进的特殊信息传播过程。由于信息的传递是双向交流式的，师生同时都是传者又是受者，所以师生就构成了语文教学过程的基本矛盾。语文教学过程是复杂的，它涉及各种不同的教学因素。参与语文教学过程的要素细分起来有教师、学生、语文教学内容（语文教材）、语文教学技术（方法、媒体、程序等）和语文教学环境。这些要素之间的相互对立、相互制约、相互融合的关系构成了语文教学过程的种种矛盾。这些矛盾是语文教学过程的动力。"在教学中之所以会发生那些变化、变动、爆炸，就是因为在教学过

---

① 吴立岗：《教学的原理、模式和活动》，广西教育出版社1998年版，第122页。

程中不断地产生出矛盾，引起冲突和纠葛，而且在不断地克服着矛盾的缘故。""在教材、教师和儿童之间产生矛盾，引起对立或冲突、纠葛；克服了这些矛盾、冲突、纠葛，教师和学生就会发现新知，创造新知，进入新的境界"。[①]这说明没有教与学的持续不断的矛盾冲突就不能推动教学的发展，也不能促进学生的进步。但教学过程中的矛盾应是经过师生共同探讨能够解决了的，即"只有矛盾是充实的、在学生心目中是有意义的，当学生明确地意识到解决它的必要性时，矛盾才成为教学的动力"[②]。因此，语文教学设计的第一步是认识并揭示语文教学过程的基本矛盾。

语文教学过程的多种要素，构成了语文教学过程的多重矛盾。其中最基本的是教师、学生和教材构成的矛盾关系。这种矛盾关系自然形成了语文教学过程中的学生和教材、学生和教师、教师和教材三对基本矛盾。

（一）学生与语文教材的矛盾

学生是语文教学的主体。学生学习语文的主要信息来源是以课本为主体的语文教材。学生要对教材内容作出解释，从中发现规律、吸收营养、形成能力、发展智慧、完善人格，就必然遇到许多难题。这是因为：①教材的设置必定要高于学生的现有知识、能力与发展水平。②教材中的情意因素和教学的进度不一定适合每个中学生的心理及情感需求。③学生的学习动机、学习准备度及情绪状态等主观因素与教材的客观内容的不一致。④教师对教材的摄取、传递与学生对教材的理解、把握及接受教师传递信息之间的不一致。⑤学生自身旧有的知识结构与新建知识结构之间的矛盾。这些问题就构成了学生与教材的矛盾。

（二）教师与语文教材的矛盾

教师绝不是教材的简单的"传声筒"。教师在教学的过程中要依据自己知识能力水平、文化修养、个性特征、情感态度及具体钻研、处理教材

---

① 转引自钟启泉编译：《现代教学论发展》，教育科学出版社1992年版，第37页。
② 转引自瞿葆奎：《教育学文集·教学》，人民教育出版社1988年版，第97页。

的能力，对教材信息进行独到的加工，并采取相应的科学方式进行传递。在教师的吸收、传递过程中，教师的文化修养、知识结构制约着对教材的理解和解释，教师的教育理论修养和教学技术更直接地制约着其对教材信息的传递。这就产生了教师现有的文化素质和教学能力与不断发展的语文教材之间的不适应。另外，教师对教材的把握不是为了自身的学习和发展，而是为了传递给学生，于是就出现了教师的主观倾向与教材的客观内容、学生的学习需求之间的矛盾。

（三）语文教师与学生的矛盾

教师的教授活动与学生的学习活动，是以教材为媒介，共同探求知识与真理的双边认识活动。在形式上有着共存性和一致性，但在本质上却存在着根本的差异性。教师的教学过程绝不等同于学生的发展过程，师生双方存在着共同的目标，但欲求实现目标的角度不同、方法不同、时机也不同。教师的行为依据的是教学的规律，学生的行为依据的是其内部的"自我运动"规律。促成学生发展的根本动力是其内部的矛盾运动，是学生内在的新的需要、兴趣、志向和他的能力发展水平之间的矛盾，是社会环境的要求和他满足这种要求所必须的技能之间的矛盾，是新的学习与发展同旧有的思维习惯、行为方式、情感倾向之间的矛盾等。所以，教师教的行为与学生学的行为永远无法达到完全一致。从认识论的角度看，教师和学生都是教学过程中的主体，但是，如果从教学论的角度看，学生的主体地位远远高于教师的主体地位。教学的根本目的是为了学生的学习与发展，教师只是学生学习和发展的一个帮手，只是一个引导者、辅导者，只是学生认识和发展的一个信息源。学生不但从教材中获得信息，还要从教师身上获取发展的营养。从这个意义上说，师生作为独立个体的人总是处于相互矛盾和对立之中。

二、语文教学设计的特征

语文教学设计既要考虑教学过程中的一般矛盾，又要注意语文教学过程的特殊规律和特殊矛盾，体现语文学科教学的个性，即要突出和把握语文教学设计的特征。

（一）模糊性与精确性的统一

语文是一个以言语（语言）为根本质的包含文字、文学、文章、文化等多元因素构成的综合体。语文学科是一门具有多种属性的人文应用学科，工具性与人文性的统一是语文学科的本质属性。语文是最重要的交际工具，是人类文化的重要组成部分。因而，语文教学肩负着弘扬民族优秀文化和吸收人类进步文化的使命，承担着培养学生语文能力、发展健康个性、形成健全人格的重任，这些教学目标的实现不是靠教师的说教，也不是完全靠学生的机械操作，而是在学生的积累、感悟和熏陶中完成的。语文学习的突出特点之一是感悟，主要内容之一是形成语感。

语感是一种对语言的直觉和敏感，是人对语言直觉地感知、领悟和把握。语感同形象思维密切相关，并带有极强的模糊性。它是人在感知的刹那间，在"不假思索"的情况下，有关表象、联想、理解、情感等主动自觉地联翩而至的一种心理现象，是一种不经过复杂智力操作的逻辑过程而形成的感悟，具有快捷性、直接性、非逻辑性、多维性等特点。

另一方面，语文是母语，语文学习的基本要素是语言，语言是人的生命意识的载体，学习语言的过程就是人的生命意识和生命价值的实现过程，而人的生命意识和精神状态是模糊的、非逻辑性的。语文具有综合性的特点，语文教学具有多种功能，如知识功能、能力功能、智力功能、思想情感教育功能、文化修养功能、审美教育功能、人格发展功能、发展个性和创造力的功能等。这些功能在人的成长中发挥作用时不是简单的累加，而是有机地整合为一个浑然一体的、不可分割的功能整体。因此，致力于分析、解决语文教学中的矛盾和问题的教学设计，必然不可如程序教学所要求的那样，将教学过程设计得十分严密、精细、精确，而必须保持较大的弹性和广阔的空间，为教师的教和学生的学留下想象、联想、综合、回味的余地。

当然，语文教学的一个重要目标是培养学生的语文理解和运用能力。一个人如果不能正确地理解和使用语言，不能在生活和学习中"尽量运用语言"，"尽量运用文字"，他就无法在社会上正常生存，更谈不上发展。正如叶圣陶先生所言："语文是工具，自然科学方面的天文、地理、生物、数理、化学，社会科学方面的文、史、哲，学习、表达和交流都要使用这个工具。"[①] "语文课主要是培养和提高学生运用语言文字的能力，培养和提高听说读写的能力……培养运用语文的能力，这是语文课的'主'，必须完成好。"[②] 因此，语文教学设计在试图解决可以量化而且必须量化的语文知识传授、语文能力训练等问题时，又必须具体地对语文认知的内容要点和所要达到的程度要求作出精到的设计。

另外，从教学目标实现的完善程度看，学习语文知识、训练语文能力为达成目标，而其他如智力开发、情感教育、审美教育、人格教育及个性健康教育等均属于期望目标。达成目标是每个学生必须达到和完成的目标，具有可量化、具体化、有序化和可测定性的特点，是一种客观性较强的目标。它在教学过程中能表现为实体的内容和外显的行为。而期望目标是教学中希望能够实现的目标，它只能表示取得教学效果的最大范围和发展方向，一般不能产生近期的、明显的行为变化。并且，这类目标的实现总是隐含于达成目标的实施过程中，渗透、融合于知识掌握、能力训练的各个环节之中。从目标实现的意义上看，语文教学设计也应坚持模糊性和精确性的统一。

（二）整体和局部的统一

教学设计是运用系统观点进行教学分析、寻找解决教学问题方案并进行评价和修正的系统过程。系统性和整体性是教学设计的固有特征。在语文教学设计中，整体性更具有特别的意义。这是因为语文学习的特点具有

---

① 《叶圣陶语文教育论集》，教育科学出版社1980年版，第86页。
② 张志公、庄文中：《工具 实用 现代化》，《语文学习》1996年第11期。

浑然性，语文教学的目标具有综合性。

语文学习的最低起点是文字。汉文字的基本特点是表意性。汉字是声、韵、调、点、线、图与其内含的"义"浑然一体、密不可分的一个整体。汉字的认读无法把它的外显形态与内在意义分割开来，这是其一。其二，语文学习的主体内容是以各类文章为表现形式的课文，"课文隐藏着作者生命意识的律动，燃烧着作者爱与恨的情感，交织着作者悲与喜的感受，低回着作者对人生悲欢离合的倾诉，表现着作者追求真理与正义的呐喊……"[1]同时，课文还反映着自然科学和社会科学的方方面面。经过精选的课文集结简直就是人类历史和现实生活的一面镜子。学习课文的过程就是认识和把握一个整体的人类社会的过程。如此丰富的内容只融合在一篇小小的文章里，语文学习就无法进行过多的条分缕析，更多的是浑然的感悟和整体的把握。更何况，学习是为了得到精神上的解脱与享受，语文学习本质上是一个精神自由空间的开拓，使学生与教师的创造潜力都能在教学过程中得到激活与发挥，达到共同的精神愉悦与自由，这是语文教学的本质特性和真正魅力所在。这一点同样显示了语文学习的浑然性特点。再进一步说，一篇文章就是一个完整的整体，其中的每个局部都紧紧围绕着文章的主旨而设置和展开。所以，我们一直反复强调要整体感知课文内容，体会作者的态度、观点、感情，理解课文的内容和思路，领会词句在语言环境中的意义和作用。例如冰心的《笑》，为了营造一种清新、和谐、柔美、温馨的爱的意境，她用心设置的几幅画面都发生在小雨后、新月下清新的时节里，每幅画面里都特别选用了"清光"、"萤光千点"、"闪闪烁烁"、"清美"、"光云"、"灿白"、"新黄嫩绿"等表示"鲜丽"色彩的词语，就连句式和标点符号的运用都突出了活泼而悠长的意境。文章的思想、情感、态度和观点是一个整体，文章的遣词造句、布局谋篇又是一个整体，而文章的内容和形式同样更是一个不可分割的整体。整体的感知和

---

① 李寰英：《语文教学怎样回答现实的挑战》，《语文教学通讯》2000年第5期。

把握是语文学习的最突出的个性。语文教学设计不但要顾及一般意义上的教学过程的整体性，还要特别关注语文教学内容及其形式决定的语文学习行为的整体性。

再从语文学习的目的看，语文学习不仅是为了获得精神的愉悦与自由的享受，而且还要养成综合的语文素质。学生的整体语文素质包括：①知识素养，它是学科知识、经验知识、能力知识、信息知识的综合体。学科知识，即具有扎实而丰富的语文知识，掌握足够的由语文学科提供的自然科学知识和人文科学知识；经验知识，亦称意会知识，即关于生活的经验、周围社会背景等方面的基本知识，体现的是人的生活技能和适应社会环境的生存能力；能力知识，即创新和探索的知识。具备创新和探索的能力，必须具备有关创新和探索的知识，亦即关于创新和探索的规则知识；信息知识，即了解获取信息的相关知识，掌握获取信息的技术和方法。②思想情感素养，即具有自我感知、自我情绪控制、自我激励和人际交往的心理素养；具有公民意识和公德意识，明确自己的社会责任；有较高的思想修养和情感追求，掌握科学的方法论，形成先进的人生观、世界观和价值观。③动作技能和习惯，即有较强的语文操作技能，保持良好的语文学习习惯，拥有健康的语文学习状态和生活品位。

世界经济合作与发展组织将人类的知识划分成两大类：一类是编码化知识；一类是隐含经验类知识。编码化知识是指外显的、可言传的、可编码的知识；隐含经验类知识是指内隐的、意会的经验类知识。这两类知识相互补充，共同构成一个人的完整的知识体系。并且，它们之间是可以相互转化的。语文素质同样是由外显的可编码的知识（知识、技能、智力）和隐含的经验类知识（思想、心理、情感等）综合而成。语文学习的过程便是由隐含经验类知识转化为编码化知识并运用于实践，进而生成新的隐含经验类知识的过程。因此，语文教学目标的综合性和实现目标的行为特点告诉我们，语文教学设计必须要有较强的整体意识，切实把握语文素质构成的综合性特点，无论是单元设计、课题设计，还是一节课的设计，都要坚持教学目的的多元化和教学过程的完整性。一个教学片段，一个教学细节，也要体现语文教育目的的多元性和综合性特征。

但是，整体的、综合的、多元的目标的实现，离不开教学细节和片段的优化操作，都要通过教学的细节和局部的操作来完成。而任何一个细小的局部也往往都是一个相对完整的整体，一个相对完整的系统过程。

加涅关于学习结果的分类理论，从学生学习的可持续性角度出发，把一个人的素质划分为先天的、发展中形成的和习得的三大类。加涅认为，一个人的输入信息的速度、存储信息的能量和提取信息的速度具有明显的个性差异，而这种差异是先天形成的，一般不受后天教育影响。人的智力和人格特征是在先天的基础上经后天环境与教育的影响而形成的，它们同样存在着个性的差异。主要靠后天的学习而促使个体发生相对持久变化的是认知、态度和动作技能，具体表现为言语信息、智慧技能、认知策略、动作技能和态度五种类型，也是学习的五种状态或五个阶段。言语信息，也就是信息加工心理学中的陈述性知识，相当于语文"双基"中的基础知识。它是用来回答世界"是什么"的。这种知识为学习者进一步学习指明方向，也是学习迁移的必要条件。智慧技能，即个体运用符号或概念处理信息和实际问题的能力，可以用信息加工心理学的程序性知识来解释，相当于我们所说的"双基"中的基本技能。智慧技能的获得要经过辨别、概念、规则和高级规则四个阶段。辨别，是指学习中对事物与现象的区分；概念，是指对事物或现象本质的揭示；规则，是指概念之间的联系，规则学习就是培养运用规则解决问题的能力；高级规则是在规则的基础上处理复杂问题的能力。认知策略是支配个体自身的学习、记忆和思维行为的技能，即我们常说的"学会学习"的技能，加涅称之为特殊的智慧技能；动作技能，是在运动规则的支配下，逐渐变得精确和连贯的实际肌体运用，如写字中手臂的运动、朗读中声带的运动等；态度，是习得的、影响个体对特定对象作出行为选择的有组织的内部状态或反映的倾向性，包括认知、情感和行为倾向三个方面，其中情感是其核心构成，它是改变个体行为选择的一种持续性状态，影响和规范着一个人的学习和发展方向。加涅用这五种学习结果来解释教育目标对我们的启示是，不管人的语文素质构成是多么丰富和复杂，它们的基本组织细胞就是这五个方面。加涅的学习结果分类法不但有助于我们揭示语文学习行为的基本构成，而且有助于我们把握以智慧技能为核心的语文学习结构。语文学习的细胞组成成分是语文知识（言语信息）、语文听说读写技能（智慧技能）、语文学习方法和技术（动作技能）和语文学习中的情感和学习倾向（态度），每个语文学习细胞的基本结构都是以语文智慧为核心（细胞核）、以语文信息为基础（细胞质）、以动作技能和学习态度为动力和方向（细胞器）的固定模式。它为语文教学设计的局部工作提供了理论依据。哪怕是一个词语的解读，也要经过感知（运用知识、动作技能）、理解（智慧技能、认知策略）、表达（智慧技能、动作技能）的过程，而贯穿始终的都有情感和态度。

加涅还根据信息加工心理学原理，把教学过程划分为九个阶段：引起注意、告知目标、提示回忆原有知识、呈现教材、提供学习指导、引出作业、提供反馈、评估作业和促进保持与迁移。教学过程之所以要有如此复杂的程序，是因为学习本身就有很多的环节。根据"为学习而设计教学"的原则，教学设计必须为不同的学习需要准备不同的学习条件，必须落实在每一个细节上，保证每个局部具体学习行为的实现。当然，局部和整体是统一的，每一个局部的设计都应受制于总体，体现整体的目的和特征，与整体的学习行为保持一致，为整体学习目标的实现服务，而整体的教学设计则对局部的设计起指导和引导的作用。总之，语文教学设计要保持整体与局部的统一。

（三）确定性与灵活性的统一

教学设计有科学的系统理论、信息理论、传播理论和现代学习理论作指导，有现代化的信息传播技术作教学传播的媒体，应当说是一项十分科学的教学技术工作。但任何科学的东西都不是僵死的公式，都包含着许多发展变化的可能性因素。科学性决定了语文教学设计的确定性，发展变化的特点决定了语文教学设计的灵活性。语文教学设计表现为确定性与灵活性的统一。

第一，语文教学设计程序的相对固定性与具体运用中的灵活掌握。教学设计是一个科学的逻辑过程，具有比较严格的操作规程和相对固定的标准化形式。教学设计总是要从分析学生的学习需要开始，依据学科特点明确具体的教学目标（包括目标的要点和目标程度），然后在悉心钻研教材的基础上选定教学的相关内容（客观内容与学生主观发展需求的结合），选择合适的教学组织形式和恰当的教学策略，安排具体的教学程序，呈现教学程序，评定教学结果。这既是教学设计的工作过程，也是设计的结构形式。它体现的是教学设计的一般规律，具有明确的规定性，是确保教学设计科学性的前提。但是，具体学科的实际的教学设计往往并不一定完全按照这一线性程序而进行，许多步骤是可以省略的，而设计的开始也不一定是从分析学习需求着手。比如在语文课堂教学设计中，经过师生长期的相互交流，学生的学习需求一般是比较明确的，就不必进行详细的调查和分析。同时，在教学设计流程的每一项具体操作中，也都包含着主观的灵活的因素。如前所言，在教师、学生和教材之间，也存在着主观认识与客观内容，客观内容与学习需求，教学目标与学生自我发展目标，教的规律与学习、发展的规律等矛盾，教学设计必须正视并试图解决这些矛盾。从信息论的角度看，教学设计过程包含着多层次的信息输入、加工和输出的过程。有教师对教学目标、教材及学生学情的信息处理过程，有教师对教学策略及教学结果的处理过程，也有学生对教学目标、教材、教师所传递的关于教材和教学策略的一切信息的处理过程，而师生之间又是交互进行的。在师生的相互激励下，会产生许多始料不及的新情况。面对如此复杂的教学现实，任何固定的公式都难以应付。在这里，发挥决定性作用的是教师的教育机智，是掌握了丰富教学理论和技术后的一种高超的教学应变能力，即灵活性的原则能使教学更适应学生的学习需要。最典型的例子是魏书生。20年前，魏书生曾带了一个由52名"捣蛋包"组成的"特差班"。

开学不久去扫墓，回来后魏老师让大家试着写篇作文，不想全班同学一致大喊：我们不会写作文。魏老师随即平静地说，没关系，老师写好了一篇，我来念，大家记，只要记下来就算是一篇好作文。结果全班同学又一致大喊：我们不会写字。于是魏老师又说没关系，不会写字可以用拼音代替。结果全班又一致大喊：我们不会写拼音。于是魏老师又说没关系，不会拼音可以画圈代替。这下没有人再喊了。于是接下来顺利地上完了作文课，而孩子们的成果自然不会像他们自己喊得那么糟。魏老师在教学之前不见得没有预定的目的、没有对学生的了解、没有进行教学的设计。但是魏老师却在教学的进程中大胆地调整了教学方案，让教学在民主、轻松的气氛中完成。

第二，教学媒体的确定性与运用的灵活性。教学设计是现代教育技术学中的一个组成部分。现代教育技术学的一个重要特点是对教学媒体的重现。教学媒体是指在教学过程中承载和传递教学信息的媒介，即在传授知识或技能过程中呈现信息的手段和工具。依据媒体的物理性能及其承载信息的功能，教学媒体大体可划分为印刷材料、黑板、图片、模型、实物等传统媒体；以现代化的电磁波、电光波、电声波等科学技术为载体的"电化"媒体，如录音机、电唱机、幻灯机、投影器及教学软件等；以计算机为基础的各个层次的计算机辅助教学手段，包括单机反应式、综合的多媒体及以网络为基础的"信息高速公路"。这三类媒体所承载的分别是客观事物信息体、机器信息体和符号信息体。教学媒体尤其是现代化的教学媒体，在传递教学信息的过程中，具有高效、便捷、互动、易于控制等特征，使它所提供的教学环境更加适合于个别化教学，更加容易实现创见式教学和教学内容的合作化和模块化，更有利于实现教学方法的多样化和丰富化。毋庸置疑，教学媒体的上述特征对语文教学效率的提高是十分重要的。但是，不同形态的媒体，具有不同的特征和使用范围、使用方法，其教学的性能也不相同，即每种教学媒体都有其特定的功能和自身的局限性。教学设计在选用各种媒体时，受制于一定的教学内容和教学环境，教学设计中的媒体使用与其相应的教学内容、教学情景具有一一对应的关系，具有明显的确定性。而能否依据教学内容的要求和学生学情的需要选取出最恰当的教学媒体，并在教学实践中灵活运用，则是教师教学综合能力高低的体现。在教学设计中，语文教师既需要把握各种不同教学媒体的性能和使用范围，又要依据教学的不同情景灵活选择和运用，让教学媒体真正起到集中注意、激发兴趣、加深理解、帮助记忆、提高学习个体行为操作和自我控制的作用。

第三，语文教学目标和教学内容的确定性与师生理解和需求的灵活性。语文课程标准是语文教学实践行为的指南，其中所规定的语文教学目的和教学内容是实施语文教学的基本依据。随着教育观念的更新和教学改革的发展，人们会不断对语文教学目的及其教学内容提出新的见解和主张。如当前人们普遍关注的语文教学中的人本观念、人文教育、民主化教学、学会学习、学会创造等，这些问题的讨论必定会促进课程标准的改进。但是，作为国家法定的指导性文件，一旦颁布，就应当对语文教学起指导和规范作用。语文教学设计如果违背了课标的基本要求，也就违背了其教学的基本方向。然而，语文教学设计也不可能完全在一元化的思想意识支配下进行。因为教者与学者都是具有独立意识和个性特征的个体。按照加涅的理论，人本来就存在着先天素质的差异，在教学行为中，主要表现为智力的差异、个性与人格的差异等，不同的个性与人格气质影响着教的风格和质量。人通过后天习得的性能也不是同步增长的，存在着高低快慢的不同。这种差异首先表现为教师对语文教学目标及教学内容信息的提取的差异，其次表现为学生对目标信息及内容信息的接受的差异。这种差异的根源在于语文教学目标的综合性和教学内容的人文性。目标的综合性使师生有了更大的选择空间和思考的余地，内容的人文性使师生的理解与把握具有了非逻辑性和答案的不确定性。总而言之，语文教学设计既要遵循课标的要求，有明确的目标方向性，又要允许师生充分发挥个体的主观能动性和学习个性，灵活处理语文教学目标要求与师生个体发展需求之间的复杂关系；既要考虑全体的学习过程，有确定的教学进度，又要兼顾每个人的发展需要，充分发挥全体动力学的作用，以取得全体和个体的同步发展。

第三节　语文教学设计的类型

语文教学设计的结果之一，是产生可供操作的教学程序。其中具有普遍意义的、较稳定的程序则被称为教学模式。教学模式是在一定教学思想与理论指导下建立起来的教学的结构框架和活动程序。"活动程序"是依据对学习与发展的规律的认识而逐渐形成的比较直观的行为步骤；"结构框架"是在具体教学理论指导下对教师、学生、教材和教学媒体、教学技术的有机组合。因此，教学设计是一种简化的教学理论，它具体规定了教学过程中师生双方的活动、实施教与学的程序、教学中应遵循的原则及应注意的问题等，指导师生做什么、如何做，并明白为什么这样做。它是师生双方活动的指南，对教学具有普遍的指导意义。

一、教学模式结构与特点

教学模式一词最初是由美国学者乔伊斯和韦尔等人提出的，他们在《教学模式》中，对15个教学模式进行了分类研究。"试图系统地探讨教育目的、教学策略、课程设计和教材，以及社会和心理理论之间相互影响的、以设法考虑一系列可以使教师行为模式化的各种可供选择的类型。"[①]乔伊斯和韦尔把15个模型分成四种类型：①着眼于信息处理的教学模式，把教学视为向学生传递信息的教育活动。②着眼于人际关系的教学模式，认为教学是以集体为对象进行的，因此，把成员之间的相互关系和相互作

---

① 转引自吴立岗主编：《教学的原理、模式和活动》，广西教育出版社1998年版，第178页。

用作为教学、教育目的及教学手段来探讨。③着眼于人格发展的教学模式，强调教育、教学从一定意义上来说是"满足个人的需要，协助个人的自身方式获得发展的工作"。④着眼于行为控制的教学模式。这种分类研究为后来的学科教学模式探讨提供了范例。

（一）教学模式的结构

教学模式是教学设计的标准化形式，是教学设计的物化状态，是理论化的综合性方法系统。这一系统有着相对固定的结构：

1. 主题

主题是指教学模式赖以成立的教学思想或教学理论。它为教学模式提供理论的支点，并决定着教学模式的个性特征和教学价值，规范着教学模式的基本活动程序和结构框架。

2. 目标

教学设计是为了解决教学中的矛盾和问题，实现一定的教学目标。那么，教学设计的模式也同样是为了实现一定的教学目标。教学目标是教学模式结构框架中的核心因素，它影响和制约着其他相关因素。不过，这里的目标主要不是指具体的课题、课时、课件的目标，而是指某种教学设计类型（即模式）的总体目标。例如，着眼于人际关系的教学模式，无论使用于何种学科或学科中的何种具体行为，它所追求的都是教学过程中的良好的人际关系或通过追求良好的人际关系来实现某个具体目标。

3. 资源和条件

教学模式作为教学设计的物化状态，存在于一定的时间和空间里，它需要有具体的教师、学生、教材、教学媒体和技术、教学环境等提供教学信息资源和教学活动存在方式的客观条件。不同的教学信息资源和客观条件，或相同的信息资源和条件而进行不同的组合，都会形成不同特征的教学模式。任何教学模式只有在其特定的条件下才能生效。

4. 程序

教学模式最具指导意义的是它的具体的、可以模仿和学习的操作程序。如魏书生的"定向——自学——讨论——答疑——自测——自结"六步课堂教学模式，就是一个具体的、具有可操作性的教学程序。

5.评价

评价是指对教学模式本身效能的评价，包括教学程序的阶段性效能的评价和教学模式整体效能的评价。设计教学模式，必须依据其自身的理论支点、目标追求、适应条件及程序特点，设计出合理的评价标准和具体的评价方法。如布卢姆的程序教学模式，支撑其教学结构框架的是诊断性评价、形成性评价和终结性评价。

（二）教学模式的特点

1.可操作性

教学模式是一种形象化的、直观的教学理论，它既包含着某种教学思想和观念，又表现为一步步紧密联系的操作行为，把抽象的教学理论与具体的教学行为连为一体。教学模式的这一特点，对于模式设计者来说，能使他们的理论研究实用化，以避免其教学研究走向空泛的形式主义；对于学习者和借鉴者来说，可以从模仿某种操作性的教学模式开始，逐步认识和理解其教学理论的实质，达到变革和创新的目的。教学模式是沟通教学理论与教学实践的纽带和桥梁，它可以有效地提高教育、教学理论研究的实践价值。

2.创新性

教学模式是在一定教学理论指导下进行教学设计的相对稳定的结构框架，它是教学设计者经过反复的理论论证和实践检验后逐步形成的，而设计者的理论论证和实践检验的唯一标准是考察某种设计模式的实践效能。那么，教学模式的个体研究就必须不断地借鉴和吸收先进的教育理念与教学观念，不断地改进和创新，以使教学模式的理论研究和实践操作更加自觉地趋向教学的最优化。最优化的基本含义是用最少的时间和精力获得最大的效益。可见，最优化只是教学努力的方向和目标，是教学研究和实践的一种理想状态。教学模式研究只能促进教学最优化的实现程度，却不能达到教学的最高境界。因此，教学模式永远没有"完成时"，任何教学模式都处在一种不断发展和创新的状态中。教学模式具有极强的再生性和生命力。

3.移植性

教学模式本质上是属于方法系统的范畴，是一种综合的理论化系统方法。任何方法都有一定的条件限定性，但却不只属于某一学科或某一教学阶段，更不属于设计这种方法的某个人。教学模式具有极强的适应性，只要教学条件适宜，任何人都可以移植和借鉴任何的教学模式。教学模式的移植性有利于先进教学理念的迅速普及，可以促进教学理论和经验的快速交流和发展。

由教学模式的含义、结构和特点，我们便可知道，教学模式是一种简化的教学理论，具有固定的结构组织，是联结理论和实践的中介。但任何一个相对成熟的教学模式都具有揭示教学过程整体构成及各因素、各环节相互关系的功能，具有直观显示教学理论的功能和促进教学实践与教学理论研究的功能。

二、语文教学模式的类型

古今中外的教育家们依据不同的教育理论，根据不同的教学条件，设计出了各具特色的教育、教学模式，人们在研究和讨论这些模式时，总是试图从不同的角度进行类别划分。最早对教学模式进行系统研究的乔伊斯和韦尔把教学模式分为：①着眼于信息处理的模式；②着眼于人际关系的模式；③着眼于人格发展的模式；④着眼于行为控制的模式。

我国一些教育专家对中国目前的教学模式的划分是：①以教师讲授为主，系统讲授和学习书本的模式；②以学生为中心，组织学生从活动中学习的模式；③设置个人学习情境，严格控制学习过程的程序教学模式；④提供结构化材料，引导学生进行探索学习的教学模式。

在吴立岗主编的《教学的原理、模式和活动》一书中，分别对西方现代的教学模式和中国当代具有典型意义的教学模式作了如下的划分。

西方现代教学模式：①着眼于认知发展的教学模式；②着眼于非理性主义的教学模式；③着眼于整体优化的教学模式；④着眼于探究的教学模式。

中国当代教学模式：①自学辅导教学模式；②"八字"教学模式；③六因素（课型）单元教学模式；④情境教学模式；⑤尝试教学模式；⑥尝试——反馈调节教学模式。

如果再具体到学科教学的内部，还可以分解出更多的教学模式。如语文的"三主四式"教学模式、六步课堂教学模式等等。但是，如果我们细心观察，就不难发现，上述分类中存在的一个问题，即在同一个模式体系中，各个模式类型的区别标准是不同的。有的是从师生关系着眼的，有的是从教学的行为方式着眼的，有的则是从教学设计的目的着眼的，还有的是从教学的组织形式着眼的，等等。这种分类标准的不统一，其结果导致了类别的混乱，不利于揭示教学模式的本质，自然就妨碍了对教学模式的学习和研究。因此，教学模式的分类应该有一个更高层次的分类标准。我们知道，目标是教学模式的核心构成因素，是模式设计者的设计意图或教学价值取向。所有的教学模式都共同存在着一个在设计者教学价值取向制约和支配下的理论与实践的导向，它指导和规范着教学模式的程序结构和发展方向，是教学模式的灵魂。就教学理论和教学实践的导向而言，存在着两种基本情况，即目标导向和过程导向。所谓目标导向，是指教学模式的设计者意在追求某种预期的具体教学目标，将教学活动所要达成的最终结果作为全部教学工作的出发点并据此来组织整个教学活动，其教学的行为方式是"集合型"的；过程导向，是指教学模式设计者的主要价值取向在于教学过程本身，在于过程中的良好的人际关系和由此产生的情感及创造性的发挥，其教学的行为方式是"发散型"的。当然，目标导向和过程导向并不是水火不容的，只不过它们分别处于显性和隐性的地位。以目标为导向的教学模式也重视教学行为的有效性和教学过程中的情意因素，同样，以过程为导向的教学模式也必须有一个大致的目标意识，并使之成为调控教学行为的方向标。从教学的目的看，目标导向模式侧重于知识、能力和智力，强调教学的结果；过程导向模式侧重于认知、情感和智慧技能，强调教学的过程。

以此标准来划分语文教学设计的类型，我们便可以把新时期以来创构的种种语文教学模式分成两大类，即目标导向模式和过程导向模式。

以目标为导向的语文教学模式主要有：

吕叔湘先生所倡导的模仿→变化→创造的学习（教学）模式（依据语文自身的规律进行教学和学习，掌握语文学习的方法，形成语文能力）。[①]

我国大面积实验的目标教学模式：课前制订教学目标→课堂展示教学目标→教师指导学生达标→课堂检测达标情况→补救失误保证达标（为了实现行为化的知识、能力和思想目标，强调对学生行为的控制）。

黎世法的六课型单元教学模式：自学→启发→复习→作业→改错→小结（培养自学能力，达成既定的知识、技能教学目标）。

魏书生的六步课堂教学模式：定向→自学→讨论→答疑→自测→自结（从教学管理入手，培养学生的自学能力和自我教育能力）。

钱梦龙的"三主"教学模式：以"学生为主体、教师为主导、训练为主线"为理论指导，在教给学生学习方法的同时掌握知识、形成能力、发展智力。

上海育才中学的"八字"教学模式：读读（学生自读）→议议（学生互议）→讲讲（师生互讲）→练练（学生练习）（与钱梦龙的模式的指导思想和追求目标基本相似）。

钟德赣的五三课型反刍式单元教学模式：每个单元的教学分总揽→阅读（导读、仿读、自读）→写说→评价→补漏，每个步骤都包含"自练"、"自改"、"自结"三种课型（以培养自学能力和主动参与精神为目的，以

---

① 《吕叔湘论语文教学》，山东教育出版社1987年版，第59页。

及时反刍和不断迁移为原则，追求语文教学的高效低耗）。

以过程为导向的语文教学模式主要有：

情境教学模式：拓宽教育空间，追求教育的整体效益→缩短心理距离，形成最佳的情绪状态→通过角色效应，强化主题意识→注意实际操作，落实全面发展的教育目标（以情感的激发与调动为核心，创设亲、助、乐的人际情境和美、趣、智的教学情境，以学生情感的发展规律及情感需要来组织语文教学，追求教学的整体效益）。

和谐教学模式：准备（知识、身心、学习情境）→导学（自学、讨论、点拨）→评价应用（激活练习、推荐作业、发挥创造）（从学生的身心发展规律出发，追求教学过程中教学活动与学生身心发展规律的和谐共振效应，促进学生的身心和谐全面发展）。

启发→发现教学模式：启动发现欲望，形成问题情境→展开发现活动，建立问题假设→深入阅读实践，收集发现材料→交流发现结果，综合比较筛选→取得发现认同，继续深层探究（追求用主体的、和谐的、民主的课堂教学方法，促进学生认知、情感、技能的全面发展）。[1]

启发→创新教学模式：感性体验（获得感性认识）→问题思考（获得问题认识）→理性讲授（获得理性认识）→具体运用（深化问题认识）→反馈评价（深化理性认识）（以理性和非理性教育的结合为理论依据，通过问题思考，使学生达到"愤悱"状态，追求学生学习中的"悟"，即创新教育价值，是强调过程的教学模式）。[2]

启发→建构教学模式：展示学习情境→自主学习→协作学习→效果评价（这种教学模式强调教学过程中师生关系的平等、民主、合作和交互，强调师生各自的主体性，教师以启发、诱导的方式使学生积极、自主、创造性地学习，并把所学文化融化在自己的心理结构中，构建其新

---

① 贺诚：《"引导——发现"语文教学模式的研究与实践》，《教育研究》1999年第8期。
② 查有梁：《"启发——创新"教育模式建构》，《课程·教材·教法》1999年第10期。

的主体性）。

通过上述语文教学模式的分类及简单介绍，我们不难看出，我国语文教学模式研究与发展的总体特征是趋向于以学生的自主学习为主要形式，以提高教学的效率为目的，由传统的"呈现—接受"转向现代的"启发—自学"。而语文教学模式体系自身又表现出以下几种发展趋势：①由注重教学的结果到注重教学的过程。在教学目标认识上，从重知识、能力目标的达成到重身心的全面和谐发展；在教学内容选择上，从注重智能因素到注重情感、心理因素的作用，注重智商和情商的结合；在教学设计的意图上，由追求教学的结果到追求在目标引导下的教学过程本身，更加尊重学生在教学过程中的情感体验和创造精神。②由单一的语文能力训练序列到以能力为中心的复合教学（学习）序列。以过程为导向的语文教学模式，往往不能用几个简单的词语来抽象其复杂的教学思想和教学程序，它是一种开放型、发射型的程序序列，是一个复杂的教学结构体系。③更加注重学生的主体地位。尽管语文教学模式都十分注重学生的主体地位，但人们对学生主体性的理解是经过了一个由浅入深的发展过程的。在以目标为导向的教学设计中，学生学习看起来是自主性的，甚至是自觉自愿的，但是，学生学习的目标通常是由教师计划和安排的，学生的积极主动只不过是为教师完成教学任务服务的。只有在以过程为导向的教学设计里，学生才真正被视为学习和发展的主人，因为这种模式不太受制于既定的课时目标，并能为学生的学习和发展提供一个良好的环境，教学的目的就是为了促成学生的自由发展，而每个学生在每节语文课堂里的学习收获是没有预定要求的。④在语文教学的价值取向上，由生存需要转变为发展需要，由侧重关心学生的社会适应能力转变为关心学生自身的身心健康与和谐发展。语文教学设计模式越来越多地体现着人本教育的价值观念。"学会做人、学会关心、学会合作、学会发展"的教育理念越来越被语文教学模式的设计者所接受。

第十章　语文教学方式

　　教学方式是一个多层次的概念，它泛指为实现教学目的所采用的一切手段、技术、途径和程序，包括教学内容的组织方式、教学过程的安排、教学组织形式、教学模式及课堂教学组织结构等等。语文课程的教学方式具有多样性，可以从多种不同的角度来划分。

　　从教育者的哲学观上分，有启发式和注入式两大类。启发式教学的核心是确认学生是能动的、发展的、富有创造精神的学习主体。使用这类方式的目的在于培养学生分析问题和解决问题的能力，并力求开发学生的智力。注入式教学则是在"容器"理论和"仓库"理论基础上形成的，学生处于完全被动的地位，教师只顾滔滔讲说，学生只有默默聆听。

　　从师生的双边活动分，有以教师为主的讲授式、以学生为主的学习式和以师生双边共同活动为其表现形式的议论式。讲授式包括讲述、讲解、讲读、讲演、串讲、评点等。讲授式是语文教学的基本方式之一，它能在较短的时间内使学生获得较多的有系统、有逻辑的知识。以学生活动为主的方式有：练习、独立作业（包括作文）、直观演示、实习测绘等。这类方式主要运用于复习、巩固和运用。以师生双边共同活动为主的教学方式有谈话和讨论。此类方式以突出学生的参与意识为宗旨，以求得教与学双边活动的协调统一。

从学生获取信息的途径和来源即教学信息传递的方式看，教学方式又可分为语言的、直观的和体验的三种方式。以语言为传媒的方式有讲述式、谈话式、讨论式、阅读式等，还包括利用录音和广播等现代化手段进行教学的方式。利用上述方式的关键是教师具备较强的口头语言驾驭能力，学生具有接受和理解教师传达内容的能力。直观的方式就是让学生通过自己的感官直接接触客观事物或现象的信息而获得知识与技能的方式，如图片、影视、实地参观等。体验的方式就是通过实践活动来获得知识、形成技能。

教育部颁布的语文新课程标准，倡导新的教学方式和学习方式，要求实行教学方式和学习方式的变革，从不同角度提出了诸多新的教学和学习方式，如自主教学、探究教学、合作教学、语感教学、体验教学、对话教学、审美教学等。本章即从语文课程标准的要求出发，重点对语感、体验、对话和审美等几种教学方式作一探讨。

第一节　语感教学

语感是指言语主体对言语对象的一种直觉感悟，语感教学则是以学生对言语作品积极主动的感悟自得为主要方式，以培养学生的言语能力和培植学生的精神人格为终极目的的一种教学方式。

一、语感教学的原则

语感教学原则是指语感教学活动应遵循的基本要求和一般原理，它是架通语感教学理论与实践的一座桥梁。

（一）强化学生对言语作品的体验

语感教学中的体验，指学生对言语作品超越于一般经验、认识之上的一种独特的深切感悟。体验不同于经验，经验是沉睡的，积淀的，过去的，是相对静态的普遍认同；体验是苏醒的，流动的，即时的，动态的。在语感教学中，教师要创设与言语作品相一致的教学情境，给予学生充分的时间和自由，使学生在心灵完全开放的状态下，调动经验图式，通过体验来把握言语作品。言语作品是作家生命体验的凝结，解读这些富含深切生命体验的言语作品，不能靠技术、技巧，只能靠读者的体验。因为只有生命才能唤醒生命，任何袖手旁观式的条分缕析都不能获得生命的真谛。体验，作为学生与言语作品之间的一种对话方式，是连通学生与作品两个生命的心灵之桥，在教学中，要使学生对言语作品进行深入体验，应从以下几个方面入手。

1. 消解权威魅力，为学生体验排除心理障碍

在语文教学中，由于过分强调教师或教材编写者对言语作品的解读，导致学生个性丧失，主体性消通。因此，语感教学应消解教师被过度异化的权威身份，确立师生之间的平等对话关系。在语感教学中，教师要让学生认识到，教师不是真理的化身，不是阅读的终极裁决者，而是与自己处于平等地位的"人"。学生要消除崇拜、盲从教师的心理，要敢于对教师的解读提出质疑。如果一味拜倒瑟缩在教师权威的光照之下，学生就难以开动自己生命体验的引擎，获得真切的体验。

2. 寻找"丢失"的自我，唤起学生主动体验的热情

权威的存在，使语文教学长期存在"无我"的尴尬状况。对此，有人大声疾呼："阅读中不能没有'我'。"因此，在语感教学中，教师要让学生有这样明晰的认识：每一个生命个体都是独一无二的"这一个"，都有其独特的前理解，"我"对言语作品的体验也许是不完整的、不深刻的，但却是"我"心灵之水的自然流溢，是浸润了"我"的生命情致的，言语作品因"我"的体验，再添一分隽永，一分魅力；"我"与言语作品的对话是一次私人化的约会，在这次约会中，"我"是言语作品意义与内蕴的主动追求者，而非被动接受者。惟有自主自信的读者，才会拥有与言语作品对话的资格和权利。

3.创设教学情境，唤起学生强烈的体验感

在语感教学中，教师要始终以学生为主体，把学生当成一个主动积极的认知者，不仅要抓住言语作品中能激发学生体验的情感性诱导物、哲理性诱导物、意象性诱导物，而且要考虑学生的个性、性格、情绪，努力缩短学生与言语作品之间的距离，这样，才能引领学生步入绚丽多姿的文本世界。在具体教学过程中，可以运用多种教学手段调动学生的感受器官和思维器官，通过创设生活现实情境、实物演示情境、音乐渲染情境、扮演体会情境等，营造一种其境其质与言语作品相同或相似的课堂情境，引导学生目看文字，耳听音响，口述佳景，心游四方，这样的情境会使学生超越时空，摆脱当下境遇的束缚，享受生命体验的美丽与芬芳。

4.给予时间和自由，让学生在言语世界中体验

语感教学体验的过程性决定：让学生体验言语作品，不能急功近利，追求某种"达成度"，应给予学生充分的时间和自由，使学生在反复诵读中感知言语作品，并能动用自己的生活积累，披文入情、涵泳体味，有理解吸收、有叩问商榷、有参与表达，既是阅读中的语感积淀，又是自己心意的充实。如果为了完成预定的教学目标，教师不顾学生的体验进程，过快地介入分析做出结论，使体验在匆匆间开始，在仓促间收束，学生的情思无法深入，与言语作品的对话无法充分展开，这种蜻蜓点水式的"体验"是一种华而不实、形式化的"虚假体验"。教师要引导学生以主动、热情、真诚的姿态遨游于言语世界之中，努力调动学生自己的审美感受力和诗意想象力，使其沉入每个言语作品之中，感受言语内在生命的每一丝灵动，最终达到与言语作品同化的至高境界。这样，学生面前的言语作品不再是点横撇捺的静止符号，而是映显出心灵的跃动、生命的智慧、历史的沧桑与时代的光华。于是，如同"陶醉于浓郁的花香"中，在醇美的艺术享受中，学生的语感品质及灵魂境界次第走上一个个新台阶。

（二）讲究教学言语的情感性传达

在对言语作品的体验过程中，言语主体必会对之产生某种情感。在语

感教学中，教师在与言语作品深入对话、充分挖掘言语作品唤情点的基础上，要以情感性教学言语为主要手段，促使学生在浓郁的情感熏陶中提升语感能力，培育语感品质。教师要唤起学生的情感，要做到下面几点：

1. 与言语作品展开倾情对话

教师首先要凭借自己的语感对言语作品进行"入乎其内"的体验，与之展开超越时空的倾情对话，通过对言语作品的浸润与包摄，体悟其内在情感节奏的起伏。如果没有这种对话，就不会产生真切的情感体验，更难以向学生声情并茂地传达言语作品的内在情感。于漪指出："'情'是文章内在的，固有的，贵在咀嚼语言文字，深有领悟；教师只有自己真正动情，才能以情感染学生。"①这就决定教师在备课时要确立自己的主体地位，不以教参的结论代替自身的阅读和思考，而是把言语作品当作认知对象、研究对象和审美对象，不是恭顺地接受，而是平等地对话，倾听文本、解读文本、质疑文本，让自己的心灵与文本撞击，在撞击中受到触动，真正读出一点心得感受，使僵死的意义符号转换为富有活力的意义世界。

2. 善于捕捉言语作品的唤情点

在教师对言语作品进行"入乎其内"的情感体验的基础上，还需"出乎其外"，对言语作品进行理智的宏观审视，运用自己敏锐的语感和高超的教学技巧，捕捉并开掘出言语作品内部看似平易实则意蕴深厚的唤情点。所谓唤情点，就是指那些在传情达意上最具表现力的语言或表现手法。捕捉唤情点的目的在于架设学生与言语作品进行情感交流的桥梁，通过对唤情点的涵泳品味，唤醒学生强烈的生命体验，使语感教学进入一种情感丰腴、令人心魂战栗的诗意境界。

3. 讲究教学言语的情感性

教学言语是师生的心灵之约，是传情的主要手段。言语的情感性决定了言语的交往过程不是接受式的，而是感应式的。这就要求教师的教学言

---

① 于漪：《兴趣·情感·求知欲——阅读教学艺术谈》，《语文学习》1989年第2期。

语要充满魅力、热忱与隐喻，要富有诗意。这样，才能把静态的书面符号还原成充满作者的脉律、呼吸和汩汩血流的活体，才能将美文教活教亮。教师应根据教学内容和情感表达的需要控制情感传达的节奏，善于调控自己的语量、语速、语调等，做到情随境迁，情以文异，情因人发，在刚柔相济、强弱得当、疾徐适宜的情感节奏中，使言语作品的内在情感得到恰当的外化，从而唤醒学生对社会、对人生的深切的生命体验，让他们懂得去珍惜生命、热爱生命、关爱生命。

二、语感教学的策略

（一）诵读吟咏

诵读吟咏是传统语文教育中培养语感的重要手段之一，是心、眼、口、耳并用的一种学习方式。汉语是形、音、义的有机统一体，其中，声音形态是言语生命的基本因子，学生对言语声音形态的感知能力是语感素质不可或缺的组成部分。因此，只有引导学生全身心地去诵读吟咏，才能使其出于口、入于耳、了然于心，才能直接迅速地感知言语的优美、领悟作品的韵味，形成对言语的分寸感、畅达感、情味感等感应能力。要做到诵读吟咏，应做到以下几点：

1.组织诵读，导引语感

语文教材中文学作品占较大比重，教师应重视用抑扬顿挫的言语进行诵读，以求传达出汉语言特有的音韵美，使学生深入体验言语作品内在情绪的起伏消长。正如苏联诗人古洪诺夫所说："只有用音乐才能传达出中国语言的声音，只有用音乐才不会把它损伤；从这声音里，可以隐约地听到钢铁的沸腾，猛虎的低啸，奔流的浩荡。"[①]要使诵读具有一种动人心弦的音乐美，需要教师对作品的声音节奏和情感节奏进行反复品味，细致揣摩，通过不断地尝试诵读，确定好能够艺术性地显现作品内外节奏的音量、语调和语

---

① 转引自倪宝元：《语言学与语文教育》，上海教育出版社1995年版，第111页。

速。教师在诵读时，要做到需昂奋时昂奋，当低沉时低沉，做到时有"拔地急时之动"，时有"寒塘映月之静"，使学生心灵的潮水在随着教师的声音节奏起起落落的同时，于不知不觉间提高审美能力与语感能力。

2. 探究吟咏，强化语感

诵读以领悟意会的方式理解言语作品，它不能代替学生对言语作品进行探究性吟咏，以及教师以对话方式对诵读技巧的点拨。诵读是学生与言语作品之间的对话，这种将无声的言语转化为有声言语的过程是一种探究。在这一过程中，学生既与言语作品对话，又与自己读出来的声音形态对话，他不断调整着文本言语与诵读出来的声音形态之间的契合度。如诵读李白的《静夜思》，初始一般会以五言诗相对固定的节律处理末句的音顿：低头／思／故乡，但学生经过反复的吟诵感悟、比较推敲后，则可能会发现，打破固定的音顿，读成：低头／思／故／乡，更能表现思乡情深而又无处诉说的情感。在语感教学中，教师要给予学生充裕的时间，让他们深入探究言语作品的深层内蕴，进行反复的诵读尝试，找到适当的言语声音形态，使二者发生融合。

3. 反复诵读，升华语感

诵读过程的探究性决定语感教学要以学生自己的诵读为主，学生的诵读是一个循序渐进、步步深入的过程，因此，教师应通过分角色朗读、齐读、比赛竞读等方式指导学生反复诵读，诵读水平提高的过程正是其语感品质提升的过程。首先，要读得准，即读得正确、流利。要求学生不念错字音，做到字音准确无误；不能读破词语句子，也不能加字、掉字或颠三倒四，即要读得字字响亮，不可误一字，不可少一字，不可多一字，不可倒一字，不可牵强暗记。其次，要读得美，即要求有感情地朗读课文。"所谓美读"，叶圣陶说，"就是把作者的情感在读的时候传达出来""激昂处还他个激昂，委婉处还他个委婉"。[①]学生要感情充沛，声情并茂，悉心

---

① 《叶圣陶语文教育论集》，教育科学出版社1980年版，第125页。

体悟其中的音乐美，以提高对语音的音乐美的审美敏感。美读作为学生进入言语世界的一种有声方式，既要"读进去"，又要"读出来"，学习诵读是学习者用自己的声音不断"读进去"，学会诵读是学习者用自己的声音"读出来"。"读进去"是感知体悟言语的生命情气，"读出来"是用声音释放学生已生新质的心灵。

（二）涵泳品味

涵泳品味是在吟诵熟读基础上的潜心专注的研读方法。所谓涵泳，就是通过潜心体味，达到对言语作品深入的、全方位的感知与体悟。这种阅读方法，是我国古代语文教育中最具特色的读书方法，具有厚重的民族文化心理积淀，体现着汉民族的思维方式。

在语感教学中，教师要引导学生凭借丰富的言语经验，虚心涵泳，潜心化解，将言语作品中的知情意内化为自己的认知结构和情感结构，形成敏锐的语感能力，获得深刻的理性认识和语言运用的感性经验。要做到涵泳品味，可从以下几个方面入手：

1.比照探幽，品味言语

比照是认识事物、辨别正误优劣的有效手段，比照的过程，是思维不断向纵深发展的过程。比照探幽是师生双方的积极的心智活动，教师在十分熟悉言语作品和学生的基础上，发现言语开掘点，从而精心设计出比较思路。其目的在于使学生在教师的诱导下品味言语，增强语感。

第一，词语运用之比照。汉语中存在着许多同义词，同义词在程度、范围、感情色彩和语体色彩等方面总是存在着差别，在具体的语言环境中，借用同义词来比较，可显示出原句中词语的含义和作用，并逐步培养起学生对词语差别的敏感性。鲁迅先生被称为"使用这样活泼、丰富、优美的语言（汉语）的模范"，他的作品"表现了我国现代汉语的最熟练和最准确的用法"。[①] 如在他的小说《祝福》中，写祥林嫂"眼珠间或一轮，

---

① 陈宝庆：《鲁迅的修辞艺术》，《中学语文》1990年第5期。

还可以表示她是一个活物"。在这里，可以从语言纵聚合关系的角度，把动词"轮"同与之相近的"转""动"等词进行比较，我们可以品味出用"轮"字能更好地塑造出祥林嫂那种精神彻底崩溃、心死而呆痴的木头人形象。在语感教学中，应注意比较分析词语的细微差别，启发学生见微如著，把握精髓，培养学生探求词语运用之深层奥秘的审美洞察力。

第二，不同句式之比照。句式不同，所表达的效果也不同。在一定的语言环境中，是用反问句，还是用陈述句；是用常式句，还是用变式句；是用主动句，还是用被动句，都是有讲究的。在语感教学中，可以引导学生比较不同句式的优劣，品味其中的奥妙。夏衍的《包身工》中有这样的描写："蓬头，赤脚，一边系着纽扣，几个还没睡醒的'懒虫'从楼上冲下来了。"作者在这里采用状语前置句，不但缩短了主谓间的距离，使句子简练生动，而且突出了包身工紧张、忙乱与穷苦的生活以及被奴役的凄惨形象。所以说，这一句式与一般的常式句相比，有着更强的艺术表现力。

2.想象联想，丰富语感

语感教学需要大量的形象思维的参与，形象思维能力是语言感受能力的重要组成部分，因而，启发学生进行想象与联想是培养语感的重要手段。汉语文的特点为语感教学提供了广阔的想象空间：汉字的具象性特征极利于人的想象与联想，正如香港的语言学家安子介所指出的：汉字能使人联想，联想是一切发明之母；同时，言语作品的"空白点"以及"不确定性"使作品呈开放的未完成状态，为读者运用想象与联想进行填补与充实提供了可能性和必要性。在语感教学中，想象和联想是触发学生感悟言语的媒介，是培养学生对言语有较深感知力和较高鉴赏水平的有效途径，可从以下几方面入手：

第一，讲究布白艺术，提供想象空间。清代戏剧家李渔说得好："和盘托出，不若使人想象无穷。"① 因此，在语感教学中，教师要遵循艺术创

---

① 李渔：《闲情偶寄》。

作中"虚实相生"的规律，讲究教学布白艺术，提供给学生想象联想的空间。布白是艺术的表现手法之一，指在艺术创作中为了更充分地表现主题而有意识地留出"空白"。教学布白艺术是指将布白手法运用于教学，并以此引起学生的想象与联想，从而提高教学质量和效率的活动。具体来说可采用以下策略：保留教学内容，创造知识上的空白；通过质疑问难，创造心理上的空白；利用板书设计，创造板面上的空白等等，使学生通过想象与联想，深入领会言语作品的"象外之象，景外之景""言外之意，弦外之音"，从而丰富学生的人生体验，提高学生的言语感悟力。

第二，把握主体形象，启发再造想象。主体形象往往是一篇作品整体营构的艺术焦点。只有把握主体形象，通过对其加以心灵化的品味、鉴赏，才能启发学生的想象，进而揭示形象中包含的内蕴，达到对言语作品更深层的把握。

第三，鼓励创新求异，激发创造想象。发展想象力的前提是解放思想，摈弃从众心理，不惟书，不惟上，求新求异，肯于也敢于在高天飞、在阔海跃。因而，教师在语感教学中应维护学生的话语权，鼓励学生对言语的创造性运用，当学生写出"笔尖在纸上快乐地蹭痒""雪化了，变成春天"这样灵动而诗意的句子时，我们不应因其不符合标准答案的"公共模式"而对其加以无情批判和残酷棒杀，而要鼓励和表扬，使学生乐于创新求异。

3.依据语境，体悟言语

分析语境是涵泳品味的有效方法之一。语感的对象是言语，言语的基本规律之一就是：使用言语总是在特定的交际环境之中，而且必须依赖于特定的语境。因此，培养学生敏锐的语境感，是十分必要的。语境可以分为言辞语境和非言辞语境。言辞语境是指由上下文构成的一种言语系统。非言辞语境包括主观语境和客观语境，主观语境是指言语实践主体的个性、修养、说话或写作时的心境等，客观语境是指言语行为发生时的自然环境和社会环境。

第一，依据言辞语境，把握言语的所指。语境制约着言语的生成，规范着言语的意义与价值，具有专一化解释功能与具体化生成功能。索绪尔说：如果不首先考虑词的周围环境，我们甚至没法确定"太阳"这个词的价值。方苞的《左忠毅公逸事》写左光斗在京城地区视察学政："一日，风雪严寒，从数骑出，微行入古寺。庑下一生伏案卧，文方成章。公阅毕，即解貂覆生，为掩户。""微行"一词，词典解释为："帝王或大官吏隐蔽自己身份改装出行。"但根据上下文的其他词语，即从词语系统来考察，前边有"从数骑出"，后边有"解貂覆生"等词语，这就说明左光斗并未改装微服出行。再者视学政为例行公事，也无私访之必要，应理解为"从小路走"。又据《诗经·豳风·七月》："遵彼微行，爰求柔桑"，意即从小路走去，寻找柔嫩的桑叶。由此可印证词典解释是不合理的。这就说明，单个词语的解释须由语言系统来确定。

第二，依据非言辞语境，体悟言语的内蕴。对言语的分析要字不离句，句不离段，段不离篇。分析字词句篇等言语对象，需与作者的思想倾向、作品的写作背景等要素联系起来。孟子早就提出"知人论世"的观点，著名历史学家陈寅恪也强调指出："古人著书立说，皆有所为而发；故其所处之环境，所受之背景，非完全明了，则其学说不易评论。"[①]因此，在语感教学中，对于某些言语作品，教师可以讲解时代背景及其作者的身世和所处的环境，以求能较为准确地理解言语作品的题旨。

第二节　体验教学

体验教学打破概念化教学模式，即无视学生与文本之间的交流对话，静态地考察、机械地图解，割舍了语文鲜活丰盈的生命活性，而把教学基

---

① 转引自蒋成瑀：《语文课读解学》，浙江大学出版社2000年版，第216页。

本点从对文本的概念化分析转到学生自主性体验和创造性理解上来，以主体体验活动建构文本的意义，促进学生对自我的全新建构。

一、体验教学的过程

体验教学的关键在于如何顺着文本内部的情感体验线索，激发起学生相应的体验，从而产生强烈的情感共鸣，使教学达到和谐共振的艺术境地。所以如何实施体验教学，也就是如何引导学生借助体验进入文本内部世界的问题。现代阅读理论把阅读的心理过程分为感知、理解、深悟三个层次。与此相对应，我们可以在这三个层级中具体实践体验教学。即在一个文本的体验教学中，使学生的体验呈现出由浅入深的层递性，由初级的情绪体验到情感共鸣，再到情感升华的高级体验层次，如此步步为营，才会使学生的体验更加细致入微，对课文所作的理解才会更加坚实有效，并有新意。因此，我们可以从以下几个层面把握体验教学的过程。

（一）整体感知：情绪感染的体验层次

在语文教学中，对一个文本的感知，不能只着眼于某一个孤立的部分，而应从整体形式出发，把它作为一个活生生的生命形式去感知、去发现。托尔斯泰认为，文学艺术是人与人交流感情的"工具"。他给艺术下的定义是："艺术是这样的一项人类的活动：一个人用某种外在的标志有意识地把自己体验过的感情传达给别人，而别人也为这些感情所感染，也体验到这些感情。"[①] 由此可知，在教学中，学生感知文本能不能进入欣赏层面，关键在于能不能激发起与文本的情感内容相通的自我情绪体验。阅读也需要一种心境。因此，语文教学要注意对教学情境的营造，教师在教学的初始阶段，应想方设法让学生动情，并以一种纯净的心境去面对文本，进而沉入到文本所设定的情境之中，向与文本相应的情感转移，进入角色，诱发"预备情感"和"接受心境"。这一层级主要有直接体验和情景性

---

① 伍蠡甫等：《西方文论选》（下卷），上海译文出版社1988年版，第433页。

间接体验两种形式。

1.注重直接体验

"缀文者情动而辞发"，作者在文中表达的情感体验，多是出于对生活的独特感受，可以说，没有生活便没有作家的体验，所以语文教学中应注意将学生由学校的小课堂引入社会的大课堂，让他们有目的地体验生活、观察生活、认识生活，并让他们从生活的启示中寻找作者情感的源头。前苏联教育家苏霍姆林斯基特别重视学生来自生活的直接体验的获得。他一周两次把学生带到野外去，并称之为"蓝天下的学校"。我国现代著名诗人徐志摩也常常兴致突发，把学生从课堂引到课外，涉足山川碧野之间，然后忘我地诠释诗歌的艺术真谛，学生都沉醉其间，乐而忘归。在"大语文教育"观念指导下，现在很多语文教师也很重视利用课外语文教育环境，通过调查、参观、采访、观察等直接感知活动去获取生活的、审美的体验。

2.利用情景性间接体验

有的文本因其内容所限不可能进行直接体验，这就需要教师创设生动具体的教学情境，使学生"曲径通幽"进行情景性间接体验。有经验的教师常动用表达情感的有效手段，把情感寄寓于一定情境中，达到情与景谐，使抽象的情感信息可闻、可视、可摸，从而奠定文本讲读的情感基调，以此叩击学生的心扉，唤起相应的情绪。创设情境有很多方法，可以注重朗读，把躺着的文字变成立体可感的形象，从而在语调的抑扬顿挫中感受文中情感的起伏；可以用音乐激情，因为音乐能"从男人心中烧起火来，从女人眼中带出泪来"（贝多芬语），使学生的听觉最大限度地参与感知活动；可示以图画，直观展现与文本内容相关的艺术形象，诉诸学生的审美感受，使学生如历其境，如见其人；教师还可语言渲染、姿势模拟，以恰当的手势、逼真的神态、动情的语言激起波澜，或爱或憎，或喜或忧。这些方法可以单独使用，也可以配合使用，这要根据具体的教学内容而定。

（二）具体品味：情感共鸣的体验层次

"共鸣"本是音乐上的术语，指声乐中的频率共振现象，现已普遍地被用来形容读者和文本产生的心灵上的沟通。语文教学中情感共鸣的体验层次，即指老师借助点拨法推波助澜，使学生在亲历想象中完全沉醉在艺术体验的王国里：或发自内心的微笑，或伴有泪水的哭泣，或震撼心灵的义愤，纷沓而来，喷薄而出。在这一层级，要做到以下几点：

1.品味语言，触摸心灵

反复品味词语可以造就真切的审美情境，引起体验情绪的高涨。文本是语言的艺术，好的文本往往都以鲜明的色调和浓郁的芳香铺就欣赏之路，或清雅明快，或曲折回环，或发弦外之音，或"此时无声胜有声"。一字字、一句句都需要反复咀嚼，深入品味，才能体会作者搦管为文的良苦用心，正如宋代陆九渊所说："读书切戒在慌忙，涵泳工夫兴味长。"品味涵泳的功夫固然重要，但不能篇篇字字细品，否则既陷于琐碎，也难以把握整体。这就需要教师特别注意抓住文本中关键的词句进行作者思想感情的寻觅，从而获得对文意的心领神会。诗歌有诗眼，散文有文眼，小说有线索，戏剧有动作，把关键词语读活，可使词语中内蕴的情感和形象再现出来。

2.情感换位，拨动心弦

在教学中教师还可借助情感换位的方法帮助学生获得真切而深刻的体验，即借助分析讨论、角色扮演，使学生转换到他人的位置，去体验不同的情绪反应，并以某种角色直接进入情感共鸣状态。如有的教师在教学《白杨》一课时，利用情感换位的方法将学生的情感与文中的"爸爸"、兄妹的情感融为一体，变"局外人"为"局中人"，从而达到深入地感知和理解。课文中有这样一句话："这儿需要它们，它们就在这儿生根了。而它们不管到哪儿，总是那么直，那么高大。"要求学生：（1）将句中的"这儿"转换成"新疆"，再换成"边疆"读读想想，使学生的视野从新疆扩大到整个边疆，从而体会到祖国边疆在呼唤着一切有志向的中华儿女们。

（2）再将句中的"它们"相继转换成"人们""我们"读读想想，可激起学生的联想，由白杨想到父兄一辈，再想到自己这一代，认识到建设边疆不仅要靠上一代人的努力，还要靠我们这一代人继续努力奋斗。从上述教学片断不难看出，通过情感换位，能使学生置身其中，设身处地地体验作者写作时的情感内涵，拨动学生求知的情感心弦，最终收到令学生也令教师快慰的教学效果。

3.激发想象，开拓意境

在文本创作过程中，文本形象的创造离不开作家的想象，其中充满了作家对形象的深刻体验和丰富情感。如巴尔扎克创作时就常常情不自禁地与笔下人物高声对话。有鉴于此，如果欣赏者面对文本无动于衷，"妾心古井水，波澜誓不起"，他又怎能深入其中去面对作家的灵魂呢？教学中为帮助学生寻找产生感情体验的契机，教师就要充分调动学生的想象力，使他们根据自己的经验积累，丰富、扩展原作的形象层次。

有的文本富有形象特征的魅力，易于在学生心中自由驱遣想象力，而有的文本语言含蓄蕴藉，意味隽永，就需要读者由表及里捕捉和领会某种更为深远的东西，在脑海中幻化成一定的具体形象，才可以沉浸在特定情境的喜怒哀乐之中。如郭沫若的《凤凰更生歌》表现了生命获得新生后的热烈和欢乐。其中有这样两句句意比较难以把握："一切的一，更生了。一的一切，更生了。"当教师告诉学生"一切"指"所有的或任何的""一"则有"完整、齐备、全部"的含义后，大多数学生还是不明所以。难道两词重复咏叹仅仅是为了加重语气吗？这时，教师须激发起学生全部的热情，调动记忆中储存的表象，如电影镜头在脑海里一一闪现。什么是"一切"？它大至宏观宇宙世界，小至微观化学粒子，这其间囊括所有的事物：蓝天白云、青山碧海、花鸟虫鱼、沙石草木，甚至一粒种子、一滴清水都无不焕发出新的生命力，滔滔汩汩，奔涌而来。什么又是"一"呢？它是指每一个生命体的每一部分都纤毫毕现，老鹰高飞的羽翅，花朵绽放的花蕊，甚至石头的每一处刮痕，小草的每一根纤维，人的每一处毛孔都无不有规律地更新着。大自然所有的生命，每一个生命体的所有部位都吐故纳新，焕发出勃勃生机。学生在想象中任意驰骋，由此理解到这极为干净、彻底的更生正象征着祖国旧貌换新颜、民族团结和睦、个人获得解放和新生，内涵丰富，情调高昂。

（三）寓情于理：情感升华的体验层次

王国维在《人间词话》中说："诗人对宇宙人生，须入乎其内，又须出乎其外。入乎其内，故能写之。出乎其外，故能观之。"所谓"入乎其内"，就是要设身处地地感受和体验，否则欣赏活动就难以深入。但是，在深入体验作品情感的同时，还须对之具有清醒的认识和理性的判断、评价，以使情感体验受到理性的引导和控制，这就是"出乎其外"。因此，教学中教师应使学生将感受、体验与理解、评价结合起来，认识到情寓于理中，从而产生对客观事物的肯定或否定的审美态度或审美评价，"象喜亦喜，象忧亦忧"，使性情得到陶冶，灵魂得到净化，从而摒弃消极颓废的情感，吸收积极健康的情感，获得哲理美的享受。在这一层级，要做到以下几点：

1. 在形式中体味

教学中可采取向深处设疑的方法，把课文中采用曲笔、奇笔、反笔叙写的那些含蓄丰富、意趣高远的内容揭示出来，让学生在解惑中进一步体验、理解。林觉民在《与妻书》中运用反常手法倾吐自己矛盾复杂的情感："与使吾先死也，无宁汝先吾而死。"对此，教师可有意设疑：林对其妻的至爱之情是众所周知的，为什么他又希望让妻子先于自己而死呢？这不是自相矛盾吗？学生在深入思索中就可以领悟到这种亲人之爱是那么的深邃而无私，连一丁点儿痛苦都不愿让亲人去承受，从而把这种体验升华到至善至美的境界。

2. 在写作活动中迁移

学生从课文的绝妙意境中受到感染，进而指导学生写作，可以促进他们情感的迁移，加深对体验的感悟。如在屈原的《涉江》一文中，屈原由于"世溷浊而莫余知",决心"驾青虬""骖白螭",与重华游"瑶之圃",即去游仙宫。教学时,就仙宫的景象,结合陶渊明的《桃花源记》、李白的《梦游天姥吟留别》及一系列有关"天宫""仙境"的文本,让学生以作文的形式用最夸张、奇特的想象去揣摩设计天宫的种种景象、人物和社会关系等。这样练习,就充分调动了学生的主观能动性,挖掘、充实并丰富了诗歌的意境,从而使学生更全面生动地理解了艺术形象。除此一例,还有许多练习方法:可以仿写,即学习课文情感表现技法;可以扩写,即进一步开拓课文的意境,融入个人的创造智慧;可以写读后感,尽情表达自己累积的情思体验;可以写评论性文章,将情感体验上升到理性思考。

这几个层次不同、深度有异的体验形式共同构成了一个完整的审美体验序列,呈现出由初级层次向高级层次、由外部体验(感知觉)向内部体验(精神人格)、由浅层感触到深层感悟的层递性,这与李泽厚提出的"悦耳悦目""悦心悦意""悦志悦神"三层次大致相同。所以,在审美感受中,体验常常不是在感官接触文本中一次性完成的,而是在其后经再三吟诵、反复回味,才能品出个中的"味外味""象外象""言外意""弦外音"来,也只有这时,美感体验的潮水才能更大更深,最终完成审美体验的全过程。王国维说:"有我之境,以我观物,故物皆著我之色彩;无我之境,以物观物,故不知何者为我,何者为物。"

二、体验教学的策略

(一)加强诵读教学

在体验教学中如何使学生有效地感知文本,迈出阅读体验的第一步。传统语文教学和现代教学论告诉我们:诵读,即"变文字符号为可感的视觉和听觉符号",是最有效的办法。语言符号,特别是汉语文,不仅表达着字面意思,体现着作者的情感,而且还传达着独特的民族文化传统以及耐人寻味的内在意蕴。而诵读要求诵读者调动起心、耳、口、眼、脑等器官,揣摩词语的内蕴,体会文本的情味,将文字背后的各种意义传达出来。这正符合汉语文的特点和体验教学的整体感知要求。所以古今学者都强调"因声求气"，通过诵读来把握文本。

诵读的方法主要有两种：一是范读，一是自读。范读，即教师在学生阅读之前或之后，亲自朗读课文。教师在范读的时候，要把文本中的神情理趣在声调里曲曲传达出来，让学生耳与心谋，得到深切而又整体的了解。自读，强调学生主动的语言实践和创造性理解。语文课的对象，不仅包括语言文字所表达的内容，而且包括语言文字形式本身。汉语言由于受汉民族文化的影响，极为注重心物感应、直觉体悟、整体综合，在思维结构上偏向于笼统模糊。这就要求学生在阅读时不仅要"听"教师讲读，"看"文本内容，而且要反复诵读，以涵泳、体悟、把握文本。严羽说："读骚之久，方识真味。须歌之抑扬，涕夷满襟，然后为识《离骚》。否则如戛釜撞瓮耳。"严羽所说的诵读的对象主要是诗歌、散文等文体，后人称之为"美读"。实际上，不只是诗歌、散文应美读，其他文体如戏剧、小说、议论文、文艺性说明文等，都饱含着强烈的情感因素和深厚的语言内涵，需要学生在诵读中去体会。目前的阅读教学恰恰不重视学生的"读"，而以教师的条分缕析为主，有学者称之为"斩头去尾的冷冰冰的知性分析方法"。所谓"头"，就是学生最初获得的朦胧混沌、体现出模糊美的感性领悟。所谓"尾"，就是在整体的感性领悟和知性分析基础上的整合性的理性深入。而诵读，由于学生主体心意的对象化投射和对语言形式的直接把握，使其一开始就表现出对文本整体知觉性表象的综合领悟，能够迅速地把握住各种文体的基本内容和情感基调，更好地完成体验教学初级阶段的任务。

（二）注重语境体验

语境，指人们在利用语言进行信息传递时所处的特定语言环境，它制约和影响着传递过程中言语意义的确立。正如张志公在他主编的《现代汉语》中所说的："语言总是在一定的交际环境中使用的，因此，分析语言现象，必须把它和它所依赖的语境联系起来，离开一定的语境，把一个语言片断孤立起来分析，就难以确定这个语言片断的结构和意义。"这里所说的语言片断，可以理解为词语、语句，也可以理解为某些语段、篇章。"意义"则是指一定语境中的语言片断所涉及到的文化传统、道德情感、心理活动等多种因素的复杂内涵。此处体验教学所说的"语境体验"，主要指学生在由句子、段落、篇章等组成的相对完整复杂的语境中展开想象的翅膀，借助心灵的触角，全面深刻地把握其全部深意。

从内容上看，体验教学的语境体验可着重于以下三个方面：

第一，语境的文化背景体验。由语言符号所形成的语境总会或多或少折射出一定社会、民族特有的文化传统和文化心理，对这种文化背景的体验和诠释会影响学生对语境甚至整个文本意义的把握。教师应采取多种方法，引导学生借助想象融入特定语境中，感其所感，悟其所悟，使学生已有的文化心理与语境特有的文化背景相契合，从模糊的情绪感染走向强烈的情感共鸣，最终获得真挚深沉的情感领悟。例如，《药》的结尾在华、夏两家母亲上坟时有一段环境描写，描写的中心是一只"乌鸦"："两人站在枯草丛中，仰面看那乌鸦；那乌鸦也在笔直的树枝间，缩着头，铁铸一般站着。"教师便可采用点拨法引导学生根据已往经验对语境的文化背景进行诠释和体验，使他们明白：在汉民族的文化传统中，乌鸦是恐怖、神秘、不祥的象征，此处乌鸦与坟场景色相一致，营造了一种悲怆、死寂而又压抑的氛围。从这一文化背景出发，学生就有了自己深刻的认识，并进行个性化解读，从而获得创造性理解。

第二，语境的心理活动体验。语文课本中的叙事文本，特别是小说、戏剧、散文等，塑造了一系列性格迥异、血肉丰满的人物形象。这些人物形象的塑造离不开复杂而微妙的心理描写，而这些心理活动在多数情况下不是直接用文字描述出来，而是内隐在某些语言符号背后，受一定语境的影响和制约，需要读者展开想象，身临其境地去琢磨、体味。例如《林黛玉进贾府》一文，在回答贾母和宝玉"可曾读书"的问题上，林黛玉的前后答语，迥然不同，颇令人玩味探究。假若把自己放到这么一个环境中去体验一下，我们便不能不为小小年纪的黛玉能如此回答而深有感触。再结合黛玉进贾府前给自己立下的行为规范："步步留心，时时在意，不肯轻易多说一句话，多行一步路，惟恐被人耻笑了去"，我们便可感受到黛玉在这一语境中潜在的心理变化，体会到她寄人篱下、谨言慎行的心态，而林黛玉敏感多疑、自尊自重的个性特征也就跃然纸上了。

第三，语境的美感因素体验。汉语文因其特有的人文性，极为讲究语言文字及其语境的美感因素。这里所说的美感因素主要指读者在体味文本的某一语境时，所感受到的震撼人心、历久弥新的瞬间性力量。这种力量不只来自于语境的内容，即语言符号所表达的意义，而且也来自于语境的形式，即语言符号本身。因此，在不同的文体中，语境所侧重的美感因素也不同。教师应根据情况，引导学生进行体验，如文学文本侧重于语境内容方面的美感因素，其中，小说重情节，教师可引导学生体验小说复杂的情节和人物性格，戏剧重冲突，教师可引导学生体验戏剧集中而强烈的矛盾冲突；一般文本则侧重于语境形式本身，记叙文语言生动形象，教师可引导学生从语境意义的生动性和丰富性方面去体验，说明文语言简洁凝练，教师可引导学生从语境意义的严谨性和周密性方面去体验。

（三）深入角色体验

体验教学强调学生与文本之间的双向情感交流和对话活动，既重视学生对文本的接受和把握，又强调学生对文本意义的丰富和补充。因此，体验教学除了指导学生品味语言、把握语境，还要引导学生从自己的情感体验出发，对文本进行个性化的解读和创造性的诠释。教师要使学生做到这一点，最为有效的方法是在把握文本意义的基础上，引导学生全身心投入到文本的情感凝聚物——意象中去，进行角色体验。这也是使体验从静态走向动态，从内隐走向外显的有效方法。

角色，指戏剧或小说等叙事文本中的人物形象。此处，我们所说的"角色"泛指文本中集丰富的情感和意义于一身的各种人物，不管是外显的文本主人公，还是内隐的文本作者，他们的情感潮流，他们对世界、人生的认识，都是我们角色体验的对象。教学小说、戏剧，我们可以让学生对文中的某个或某类人物形象进行设身处地的深入体验；教学散文、诗歌，我们同样可以让学生对隐含于文本中的作者进行深入的体验。一般地，角色体验的方式主要有两种：分角色朗读和分角色表演。这两种体验方式都要求学生在全面理解人物角色的基础上，在逼真的教学情境中把他们塑造出来。在这种复杂而又逼真的情境中，学生对人物角色的理解会在其他角色的影响下变得更为真切、深刻。因为在角色体验教学中，文学阅读教学的群体性特征更为明显，学生之间、"角色"之间以及整体氛围与各个角色之间的影响更为巨大，学生对文本形象及其情感的理解也会随之变得深刻。如在《雷雨》一文中，有一句台词："这真是一群强盗！（走至周萍面前）你是萍……凭——凭什么打我的儿子？"这句台词看似平常，实则是侍萍内心感情的迸发。如果不加以深入体会，学生可能只把它当作一句普通的话而不加以留意。如果我们引导学生进入"角色"，置身于文本独特的环境中，亲身感受奔涌而来的事件，体会角色的内心世界，那么，这一台词背后所隐含的微妙情感、复杂内涵，便能为学生所体会："萍"字表现了侍萍终于见到分离30年的儿子之时的激动心情；后一个"凭"字隐含着她对周家两代人的控诉和仇恨；前一个"凭"字则是两种情感的过渡。此时，侍萍那种爱恨交织、欲言又止的复杂情感便能通过这句话为学生所领会。

第三节　对话教学

要理解对话教学，必须先弄清什么是"对话"。对话教学中的"对话"是与"独白"相对的概念，它指的是独立的主体在彼此平等、彼此倾听、彼此接纳、彼此敞开的基础上的双向互动交流，是双方视界的交融，是一种致力于相互理解、相互合作、相互激发、共同创造的精神与意识。

对话教学的"对话"大致包含这样几层基本意思：①对话双方是平等的、具有独立意识的主体，双方都有表达自己思想的愿望、权利和机会，他们之间是马丁·布伯所强调的"我—你"关系，而不是"我—他"的关系，任何一方不得以自己的权威压制另一方。只有在平等的主体之间才能存在真正的对话。②对话是主体间的互动交流，而不是单向的独白。对话的任何一方都要积极主动地参与，各自敞开真实的自我，把"我"的思想、"我"的感受用适当的方式传达给对方，使对方理解"我"的思想，达到双方心灵的契合。主体的素质、潜能不是现成的和早已存在的东西，而是一种在主体间不断的相互作用中生发出来的东西，只有在对话中，主体的潜能才能被激活，主体才能获得发展。③对话意味着相互理解与融合，意味着意义的生成与创造。真正的对话，总是伴随着创造的火花与睿智的思想。对话的内容不是固定的，对话双方不可能用固定的模式去套用，对话往往具有随机性，这也为意义的创造和生成提供了条件。

在语文教学过程中，教师、学生、文本之间的关系是一种平等对话的关系，学生的听说读写的语文实践是一种与他人、与文本、与自己对话的实践，学生的语文能力也是一种对话能力。学生只有不断通过与文本作者的对话（阅读），与他人及自己的对话（听、说、写），才能学会对话，提高语文能力与生存能力。因此可以说，语文教学的本质就是对话，听说读写是对话的形态，也是学习对话的方式。

一、对话教学的特征

对话教学是一种新的教学理念，也是一种新的教学方式，因此，它具有与独白式教学全然不同的特点。

（一）教学主体性

对话教学汲取了教育交往理论和建构主义理论尊重学生的主体地位、注重主体间的互动与交流的特点，并且借鉴了接受美学把文本作为独立的主体的观点，突破了"主体—客体"的模式，走向"教师主体—文本主体—学生主体"相互作用的交往实践模式，把教师与学生都看作是有着丰富的内心世界，有自由意志、独特需要与能力的活生生的人，把文本也看作是蕴含着作者的思想和情感的主体。对话教学的主体性集中体现为：教师充分发挥作为对话参与者、启发者、引导者的主体性，帮助学生感悟文本丰富的内涵，使学生体现作为学习主体的自主性、能动性和自我超越性，即在教师、学生、文本的双向对话交流中，实现学生的自我建构。

注重学生主体性的发挥是对话教学的本质特点，语文教学要想真正体现学生的主体性，就必须让学生确立起自我主体意识。让学生动起来，把学习的主动权还给学生，让其积极主动地参与到语文实践与体验中，是实现其主体性的重要一步。

对话教学也很关注教师主体性的发挥，教师的主体性主要表现为教师在学生主体与文本主体之间起的桥梁作用，即教师成为学生学习活动的"一位顾问，一位交换意见的参加者"。作为对话的参与者与启发者，他尊重学生的独特思维与见解，并以自己的创造智慧引导学生主动积极地参与到与文本的对话中，激起学生的主体意识和创新思维，从而使学生以自己充满个性的视角去观照鲜活的文本，用自己充满个性的心灵去与文本碰撞，建构起充实的自我意义世界，实现主体的自我建构。

（二）主体交互性

对话教学注重"教师主体—文本主体—学生主体"的多向互动交流，体现了主体间的交互关系。对话教学区别于"独白式"教学的显著特征就是它体现了教学主体的交互性。在对话教学中，教师、学生、文本之间多向互动交流、交互作用，就体现出一种交互主体性（主体间性）。语文教学活动，从某种意义上说，就是教师与学生双向的、积极的生命交互运动过程。这就说明教师与学生之间，虽然存在各种差异，但已不再是简单的施加与接受、刺激与反应、主动与被动的单方面作用，而是一种相互交流、相互作用。这种相互作用是交互性的，教师对学生产生作用，学生对教师也有一定的影响，二者的关系是互主体关系。在这种互主体关系中，不存在纯粹的客体，每个人都是主体，都是彼此间相互关系的创造者。学生与学生之间由于年龄、身份、心理特征和知识结构的相似，更体现为一种相互平等、对话、交流的互主体关系。师生与文本之间也体现为一种主体间性。内涵丰富的文本在向作为读者的教师与学生诉说着对于世界的理解与看法的同时，也以其自身开放的、动态的、蕴含着无限可能的召唤结构向教师和学生发出邀请，吁求被理解，而教师与学生也以自己的期待视野积极地应答文本的召唤，主动地去体验、理解文本，回答文本的吁求，在问与答的对话和精神交流、思想碰撞中提高自身的视界，同时，文本的意义也得以实现。

（三）多元开放性

对话教学理论认为，语文教学是师生沟通对话、共同发展的生命互动过程，与"独白式"教学的封闭、单一和程序化相对，对话教学从教学目标、教学内容到教学过程都充分体现出一种多元开放性。

第一，对话教学的目标是在教学过程中动态生成的，目的产生于过程本身，而不是外在、先在于过程。这样的目标多是描述性的，表述较为宽松，带有一定的不确定性，随着教学的进行才逐渐明确，并且能不断充实与改善。因此，目标本身就具有明显的开放性、启发性，富有能够引起学生参与对话的魅力。

第二，教学内容不再限制于传授早已定下的结论，而走向了广阔的社会生活，把学生的生活感悟和情感体验引入了课堂，让学生在与外界、与文本、与他人和自己的生活经验的对话中创造出多重意义的理解。这样，语文教学内容就不再是枯燥的知识和权威定论，而开始关注学生生命个体的种种体验与思考，关注人类生活世界的丰富性与复杂性。教学内容是教师和学生在教学过程中共同创造的，这就决定了语文教学必然是以一种对话的、开放的方式呈现，而不再是教师单方面的"独白"。学生也改封闭的接受性学习方式为开放的自主、探究式学习，注重个性化的体验与理解，注重通过与环境、与他人、与文化的反思性相互作用形成自己的观点和自我意识。

第三，教学过程突破了只关注教案得以完满实施的程序化、封闭化的观念，树立起师生共同参与、相互对话交流，使师生双方的生命活力与潜力得以充分发挥的、开放的过程观念。在这充满活力的教学过程中，师生的思想相碰撞，观点相融合，精神相对话。它反映的是由对话引起的、不断变化的可能性和开放性。师生之间、生生之间、师生与文本之间的交流都是开放的、自由的，不存在丝毫的强制与灌输，取而代之的是教师必要的引导与点拨。

（四）意义生成性

对话意味着相互理解与融合，意味着意义的生成与创造，这就决定了对话教学具有意义的生成性特点。"独白式"教学是一种知识的复制或再现，注重的是结果即学生对知识的掌握，而对话教学注重学生知识结构或符号世界的不断重构与更新，其教学过程是新的知识、意义与理念不断生成与创造的过程。这主要表现在：

第一，对话的过程是对话主体双方的不同视界相融合的过程，是双方相互理解的过程。这种视界融合不是双方保持一致，不是一方对另一方的妥协与复制。在对话教学中，学生的学习不再是被动地接受教师的权威观点，机械地复制教参的标准答案，而是在与教师、与他人、与文本对话的基础上，不断被激励去主动思考、探究和理解，从而创造生成出更丰富多彩的意义世界。

第二，对话本身具有一种自我生长的内在机制。在对话教学中，教师与学生、学生与学生在互动过程中实现着多种视界的对话、沟通、汇聚、融合，从而在一定程度上使各自的认识偏见得以克服，并产生新的视界，这样就使得真理的探求不断增加新的可能性，使学生获得源源不断的学习的内在驱动力，进而不断丰富、扩大自己，不断去开创新的知识领域，开掘未知的意义世界。

第三，对话的生成性还表现在它能激发人的潜能。学生的能力、素质和潜能不是现成的和早已存在的，而是一种在主体之间不断的相互作用中生发出来的，只有在与他人、与文本的对话实践中，潜能才能被激活，被生发，被发展，潜能不在对话之外，而在对话之中。语文学科本身内涵的丰富性和汉语文阅读理解的多元性，使得语文教学具有了无限的培养学生创造性的潜力。汉语文能用变化无穷的语言和奇特神妙的组合，表达变化无穷、奇特神妙的意义，最能拓展学生想象和联想的空间，吸引其不断探索语文奥妙和进行审美追求的欲望；汉语文能用丰富的历史、文化积淀，陶冶人的思想和精神，激活人的聪明智慧，这就为培养学生回旋喷涌的思辨力，诱发其进行审美体验，激活其创造潜能提供了无穷无尽的前提。

二、对话教学的方式

对话教学通过师生对话、生生对话、师生与文本对话、学生的自我对话来达到促进学生主体的自我建构和生命成长的目的。这四种对话方式不是截然分开、各自独立的，而是相互交融、彼此渗透的，其中以学生与文本的对话为主体。

（一）师生对话：互动交流

在对话教学中，教师和学生作为特殊的对话者展开互动交流，他们之间的对话具有人格精神上的完全平等和教育意义上的价值引导的特点。师生对话不只是在简单的意义上强调师生双方都是对话的主体，而且更强调师生作为完整的精神实体——"你"与"我"而相通。具有完整人格的"我"与"你"的相遇，不只是知识的授受，而且包含情感、精神、思想、智慧的碰撞，包含灵魂的交流与沟通。师生之间是一种同伴式的参与、合作关系，二者的合作达成一种默契，对话的过程是师生双方亲临在场，双方都沉浸与被吸引到对话中，互相接纳、互相敞开和互相理解。学生在这种对话中，消除了意识和心灵深处潜伏的"教师权威"的阴影，而得以释放自己内心的生命潜能和灵气活性，获得了真正的自主与自由，感受到身心的舒展与敞亮，体验到生命的涌动和自我价值的存在。师生对话是一种共享，语文教学中，师生共享着在对话中形成的知识、智慧和意义等丰富的资源，共享着人际之间所召唤来的一切精神的东西，从而不断改造自己、完善自己。

教师和学生作为独立的生命个体，在人格尊严上是完全平等的，然而他们在发展水平、知识水平、能力水平和经验阅历等方面却存在着差异，相对于教师是成熟的主体而言，学生是未成熟的、发展中的主体，理解与对话能力相对较差，他们的成长有待于教师的帮助和指导。这就决定了教育中的教师对学生具有价值引导作用，主要表现在以下两个方面：

第一，在师生对话中，教师对学生精神世界的建构有重要的引导作用。一般来说，语文教师具备的语文知识、阅读经验等期待视野比学生丰富，因此而成为"同学"中的"首席"。教学过程中，语文教师把自己觉得好的文章介绍给学生，引导学生与文本对话，让他们从中读出好处，从而内化为自己的精神财富和语文素养，并且调动自己的文化积淀和知识结构，努力为学生创造一个自由、平等、开放的对话情境，增进教师与学生的沟通，致力于激发学生对语文的兴趣，建立学生作为对话者的自信，引导学生在听说读写的语文实践中学会学习，学会独立思考，有个人见解。学生的身心发展和知识结构各不相同，语文教师应因人而异，对不同个性特点的学生给予不同的点拨和指导，以发掘他们的创造潜力。另外，语文教师在学生的人生发展、精神成长以及审美价值的生成等方面，有重要的感染、激励和唤醒作用，教师的举止言行和人格魅力深刻影响着学生人格品质和精神世界的建构。

第二，师生对话具有师生相互欣赏、相互启发、渴望交流的愉悦性。师生对话的过程是一个令对话双方都感到愉悦的过程，这种愉悦首先来自师生双方对所涉及的话题的浓厚兴趣与相互启发。学生天性中存在对未知世界的好奇心与探索意向，如果教师设计的话题适合他们的身心发展规律和内在需要，他们就会产生愉悦感和自我效能感，继而产生一种"高峰体验"，与教师产生情感的共鸣与心灵共振，体验到语文学习的乐趣和成功的喜悦，从而产生新的求知与发展的需要。在平等、自由、真诚的师生对话中，双方的兴趣都会不断得到激发和提升，当双方的需要在得到满足时，就会形成一种对新的对话的强烈欲求和渴望。

语文教学中，师生对话的愉悦感还来自师生双方的相互欣赏。教师在对话过程中所表现出来的修养与品位、智慧与情趣，具有一种供学生自由欣赏之美，而学生在成长过程中体现出的可爱与灵动，甚至是一些稀奇古怪的想法，也得到教师的肯定与欣赏，因为这些是学生与众不同的地方，也是学生创造性生成的根源。师生的相互欣赏，驱动着对话的持续和师生的共同完善与发展。

（二）生生对话：合作探究

个体的独立性和差异性是构成对话关系的一个必要条件。每个人都拥有自己独特的经验和内心世界，都以自己的经验为背景建构对事物的理解，因此不同的人就会理解到事物的不同方面。语文学习中，存在个体差异的学生，对课文内容的理解以及他们个人语言的积累和表达方式都不可能相同，要想使他们超越自己的认识，语文教师就要鼓励和组织他们进行合作与讨论，使他们的思维发生碰撞，思想相互交流，从而了解彼此的见解，弥补自己的不足，对问题形成更加丰富、全面和更深层次的理解，在相互对话中共享知识、经验和情感，分享语文世界的精彩与美妙。

生生对话表现在对问题的共同探究上。处在青少年时期的学生求知欲旺盛，对开放的问题有一种天然的探求欲望，喜欢接受理智的挑战，亲自参与探索与创新。语文教学中，教师要为学生精心设计诸如"对某一历史人物、事件或者某一种文化传统如何评价""如何透视、分析和评价某一社会现象"等等紧密联系社会、实用性极强而又富有挑战性和复杂性的问题，以引起学生探索的欲望，诱导其去查阅资料、调查访问、缜密思考，不断从书本、社会中汲取文学、文化、历史和科学等各方面的知识，通过讨论、辩论等多种交流形式达到共融和逐步解决问题。学生在合作与探究中，发挥出他们的主动性、积极性和创造性，进而最大限度地发展自己，逐步发掘各方面的潜能，完成自我主体的建构。

（三）与文本对话：视界融合

对话教学的一个重要方式就是师生与作为文本的语文教材（包括其他阅读材料）的对话，教师与学生作为对话的一方，从自身的期待视野出发，深入体验文本，展开想象与联想，与文本蕴含的空白与未定点对话，达成视界的融合。其中，以学生与文本的对话为主体与核心，教师引导学生在获得文本意义的同时，达到一种自我理解，建构起自我主体。

读者与文本的对话是一种主动的体验，文本的意义也正是在读者体验的过程中生成的。在语文教学中，读者包括教师和学生。教师应在体验教材的基础上，引导学生去亲身体验、感悟作品，深入文本的情感、意义世界，体会文本中的喜怒哀乐、悲欢离合，领悟文本的意义，从而让学生获得一种自我理解。其具体做法有以下几点：

第一，在备课与上课的过程中，教师作为读者，应当投入到与文本的对话中，用心去体味文本、质疑文本、解读文本，真正地感悟、理解作品，建构起倾注着自己情感与体验的意义世界，而不是以教参的结论代替自身的阅读与思考。

第二，教师要给学生充分的时间和自由去亲自体验文本，把理解文本的权利还给学生，让学生在与文本的对话中感受、品味和思索。只有在学生需要帮助时，教师才可用启发、提问的方式给他们以启迪，引导他们深入文本世界。比如，学生在开始阅读《阿Q正传》时，可能会感到阿Q有点荒唐可笑，这就需要教师启发学生以自己的感觉和知觉去触摸、品味阿Q的全部不幸——那"不准姓赵"的呵斥和耳光；那割稻、舂米、撑船时流淌的汗水；那赛神会上赌摊被打后趔趄而行的身躯；那恋爱的激情被压抑、权利被剥夺的不公；以及最后不许革命而上刑场的不幸……然后教师再引导着学生一起走进阿Q的土谷祠，走进被囚的黑牢，走进阿Q的梦里时，学生才会与阿Q一同身受其苦，心感其苦，才会对阿Q自欺欺人、不思上进的浑噩拍案而起。在这样的阅读中，学生的悲悯、同情、愤怒等生命意识被激活，他们真正走进了文本中，走进了鲁迅先生的情感世界，并与之进行对话交流，体会鲁迅先生那种"哀其不幸，怒其不争"的心情。

第三，倡导形象的思维方式，启发学生利用文本的"空白"，展开合理的联想和想象，与文本展开对话。在学习"楼船夜雪瓜洲渡，铁马秋风大散关""鸡声茅店月，人迹板桥霜"等古诗词时，教师要调动学生的形象思维，将各个散在的、看似不相联系的具象构成一个画面，同时去品味这画面与作者特定情感构成的艺术境界，领略汉语言具象组合的特殊魅力及文化色彩。教师还要善于利用文本留下的"空白"，激发他们展开合理的联想与想象。

第四，允许学生有多义性的理解与阐释，不拘泥于答案的惟一性，鼓励学生进行个性化的阅读。文本意义的多义性首先是由文本的开放性所造成的，每一个文本都是一种开放的"召唤式"结构，其蕴含的空白本身就具有多解性。其次，每一个读者的生活经历、认知结构、阅读经验、人生态度和价值观是各不相同的，并且阅读时读者都是站在自己特定的立场上，以特定的视角去理解和阐释文本，由此对文本理解的多样性是必然的。因此，语文教学中教师要尊重并认可学生合理的个性化见解，允许他们有不同于教师和教参的理解，不拘泥于作者的创作原意。答案可以是丰富多彩的，教师要鼓励他们进行创造性解读。

（四）与自我对话：反思重构

在对话教学中，存在着教师的自我对话和学生的自我对话，而最终目的是促成学生的自我对话。语文教师的自我对话除却备课过程中的自我思考外，还表现在对自己言行的自我反省上。每一次反省都使自己站在自己的面前，用自省的目光审慎地打量自己，并运用内在语言进行心灵深处的自我拷问。如：我是否应该这样对待那个学生？我的做法会不会伤害学生的自尊心？如果做得不好，我该怎样弥补？究竟采用什么办法才能赢得学生的信任和喜爱？类似的自我反思和自我对话会极大地提高教师的自我意识，更好地促进与学生的对话和教学的顺利开展。

教学中学生的自我对话表现在对教师讲解的思考、阅读中的思考、解决问题时的思考，以及学习中的自我反思、自我安慰、自我鼓励等等。教学中，如果缺乏学生的自我对话，学生的理解和感受则不会深刻。以阅读为例，仅仅建构文本意义是不够的，更重要的是，学生在获得文本意义的同时，同内心深处的自我对话，建构起自我意义，从而完成对自身的改造和转换，优化自我主体品质，完善自我。

语文教学中，要增强学生的自我对话能力，可让学生进行大量的练笔活动，提倡学生写话题作文和自由命题作文，鼓励学生写日记、周记，记录自己的所思所想，在写作中不断同自己的内心对话，在加强写作能力的同时，实现自我生命的唤醒和自我人格的塑造，逐步完成自我主体的建构。

第四节　审美教学

审美教学，也可称作艺术教学，是施教者按照一定时代的审美意识（审美观念、审美趣味、审美理想），充分发掘施教媒介的审美因素，向受教者施加审美影响，从而开启其内在情智的一种最优化的教学。要而言之，审美教学是一种经过美学加工的语文教学。

前苏联教育家赞可夫曾指出："传统教学法的很明显的毛病，就是没有向学生展示出艺术的、也只有艺术才具有的那些宝藏。"[1]一般的未经美学加工的教学，往往驻足于"传道、授业、解惑"的认知常态，平淡乏味而缺乏吸引力，无法满足学生深刻而强烈的审美需求。审美教学则注重认

---

[1]【苏】赞可夫（杜殿坤译）：《和教师的谈话》，教育科学出版社1980年版，第122页。

知规律与美学规律的创造性运用，它以丰富多彩的教学形态和美感的多渠道诱发，诉诸学生的智能结构和审美意识；通过师生双边活动的巧妙安排与编织，把课堂教学的智力内容与审美因素结合起来，以促进学生的全面发展。审美教学的知识传授，能在很大程度上化抽象为形象，化平淡为神奇，化枯燥为魅力，不仅使教的活动成为审美对象，而且使学的过程也具有审美的意味。

语文审美教学既是一种手段也是一种目的。作为手段，指教师以美的语言、美的形式在课堂上激发美，引导学生发现美、感知美、创造美，使学生在主动参与、情感愉悦的同时掌握知识；作为一种目的，是指它可以使学生在掌握知识的同时身心得到愉悦，情操得到陶冶，心灵得到净化，从而增强发现美、感受美和欣赏美的能力。同时，审美教学又体现了语文教学规律和语义教学艺术的统一。如果忽视了规律性而一味追求艺术性，那么这种艺术性充其量不过是形形色色的"花架子"而已；如果离开了艺术性而片面追求规律性，则可能会陷入简单、生硬和僵化的死胡同。语文教学规律是语文教学艺术得以创造、形成的依附物，而教学规律也只有通过相应的教学艺术才能实现其控制和支配教学实践的功能。教学艺术是把教学规律的潜在价值转化为现实价值的桥梁。教学规律与教学艺术是普遍性与特殊性的关系，二者既对立又统一地存在于审美教学活动中。

一、审美教学的要求

审美教学不同于其他类型的教学方式，它有自己独特的教学要求，主要有交流性、创造性、和谐性要求。

（一）交流性：审美教学展开的必要前提

审美教学过程实际上是一个涉及师生之间在理性和情感两方面的动态的交流过程。教学实践反复证明，只有当师生关系和谐一致、亲密无间时，学生的主体性才能真正得以发挥，师生之间的主客体的转化才能顺利进行，教育教学才会收到理想的成效。

交流是审美教学的生发点和基本途径，也可以说是一切科学思想的实现过程。教师和学生之间的交流是多方面的，其实质是一种人生价值观念的交流。

教学的交流是依靠信息进行的。信息是教学交流网络运行质量和能量的决定性因素。教学中信息交流应遵循如下几条原理：

一是真实原理。指传递信息必须准确可靠，也指信息沟通过程的保真性。信息的传递和接受过程不可避免地受到传递者的编码能力和接受者译码能力的局限，造成信息遗漏和歪曲。我们要采取措施，使其真实性、保真性达到最高程度。

二是适量原理。即保证学生对教学信息既"吃得了"，又"吃得饱"。过量的信息超出学生的负荷，学生无法容纳多余的信息，也影响正常的信息消化。当学生面临问题时，就会去自动寻找有关信息，如果不足，他会继续扩大信息源；一旦需要得到满足，便会关闭流通渠道。

三是整分合原理。即指教学必须在整体的规划下明确分工，在分工的基础上有效综合。

四是有效原理。指保证交流各方通过信息沟通能取得预期效果。

审美教学的交流也是传播学意义上的传播现象。在它所传播的全部教学信息中也包含着一定的审美信息。例如和谐、节奏、旋律、色彩、线条、对称、多样统一等审美形式，就包含在教学所传递的信息中。在教育传播过程中，重要的问题是教材中所具有的审美信息量，即在给定的时间内如何将其中的审美信息传递出来，让学生最大限度地接受这些审美信息。这就要求教师在其教学过程中，必须使审美信息的传递达到最优化，以适应学生的审美需要。审美信息的传输通道也是一个重要问题，传、受双方都应努力排除其中的"噪音"，以使教育审美信息在"不失真"的前提下最大限度地予以传递和接收。

（二）创造性：审美教学的运作核心

创造性最能显示教学艺术的生命力，也是审美教学的运作核心。课堂教学要焕发美感和魅力，不能不进行创造性的教学活动，运用创造性的教学方式。而诱发学生"愤悱以求"的学习精神，着力于培养学生发现美、创造美的能力，则是教学方式创造性的主要指向和归宿。陈景润中学时代的老师沈元，以"哥德巴赫猜想"这一令人望而却步的世界性难题，激励学生摘取数学皇冠明珠的创造意识，在学生心中不仅点燃起探索创造的火炬，而且更重要的是播下了审美理想的种子，使之成为学生后来取得丰硕成果的基本动因。可见，教学方式的创造性是以培养学生审美理想，启迪学生创造智慧为主要特征的。

审美教学的创造性，若从学生学习的角度看，应突出体现在以下两个方面：

第一，改革教学方式，实现知识的迁移。德国教育家第斯多惠说得好："一个劣等教师给人奉送真理，一个优等教师则教人发现真理。"我国近代思想家梁启超也说："教学生不能将所点的金给他（金子虽多终有尽日）……善于教人者是教人一研究方法。"这说明，要培养学生的创造力，首先要在教学方式上有创造性。只有让学生掌握打开知识宝库的金钥匙，才能使学生具有触类旁通、求取新知的创造才能。在这方面，叶圣陶先生"教是为了不教"的教学思想很值得我们借鉴。他说："教师教任何课（不限语文），'讲'都是为了达到用不着'讲'，换个说法，'教'都是为了达到用不着'教'。怎么叫用不着'讲'用不着'教'？学生入了门了、上了路了，他们能在繁杂的事事物物之间，自己探索，独立实践，解决问题了，岂不是用不着给'讲'给'教'？"[①]只有如此，学生才能达到"疑难能自决，是非能自辨，斗争能自奋，高精能自探"[②]的境界。

第二，质疑释疑，诱发创造潜能。心理学家把发现疑难看作是"思维的路标"，这是颇有见地的。学贵有疑，"疑者，觉悟之机，一番觉悟，一

---

① 《叶圣陶语文教育论集》，教育科学出版社1980年版，第152页。
② 《叶圣陶语文教育论集》之扉页题词，教育科学出版社1980年版。

番长进"。教学中，教师应有意识地设计一些带有一定启发性和一定难度的问题，不断引导学生质疑释疑，在"疑"的探究中培养能力，发展创造思维。这是显示教学方式创造性能力的一条重要途径。

美国"结构教育"学派的代表人物布鲁纳倡导发现学习。他把强烈的问题意识作为"发条"，把带有诱导性的问题作为"温床"，来强化探究需要，引起求知欲望，培养创造态度和创造能力。这种方式是值得借鉴的。教学中，不少教师在这方面已有不少成功的探索，使之显示出广阔的发展前景。广大教师只要勤于探索，就能描绘出许多"质疑释疑，诱发创造潜能"的精美画面。例如，教鲁迅《故乡》一课时，"远近横着几个萧索的荒村"一句，为什么要用一个"横"字？为什么不用别的词？教巴金的《繁星》，文中有一句"每晚我打开后门，便看见一个静寂的夜"，"静寂"是用耳朵感觉到的，文中为什么说是"看到"的呢？作者是不是写错了？这些质疑提问，都把教学杠杆的支点安放在离学生思维启动最近的地方，都在学生"心求通而未得，口欲言而未能"的时候提出，再经过学生个性化的论辩和教师拨云驱雾般的启导点化，就会引起知识的增殖、繁衍和裂变，就会使学生在未知的探究中产生巨大的创造效应和璀璨的美感光焰。

（三）和谐性：审美教学的理想境界

成功的课堂教学不仅要使学生掌握知识、提高能力、开发智力、陶冶情操，更应该给人以美的享受，要使教师教得轻松，学生学得愉快；要使教学的多种美的因素完美而和谐地统一在一起，形成一种既丰富又单纯、既活泼又有序的多样统一的课堂气氛。这种气氛就是课堂教学的和谐美，它也是审美教学所追求的理想境界。具体说来，审美教学的和谐性主要表现在以下几个方面：

1. 心理协调

心理协调的核心是情感协调。情感是课堂教学的灵魂，没有情感就没有师生间的教学交流，因此情感是一种更高级的信息反馈，有经验的教师不仅善于充分调动自己的情感因素，而且善于以情动情，激发学生的情感。以情动情实际上是指情感的感染性，在一定条件下，一个人的情感可以感染别人，使被感染者产生同样的情感。教师应借助情感这种神奇力量去感染学生，将其带入激情澎湃而又充满遐思的美妙境界之中。师生情感的协调一致，为课堂教学的顺利推进打下了良好的基础。

教学中，师生的目的协调一致是心理协调的关键。一堂课要达到什么目的，不仅教师要明确，而且学生也要心中有数。只有如此，教师和学生才能始终围绕教学目的，采取协调一致的行动，从而创造和谐美。从某种意义上来说，教师是为了实现一个个特定的教学目标而教，学生是为了达到一个个特定的教学目标而学，课堂上如何使二者的目标协调一致，这是有效地实现和达到教学目标的关键所在。教学是教与学相互制约、相互作用的过程。只要教师和学生心理协调，一切教和学的活动都能顺利进行，并为达到和谐的理想境界奠定重要基础。

2. 思维流畅

思维流畅是创造课堂教学和谐美的核心，一堂课是否具有和谐美，首先可从学生思维活跃、流畅的情况加以评判。

思维流畅有两种表现形态：一是"流线型"，一是"网络型"。前者指思维的直线性，如由一个环节过渡到另一个环节，由一个知识点跳跃到另一个知识点。学生学习有一脉贯通、水到渠成之感。后者指思维的发射性，如举一反三，以一点为中心作多角度思考，或两点之间建立多方面的思维联系，学生学习会有触类旁通、豁然开朗之感。

思维流畅的形成要靠精彩的教学艺术。如提问的艺术，若达到适时而又适度，就能激发出流畅的思维。所谓适时，是指在学生有思、有疑正要提出问题而苦于不知怎样表达之时提问，这正是孔子所说的"不愤不启，不悱不发"。所谓适度，即指所提问题不能低于或过分地高于学生的认知水平。难度偏低，不能触发学生深层次的思考，不能激励和焕发其智能；难度太高，使学生久思而不可得，必然会截其脉、断其流。这就要求教师设计的提问，应呈现出逐层加深的坡度，使思维的发展由浅入深，由因及果，逐渐延伸，步步深化，如探幽取胜，犹攀登高峰。

3.气势贯通

教师授课时所表现出来的某种力量和形势就叫做"气势"。作为一种力量，如教师的学识和智慧，有时是一种震慑，而有时则是一种感染，如板书的优美、语言的跌宕、情感的抒发等等。气势贯通是审美教学和谐美的重要体现。

课堂教学的气势一般从"开场气势""教态气势""情感气势""语言气势"这四个方面表现出来。这四个方面在实际教学中是一个统一的整体，它们接受一个共同的审美理想的牵引和指导，方可形成强大的流动态势，从而把审美教学的和谐美建构推向佳境。

二、审美教学的方法

从性质上说，语文审美教学方式系统可分为两个层次：一是知性的、灵性的；二是情性的、德性的。前者的主要目的在于开启受教者的智慧，发展其创造力，在操作上侧重于审美鉴赏力和审美创造力的培养；后者的主要目的在于陶冶受教者情性，塑造其高尚的人性、人格、心灵与情感，在操作上则近似于道德渗透教育。但它作为一种审美教学，则倾向于情感式、审美式的道德渗透，并不纯然依靠说理来取胜。知性和德性这两个层次的审美教学方法并不是绝对分开的，而是相互包含、互相渗透的。

（一）形象教学方法

审美教学是一种形象化教学，它总是通过审美媒介的鲜活形象来感染学生。捷克教育家夸美纽斯把教学的形象直观当作一条金科玉律加以强调，他认为，形象直观教学法的原则是，"高级的事物可以由低级的去代表，不在眼前的可以由处在眼前的去代表，看不见的可以由看得见的去代表"[1]。语文审美教学方法要达到形象直观的要求，教师应借助多种艺术

---

[1] 《傅任敢教育译著选集·大教学论》，湖南教育出版社1983年版，第200页。

形式（诗歌、绘画、音乐、戏曲、电影、电视等）去启导学生的思维和想象，要使语言、手势、板书、教具等各种教学手段密切配合，以增强教学的形象性和直观度。要采取一切措施，尽量做到：枯燥的条文生动化，抽象的概念形象化，简单的结论充实化，静止的画面动态化。抽象的知识一旦转化为活灵活现的形象和生动可感的模式，就会形成一系列具体的表象运动，使难懂化为易学，使枯燥变为有趣。学生就会调动所有感官，情不自禁地去感受、思考、想象，进而在对教学内容的理性悟解中产生美感。心理学的研究成果表明，人通过视觉获取的信息约占大脑获取信息的85％。要想使大脑兴奋中心远离疲劳"波谷区"，必须发挥视觉捕捉形象的优势。教学中可利用图示、板书、录像等手段增强刺激物的强度，协同各种感官，使教学过程变得生动具体、形象直观。例如，《荷塘月色》是一篇优美的散文，但由于学生对"舞女的裙""凝碧的波痕""笼着轻纱的梦""光与影有着和谐的旋律"等形象感到费解，造成了思路的阻滞，因而难以进入意境。这时，教师需调动各种艺术手法，以鲜明的形象系列和丰富的表象运动来复现这些语句的审美内涵，实现形象与思维的有效对接，使学生顺利进入意境，并享受审美的不尽愉悦。

（二）情境教学方法

情境教学是通过对一定事件的形象描述或模拟，设置一定的环境氛围，以激发学生的情感和思维，使学生产生身临其境的逼真感，从而达到一定教育目的的教学方法。

根据审美对象和审美主体的特点，精心创设审美情境，对学生审美意识的培养、审美情感的熏陶和感染起着重要的作用。因为审美情境对学生不是强行给予的，而是从学生的审美心理自由出发而设定的。它较之单纯的说教更易被学生理解并引起审美情感的共鸣。它所具有的各种审美因素，可以通过多种渠道，综合地、整体地对学生施加审美的影响，有利于全面地塑造学生的审美心理结构。尤其是它能使学生在不知不觉的潜移默化中得到审美陶冶，获得美感体验。

江苏的李吉林老师从情境教学在语文单科运用的成功经验中，抽象概括出符合学生心理特点和认识规律的带有共性的创设情境的"四为"和"五要素"。"四为"即以"形"为手段，以"美"为突破口，以"情"为纽带，以"周围世界"为源泉。"五要素"即以培养兴趣为前提，诱发主动性；以指导观察为基础，强化感受性；以发展思维为中心，着眼创造性；以陶冶情感为动因，渗透教育性；以训练学科能力为手段，贯彻实践性。他的上述探索，概括了情境教学的基本特征和美学内涵，给我们提供了借鉴。情境教学以"趣"激发动机，以"美"愉悦身心，创设与教材相关的情境，让学生在其中感受、陶冶，促使学生在审美愉悦中借助想象的作用，训练技能技巧，即把想象与技能技巧的训练紧密结合起来。这样，技能技巧的训练是"实"的，但方法是"活"的，学生学起来是有趣的。

在语文教学中创设审美情境，要以美、趣、智的特点缩短教学内容与学生之间的距离。在通常情况下，教学内容与学生既有时间距离，也有空间距离，加之教师枯燥无味的分析和灌输，更强化了这种距离感，致使学生感到陌生遥远，很难激起学习的情绪。情境教学以生动的形象和语言描述创设各种情境（实体的、推理的、模拟的、想象的、操作的），再现教材的相关内容和景况，使教学贴近了学生，使其因感受真切而产生亲切感。在把学生带入情境之后，通过情境的强化，即选择或综合运用生活的展现、实物的演示、音乐的渲染、图画的再现、角色的扮演以及语言的描绘六大途径，使情境作用于学生的多种感官，加深感受。在教师语言提示、描绘、诱导的调节支配下，在移情和想象的作用下，学生就会变语文课文中的"此情此景"为"我情我景"，从而进入"我他同一""物情交融"的身临其境的"心理场"中。这时，学生由"近"感到"真"，由"真"感到"亲"，随着情感体验的加深和弥散，并在认知活动中不断延伸、发展，其审美情感、道德情感也随之受到良好的陶冶。

（三）情感教学方法

情感教学即教师借助一定的教育教学手段，通过激发、调动和满足学生的情感需要，促进教学活动积极化的过程。教学活动并不是一个师生共同参与的纯认知过程，其中的认知过程与情意过程的产生、发展，自始至终都是互相交织、互相影响和相辅相成的。在这个过程中，学生情感反应的性质对教学活动的效果具有重要影响。前苏联教育家休金娜指出，学生的认识活动不应当是枯燥的、毫无热情的和纯理性的，因为认识不仅是对现实的反映，而且也是对待现实的态度。这些态度中包含着个性的情感表现、内心感受以及带有深刻个性的意向。

实施情感教学是为了改变学生在学习过程中情绪情感活动的性质，变消极状态为积极状态，最大限度地提高课堂教学效率和学生的学习效率。其本质就在于促使学生全身心地投入到教学过程中去，使学生始终保持自觉能动的积极状态。有的研究者认为，这种积极的学习状态具有四个方面的基本特征：①自觉化。学生的学习已不是某种外在力量或刺激物简单作用下的行为，而已成为学生认知需要的一种外在表现形式。②合作化。在教学过程中，师生、学生之间显示出较高的合作性，学生的注意力能够及时转移到教学活动的重点和难点上来。③探索化。学生的学习不满足于接受现成的结论，善于质疑问难，表现出一定的探索性或创新性。④情感化。教学活动是伴随着师生积极肯定的情感反应而不断展开的。[①]

情感教学一般从三个方面对学生进行情感培养。一是培养学习情感。成功而有效的情感教学必然带来学生学习活动的积极化，主要是通过课堂教学中对学生学习积极性的激发和调动，促进学生认知兴趣的发展。学习情感培养主要是积极的学习态度和良好的学习品质的培养。二是培养人生价值情感。即培养学生积极的人生态度和良好的个性品质。情感教学效果的长期积淀，必然会对学生的情感价值取向和情感品质产生影响。情感教学主要是通过价值观和人生理想的教育，促进学生人生价值观的形成和发展。三是培养社会情感。即培养包括道德感、理智感、美感在内的积极的

---

① 张志勇：《学习积极性的本质初探》，《教育探索》1990年第3期。

社会高级情感及其情感品质。

情感教学是语文审美教学的主要方法之一。情感教学最突出的特点就是它的感染性。课堂教学的情感启动首先是教师要有饱满的情绪。教师讲课时精力充沛、情绪高涨、态度祥和，学生就会受到熏染，产生愉悦振奋的情绪，思维积极，乐于投入到教学活动中去，教学就会出现和谐共振的增力效应；反之，教师上课萎靡不振或冷若冰霜，学生自然也会郁闷恐慌、思维迟钝，从而影响教学效果。其次，教师还应利用课文的情感因素，努力创造情感教学氛围，以丰富学生的情感体验。

情感是人们认识客观事物时持肯定或否定态度的心理体验。情感依赖于认识，客观事物只有被认识时才能影响人的情感，才能"情动于中而形于言"，通过口头或书面语言表达出来。特别是通过书面语言表达时，认识和情感变成了僵硬的书写符号，需要欣赏、解读者根据书写符号及自身体验加以"还原"。刘勰"缀文者情动而辞发，观文者披文以入情"[①]的论断，较为准确地描述了创作与解读这两个相互逆反过程的基本特点。这两个过程就像面条的制作与食用：面粉加水才能制成面条，晒干除水后才能便于保存和流通。而消费者购买后必须加水才能煮成可口的面条食品，不加水"还原"就尝不到美的滋味。在教学过程中，语文教师应在"还原"上下功夫，努力再现出课文所蕴含的丰富情感。然而不少语文教师十分缺乏这种"还原"的功力，讲《周总理，你在哪里》，只会说此诗表达了诗人怀念总理的深情；讲《"友邦惊诧"论》，只会说课文表现了鲁迅对国民党反动派"攘外必先安内"卖国政策的痛恨。这些教师只是照本宣科，浮在表面，让人雾里看花、水中望月。他们只把"干面条"放在学生面前，大讲特讲加工工序和如何美味可口，就是不会将其加工，"还原"成热气腾腾、令人垂涎的"面条"，让师生共同尝它的美味。

学习过程是理性与非理性、智力因素与非智力因素相互作用、统一

---

① 刘勰：《文心雕龙·知音》。

发展的过程。赞可夫认为，教学法一旦触及学生的情绪和意志领域，触及学生的精神需要，这种教学法就能发挥高度有效的作用。苏霍姆林斯基也认为，教学方法的运用要使学生从中产生发现的惊奇、自豪，满足求知欲的愉快和创造的欢乐等各种情感体验，使教学成为一种充满活力和激情的活动。现代心理学的研究表明，积极的情感是学生认知活动的"能源"和"发动机"，是学生接收信息渠道中的"阀门"。语文审美教学应充分利用这一动因和内驱力，从知、情、意等多种维度促进学生的和谐发展。

第十一章　语文教学艺术

　　教学艺术是一种客观存在，它历史悠久，源远流长。孔子首创的"不愤不启，不悱不发"（《论语·述而》），就是高超的启发式教学艺术，孟子提出"引而不发，跃如也"（《孟子·尽心上》），继承了孔子的教学艺术主张，并且强调"教亦多术矣"（《孟子·告子下》），指出教师追求教学艺术多样化。"现代教育之父"夸美纽斯在《大教学论·序言》中也提出一个著名论断：大教学论就是"阐明把一切事物教给一切人们的艺术，这是一种教起来准有把握，因而准有结果的艺术；并且它又是一种教起来使人感到愉快的艺术"[①]，他对教学论的精辟概括，揭示了教育学的基本思想，道出了教学艺术对教学的极端重要性。苏霍姆林斯基在总结自己的教学经验时深刻指出："教学和教育过程有三个源泉：科学、技巧和艺术。"[②]他把教学艺术同科学、技术并列，表明教学艺术的价值和作用。

　　教学艺术是教育史的精粹，语文教学更是如此。刘国正先生说："语

---

　　① 【捷克】夸美纽斯（傅任敢译）：《大教学论》，教育科学出版社1999年版，第1页。
　　② 【苏】苏霍姆林斯基（赵玮等译）：《和青年校长的谈话》，教育科学出版社2009年版，第4页。

文教学既要有严谨的科学性，又要有感人的艺术性。"①科学性是教学成功的基本条件，若没有科学性，教学将会变得盲目、无序，失去正确的方向；艺术性是语文教学的活性因子，若不讲艺术性，教学则会变得死板、乏味，缺少勃勃生机与活力。科学性和艺术性辩证地统一于语文教学之中，许多优秀的语文老师已经用事实证明，艺术化的教学乃是语文教学的最高境界。因此，研究语文教学艺术的特点和规律，关注教学艺术在教学实践中的运用，对语文教学水平的提高有着不可忽视的作用。

第一节　语文教学艺术特征

语文教学艺术是教师娴熟地运用综合的教学技能技巧而进行的富有审美价值的创造性活动。它表现为教师在教学活动中根据教学目的、针对学生的心理特点和教材实际，灵活地、创造性地运用一切教学手段，营造充满欢悦和意趣的氛围，使学生思维活动达到最佳状态的教学境界，师生从中得到心灵的交融、形神的契合、美感的陶冶和艺术的享受，从而更好地提高教学效率。

根据语文教学艺术的整体表现，语文教学艺术具有以下特征。

一、形象性

形象性是语文教学艺术的一个重要特征。别林斯基说："艺术家是用形象来思考。"语文教学中，教师也较多地运用形象思维，通过形象化的教学手段来进行教学活动。教学艺术的形象性首先表现为形象化的语言描述，教师运用比喻、拟人、夸张等修辞手法，给学生以生动的直观印象；

---

① 刘国正：《语文教学艺术谈》，人民教育出版社1990年版，第2页。

其次，形象性还表现为体态语言的形象作用，老师借用手势、姿态和表情来表达某种意思，用以弥补有声语言的不足，使抽象的语言符号变为形象的活动；最后，形象性还表现为电化教学的形象化效果，语文教学艺术是运用语言艺术、影视艺术、表演艺术、造型艺术等多种手段，将时空艺术、视听艺术等融为一体的综合艺术。随着科学技术的迅猛发展，电化教学手段在语文教学中的运用日益普遍，更丰富了教学的形象性特征。比如，利用CAI课件可以真实地展示学习内容的情景，提供有关的影像、声音、图片等资料，充实、丰富教学内容，使语文教学变得更为生动、具体、直观而富有情趣。

二、情感性

语文教学不单是认识活动，同时也是情感活动。语文教学的主要内容是教材中情感丰富、文质兼美的文章，情感性是语文教学区别于其他教学的一个显著特征，语文教学艺术也必然打上情感的烙印。

语文教学艺术的情感性首先表现在语文教师良好的情感修养上。教师要把深厚的情感倾注在教学之中，要沉入课文，进行深入的情感体验，情动于中，才能形于外，于漪老师说："'情'是文章内在的、固有的，贵在咀嚼语言文字，深有领悟，教师只有自己真正动情才能以情感染学生。"[1]其次，表现在教学语言的情感性上。富有感情的语言，赋予教学内容以相应的情感特征，更容易使教师、学生、教材融为一体，产生"和谐共振"，引起情感共鸣，使学生在潜移默化中学到知识、受到教育。

三、创造性

艺术与创造性联结在一起，创造性是艺术的活跃因子。没有创造性就没有艺术。教学艺术也是这样，创造性是其重要的因子。克莱德·E·柯

---

① 于漪：《语文教苑耕耘录》，福建教育出版社1984年版，第121页。

伦在《教学的美学》中明确指出：教学"达到了某些要求的创作性工作便是艺术"[①]。教师劳动本身就是创作，而且比一般的艺术创作更有其独特性。教师的创造体现在多方面，如教学内容的处理、教学方案的设计、教学方法的选择、教学过程的组织等，都需要教师因人、因时、因地而灵活安排。创造性与"求异"密切相关，教学需要新颖、突破，与众不同，要常教常新、常教常异。面对教过几遍甚至十几遍的课文仍要有新的设计，教出新意，就像郑板桥画竹那样"冗繁削尽留清瘦，画到生时是熟时"。只有不断创新，教学才能保持生命活力。墨守成规、刻板划一是教学的大忌，只能导致教学的失败。

四、审美性

语文教学艺术是按照美的规律进行的创造性教学活动，它追求美，创造美，自然带有审美性特征。教学艺术的美是内在美与外在美的有机统一。语文教学艺术的内在美是教材中文质兼美的典范文章，它们本身包含哲理美、意境美、情趣美、形象美等，这为学生提供了极富价值的审美源泉。教学艺术的外在美主要指教学表达的形式美。诸如字字珠玑、抑扬顿挫的教学语言美；层次清晰、简洁明快的板书图画美；有张有弛、劳逸结合的教学节奏美；起伏有致、疏密相间的课堂结构美；启发诱导、虚实相生的教学方法美；突破时空、回味无穷的教学意境美等等。孟子说"充实之谓美"，可见，教学艺术对美的追求不应流于形式，只有以内在美为根本追求，将内在美与外在美有机结合起来，教学艺术才焕发出整体美的风采。语文教学艺术的审美性特征，要求教师必须具备丰富深厚的审美修养，具有相当的感受美、欣赏美、创造美的能力，并在遵循美的原则进行创造性教学的过程中有意识地培养学生的审美能力。

---

① 转引自韦志成：《语文教学艺术论》，广西教育出版社1999年版，第9页。

五、应变性

应变性是由教学过程瞬息万变的客观事实而决定的教学艺术特征。马卡连柯说："教育的技巧就在于随机应变。"[①] 一般情况下，教学是教师按事先制定好的方案实施的。但教学过程是一个充满变化的复杂过程，其中包含多种动态的因素。教师必须根据教学中变化着的情境，临场发挥，及时、迅速地做出反应，不失时机地适应变化的情势。作为语文教学艺术的一个重要方面，应变艺术绝不是可以信手拈来的"小聪明"，而是老师智慧和才能的显现，是语文教学艺术高低优劣的一个显著标志。它需要教师具有广博的知识基础、良好的心理基础和丰富的教学经验，对知识有科学的态度，对学生有真挚的感情。每一个语文教师都要加强自我修养，在实践中不断磨砺和求索，从容应对意外情况的挑战，创设"柳暗花明"的教学佳境。

总之，形象性、情感性、创造性、审美性、应变性是语文教学艺术的主要特征。它们既有各不相同的具体内容和表现形式，又彼此相互联系，相互依存，辩证统一于语文教学艺术的创造过程之中。把握和运用语文教学艺术的特征，既要对每一特征进行深入研究，又要全面观照，以发挥整体效应。

第二节　语文课堂教学艺术

课堂教学艺术是衡量或鉴别语文教师教学能力、教学水平的重要尺度，因此，优化语文课堂教学艺术，是许多教师孜孜以求的理想目标。

---

① 转引自韦志成：《语文教学艺术论》，广西教育出版社1999年版，第14页。

一、语文课堂教学的组织艺术

组织教学是课堂教学艺术的重要组成部分，它贯穿于一堂课的始终，是课堂教学得以顺利进行的基本保证。教师要想使课堂教学获得良好的效果，就必须不断地提高自己组织课堂教学的艺术水平。同时，课堂教学的组织还要形成一定的合理结构，使课堂教学系统内部各构成要素形成最佳组合并实施优化运行，这样才能充分发挥课堂教学的整体功能，增强课堂教学引人入胜的艺术魅力。

（一）导入艺术

课堂教学中的导入环节，是整个课堂教学的有机组成部分，起着非常重要的作用。教学导入，就好比提琴家上弦、歌唱家定调，第一个音定准了，就为整个演奏或歌唱奠定了良好的基础。著名教师于漪曾经说过，在课堂教学中，要培养激发学生学习的兴趣，首先应抓住导入课文的环节，一开课就把学生牢牢地吸引住。富有教学实践经验的教师总是多角度、多层次、多方位地考虑教学的各个环节，尤其精心设计好教学的突破口，把握好导入这一环节。

1.导入艺术的基本形式与方法

由于教育对象、教学内容不同，再加上教师的个人素质有别，决定了导入艺术的具体形式与方法是多种多样的。

（1）释题入课法。题目是文章的旗帜和眼睛，一个好的文题对作品内容有着统帅作用，具有画龙点睛之妙。透过一些文章的题目就可以窥见全文的奥秘，领悟到作者的良苦用心和精巧的构思意图。对于这类文章，教师可单刀直入地板书课题，从释题入手导入新课，围绕课题提出一些能揭示教学目的，突破教学重点、难点的问题，触发学生思维的灵感，引燃思考的火花，促使学生向纵深思考。这样既可开门见山，抓住重点，同时也非常有利于提高学生的审题能力。如有位老师在讲《将相和》这篇课文时，即以巧妙的释题导入，达到开"窗"窥"室"的效果。这位老师只用几句简短的课前谈话，就十分自然地引出了课题，紧接着这样提问："《将相和》中，'将'指谁？'相'指谁？'和'是什么意思？'将'和'相'始终都是'和'的吗？他们为什么会不'和'？后来为什么又会'和'呢？"然后指出课文就是围绕这些问题，告诉学生"将"和"相"各是怎样的人，学习课文后，就会知道他们不同的性格特点。运用释题入课时，应该对课题进行具体的分析，只有那些通过释题能引起学生注意和发人深思的，才可采用释题的方法导入，而那些与内容关系显明，无需解释学生即可理解的，就不必画蛇添足。

（2）设置悬念法。在新课开始时，根据教学的具体内容，提出问题、矛盾，造成悬念，引起学生的好奇心和求知欲，使学生积极投入新的学习之中。比如《警察与赞美诗》可以这样导入："我们每个人都不想进监狱，为什么美国人苏比非常想待在监狱里呢？"简洁利索，一句话就设置了悬念，迅速把学生的思维带到课堂的中心问题上来。对于比较复杂的课文，也可以根据课文内容设置多个悬念。比如对鲁迅的小说《药》可以这样导入："同学们，你们见过用人血馒头治病的事吗？今天学习的课文《药》，就是写用人血馒头治病的事，这'药'说明了什么呢？'中国'古老的名称曾为'华夏'。华夏本是一家，现在分成两家，而且华家吃夏家的血，这又说明什么呢？秋瑾，我国近代民主革命烈士，为推翻腐败的满清王朝，她投身反清斗争，被捕后不幸英勇就义。秋——夏，时令相对，指姓；瑾——瑜，同为美玉，因此人们说作品中的夏瑜是暗指秋瑾烈士，鲁迅为什么要这样暗指呢？辛亥革命推翻了满清王朝，但是，并没有从根本上解放中国人民。那么，无数革命先驱所要寻找的救国救民的'药方'是什么呢？"导入语提出四个问题，设置了四个悬念，步步紧逼，扩展了学生思维活动的空间，启发他们更深入地钻研课文。制造悬念要从教材和学生的实际出发，不能故弄玄虚。

（3）直观导入法。它是借助图画、照片、影像等直观手段，结合语言描述，在趣味中导入新课的方法。随着多媒体信息技术在教学应用中的普及，这种导入方法用得越来越多。比如学习《长江三峡》等一些写景散文时，老师在导入时出示有关三峡风光的课件，优美的画面配上舒缓的音乐和老师恰如其分的解说，使抽象的文字叙述变为诗意的画境，带给学生听觉、视觉等感官上极大的享受，在这种情况下，老师再带领学生学习文本内容，学生会兴趣盎然，而且能更深刻地体会散文语言文字的优美。运用直观导入要注意所展示的图画、照片、影像等内容一定要与课文内容紧密相连，直观的方法是为了导入文本的学习，不要因此而冲淡文本内容的学习。

以上，列举了艺术性导入的几种方法。在教学中教师要根据自己的个性特点、教学风格和教学内容的性质及学生的心理特点，进行灵活的选择和创新。

2. 导入艺术的基本要求

（1）符合教学的目的性和必要性。要根据既定的目标精心设计导语，不要使导语游离于教学内容之外，导语应是完成教学任务的一个必要的有机部分。

（2）符合教学内容本身的科学性。导语的设计要从教学内容出发，有的是教学内容的重要组成部分，有的是教学内容的必要补充，还有的虽然从内容上看关系不大，但它能激发学生兴趣，吸引学生注意力，对于教学内容的学习有极大的帮助。这一切都应从教学内容的科学性出发，违背科学性的导入即使精彩生动也不足为取。

（3）从学生的实际出发。学生是语文学习的主体，教学内容的好坏要通过学生的学习来体现，导入也是教学内容的一部分，因而导语的设计要从学生的实际出发，要照顾到学生的知识结构及年龄特征。

（4）导入要短小精悍。导入的时间不能太长，一般两三分钟，最多也不能超过5分钟，否则就会喧宾夺主。

（5）导入形式要多种多样。文章导入的方式很多，设计导语时要注意交叉运用。每堂课或每篇课文都用一种模式的导入就起不到激发学生兴趣、引人入胜的作用。

总之，语文课堂教学的导入，既需要魅力，又需要重实效。教师要通过多姿多彩的导入设计，展示语文课堂教学的艺术魅力。

（二）结课艺术

古人写文章讲究设计一个坚强有力、发人深思的结尾，形象地称作"豹尾"。教学也应注意课堂教学结尾的设计。课堂教学的结尾部分主要用于对教学内容进行梳理、概括，并与后面的教学建立某种联系。它是学生把握学习重点，巩固所学知识，实现知识和能力的迁移，提高思维能力的重要环节。许多人往往在导入设计上费尽心思，而对结尾则有所忽视，虎头蛇尾，草草收场，影响了教学的整体效果。语文课堂教学艺术要求整个课堂结构的严谨和完整，讲究信息流动的流畅和平衡，所以，不仅要追求导入引人入胜，中间高潮迭起，而且要追求结尾更具吸引力，给学生以和谐完整的审美体验。

1.结课设计的方法

（1）照应法。结尾与开头相呼应，使整个教学过程前后连贯，首尾相接，成为一个有机整体。在收束时，结尾要与开讲时的导语相照应。比如教学《荔枝蜜》时，导语是："大家很害怕蜜蜂，因为它能蜇人，人被蜇了很痛。那么，我们能不能因蜜蜂蜇人而在心里贬斥它呢？为此，我们看一看散文家杨朔同志对蜜蜂的认识过程是怎样的吧！"在结尾时，老师是这样说的："学习了《荔枝蜜》这篇散文，我们深受启发，作家对蜜蜂的认识是由不喜欢到喜欢的，其最终的赞美之情溢于言表。蜜蜂蜇人是它的防卫本能，正因如此，方显出它的个性和力量，也才显得可爱。更可贵的是，蜜蜂能够酿蜜，为人类做贡献，精神崇高。因而我们要爱蜜蜂，更要向那些像蜜蜂一样酿造生活的人学习。"这段结语既突出重点难点，又照应了开头，前后连贯，有利于学生理解文章的主旨和意义。

（2）悬念法。在下课前结合下一次课要学的内容，提出一些富有启发性的问题，收中寓展，造成悬念，以激发学生的求知欲望，并为下次课的学习创造条件。比如教学《蜘蛛》一文，第一课时重点分析课文前半部分，讲蜘蛛捉"飞将"的各种高超技术，第二课时重点分析课文后半部分，讲蜘蛛身体结构的巧妙。第一课时结尾时，可以提出这样的问题：为什么蜘蛛捉"飞将"的本领这样高？它的体内有什么奥秘？蜘蛛的丝除了织网捕虫，在科学上有些什么用途？这几个问题的答案也正是第二课时的教学内容，所以在前一节课结尾时提出这些问题，不但预示了下次课的教学重点，而且使前后两节课过渡自然，衔接巧妙。运用悬念法结尾，常能造成"欲知后事如何，且听下回分解"的心理期待，起到很好的艺术效果。

（3）延伸法。在课堂教学内容结束后，不是马上结束教学，而是根据讲课内容引导学生由课内向课外延伸、扩展，使之成为与第二课堂联结的纽带。如教学《在烈日和暴雨下》，教师在使学生理解了景物描写对组织情节、表现主题的作用后，最后又进行延伸："这篇课文选自老舍的著名小说《骆驼祥子》，小说的主人公祥子，他走的是一条自我奋斗的道路，但最终失败了。作者围绕买车，写了祥子的三起三落。祥子是怎样'三起'又'三落'的？为什么在'祥子'前面要加上'骆驼'？祥子遭受了烈日的炙烤和暴雨的袭击后，有没有病倒呢？后来又怎么样了？请同学课后阅读小说《骆驼祥子》，我相信大家一定会喜欢这本文学名著的。"这种结尾方法，可使教学的主题、内容得到进一步扩展，使教学内容从课内延伸到课外，促使学生运用已知去探寻未知，能够拓宽学生的知识面。

以上介绍了常用的几种结课方法，需要说明的是，在实际教学中，各种方法常常综合使用。教师只有精心设计，反复琢磨，才能不断创新，达到艺术化结课的较高境界。

2. 结课艺术的基本要求

结课设计应注意以下几点：

（1）结课要紧扣教学内容，不蔓不枝。不论哪种结课，都应有助于学生对所学课文、有关知识的消化、理解和巩固，有助于教学内容的系统化和明确化。

（2）结课要简洁明快，干净利索。结课是教学内容的提纯，语言要深刻隽永，干净利索，给人"余音绕梁"的感觉。忌拖泥带水，画蛇添足。

（3）结课要与开讲相呼应，脉络贯通。课的结束要紧扣教学内容，使其成为整个课堂教学艺术的有机组成部分，做到与导课遥相呼应，特别是有些课的结尾实际上就是对导课设疑的总结性回答，或是对导课思想内容的进一步延续和升华。如果结课另搞一套，与导课和教学内容毫无关联或关联不大，就会使学生思路紊乱，无从获益。

（4）结课要严格掌握时间，按时下课。因为结课是安排在一堂课的最后，如不考虑时间常会拖堂下课。事实上，学生对老师拖堂的行为是非常反感的。下课铃响后，教师再讲也是无益的，学生的心思已经不在课堂上了。所以，结课必须要有时间观念，否则再好的结课也是无用的。

二、语文课堂教学的表达艺术

语文教学过程中，教师表达能力的高低，直接影响到学生学习的积极性，关系到教学效果的好坏，因此研究语文课堂教学的表达艺术有着重要的意义。课堂教学表达有教学口语、体态语言和教学板书三种主要方式。

（一）教学口语艺术

教师在课堂上阐明教材、传授知识、组织练习等一系列的教学活动中所运用的语言，就是教学口语。教学口语技能水平，是影响学生学习的重要因素。美的教学语言，虽然"不是蜜，但它可以粘住一切"，可以使教学艺术锦上添花。语文教学内容的特殊性，又决定了语文课堂口语与其他学科教学用语的不同，作为语文教师，要充分认识到这一点，努力追求并达成美的教学口语。

教学口语具有下面的特点：

1. 规范性

这是教学语言最本质的特点，是对教学语言最基本的要求。规范化的标准是普通话。要求吐字清晰，不夹带方言，语调和谐自然，语速适宜，音量适中，并力争做到音质纯正，音色优美，抑扬顿挫，铿锵悦耳，显示出普通话的美感力量；用词、造句、组织语言等，都必须符合语法规范。在这方面，教师的语言必须是标准化的。

2.科学性

即内容必须是科学的。最低的标准是准确无误，并具有严密的逻辑性和鲜明的条理性。课堂不允许谬误的、逻辑混乱的、含混不清的、良莠混杂的语言介入。高标准的要求是，每一句话都要提示一定的真理，都是思想的火花和智慧的闪光，对学生都具有启蒙或启示作用。

3.形象性

语言能绘声绘色、栩栩如生地描绘各种事物和环境，也能活灵活现、形神兼备地再现已经有过的或者应该有的生活；能反映具体形态的客观对象，也能表现没有形态的主观情景，使听者产生如闻其声、如见其人、如临其境、如历其事的感觉，语言的这种创造形象的功能，正是语言形象性的表现。正因如此，我们强调语文教学语言要准确规范，同时又要形象生动。

4.情感性

教学活动总是伴随着一定的感情，是在情感的动力影响下进行的。这种情感首先用语言表现出来，正如钟嵘《诗品》所言"情动而辞发"。充满感情色彩的语言，不但作用于学生的感官，更作用于他们的心灵，学生学到的不仅是知识，更是做人做事的道理。有人回忆鲁迅先生的讲课时说："他讲课的声音虽不抑扬顿挫，也不慷慨激昂，但他的每一个字、每一句话，都充满着感情和威力，使学生觉得意味深长，引人入胜。""有一种信念的力量浸透在每个接近过他的青年的淳朴的胸怀。"教学语言的情感性，来自教师内心对工作、对学生真挚的热爱，这样才能情动于衷而溢于表。一个不热爱教育工作、对学生缺少爱心的老师，其教学语言势必冰冷机械，淡而无味，只能麻痹学生的神经，无益于教学，更无益于教育。

5. 针对性

教师的教学语言既要服从教学内容的客观需要，又要照顾到教学对象的实际情况。教学内容不同，文体不同，语言的表达方式就不同。比如文学作品的教学语言要委婉有致，娓娓动听；说明文的教学语言要清晰条理、简明扼要；议论文的教学语言要鞭辟入里、言简意丰等。教师的语言还要随着教学对象的变化而变化。不同年龄阶段的学生，分别具有不同的生理、心理和思维特点，教师要根据不同年龄阶段学生的不同特点来选择语言表达方式。对低年级学生，教学语言要亲切、朴实，具体形象，富有趣味性；对高年级学生，语言要深刻隽永，具有哲理性。斯霞老师在谈这方面的体会时说："比如表现待人的态度，我在一年级用'客气''和气''和好'；二年级用'和蔼''亲切''忠实'；三年级用'慈祥''慈爱''友好'；四年级用'和蔼可亲''平易近人''谦逊待人''虚心诚恳'等等。一个意思多种说法，目的在于对口、合辙。"[1]教师富有针对性的语言，来自于对教学内容的透彻把握和对学生的年龄特点及认知水平的细致了解。

6. 启发性

威廉说过："平庸的教师只是叙述，好教师讲解，优异的教师示范，伟大的教师启发。"[2]教学语言的启发性，就是在教学时"用语言把人们的心灵点亮"，教师的语言不仅仅把思维的结果传递给学生，更要引发学生思考，把学生的思维推向积极状态，唤起求知的欲望。富有启发性的语言，含蓄蕴藉、耐人寻味、发人深思，即如刘勰所言"寄深于浅、寄厚于轻、寄劲于婉、寄直于曲、寄实于虚、寄正于余"。在旧中见新、易中见难、平中见奇、难而可及、循循善诱。教师的教学语言要富有问题性，给

---

① 转引自钱加清：《语文教学论要》，延边大学出版社2001年版，第193页。
② 转引自翁向新：《谈教师的素质与修养》，群众出版社1992年版，第93页。

学生留下想象的余地，让学生能由此及彼、由因及果、由表及里、由个别想到一般，收到"一石激起千层浪"的效果。正如有人总结的：教师的语言如钥匙，能打开心灵的窗户；如火炬，能照亮学生的未来；如种子，能深埋在学生的心里。

以上从不同侧面论述了教学口语艺术的特点。在教学口语的现实性追求上，应将这些不同侧面的要求结合起来，自觉追求美的教学口语。优秀的教师把语言学家的用语准确、艺术家的情感丰富、数学家的逻辑严谨、演说家的论证雄辩、曲艺家的生动幽默熔为一炉，追求教学语言表达的立体效果和整体效应。

（二）教师体态语言艺术

体态语言是另一种教学语言。它运用表情、眼神、动作等表达某种特定的意义，它是教学口语的重要辅助手段，补充教学口语的不足。关于体态语言在课堂信息沟通中的作用，美国心理学家梅拉别恩经实验得出结论：信息交流的总效果 = 7%的文字 + 38%的音调 + 55%的面部表情。新的研究成果也表明，人在交际中，非语言因素传达的信息占65%～93%，可见体态语言对教学效果的影响是非常大的。恰当的手势，和蔼的表情，惟妙惟肖的描摹，可以创设和谐多彩的语言情境。斯霞在给一年级学生讲解"颗颗稻粒多饱满"这句话时，学生对"饱满"一词理解不深，教师反复启发，学生不是回答说"麦子长得饱满"，就是说"豆子长得饱满"。她为了让学生全面弄清这个词的意思，忽然走到教室门口，转过身来，胸脯略略一挺，头微微一扬，两眼炯炯有神。然后她问学生："你们看，老师现在精神怎么样？"大家不约而同地回答说："老师的精神也饱满。"她又说："那让我看看你们的精神怎么样？"学生们也挺起小胸脯，坐得端端正正。她靠生动的体态语言，使学生不仅理解了"饱满"这个词的本义，还懂得了它的引申义和用法。由此可见，巧用体态语言，可以收到非常好的教学效果。

教学中常用的体态语言有三种：面部语、眉目语、手势语。

1. 面部语

从教学方面看，教师的面部语可分为两种：一是平常的面部语，这是基本的面部表情要求，教师要做到和蔼、亲切、热情、开朗，这是教学较稳定的面部表情模式。教师从日常与学生交谈到正式课堂教学，都要保持这一基本的面部表情。它会使学生感到亲切、真诚，充满热爱和信赖，给学生如沐春风之感，为教学创设良好的心理环境。另一种是变化的面部语，随教学内容和教学情景的变化而变化。或随课文中人物的喜怒哀乐，或随课文故事情节的发展，或者因与学生发生感情的、思维的共鸣而产生表情的变化，高兴的、满意的、振奋的、生气的、失望的、沮丧的、愤怒的……丰富的面部语，可以对教学内容起到加深和强化的作用，同时也有助于随时与学生进行感情交流。

2. 眉目语

俗话说："眼睛是心灵的窗户。"心理学家认为，眼睛可以表达无声的语言，眼神里有丰富的词汇，往往比有声语言更富有感染力。因此，教师要善于以眼传神，把喜怒哀乐、褒贬扬抑和爱憎亲疏等不同的感情色彩，用眼神表现出来。比如当学生取得成绩时，教师用微笑的眼神给学生以鼓励和肯定；当学生有不良行为时，老师用严厉的眼神给以制止和反对。在课堂教学中，老师还要注意眼神的合理分配。有研究者发现，老师上课时往往关注讲台前方和左边的学生，右边的学生常被老师忽略，这是因为大脑左右半球机能不对称，左半球占优势，上课时又主要进行逻辑思维活动，所以教师注视左边学生的时间远多于右边的学生，这使右边的学生处于教师视野中的"无人区"，这部分学生的神情举止不能及时得到教师的应答反应，也无法与老师进行眼神交流，因此他们在课堂上参与学习的积极性往往会受到影响。这一研究应引起注意。在课堂上，教师要扩大视区，把全体学生置于自己眼下，与每个学生及时进行眼神交流，使所有学生都能感受到教师的重视和关怀。使用好眉目语，就教育者来说是"此时无声胜有声"，而对受教育者来说则是"心有灵犀一点通"。

3.手势语

手势也是一种重要的体态语言表达形式。它在人际沟通中有着重要作用。教学中，教师准确、适度的手势既可以传递思想，又可以表达感情，它会加深学生对知识的理解和记忆，给学生留下深刻的印象。比如有的老师表示意志坚定时晃晃握紧的拳头，表示赞许时竖起大拇指，而表示无奈和遗憾时则摊开双手。有的老师在课堂上则用专门的手势语来辅助课堂教学。比如魏书生老师上课时，有一位女生回答问题的声音太小，魏老师则做了一个拧开关的手势，该学生会意，马上提高了音量，原来这个拧开关的手势是班里规定的提高音量的暗号。适宜的手势语，不但起到了辅助课堂教学的作用，还平添了课堂教学的情趣。手势语的运用要注意动作自然、适度，优美大方，要因人因事而宜，更要与讲授的内容协调统一，不宜夸张和过多使用。

体态语言和教学的其他因素综合在一起，赋予课堂以艺术、生机和活力，使课堂教学升华到一种理想境界。正因为这样，任何现代化的"人机关系"也取代不了面对面的师生关系，所以，听录音机、看电视或者用计算机学习，都没有师生面对面的教学效果好。

（三）板书艺术

教学板书是教师的书面语言，是教师配合讲课在黑板上书写的文字、符号或图表等，是教师进行教学活动的一个重要辅助手段。心理学实验表明，让人识别一种东西，用语言描述需要2.8秒，用线条、图画只要1.5秒，看一遍比听一遍的信息接受量要多1.66倍；单凭听觉，一份材料三天后只能记住15%，单凭视觉，三天后则能记住40%，而视听结合，三天后能记住75%。所以板书是教学中不可或缺的一个组成部分。漂亮的板书带给学生以美的视觉享受，具有一定的审美性。具体而言，艺术性板书应符合以下审美要求：

1.简约美

即能够对课文的内容特别是复杂课文的内容作高度概括，做到语约义丰、以简驭繁。如《春》的板书设计：

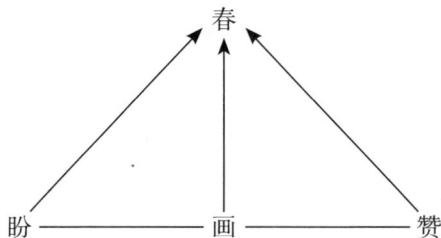

板书一共四个字，包含了所有的教学内容，可谓以简驭繁。

再如《林教头风雪山神庙》的板书：

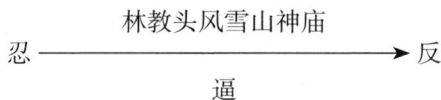

一个"忍"字，突出了林冲在山神庙复仇之前逆来顺受、忍辱求安的性格特点；一个"反"字，表现了林冲幻想破灭、毅然反叛的性格；两个字之间用"→"连接，反映了林冲性格的演变过程。一个"逼"字，概括了林冲性格发展变化的条件，同时指出了文章明、暗线索的特点，并揭示了文章"官逼民反"的主题，以一当十，语约义丰。

2. 含蓄美

即简练和概括，能给学生以思考和想象的空间，产生回味无穷的含蓄美，如特级教师宁鸿彬曾用一个大大的"变"字，外加粗圆圈，完成了他讲读鲁迅名著《故乡》的板书，可谓板书含蓄的传神之作：

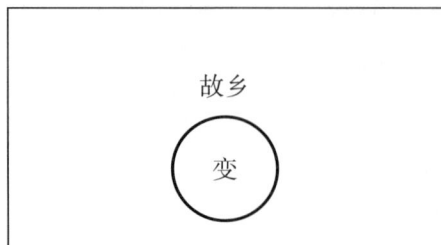

再如《我的老师》的板书：

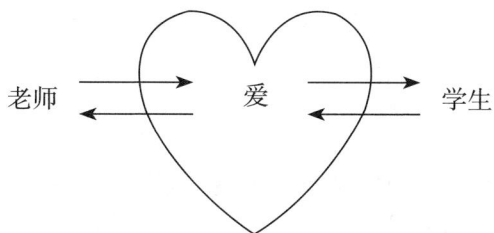

一个心形图里的"爱"字，揭示了课文的主题：文章通过师生交往的七件事，展示了老师爱学生的美好心灵，更表现了学生对老师的热爱。

3. 流动美

有些课文故事性较强，情节生动，线索分明，教学这类课文的板书宜采用鱼贯式行进板书的方法，使之呈现一种流动美。如《变色龙》的板书：

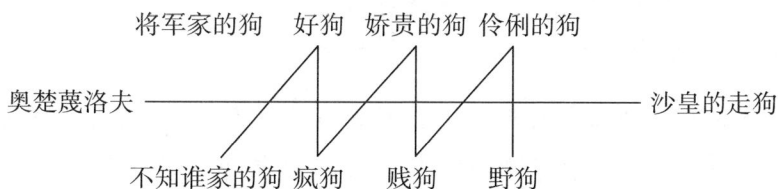

这个板书清楚明白，狗的地位随狗主人的变化而变化，警官奥楚蔑洛夫态度的变化以狗的地位为转移。他自身也是一条狗，其走狗的本性跃然纸上。这个板书直观形象，一波三折，警官六变，是一个妙趣横生的警官心态变化的心电图，叫学生记忆深刻。

4. 奇异美

别出心裁的板书，往往以某种奇异感而使学生产生美的愉悦。如《塞翁失马》的板书：

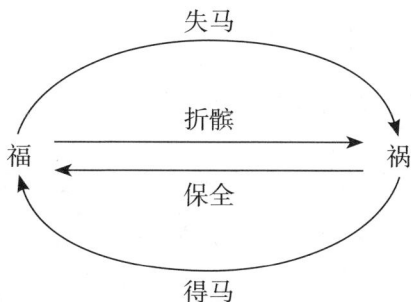

这则板书用环形线条和箭头表现了失马、得马、折髀之间的福祸相依的辩证关系：失马为祸，得马为福；有马折髀，为祸；折髀而不参战，得以保全；福祸转化，清楚了然。

5.形象美

板书可借助图表简笔画，使教学内容形象化。如辛弃疾《清平乐·村居》的扇面式结构板书：

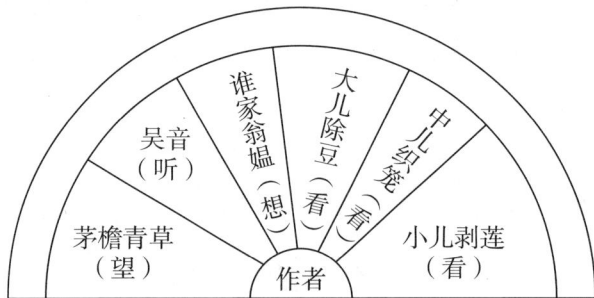

优美的板书确实能给教学增加美的因素。艺术性板书首先要求字体规范、工整、美观，不写错字、别字；写字姿势要端正，动作要文雅；其次，还要求老师有一定的制图、绘画能力，使板书结构更美观。作为语文老师，要把写好板书当成一种教学艺术进行孜孜不倦的追求。

现在，多媒体技术在教学中的广泛应用，给教师的板书带来了更多的方便，老师把课下做好的课件直接进行课堂演示，既节省了板书时间，还能给学生带来更美的视觉效果，增加了课堂教学的趣味性。但是，也要防止走入了另一个极端，有的老师过分依赖课件，在课堂上终年不写一个字，这样也容易给学生造成轻视汉字书写的印象，同时由于缺少老师的示范，不利于学生养成良好的书写习惯。

三、语文课堂教学的激疑艺术

疑问是开启智慧大门的钥匙。语文学习过程是围绕一个"疑"字展开的：无疑—有疑—质疑—释疑。激疑能够引导学生进入对话状态，在课堂教学中能否很好地激疑是课堂教学成败的关键。课堂教学中激疑的方法主要是老师有效地提问，以启发学生通过自己的能力来获得知识，形成语文能力。古希腊教育家苏格拉底把提问法叫做"产婆术"。他说，"我不以知识授予别人"，而提问"是使知识自己产生的产婆"。即是说，借提问来启迪学生，使他们有所发现、有所领悟、有所认识，使学生自己获得知识。所以，提问法是启发学生自己产生知识的"产婆术"。

（一）课堂提问的类型

按照不同的标准来划分，教学提问可以有多种类型。美国教育家特内根据布鲁姆《教学目标分类学》的基本思想创设"布鲁姆——特内提问模式"，在这种提问模式中，提问被分成由高到低的六个层次类型，每一层次的提问都与学生不同类型或水平的思维活动相联系：

1. 知识（回忆）水平的提问

即从复习巩固所学知识出发设计提问。这类提问往往是让学生回忆、复习前面所学过的内容，结合复习旧知，为学习新的内容做好准备。它所涉及的心理过程主要是回忆。提问常用的关键词是：谁、什么是、哪里、何时等。

2. 理解水平的提问

即在教学过程中，为引导学生掌握教材的内容思路和脉络，使他们迅速深入教材，理解课文的主旨、内容、特点、概念等设计的提问。如在阅读教学中，让学生对人物形象进行分析，对景物描写进行分析之类的提问就属于理解水平的提问。这种提问在阅读教学中运用得最多。提问常用的关键词是：怎样理解、有何根据、为什么、怎么样、何以见得等。

3. 应用水平的提问

即让学生运用所学过的知识和已有的经验顺利地解决新知识中的重点、难点、疑点或者是根据新情境中的实际问题而设计的提问。在阅读教学中，如用学过的记叙的要素来分析记叙文，用学过的说明方法来分析说明文之类的提问就属于应用水平的提问。其心理过程主要是迁移。提问常用的关键词是：运用、分类、选择、举例等。

4.分析水平的提问

即为培养学生分析问题的能力而设计的提问，意在训练学生掌握把事物的整体分解为部分、把复杂的事物分解为简单要素、把过程分解为阶段，并分别加以研究的思维方法。阅读教学中对文章的分段、对句子的分析等设计的提问属于分析水平的提问。提问常用的关键词是：为什么、什么因素、证明、分析等。

5.综合水平的提问

即为培养学生综合归纳问题的能力而设计的提问，意在训练学生掌握把事物的各个部分、各个方面、各种要素、各个阶段联结成为整体进行考察，找出其相互联系的规律性的思维方法。在阅读教学中归纳各段大意、中心思想、写作特点之类的提问就属于综合水平的提问。这类提问常用于发展学生的创造能力。提问常用的关键词是：综合、归纳、小结、重新组织等。

6.评价水平的提问

即让学生对一些观念、解决办法等进行判断选择，提出见解，作出评价而设计的提问。阅读教学中关于对作品的语言、形象塑造、作品观点的评价的提问属于评价水平的提问。它能帮助学生依据一定的标准来评判事物和材料的价值。提问常用的关键词是：判断、评价、你对……有什么看法等。

除此之外，还有其他的分类方法，如根据教学提问的信息交流形式可分为：特指式提问、泛指式提问、重复式提问、反诘式提问和自答式提问；根据教学提问的内部结构可以分为：总分式提问、台阶式提问、连环式提问、插入式提问等等，在此不一一列举。

（二）课堂提问的方法

提问的方法是多种多样的，从不同的角度可以有不同的分法。其要者有：

1. 直问

就是直截了当地问，问的主旨在直接的答案。这种提问题意明确，学生便于把握，容易回答。比如教师要引导学生分析小说中的人物，就可直接提问："小说中写了哪些人物，主要人物是谁？文章是从哪些方面刻画人物的？"这种提问方式应用十分普遍。但需指出，这种提问直来直去，缺少趣味性和启发性，在一课堂中若运用太多而无变化，往往较刻板，不容易活跃课堂气氛。

2. 曲问

曲问是一种迂回的问法，问在此而意在彼，本意要解决甲问题，却故意绕一个弯，从另一个角度提出乙问题，学生解答了乙问题，甲问题也随即得到解决。如《愚公移山》中有一句："邻人京城氏之孀妻有遗男，始龀，跳往助之。"其中，"孀妻""遗男"等需要学生理解。钱梦龙老师讲到这儿时设计了一个非常好的提问。他没有直接问"孀妻是什么意思？遗男是什么意思？"而采用曲问："这个年纪小小的孩子跟老愚公一起去移山，他爸爸肯让他去吗？"这样一问，学生兴趣盎然，最后弄清楚这个孩子没有爸爸，他母亲是个寡妇。同一问题，换个角度，拐个弯提问，引起学生兴趣，活跃了课堂气氛，大大加深了学生对"孀妻""遗男"的理解。课堂上应当适当设计几个曲问，这种提问富于启发性，比直问更能激发学生的兴奋点。

3. 逆问

就是不直接问为什么，而是从相反的方面提出假设。一般问问题总是问："这样写有什么作用？"而逆问法则这样问："不这样写行不行？"这种问法揭示矛盾冲突，刺激性强，是打开学生思维之门的钥匙，是训练学生思维深刻性的有效方法。如钱梦龙老师讲《左忠毅公逸事》时这样问："文章一开头先交代'风雪严寒'的天气有什么必要？这几个字去掉好不好？"另外，以贬问褒也是逆问的一种方式，即在作者的匠心独运之处，教师偏以"贬"的语气从反面引发学生思考。在《左忠毅公逸事》教学实录中，钱梦龙老师就有这样的问题："照理说，这一段（第三段）应该写史可法跟阉党斗争，为老师报仇之事，可作者却写了跟上文毫不相干的事，这不是离题了吗？""最后的两段写得过于平淡，似乎只是作了一些事务性的交代，有点淡而无味；而且写的都是史可法的事，从全文看，写史太多了，非常讲究义法的方苞，怎么会这样写呢？"这种逆问能激发学生的深层思维，有其他方式不可替代的作用。采用这种方式提问，老师要特别注意点拨引导，总结评述。

4. 比较式提问

这是比较事物异同的一种提问方式，它便于引导学生思考不同事物的相似点和不同点。如讲《邹忌讽齐王纳谏》时，提问："邹忌和他的太太、姨太太以及客人的问答内容都相同，作者是怎样在同中求变化的？"教《阿房宫赋》时可问："《阿房宫赋》与《六国论》都是写秦灭六国的事，它们在写法、立意上有什么不同？"通过比较提问，激发学生深入思考，从中揣摩文意和技法，提高理解、鉴赏能力。

5. 选择式提问

即就某一教学内容提出若干种解释，让学生进行分析鉴别，做出肯定或否定的判断。如有位教师讲《七根火柴》时，提出这样的问题："这篇小说的主人公，有人认为是卢进勇，有人认为是无名战士，你认为是谁？理由是什么？"这种提问方式有益于培养学生思维判断力，增强课堂活力。

设计种种提问方式，本身就是一种艺术创造。教师要使自己的课上得富有生气，一方面要注意灵活运用上面介绍的几种提问方式，一方面又要不断改革创新，使提问形式丰富多彩，全面发展学生的思维能力。

（三）提问艺术的基本要求

提问尽管各种各样，但设计提问都应遵循以下基本要求：

1. 精心设计，注意目的性

课堂教学的提问不是随意性的，要紧紧围绕着课堂教学的中心来进行。教师在备课时要精心设计提问的内容和形式，所提内容应具有典型性，反映教学的重点、难点和要点，否则就会偏离课堂教学中心，达不到提问应有的效果。

2.难易适度，注意科学性

提问不能让学生简单地回答对与不对，要以思考性的问题为主，从学生的最近发展区来着手，让学生"跳一跳才能摘到桃子"。如果问一些难度较大的问题，要注意设计铺垫性的提问。

3.新颖别致，注意趣味性

提问的形式和角度要新颖别致，使学生产生浓厚的兴趣，继而积极思考。

4.因势利导，注意灵活性

课堂教学千变万化，教师在提问时要注意根据实际情况有针对性地提问。不能不顾课堂情况的变化生硬地照搬课前设计好的问题，也不要在学生答不上来时一个劲地追问，而应多用疏导性提问启发引导学生。

5.面向全体，注意广泛性

问题要向全班同学提出，待学生思考后指定学生回答，不能先点名再提问题。另外，全班每一个学生都有自己的长处，为了每一个学生的发展，要善于设计难易不同的问题，让全班每一位学生都有经常被提问的机会，不能只提问少数"尖子"学生。

四、语文课堂教学的调控艺术

语文课堂教学是多种因素相互作用、共同构成的动态平衡系统，要使其按照一定的规律和步骤进行有序活动，教师必须随时了解学生课堂学习情况，适时调控教学活动的目标、内容、过程、方法、训练方式及学生的情绪等因素，以保证教学的质量和效率。

（一）课堂氛围的调控

课堂情境中充溢着的使人受到强烈感染的气氛与情调就是课堂教学氛围。构成教学氛围的要素有教师、学生、教学内容、教学方法、教学条件和教学环境等，其中教学内容起着定向的作用，决定着教学氛围的性质和情调。学生既是教学的对象，又是学习的主体，既有受动的一面，又有能动的一面。教学方法、教学条件和教学环境，对于优化教学氛围起着积极的配合作用。教师如何调动学生学习的主动性和积极性，是课堂氛围调控艺术的关键。所以，教师应充分利用各种要素的功能，在整合为教学艺术氛围的结构中释放出最大的能量。

1.准确把握教学内容的情感基调

课堂氛围的构筑必须以教学内容的基调为依据和出发点，与教学内容的主基调相和谐。选入中学语文教材的文章，多是古今中外的名篇佳作，无论是优美壮丽的自然景观，也不论是引人入胜的故事情节，还是呼之欲出的人物形象，都寄托着作者的情思，饱含着作者的情感。课堂氛围的调节控制必须与教学内容的主旋律和谐一致，根据不同的教学内容创设相应的教学氛围，或庄重，或轻快；或重认知冲突，激发思维火花；或重情感抒发，增加学习兴趣；或重操作训练，优化能力培养等等。忽视课文的基调，不注重学生的学习情绪和教学内容情感的协调一致，必然影响学生对课文的理解和把握，妨碍学生的健康发展。

2.灵活运用实施调控的有效方法

调控课堂氛围的方法和手段多种多样。比如可以借助导语调控，即在课堂开端通过精心设计，用简洁的语言创设良好的学习氛围，把学生情绪调控到最佳状态；还可以借助外部刺激，即运用直观手段，通过录音、录像、电影、电视等来创造和调节教学氛围，帮助学生形象化地理解所学内容；还可以通过激疑诱思，为课堂教学注入活力，使沉闷的课堂出现生机。调控教学氛围的方法很多，一方面要注意学习掌握，一方面也要努力探索，不断创新。

（二）课堂节奏的调控

节奏是指事物运动过程中有秩序的连续，它是美的重要因素。朱光潜先生甚至认为"节奏是一切艺术的灵魂"。语文教学作为一门艺术，其节奏变化对提高教学效率，增强教学艺术的感染力至关重要。所以，对教学的节奏调控是教学调控艺术一个不可忽视的方面。

调控语文课堂教学的节奏，就是要使教学活动的组织产生一种富有美感的规律性变化，即通过教师对教学材料和谐的组织和呈现，构建出一种与人的生理和心理节律相吻合的秩序，形成一种"波形"状态，从而构成一种美的流动。这种富有美感的节奏不是随意形成的，需要教师精心的创设与营构。教学艺术节奏主要表现在以下几个方面：

1. 教学语言抑扬顿挫

古人讲："唱曲之妙全在顿挫"，语言亦如此。抑扬顿挫、富有韵律感的教学语言可以增添教学的魅力，同时使教学具有鲜明的节奏。现代生理学研究表明，人在一种单调的声音刺激下，大脑皮层会很快进入抑制状态，而抑扬顿挫、具有节奏感的语言能有效地打破这种催眠刺激。所以，必须加强语言调控，讲究对教学语言的巧妙编排与合理组装。

教学语言的抑扬顿挫、轻重隐显要与教学内容相适应。一般地说，讲解教材的重点和比较深奥抽象的内容，应放慢语速，增强音量；如果是浅近易懂或本身节奏明快的内容，应加快语速，放轻音量；表现急切、震怒、兴奋、激昂、壮烈等基调的内容，可用快节奏的语言；表现宁静、优美、沉郁、悲哀、沉思等基调的内容，可用慢节奏的语言。如讲《听潮》一课的"涨潮"部分，需要用快节奏表现惊心动魄的壮美，而"落潮"部分表现的是温柔宁静之美，则需用慢节奏来传达。这样快慢交替，急缓相间，能渲染出与课文内容相吻合的课堂气氛，使学生产生情绪、情感上的模仿，在心中激起相应的感情，优化教学效果。

2. 教学方式间隔变换

教学方式的交替变换，有助于消除学生疲劳，保持注意力。教师在组织教学时，讲究教学方式的间隔变换和合理搭配，要有动有静，动静结合，如把老师讲授、学生讨论、练习等活动按照科学顺序有机组合搭配起来，使教学活动在动静交替中有节奏地进行，可以有效减轻学生的疲劳，以较长时间集中注意力。

板书也是调整教学节奏的有效手段，它从视觉上刺激学生，增加信息接受的渠道，给学生带来心理和行动的变化，使学生由听变看、由听变写，或边听边看边写等。也就是说，教师可通过板书引导和控制学生，使整个教学进程保持适当节奏。

3.教学内容疏密相间

教学信息量的疏和密直接影响学生心理感受的变化，疏给人舒缓、轻松的感觉，密给人急促、紧张的感觉。密而不疏，会给人以堆积感，学生容易疲劳；疏而不密，则会使人产生空疏感，学生情绪过于松弛，注意力难以集中。只有疏密相间，才会给学生带来有张有弛的心理节律，保持旺盛的精力。所以，教学内容的安排要区分详略并进行合理组合与布局。一般说来，重点难点要重锤敲，要学生精力高度集中，积极思考，以体现一个"张"字；学生易懂的非重点内容，则可在"张"中体现一个"弛"字。只有在紧张之中见松弛，激越之中见舒缓，学生才能在张弛相济、起伏有致的富有美感的节奏变化中轻松愉快地获得更多的知识。

4.节奏整体融洽和谐

语文教学的节奏艺术追求整体之美。它不能仅关注某些环节，而应综合考虑，全面安排，使构成各要素搭配合理，环环相扣，衔接自然，快慢相间，疏密有致，以构成整体节奏的和谐美。课堂教学节奏还应存在于每课时自始至终的渐变之中，使课堂教学体现出一种充满生机的流动美，给学生创设一种乐学的环境。

（三）课堂应变艺术

语文课堂教学是一个多变量的动态系统。它的复杂性和多变性，要求教师随时对课堂教学活动进行调节和控制，即课堂应变。所谓应变，是指教师在教学过程中，面对意外发生的情况，敏感地洞悉学生思维活动的态势，迅速作出反应，及时采取恰当的教学艺术。它表现在以灵活的教学方式处置教学中发生的种种问题，于冷处激之，求以热；于滞处变之，求以畅；于险处排之，求以奇。高超的应变艺术，是教学机智的反映。运用好应变艺术，要注意以下几个方面：

1. 因势利导

对教学中出现的突发情况，教师不能回避，最好的办法是沿着学生的思维轨迹积极引导。这样不仅可以迅速解决学生的问题，而且可以巧妙地把学生的问题纳入教师讲课的轨道。比如一位老师讲《从百草园到三味书屋》，当讲到"美女蛇"一段时，一个同学举手发问："老师，有美男蛇没有？"面对这种恶作剧式的发问，老师没有指责、训斥，而是因势利导，指出这位同学天真好奇，问得很有趣，但问的思路不对，他感兴趣的问题是美男美女，照此想下去，还可以问"有没有丑男蛇丑女蛇"。要知道，作者的思路是在"美女"和"蛇"的对比上，"美女"是迷人的外表，"蛇"是害人的本质，"美女蛇"比喻披着画皮的坏人。所以，"美女蛇""美男蛇"都一样，都是害人的蛇，都是喜欢骗人的害人虫。这样从现象到本质去思考，把学生的思路引向正轨，既稳定了课堂气氛，又使学生理解了"美女蛇"的深刻寓意。这位老师因势利导，化险为夷，而且借题发挥，把教学内容引向深入，表现出了高超的教育机智。

2. 对症下药

善于对症下药，要求教师在遇到意料之外的问题或者是学生答非所问时，应当及时把握学生思维的脉搏，抓住问题的症结所在，而后采取有针对性的措施。而不能节外生枝，不分轻重主次都详细评述或解说。如程翔老师在讲解《祝福》时，一位学生在回答问题时冒出一句："我劝祥林嫂独身！"此言一出，全班哗然。显然，这位学生用现在的观念去要求祥林嫂了。这个问题既破坏了原有的庄重、严肃的课堂气氛，也超出了教学所要研究的问题。老师意识到学生说出这种话不是想搞恶作剧，原因在于学生不了解当时的社会。于是，老师就势提出自己的问题："祥林嫂理解'独身'二字的含义吗？"学生回答："不理解。"老师又问："即使祥林嫂能独身，她是否能过上幸福的生活呢？"学生答道："不能。"老师再问："怎样才能使祥林嫂过上幸福的生活？"学生说："推翻旧社会，建立一个新社会，彻底解放祥林嫂，让她和我们共同生活在社会主义大家庭里。"老师的循循诱导，化险为夷，不仅及时扭转了课堂气氛，而且就势解决了教学中的主要问题。面对这样的意外，如果老师不分析问题产生的根源，就不分青红皂白地训斥学生，那会极大挫伤学生学习的积极性。

3. 见仁见智

课堂上常会有学生对教材内容或教师讲授内容提出一些不同看法，对这类情况，教师应保护学生敢于向教材、向权威、向老师挑战的积极性，允许学生对问题发表"见仁见智"的看法。例如特级教师宁鸿彬教学《口技》时，教师讲道："本文开头写了'一桌、一椅、一扇、一抚尺而已'，结尾又一次写道'一人、一桌、一椅、一扇、一抚尺而已'，这样重复，是作者有意安排的。这样安排的目的是，反复强调，首尾呼应，突出了口技艺人技艺的高超。"这时一名学生举手发言，提出了不同的看法："我认为只在结尾处写'一人、一桌、一椅、一扇、一抚尺而已'就行了，开头可以不写这些话。"对学生的观点，教师没有简单处置，而是引导学生说出自己的理由，谈谈这样安排的好处。"我认为开头不写'一人、一桌、一椅、一扇、一抚尺而已'，当读者看到后面口技表演的具体描写时，就会猜测口技人运用了多少道具。可读到结尾，才知道原来只有'一人、一桌、一椅、一扇、一抚尺而已'。这样，就会使读者想到：原来是这样！我想，这样会更加突出口技艺人技艺的高超，这样写，文章也更加吸引人。"之后，教师肯定地说："是的，你说的这种写法，就是在前文有意设下悬念，后文再把实情告诉读者。这种写法正如你所说的，具有吸引读者和突出口技艺人技艺高超的作用。这是一种很好的写法。"稍稍停顿以后，教师接着说："我讲过，文无定法。同一个内容可以这样写，也可以那样写，都会收到良好的效果。《口技》这篇文章，采用首尾呼应、反复强调的写法或者采用你提出的设置悬念的写法，表达效果都很好。这就说明，学习课文，不可死学，而要活学，创造性地学。也就是说，在深入领会课文的基础上，可以提出不同于课文的、具有创造性的正确见解。这样学习，收获会更大。"

从上例中可以看出，教者使两种不同的见解同时成立，不惟教材是从，不轻易否定学生的见解，而是从培养学生的创造性思维着想，有意识地培养学生的创造性思维能力。

高超的应变能力不是教师无原则的随心所欲，它建立在这样四个基础之上：

其一是渊博的知识。要想在瞬间判断学生说法的正误，没有渊博的知识不行。只有学生所言均在教师的知识范围内，教师才能够迅速判断并应对自如。如果学生提出的问题教师自己都搞不清楚，那又谈何应变？

其二是丰富的经验。"遇事不慌"与经验有着密切的关系，如果教学经验丰富，学生提出一个问题，教师有十种方法应对，自然应变自如。相反，平日不注意研究教法，不注意积累教学经验，遇到学生提出意料之外的问题，就会感到头脑中一片空白，茫然不知所措。

其三是精通教材。课堂上学生提出的问题，都和教材有着直接或间接的关系。有的问题只要细读教材就可找到答案；有的问题离教材较远，但也和教材有着某种联系。所以，只有精通教材，面对学生提出的问题才会胸有成竹，应对自如。

其四是谙熟教法。解决问题直截了当与迂回婉转，通俗易懂与深奥费解，与教师采用怎样的教学方法有着直接的关系。方法得当，则解决问题轻松顺畅；方法不当，则解决问题艰难阻塞。因此，掌握多种多样的教学方法，才能根据需要选择恰当的方法而为之。

应变能力是教师的一项重要的基本素质，并非神秘莫测，高不可攀。只要勤学习，善钻研，多积累，教学中就能做到"任凭风浪起，稳坐钓鱼船"。

第三节　语文教学艺术风格

语文教学艺术风格，是指教师在长期的语文教学艺术实践中逐步形成的、富有成效的一贯的教学观点、教学技巧和教学作风的独特结合和表现，是教学艺术个性化的稳定状态之标志。教学艺术风格是教学艺术所能企及的最高境界，也是教师达到高度成功时才具有的重要标志。一旦风格形成，就意味着自己的教学臻于成熟和完美。努力形成自己独特而鲜明的教学艺术风格，是众多语文教师的追求。

一、语文教学艺术风格的特征

（一）独特性

独特性就是教学艺术风格的个性化，它表现为教学艺术实践中的新颖、独特、别具一格。席勒曾说，最理想的风格就是具有"最高度的独特性"。因为每个教师都有与众不同的师承、教育、个性、学识、习惯以及生活际遇等，这种主体自身的独特性，就决定了教学艺术风格的独特性。而且教学艺术风格一经形成，就会在整个教学过程中都表现出其本质特征——独特性，在教学内容的处理、教学方法的选择、表达方式的运用等方面都打上教师的个性烙印。这种个性化的教学艺术风格只属于创造者自己独有，他人难以复制，而只能在观摩学习的基础上，结合自己的特征进行再创造。

（二）稳定性

教学艺术风格一旦形成之后，这种风格的主导精神会在一个相当长的时间内保持不变，这是风格的相对稳定性。稳定性是教师教学艺术成熟的重要标志，教师的教学艺术只有具备了比较稳定的特点，才能形成自己的教学艺术风格。如果一个教师在教学上变化无常，今天这样明天那样，尽管他有这样那样的教学经验和特色，也不能说他有自己的教学风格。缺乏稳定性，就谈不上风格。

（三）发展性

语文教学艺术风格的稳定性并不排斥发展性。因为任何一种艺术风格的形成都不是一天两天所能完成的，需要经过一个探索发展的过程。艺术风格的发展性要求教师要在稳定中求发展，要不断学习别人，突破自己，完善个人的教学艺术风格，这样才能有效保证其艺术风格的活力，这也是每个以教学艺术风格为执著追求的教师应该明确认识到的。

二、语文教学艺术风格的形成

语文教学艺术风格是教师在教学实践中长期探索、学习、创新而形成的。在形成过程中，它受到多种因素的影响，并呈现出阶段性。

（一）影响教学艺术风格形成的因素

从整体来看，影响教学艺术风格形成的因素可以分为内因和外因两个方面。外在因素如学校教与学的环境、教学对象等等，它们会不同程度地影响教师教学艺术风格的形成与发展。这里主要探讨影响教学艺术风格形成的内在因素，主要有以下三个方面：

1. 个性与人格特征

教师的个性特征表现为个人的兴趣、爱好、情感与气质等等。教学过程不仅是知识的授受过程，更是师生情感交流和共鸣的过程；它不仅要使学生的智力得到发展，更要使学生的情感态度得到发展。这些都需要教师具有吸引学生的情感特征。教师的人格魅力是教学中最宝贵的财富。它不仅在很大程度上决定教师能否促进学生人格的健康发展，而且对调动学生学习的积极性与主动性、促进学生的学习进步有着重要意义。教师的个性特征和人格的差异是形成各种不同类型和水平的教学艺术风格的重要内在因素。

2.认知结构

教师的认知结构主要是教师的知识结构，是指其知识的广度、深度、系统性、各类知识之间复杂而特殊的关系以及迁移性的强弱等。教师所具备的较为完善的知识结构中，除了要系统、扎实、深刻地掌握语文学科的专业知识和技能外，还应具备比较系统的相关学科的基础知识，比较系统的教育学与心理学的有关知识，并能自觉灵活地用以指导自己的教学活动。知识结构的完善性是教师形成教学艺术风格的知识基础。

3.思维品质

语文教学艺术要求教师的思维品质具有敏捷性、灵活性、感受性与创造性的特点。教师在教学艺术的创造过程中时时面临教学对象、教学内容、教学环境的变化，教师只有具备优秀的思维品质，才能恰当、迅速地调节课堂教学活动，求得最佳的教学效果。教师思维的品质与特点，对于形成不同类型的教学艺术风格有着直接而密切的关系。

（二）教学艺术风格形成的四个阶段

教师从初登讲台到最后形成独具特色的教学艺术风格，要经历长期的教学艺术活动的实践过程，这个过程大体可以分为四个阶段：

1.模仿性教学阶段

模仿是一般艺术风格形成的最初阶段，也是语文教学艺术风格形成的起点。教师刚开始教学，因为缺少教学经验和独立教学工作的能力，总是要模仿借鉴他人的实践经验，在教学方法、教学语言，甚至举例、手势、语调等方面都打上别人教学影响的印记。模仿的对象有两种：一是现实中教学艺术的典范，通常是一些著名的语文教育家，如于漪、魏书生等；另一种是平时所接触和熟悉的、对自己影响较深的教师，通常是自己的同事或身边熟悉的人。这一阶段的突出特点是模仿成分多，带有不成熟的"他人性"，自己创造性的成分几乎没有。应当说，在教学之初模仿是必要的，但必须明确，模仿是手段不是目的。随着教学实践的深入，要不断增强教学的自立因素，缩短模仿期的时间，尽快向高一层次发展。

2.独立性教学阶段

在模仿的基础上，经过自己的思考、加工，教师开始能用自己的语言、教学方法和表达方式进行教学，能按自己的理解独立完成教学的各个环节，标志着教师进入独立性教学阶段。独立性教学是教师教学艺术发展过程的关键阶段，它是教师形成教学艺术风格的前提条件。在这一阶段中，教师的个性化特征开始显现。通过积极的观察与思考，能将他人的优秀经验有机地融入自己的教学之中。别人的影子渐渐消失，自我形象逐渐建立。

3.创造性教学阶段

在独立教学的基础上，教师从自己的个性特点出发，进行艺术创造，进入创造性教学阶段。这一阶段教师教学的特点突出表现为对教学方法的改革与综合运用，自觉探索和研究教学结构和方法的最优化，追求最佳的教学效果。这时，教师创新与开拓意识增强，教学艺术水平不断提高。

4.有风格教学阶段

创造性教学所形成的一些自己所独有的教学艺术特征在实践中逐渐稳定下来，成为一种经常、反复表现出来的格调、风貌，这标志着教学艺术进入有风格教学阶段。在这一阶段，教师在教学过程的各个环节、各个方面都有独特的、稳定的表现，使教学呈现出浓厚的个性色彩，教学艺术达到炉火纯青的地步，这是教学艺术的最高境界，至此，教学艺术风格形成。

以上四个发展阶段，各有自己的特点，同时又有不可分割的连续性和不可颠倒的顺序性。在这种顺序发展过程中，教学的模仿性因素越来越少，而独创性因素越来越多。由独创性因素一定量的积累而引起质的变化，从一个阶段发展到另一个阶段，最后形成自己的教学艺术风格。

三、语文教学艺术风格的类型

对语文教学艺术风格的分类，从目前研究状况看，有多种认识和理解，这主要是人们划分的角度不同所致。根据教学艺术风格在教学过程中的不同表现，有以下几种基本类型：

（一）典雅型

这种风格以庄重典雅、严谨不苟、蕴涵深远为特点。这一风格类型的教师能准确把握教材的重点、难点，教学老练娴熟；对学生态度严肃、和蔼；教学语言质朴；教学风度沉着从容；教学中能放能收，举止自然，稳健和谐，有一种很浓、很深、很远的审美感觉。

（二）新奇型

这一风格注重创新，其特点是形式新颖，灵活多变，具有很强的吸引人的魅力。著名教师魏书生的教学艺术就属于这种风格。他认为，任何好的教学方法、管理方法都是相对于昨天而言。相对于今天，相对于明天而言，它都是不完善、需要发展的。只有不断采用新方法，才能提高工作效率，减轻昨天的繁忙程度。他的每堂课都有新的创造，听他的课，堂堂新鲜，很难找出固定化的模式。其实，新奇正是他的不固定中的稳定的教学艺术风格。

（三）情感型

这种风格的主要特点是感情充沛、热烈，具有很强的感染、震撼力量，师生关系融洽，教学配合默契。这一风格类型的教师强调教学中人的情意因素的作用，主张教学要以情感为基础。教师善于挖掘教材中的情感、形象因素，设置与教材相对应的情境，指导学生乐学；教学语言富有形象性、鼓动性、感染力，语言音色优美、和谐、声情并茂，课堂气氛热烈；对学生态度热情、真挚；教师性格开朗，风度潇洒。属于这种风格的著名教师有斯霞、李吉林、于漪等。

（四）理智型

这种风格的特点是教学逻辑严密，结构严谨，每一教学环节都丝丝入扣，特别重视学生能力的严格训练。这一风格类型的教师强调教学是一个特殊的认知过程，主要目的是要使学生学习知识和技能，发展智力。他们善于挖掘教材中的知识因素，在讲解中归纳出知识要点；内容精确，逻辑性强；教学语言准确、规范；对学生态度平易可亲，能机敏地回答学生的疑难；教师风度庄重沉稳。著名教师钱梦龙、宁鸿彬的教学艺术风格就属于这种类型。

（五）诱导型

这种风格以勤诱善导、举一反三、点拨开窍为主要特点。这一风格类型的教师擅长灵活处理教材，从教材和学生实际出发，适时提出富有启发性的问题，引导学生深入思考；循循善诱，启迪思维；尊重学生意见，培养学生见仁见智的能力；教学语言精炼、谐趣，能画龙点睛，一语破的；教学风度挥洒自如，宽容和谐。

以上简要研讨了五种不同类型的语文教学艺术风格。应当指出，教学艺术风格之间存在交叉和渗透，属于某一类型教学艺术风格的教师可能同时兼具另一风格的某些特点或因素。所以，分析语文教学艺术风格，既要抓住其主要的特征，把握住其类型的本质属性，又要注意全面分析，把握其风格类型之外的特色、优点，以获得整体的全面的认识。

第十二章　语文阅读教学

阅读是人类带有普遍意义的行为，是人类吸收文化财富、获得知识、认识世界的基本途径之一。阅读教学是语文教学的重要组成部分。让学生掌握阅读的方式方法，形成阅读的能力及良好的阅读习惯，是阅读教学的基本任务。

第一节　阅读教学的性质与目标

一、阅读的性质

由于读者阅读的内容、目标及阅读的方式和类型的不同，人们对阅读的理解也各有不同。国内外的学者对阅读这个内潜性很强的活动曾经从各个角度作过多方面的探讨。例如传统的"目视、口诵"说，现代的"思维活动"说、"阅读心理"说等。《中国大百科全书》对"阅读心理"是这样解释的："阅读是一种从印的或写的语言符号中取得意义的心理过程。阅读也是一种基本的智力技能，它是由一系列的过程和行为构成的总和。学习阅读，就是学习一系列的规则，学习如何从基本上是语言的书面文字材料中提取信息的方法。从语文心理角度来说，阅读活动则是从看到的言语向说出的言语的过渡。在这个过程中不是机械地把原文说出来，而是通过内部言语用自己的话来理解或改造原文的句子、段落，从而把原文的思想变成自己的。"现代阅读观认为，一般意义上的阅读是搜集处理信息、认识世界、发展思维、获得审美体验的重要途径。语文课程标准指出，阅读教学是学生、教师、文本之间的对话。我们可从以下三个方面理解阅读活动的性质和特点：

第一，阅读是吸收，是从书面语言符号中提取信息的学习活动过程。阅读就是通过视觉来接受书面的文字材料，从中学习知识，获得精神营养的活动。

第二，阅读活动是一个复杂的心智活动过程。阅读时，"读者先用视觉感知文字符号，然后，通过分解、综合、概括、判断、推理等思维活动对感知的材料进行加工，把经过理解、鉴别的内容归入或并列于已有的知识结构中，存储起来，根据需要随时提取并加以运用。"[①]而这些思维活动绝不是一次完成的。读者对于读物的视读和思考是经历了由局部到整体、由整体到局部，由形式到内容、由内容到形式的循环往复过程才最后完成的。同时，阅读活动是内潜的，"是从看到的言语向说出的言语的过渡"。在这个过程中，读者要用自己的语言来理解、改造原文，把原文的思想转变成自己的观点。所以，同样的文字材料对不同的人所代表的心理意义是不完全相同的。所谓"仁者见仁，智者见智"，就是对读者的能动性和创造性的概括。

第三，阅读是一种基本的智力活动，它是一系列过程和行动构成的总和。阅读过程中，读者在进行复杂的心智活动的同时，必然伴随一系列可

---

① 冯钟芸、张鸿苓等：《中学语文教学指导书》，人民教育出版社1988年版，第31页。

操作的行为。这种行动就是阅读的基本技能，它是阅读成功的必要条件。

二、阅读教学的目标

阅读教学是语文教学的重要组成部分，它几乎能直接或间接地落实语文教学的各项目的、任务，但阅读教学又有其独特的职能和目标。这里主要介绍阅读教学的特有目标。

从教师教学的角度看，阅读教学的基本职能就是教会学生阅读，使学生最终达到不待老师教而能读书的水平。叶圣陶先生曾说："阅读教学之目的，我以为首在养成读书之良好习惯。教师辅导学生认真诵习课本，其意乃在使学生渐进于善读，终于能不待教师辅导而臻于通篇明晓。"[①]可见，阅读教学的主要任务是培养学生浓厚的阅读兴趣和良好的阅读习惯，教给学生科学的阅读方法，使学生形成一定的阅读鉴赏的能力和自学能力。初、高级中学的语文课程标准，分别对阅读教学的目标作了较详细的阐述，为了便于认识和把握，下面我们分别介绍。

（一）培养学生的阅读兴趣和良好的阅读习惯

兴趣是动机中最活跃的因素之一，动机是学习的内在驱动力。阅读兴趣对激发学生的阅读愿望、提高阅读质量，具有重要的意义。语文课程标准中就指出："要重视培养学生广泛的阅读兴趣，扩大阅读面，增加阅读量，提高阅读品味。提倡少做题，多读书，好读书，读好书，读整本的书。"在阅读教学中，教师要注意培养学生的阅读兴趣，要依据不同的年龄阶段和不同学生的个性特点分别加以指导。教师激发和培养学生阅读兴趣的主要途径有：从阅读的价值和目的入手激发阅读的兴趣；利用读物内容的丰富性和趣味性唤起学生的阅读兴趣；通过检测和检查，借助激励手段来激发学生的阅读欲望。此外，教师自身丰富的阅读活动、教学手段和方法的艺术程度以及教师的阅读趣味等都对学生阅读兴趣的形成有直接的影响。

---

①《叶圣陶语文教育论集》，教育科学出版社1980年版，第726页。

　　心理学认为，习惯就是在一定条件下经常地完成某种行为的需要，是某种行动达到相当熟练程度后，对行动对象具有了高度适应性的一种稳定的心理状态。习惯一经形成，就不易改变，它会一直规范人的某种行为活动。因此，在学习和生活中都应养成良好的习惯。

　　良好的阅读习惯是阅读活动顺利进行的保证，也是阅读能力形成的条件，或者说它是阅读能力的组成部分。关于阅读的习惯，叶圣陶先生是这样解释的："所谓阅读书籍的习惯，并不是什么难能的事，只是能够按照读物的性质作适当的处理而已。需要翻查的，能够翻查；需要参考的，能够参考；应当条分缕析的，能够条分缕析；应当综观大意的，能够综观大意；意在言外的，能够辨得出它的言外之意；义有疏漏的，能够指得出它的疏漏之处。"[①] 现代阅读学理论认为，良好的阅读习惯主要指阅读卫生（合理的用眼时间、条件及眼距）、阅读速度（科学的眼停和回视）、读思结合、阅读中自觉运用工具书及参考资料等。良好的阅读习惯是学生终身受用的。习惯是在活动中渐渐形成的，阅读习惯的培养应渗透到阅读教学的全过程。

　　（二）教给学生阅读方法

　　正确的阅读方法是阅读取得成功的手段和方式。阅读得法，就能从读物中获得高品位的知识，得到多方面的收益，取得阅读的最佳效果。阅读的方法有许多种，按照阅读对象和阅读目的的不同，可分为三大类：一是参考和查阅的方法。包括阅读文章或书籍的提示、注释、思考练习及前言和后记的方法等。二是选择读物的方法。主要指判定读物版本类别及内容特征的方法。三是阅读具体文章和著作的方法。由于阅读的目的、读物性质及阅读类型的不同，人们在阅读活动中总结出了多种具体的阅读方法，从阅读的精细程度分，有详读和略读；从阅读的速度分，有慢读和速读；从阅读内容的广狭分，有精读和泛读；从阅读是否出声分，有朗读和默

---

　　①《叶圣陶语文教育论集》，教育科学出版社1980年版，第661页。

读、抄读、宣读、通读、摘读、扫读、跳读、猜读等。总之，阅读是一种综合性的技能技巧，阅读的方法也是灵活多样的。

在阅读教学中教会学生阅读的方法，指点学生阅读的门径，是阅读教学的一项重要任务。阅读方法指导的要点是：指导学生学会根据不同的阅读内容和目的，选择合理的阅读方法；帮助学生理解和掌握各种不同方法的特点、功能及运用技巧；举一反三，使学生在运用中学会阅读。

（三）培养学生的阅读能力

书籍是人类进步的阶梯，阅读能力是人类攀登阶梯的技能技巧。阅读教学的中心任务是培养和训练学生的阅读能力。阅读能力是顺利完成某项阅读任务或进行某项阅读活动的个性心理特征及相关知识和技能的总和。它是由多种因素构成的一个复杂的综合体。心理活动的集体运转，智力因素及非智力因素的积极参与，各种相关知识的综合运用，都是阅读能力形成和发展的基础，也是阅读能力考核的构成要素。阅读能力主要是指在阅读具体读物时的认读、理解、鉴赏及活用能力。这四种能力构成了阅读活动的四个不同阶段，也标志了阅读基本能力的四个不同层次。

1.认读能力

认读能力，就是识别、辨认字与词的能力。只有通过对文字符号的辨识，才能达到对文章大意的初步感知。认读的内容包括字词的音、形、义三个方面。认读能力的高低取决于认字数量的多少、质量的高低及速度的快慢。认读的原则是坚持音、形、义三位一体。此外，阅读教学过程中的认读，一定要结合具体语境来进行，根据语境揣摩语句含义，运用所学的语文知识，帮助理解结构复杂、含义丰富的语句，体会精彩语句的表现力。

2.理解能力

理解能力是阅读能力的核心。它是在认读的基础上，运用自己的知识和经验对读物进行联想、想象、分析、综合，最后概括出文章的思想内容和主要表达方式的能力。它使学生从整体上把握文本内容，理清思路，概括要点，理解文本所表达的思想、观点和感情；善于发现问题、提出问题，对文本能作出自己的分析判断，努力从不同的角度和层面进行阐发、评价和质疑。下面分别谈谈对词语、句段和篇章的理解能力。

（1）理解词语的能力

词语是构成文章内容的零部件，理解词语是整体把握文章的前提。但阅读文章并非需要对其中的所有词语都进行详细的理解，词语的理解是有选择性的。一般地说，对词语的理解分两个步骤。第一步是筛选，在认读的基础上，为了理解文章整体，为了解决文章中的某个问题，或是为了某种特定的目的，从课文中指出相应的关键性词语。第二步是选择和判断，这也是关键的一步。在语文教材中，就一般文章而言，它们所使用的词语绝大多数是中学生已经见到过、听说过或很快就能从音、形、义结合的途径达到理解的，学生在阅读文章时，需要将已知或当时认知的词语再现出来，在具体语言环境中选择出最恰当的义项。但在具体阅读活动中，我们会感到文章中有许多词语的用意不是从哪本工具书上能查得出来的。如在一定语言环境里具有特殊意义的词语，像《我的老师》中"我用儿童的狡猾的眼光察觉，她爱我们，并没有存心要打的意思"，其中的"狡猾"反映的却是儿童的聪明和机灵。还有许多词语传达出了言外之意，这"言外之意"也是工具书上没有的。所以，理解词语，不仅要理解词语的本义、比喻义、引申义、形象义以及感情色彩和语体色彩，还要在具体的语言环境中，利用已有的知识和经验，推断出词语在此情此境里所表达的特定内涵。因此，理解词语的关键是考查词语所处的语境。

（2）理解句、段的能力

词语是文章的血肉，句、段是文章的筋骨。通过理解句、段，可达到揭示文章主旨、概括文章表达方式的目的。理解句、段时，除了理解句、段的直观意义外，还要特别关注句、段的顺序，段首、段尾的概括性语句，段落的内部结构及外部联系等。句段理解的表现形式是对句、段的解释和阐释，即用自己的话表述出句或段所表达的内容。具体方法是：①对具体的材料加以概括；②对抽象的材料加以阐发；③对含蓄的内容讲清楚，使之确切、明了。

（3）理解篇章的能力

理解篇章，是在理解了字、词、句、段等具体文字材料之后，从文章整体出发，对文章的题目和文体、首尾段落、材料的详略及表达方式以及文章某个局部的内容进行分析、综合和概括的活动。对文章内容和形式的整体把握是一项更为复杂的心智活动。它不单单是对字、词、句、段理解结果的一种简单总结和概括，而且是在前一阶段理解的基础上，对课文进行更加深入的创造性的思维加工，运用联想和想象、拓展和创造等手段，深究课文的思想，品味课文的妙处，体会作者的意图，力求读出文章的真味，读出自己的个性。

3. 鉴赏能力

鉴赏能力是指对阅读材料的思想内容、表现形式和风格特点等方面进行鉴别、欣赏和评价的能力。它是在阅读理解能力的基础上进一步地发展和提高。它要求学生能综合运用语文及其他各种知识，以正确的审美观点对读物进行全面的鉴别、欣赏和评价。这种活动过程伴随着读者强烈的情感体验。鉴赏活动和理解是相辅相成、相互促进的。在许多情况下，理解和鉴赏几乎是同步完成的，因此，鉴赏能力的高低，直接关系到阅读理解的质量和效果。因此要指导学生学习鉴赏中外文学作品，使他们具有积极的鉴赏态度，注重审美体验，陶冶性情，涵养心灵；能感受形象，品味语言，领悟作品的丰富内涵，体会其艺术表现力，有自己的情感体验和思考。努力探索作品中蕴涵的民族心理和时代精神，了解人类丰富的社会生活和情感世界。

4. 活用能力

活用能力就是指阅读者能够把经过阅读理解、评价而储存起来的各种知识和信息，根据需要灵活提取使用的能力。阅读的目的是为了汲取知识并指导行动，读者能否从读物中摄取对自己有用的信息，并自觉用于实际，这是决定阅读成败的重要标志。活用能力是中学生必须具备的阅读能力之一。

活用能力贯穿于整个阅读过程，渗透于阅读活动的各个环节。因而对它的训练也应渗透在阅读方法的传授、阅读习惯的培养以及认读、理解、鉴赏各个环节中，而不仅仅靠阅读结束时的练习、作业及作文训练，而且还要培养学生学会灵活使用常用语文工具书，能利用多种媒体搜集和处理信息。

认读、理解、鉴赏和活用四种能力，既是构成阅读能力结构的基本内容，又体现了阅读过程的不同阶段。他们分别体现了不同层次的阅读能力相对独立的特点和要求，又表现出相互之间的交叉与重叠。因此，在训练学生的阅读能力时，既要保持各能力之间的独立性和阶段性，又要注意它们之间的交叉重叠和连续性，以保证学生的阅读能力在稳步有序中形成。

第二节　阅读教学的理念与方法

阅读是语文课程中极其重要的学习内容，语文课程标准对于阅读教学的本质及其特性，在理念上有较大变化，认为阅读教学是学生、教师、文本之间对话的过程。

这一阅读教学理念，是以对话理论为基础的。对话理论认为，作者与读者的关系，就其本质而言，体现了人与人之间的精神联系，阅读行为也就意味着在人与人之间确立了一种对话和交流的关系。这种对话和交流是双向的、互动的、互为依存的，阅读的过程就是思维碰撞和心灵交流的动态过程，是主体与主体之间的沟通。读者的阅读，尤其是文学作品的阅读过程，正是一种参与和创造的过程。

对话理论已被许多国家的教育家认同，并吸收到政府制定的有关母语教育的文件中。例如，美国宾西法尼亚州阅读能力评估咨询委员会给阅读所下的定义是："阅读是一个读者与文本相互作用、构建意义的动态过程。构建意义的实质是读者激活原有的知识，运用阅读策略适应阅读条件的能力。"[1]

在语文课标中也充分顾及了学生阅读态度的主动性、阅读需求的多样性、阅读心理的独特性，重视阅读活动中的多重对话关系。要求在阅读与鉴赏活动中，不断充实精神生活，完善自我人格，提升人生境界，逐步加深对个人与国家、个人与社会、个人与自然关系的思考和认识。注重个性化阅读，充分调动自己的生活经验和知识积累，在主动积极的思维和情感活动中，获得独特的感受和体验。学习探究性阅读和创造性阅读，发展想象能力、思辨能力和批判能力。对中国古代优秀作品，体会其中蕴涵的中华民族精神，为形成一定的传统文化底蕴奠定基础。学习从历史发展的角度理解古代文学的内容价值，从中汲取民族智慧；用现代观念审视作品，评价其积极意义与历史局限。[2]

在阅读教学中，让学生掌握科学的阅读方法，形成独立的阅读能力，必须做到两点：一是具有基本的阅读能力，能感受、理解、鉴赏、记忆文本，是为读懂。二是掌握正确的阅读方法，为达到自己的阅读目的，会用正确的阅读策略，是为会读。探索知识的方法比掌握知识更重要，比获得现成的知识更有价值。在阅读的过程中，学生应掌握哪些阅读的方法呢？一般来说，适合口头语言的训练，运用朗读法；适合深层阅读的，运用精读法；适合快速阅读的，利用速读法；有利于培养学生的创造性思维的，运用创造性阅读法。而其中由精读、略读、朗读、默读、背诵等方法构成的阅读法，是阅读教学特有的教学方法。

[1] 英国的英语课程大纲关于阅读的表述是："应鼓励学生做充满热情的、独立的、反思的阅读者。""应指导学生具体深入地思考读物的质量和深度，鼓励他们运用自己的想象力对作品的情节、人物、思想、词汇和结构作出反应。"

[2] 中华人民共和国教育部：《普通高中语文课程标准（实验）》，人民教育出版社2003年版。

一、精读

精读是对读物内容和形式作全面、深刻理解和把握的一种基本的阅读方法。宋代教育家朱熹说，读书要"字求其训，句索其旨""熟读而精思"，这其实就是精读。精读就是反复诵读、仔细揣摩、精读钻研、寻求要旨的一种阅读方法。精读要求读者能通过推敲词句，准确地理清文脉，把握文本意义，体会文本的思想感情，理解文本的构思及所运用的表现手法。

在阅读教学中，精读教学应是和词、句、段等内容融合在一起的，理解文本一般是从理解词语开始的。

阅读教学中的词语教学主要不是指课文中出现的介绍百科知识的词语，而是指属于语文知识范围的一些词语，即在课文中富有表现力的关键性词语，如起文眼作用的词语，具有对比和呼应关系的词语等。文本中的关键性词语，是作者为表达主旨而经过反复斟酌推敲选定的。对于读者，理解文本的第一步是能迅速而准确地筛选出关键性词语，然后经过反复揣摩、比较、分析等，理解其意义，体察其情感，最终达到理解文本意义的目的。

在精读过程中，应特别关注的句、段是：概括性的句子和段落，内涵丰富、语言凝练的句段，运用各种修辞手法集中的句段等。这些类型的句段是学生理解的重点和难点。句段教学的具体方法有很多，总括起来有两大类：一类是直接理解的方法，教师根据上下文联系，采取观察、联想、想象、对比、追问等手段启发学生直接通过句段的语言形式来理解其表达的内容。另一类是借助分析句段的语法、逻辑结构及其所运用的修辞手法，来理解句段的意义和作用。

词语和句段的教学是在篇章内容所规定的语言环境中进行的，其根本目的也是为了整体把握文本。在精读了词语和句段之后，对文本整体的研读则主要侧重于那些集中表现文本中心内容的段落，及对文本整体有特殊意义的各局部的内容，侧重于对文本内容与形式之间关系的探讨，这是篇章教学的主要内容。

二、略读

略读是与精读相对而言的一种不求其精熟，而着意于只求"观其大略"的阅读方法。略读要求读者能在大量快速阅读中，略去枝节，抓住主干，舍弃次要，抓住关键，快速准确地获取信息或确定需要精读的重点。但略读不是"一目十行，过目即忘"，而是既要"一目十行"，又要"展卷自得"，即要求在快速阅读的同时能反应迅速，摄取准确。

（一）略读训练的内容

为确保略读的准确和快速，中学生必须具备如下一些基本技能：

1.迅速捕捉关键性词语的能力

关键性词语是集中承载文章信息的元件，快速准确地捕捉到关键性词语，是略读的最基本要求。和精读不同的是，略读中的关键性词语可以是语文基础知识方面的，也可以是一般科学文化知识方面的，要根据不同的阅读目的来确定关键性词语的类别和范围。

2.迅速摘出重点句、段及句、段中心语的能力

重点句、段及句、段中的中心语是文章的信息集结处，抓住了它们也就抓住了文章的主干。

3.迅速准确概括全文的能力

能迅速准确概括文章的内容和表达方式，只求其大略即可，不必"纤细不遗"。

（二）略读教学的方法

1.编写提纲法

教师从阅读目的出发，指导学生编写不同类型的提纲。阅读教学常用的提纲有：段落结构提纲，情节发展提纲，人物描写提纲，景物描写提纲，论点论据提纲，事物发生发展规律提纲等。

2.摘画中心句、段或中心语的方法

例如《论雷峰塔的倒掉》一文，教师为了使学生理清作者构思的技巧，启发学生摘画出"希望"（倒掉）——"居然"（倒掉）——"终究"（倒掉）——"活该"（倒掉）等语句。

3.运用法

教师提供一定的语言实践环境，指导学生从文章中引述材料来证明观点、说明现象或解决生活实际问题。

4.讨论或竞赛法

上述略读教学的内容和方法主要是针对语文课内阅读教学而言的。中学生学习阅读，是为了将来能阅读各种文章和书籍，而这种阅读又多以略读为主，所以略读指导应和课外阅读相结合进行。叶圣陶先生在《略读指导举隅》一书中曾建议略读指导应做好以下几项工作：第一，读书前的指导，包括版本指导、序目指导、参考书籍指导、阅读方法指导及问题指导（提出阅读的具体任务要求）；第二，阅读过程中的指导，主要包括组织学生阅读、交流、讨论，指导学生写读书笔记；第三，读书成绩考核。考核的标准有两个，一是考查学生对读物的认识、理解及运用，即精细正确；一是检测学生阅读的速度，即敏捷迅速。

三、朗读

朗读是在认读和理解的基础上，将书面语言转化为准确而连贯的有声语言的活动，它是一种眼、口、耳、脑并用的阅读活动。朗读是中学生必备的阅读技能。朗读教学对促进学生对课文的理解具有多方面的作用。首先，朗读是理解课文的重要方式之一。朗读可以把静止的书面语言化为声情并茂的有声语言，从而调动了读者的口、眼、耳、脑，显然比仅用眼、脑来"看"要优越得多。叶圣陶先生也强调："要亲切地体会白话与文言的种种方面，都必须花一番功夫去吟诵。"叶老所谓"吟诵"近乎我们今天的朗读。其次，朗读可以"传出文字的情趣，畅发读者的感兴"，可以把读者对文章的理解、体会及感悟传达出来，使读者在反复朗读中体会和感受文章的内容美、形式美及语言美。再次，朗读有利于加强记忆效果。

（一）朗读教学的内容

朗读教学的内容包括两方面，一是借助朗读使学生理解课文，二是训练学生的朗读技巧。关于对文章的理解，我们在精读、略读中谈了许多，这里重点谈谈朗读技巧的培养。

朗读的表达方式主要体现在重音的识别和表达、停顿和连贯、语调的选择和把握、朗读的速度等四个方面。

1.重音

朗读时，由于表情达意的需要，我们在声音、气息力量的分配上有轻有重，有强有弱。一个词、词组或句子里重读的音，我们称之为重音。

重音一般可分为词的重音和语句重音两类。词的重音就是一个多音节词的内部需要重读的那个词素。语句重音是指语句中对表达情感起重要作用的部分。语句重音又分为逻辑重音、语法重音和心理重音。

指导学生朗读课文时，首先启发学生根据语言文字所表达的不同内容及情感，识别、确定重音，其次教会学生运用恰当的方式表达重音。表达重音的一般方法有：加大音量，加强力度；在重读音节前后稍加停顿；用拖音延长音尾的办法造成缭绕之势；一字一顿，重音轻读；利用音调节奏的变化帮助显示重音等。

2.停顿和连贯

停顿是语流中声音的中断现象。从生理上来说，朗读中间需要换气；从表情达意上看，朗读时需要把不同语句、层次及段落之间的内在联系与区别传达出来，所以朗读中的停顿是必不可少的。停顿指导的要点是指导学生依据不同的表达需要，识别不同类型的停顿，并能较好地把握停顿的时间。停顿有四种类型：结构停顿，就是显示文章结构层次关系的停顿，如正文与标题之间、段与段之间、句与句之间的停顿；语法停顿是根据语法结构所做的停顿，如主语和谓语之间的停顿；逻辑停顿，是为了突出或强调某些内容之间的逻辑关系所进行的停顿；心理停顿，是为了渲染某种情绪、气氛而在表情达意最集中的词句上所做的停顿。这四类停顿在许多情况下是重叠的，一处的停顿往往既是语法停顿又是心理停顿或逻辑停顿。停顿的时间一般从三拍到半拍、三分之一拍不等，具体时间由朗读的内容和读者对材料的理解情况而定，不可强求一律。

与停顿对应的是连贯。朗读中的连贯是指语流中声音的延续和连续。在朗读时，我们会遇到这样的情况：有许多语句中间是有标点符号的，但由于前后句子之间的关系特别紧密，这里的停顿就比别处相应标点的停顿短，否则就可能割断前后句子的语音，就要读破句。如前后句子之间是状语与谓语的关系、主谓关系、连动关系等，都必须注意连续。

3.语调

语调即朗读时声音高低起伏、强弱更替、抑扬顿挫的变化。不同的语调表达出不同的感情。昂上调一般表达责备、反问、惊疑、命令、宣告、鼓励等情感。降抑调在朗读时有说明、解释、请示、怀念、同意的意见，也表达坚决、自信、肯定的态度。平直调一般用于陈述句，含有迟疑、克制、冷静、深思情绪的句子一般也用这类语调。曲折调多用以表达讽刺、含蓄、厌恶和意在言外等感情。

指导学生朗读时，应教会学生从不同的语调中领会所表达的不同内容和感情，并会运用不同语调表达不同内容。语调的把握和运用，总是受文章基调的制约，所以朗读时首先应指导学生把握课文的基调，即根据课文所表达的感情倾向来确定朗读的基本调子，或热情奔放，或深沉凝重，或平淡沉静，或奋发激昂。

4.速度

速度是按朗读课文时节奏的快慢变化。朗读的速度与课文的体裁有关，同时也受制于课文的基础。朗读一篇具体课文时，其速度的把握还应与作者所表达的情感一致，与具体语句的重音、停顿、语调相吻合，快中有慢，慢中有快，急缓有致，体现出作者感情的发展变化。

（二）朗读教学的方法

1. 示范法

示范法就是组织学生听教师范读或播放录音，使学生带着某种目的和要求听规范的朗读。示范法可促进学生领悟朗读的诀窍，提高朗读能力，同时也能激发学生的阅读兴趣，加深对文章的理解。

2. 技能训练法

技能训练法是教师采取各种方式，有针对性地训练学生的朗读技巧，提高朗读能力。技能训练的内容主要是前面论述的朗读表达技巧的四要素。

四、默读

默读是不出声的读。它是阅读的基本方式之一，也是阅读教学的终极目标。默读不需要逐字逐句地细看，常常伴随着跳读和猜读，可以大大加快阅读的速度。此外，默读不必辨别字的声调，省去发音、监听等活动，便于读者将注意力全部集中于对课文内容的思考和理解上。

默读技能的标志是：理解、速度、识记和评价。

默读教学要首先培养学生不出声、不指读的阅读习惯。其次在不同的教学环节，指出不同的认知、理解和评价的具体要求，采取限时限量的方式指导默读，训练学生默读技能。

五、背诵

背诵是学习语文的一种重要方式。我国传统的语文教学十分重视背诵。死记硬背固不可取，但以科学的方法、按记忆的规律指导学生背诵，是使学生理解课文、积累语言材料、丰富文化知识的重要途径。

指导学生背诵要注意的问题是：第一，背诵的内容应精选。一般就是最具典范性的课文，或课文中的精彩片段、重点段落，不可凡文即背，以免加重学生负担，挫伤学生的积极性。第二，背诵的方法要科学。指导学生运用关键词语记忆法、分段分层记忆法、概括性句段记忆法等各种方法背诵，并向学生介绍记忆规律，帮助学生及时复习和巩固。第三，背诵的时机要合理。背诵必须在理解的基础上进行。背诵一般要安排在精读之后，在学生对教材进行了充分的理解、评价之后再提出背诵的要求，并且要作详细的指导，帮助大多数学生在课内完成，而不可随便提出"某某课文或段落需背诵"之类的要求，使学生对背诵产生畏惧心理，使背诵变成学生的压力或负担。

第三节　各类文体的阅读教学

依据语文课程标准"构建开放而有活力的语文课程"理念，语文课程形态的多元选择已渐成现实，语文教材编写模式的多样化格局亦初步实现。但无论何种形态的课程形态或教材模式，文章必定依然是语文课程的基本构成要素。文章总是具体的，"文无体不立"。明代学者徐师曾在《文体明辨·序》中说："夫文章之有体裁，犹如宫室之有制度，器皿之有法式也。"明代陈洪谟也说："文莫先于辨体，体正而后意以经之，气以贯之，辞以饰之。"这是对作者的创作要求，而读者同样需要先辨体裁，才能认识其内蕴。因为，不同的文体因其反映的内容、表达方式、语言风格、思维形式、文章要素、结构特点等方面的差别，决定着读者的阅读目的和阅读方式的不同。所以，阅读文章总是离不开文体的因素。而有效的表达与交流，写出规范合体的文章，就更需要文体的知识和运用文体的技能了。因而，文体是语文教学的重要内容之一，它既是手段，也是目的。

文体，是指独立成篇的义本体裁（或样式、体制），是文本构成的规格和模式，它反映了文本从内容到形式的整体特点，属于形式范畴。文体在某种意义上说就是表达，每种文体都具有某种对现实社会内容的表达功能，这是文体的本质特征，也是它产生和存在的前提，表达方式是文体特征的重要标志，不同的表达方式，决定了文章的不同体裁。所以，以表达方式为标准划分文体，是语文课程标准凸显的一种价值理念。

依据表达方式的不同，参照其社会功能，语文教材中入选的文章一般分为文学作品和非文学作品两大类。其中，文学作品可分为叙事性文学和抒情性文学；而非文学作品可分为记叙性文体、说明性文体和议论性文体。

文学作品的构成相对比较单纯，一般是指最常见的诗歌、散文、小说和文学剧本，而非文学作品包括常用文体和应用文体两大类，其中每一类别中又包含若干种具体生活情境下的具体文体。结合中学语文教学的实际，我们这里主要探讨常用文体与文学作品的阅读教学。

一、常用文体的阅读教学

常用文体通常是指人们在日常工作、学习和生活中常见多用的记叙性、说明性和议论性文体。强调上述三种常用文体的阅读与写作，是语文独立分科以来的传统教学思想，也是语文的文化修养功能逐步让位于工具性功能的主要标志。这一传统贯穿于整个20世纪的语文教育，直到新世纪新课程标准的颁布与实施。当时，新课程标准表现出淡化文体的"理念"：既没有在总目标中涉及具体文体知识及读写要求，也没有关于记叙文、说明文、议论文阅读教学的独立条目。但是，分别潜藏于课标各章节其中的相关信息依然表征着课程标准对常用文体"淡而不忘"的信念：

能复述叙事性作品的大意，初步感受作品中生动的形象和优美的语言，关心作品中人物的命运和喜怒哀乐，与他人交流自己的阅读感受。

在阅读中了解文章的表达顺序，体会作者的思想感情，初步领悟文章的基本表达方法。

阅读说明性文章，能抓住要点，了解文章的基本说明方法。

在阅读中了解叙述、描写、说明、议论、抒情等表达方式。

阅读简单的议论文，区别观点与材料（道理、事实、数据、图表等），发现观点与材料之间的联系，并通过自己的思考，作出判断。

写记叙性文章，表达意图明确，内容具体充实；写简单的说明性文章，做到明白清楚；写简单的议论性文章，做到观点明确，有理有据；根据生活需要，写常见应用文。

——《义务教育语文课程标准（2011年版）》

进一步提高记叙、说明、描写、议论、抒情等基本表达能力。

——《普通高中语文课程标准（实验）》

上述信息从记叙、说明到议论、抒情，从低级到高级，从阅读到写作，文体知识学习和技能训练的思路清晰可辨。因为学生不了解文体知识，就等于没有掌握阅读和写作各类文章的抓手。由于文体知识的基础性功能，新课标在义务教育阶段给予了更多的关注，亦即文体教学的基本任务必须在这一阶段完成。所以在现实的教改背景下，我们必须从新的方位、新的视角来研究常用文体的阅读教学。

（一）记叙性文体教学

记叙性文体是以写人、叙事、写景、状物为主要内容，以叙述、描写为主兼以议论和抒情等多种表达方式的一种文体形式。记叙文通过人物活动、事件经过、环境变化的具体叙述和形象描绘，来反映事物的本质，表现作者的观点。这种文体具有广泛的社会实用价值，其表现形式也多种多样。

1.课标教材中记叙性文体的特点

课标教材中的记叙性文体，大体可分为"叙事"与"写人"两大类。具体又可分为：回忆往事类；事件记叙类；人物写真类；世相写生类；新闻报道类等。其中有相当一部分写人记事文在文体上属于"散文"乃至小说，但在教学上，特别是在小学与初中阶段的语文教学中，一般不从文学作品的角度去进行教学，而是从记叙性文体的角度进行教学。对此，教材的编者也强调：我们在选编课文的时候，突破了旧有的束缚，大量选入文学作品。我们把文学作品作为记叙类作品的典范来对待，正是对课程标准的顺应与尊重。

为了匡正文体教学过于抽象与僵化，也为了顺应淡化文体的文化语境，新课标力求改变过去那种非此即彼，不容混淆的文体分类方式，不再一味强调选文的文体观念，语文教材也不再按文体进行编排、螺旋式上升且读写基本同步，而是采用"主题单元"包容"知识体系单元"的双线结构方式，即以话题或专题的方式来组织单元，既没有独立的所谓"记叙文"单元，也没有系统的、循序渐进的有关"记叙文"阅读能力培养的线索，只是将其文体知识和能力训练要求零散地隐含在各个主题单元之中，必须经由语文教师的细心观察，精心梳理，才能发现线索，把握规律。这无疑为教师的教学带来了一定的难度，但同时也带来了自由的空间和创新的机遇。

2. 记叙性文体阅读教学的理念

课标教材中记叙文阅读教学的重要理念，与课标所阐释的语文教育、教学的基本理念及其中的阅读教学理念是基本一致的。

第一，要坚持工具性和人文性的统一，加强人文因素的教育。

第二，要让学生在大量的语文实践中掌握运用语文的规律，防止以文体知识的解说替代学生对文本的体验。

第三，积极倡导自主、合作、探究的学习方式，提倡对话教学。

第四，注意语言的积累、感悟和运用；注重培养学生良好的语感和整体把握的能力。在发展语言能力的同时，发展思维能力，激发想象力和创造潜能。

第五，重点训练学生对读物的综合理解能力，注重精读、略读、浏览能力的训练，注重词句理解、文意把握、要点概括、内容探究、作品感受等方面的教学。

3. 记叙性文体阅读教学的要点

第一，正确处理记叙文教学与单元主题之间的关系。

记叙文阅读训练，既要落实在教材的有关单元之中，又要支撑它所在单元的教学主题。

在语文教材中，我们难以抓住"记叙文"阅读能力培养的循序渐进的线索，但却必须尽最大努力从教材中找寻到一些蛛丝马迹，将记叙文的阅读训练落实在教材的有关单元之中，而不能因为训练要求的不明确而有所忽视。另一方面，依据语文教材的体系特点，单元内的课文都从不同角度支撑着单元主题，每篇文章都必须服务于其特定的单元目标，以此来体现教材的"系统性"。所以，记叙文阅读教学的设计，又要支撑它所在单元的教学主题，在单元主题范畴内适时恰当地进行文体教学，而不可游离其外。

第二，记叙文阅读教学的设计，要关照到课文本身的训练或教学任务。

从文体教学的角度看，记叙文阅读教学"本身"主要有五大任务：

①让学生了解"叙述"这种表达方式，教给记叙文文体知识，训练学生阅读记叙文的能力。有些文体知识是非教不可的，如果文体淡化到让学生连新闻的要素、记叙的顺序之类的知识都不知道，那还奢谈什么语文素养？

②在阅读教学中让学生感受与学习记叙文写作。记叙文阅读教学的重要任务之一就是让学生感受记叙的顺序，学习观察的方法与角度，知道怎样选材与立意，并品味记叙与描写、抒情的关系。

③训练与提高学生的阅读水平，使学生在阅读中能把握叙事性作品的人物与事件，对作品中感人的形象、动人的情境和有特色的语言，有自己的感受、体验与评价，不断丰富自己的精神世界。

④进行语言教学，引导学生揣摩记叙文的语言特点，培养学生的语感，丰富学生语言的积累，提高学生理解与运用祖国语言文字的水平。

⑤开展丰富多彩的课堂活动，让学生在大量的语文实践活动中学习语文，并进行自主的、合作的、探究的学习，发展语言能力，发展思维能力，激发想象力和创造潜能。①

---

① 余映潮：《从新的视角来研究记叙文阅读教学》，《语文教学通讯·初中刊》2005年第1期。

（二）说明性文体教学

说明性文体即通常所说的说明文。依据说明对象与说明目的的不同，说明文可分为事物说明文和事理说明文两大类。事物说明文通过对具体事物的形状、构造、性质、特点、用途等作客观而准确的说明，使读者了解、认识这个或这类事物。事理说明文则是将抽象事理的成因、关系、原理等说清楚，使读者知其然并知其所以然，明白事理。不过，在具体的说明过程中，介绍事物与阐释事理有时往往是交错使用的。

从说明语言、表达方式的使用情况看，还可以把说明文分为平实说明文和科学小品两类。科学小品又叫文艺性说明文。把抽象、深奥的科学知识通俗生动、深入浅出地介绍给读者，达到普及科学知识的目的，是科学小品的主要特征。与平实说明文相比较，达到普及科学知识的目的，是科学小品的主要特征。与平实说明文相比较，科学小品短小精悍，表现手法灵活多样。它常采用拟人的手法或漫话的方式娓娓而谈，吸引读者，或用引人入胜的故事、优美的诗句引入正文，然后解说事理。描写、抒情、议论等表达方式常被综合运用在行文中。中学语文教材中入选的说明文大多属于文艺性说明文。

1. 课标教材中说明性文体的特点

无论是义务教育阶段还是普通高中的语文教育，综合各个版本的新课标教材，其中的说明性文体主要包括：事物说明文——说明建筑物的、说明动物的、说明物品的；事理说明文——侧重说明事物现象和发展生成规律的、侧重说明科学知识的、侧重说明生态问题的等。与记叙性文体一样，这些说明文既不是集中编排，也未能自成体系，而是分别穿插在各相关主题单元之中。这种编排方式凸显了语文课标教材清晰明确的双线结构：以语文与生活、社会、文化、人文的关系为外在线索，以阅读能力的形成和发展为内在线索，彰显着力提高学生理解和运用祖国语言文字能力的课程基本目的，体现工具性与人文性统一的课程基本特点。

2. 说明文阅读教学设计的要点

第一，摆正说明文教学的目的。

说明文的教学，总是无法绕开说明的顺序、结构、方法、语言及对被说明对象的把握，但仅仅局限于对文体知识和说明内容的把握，把每篇说明文肢解为相同的几个要素而反复说教，把说明文教成语文知识课或科学知识课，这是违反语文教学初衷的。另一方面，也不能因为缺乏对自然理性的研究而习惯了从文学的角度进行语文教学，把说明文上成不伦不类的文学欣赏课。如《看云识天气》、《大自然的语言》等，人们只津津乐道于其开头部分的文学性描写。说明文教学的正确思路是，从文体知识入手，以说明对象（内容）为桥梁，落实到学生阅读能力的发展、人文素养的形成及科学精神和科学思想方法的养成，充分体现语文课程教学三个维度的目标体系。

第二，从科学的角度进行解读。

科学性是说明文的立身之本。在语文教学中，说明文的科学性，一是表现为被说明对象自身的科学性，二是表现为说明过程的科学性以及从中体现出的科学知识探索者的科学精神和科学思想方法。对中学生而言，科学精神和科学思想方法才是终生受用的，语文课程标准中单列"阅读科技作品，还应注意领会作品中所体现的科学精神和科学思想方法"以示强调。

科学是不断向前发展的，科学的结论有时只代表一时，且不一定都是正确的。从科学的角度进行解读，必须要打破对文本、教师教学用书的尊崇跪拜心理，鼓励学生以科学的批判精神去解读说明文。教师可以就作者行文逻辑上的错误，或是编者解读错误，文本中的模糊点之处，或有待于进一步验证的地方设计创新点，来培养学生的科学精神。

从科学的角度进行解读，宜把说明文放入相关的科学领域或背景中进行教学，在展示人类新探索成果的过程中体现其不懈的科学探索精神。如《中国石拱桥》与中外桥梁发展史；《故宫博物院》与中国（世界）建筑艺术;《奇妙的克隆》与最新克隆技术;《大自然的语言》与物候学发展状况等。

第三,与综合性学习活动相结合。

说明文的内容相对比较简单,学生不难理解,而与语文教材中的文学作品相比,学生对说明文自然不是很感兴趣。所以,说明文的教学只能从自身寻求突破。除了依据语文课标改革的理念要求在自主、合作、探究等学习方式上下功夫,更要发挥说明文易于和其他学科渗透交融的特点,努力开发跨学科的教学资源,贯彻"生活语文""大语文"教育理念,与综合性学习活动密切结合,以获得新的活力。

(三)议论性文体教学

议论性文体是以议论为主要表达方式,运用概念、判断、推理来阐明作者的观点和主张,论述道理的文章。阅读议论性文体有利于提高学生辨别事物、逻辑推理的能力,有利于发展学生的抽象思维能力。议论性文体的阅读教学,要引导学生准确理解和掌握这一文体的基本知识,包括议论文体的类别,议论文体的基本要素和表达方式,议论文体的结构和语言,论证的方式和方法等等,培养学生议论说理的思辨性、深刻性,发展学生的智力。

1.课标教材中议论性文体的特点

在各种版本的课标语文教材中,议论性文体大体可分为一般议论文、杂文、随想、情境型议论文等几种类型。一般议论文属于最常见、最规范的议论文,一般按"提出问题——分析问题——解决问题"的结构展开论证,层次清晰,论据充实,其论述内容大多以人生理想、道德修养、哲理启迪等为主,因而最适宜初学者学习和模仿借鉴。杂文一般又称为文艺性议论文,它除了具备一般议论文严密的逻辑性特点之外,尤以"贬锢弊常取类型"的形象传神和"论时事不留面子"的辛辣犀利而见长。随感则多以深刻、凝练、形象的阐释和感发连缀而成,一般不展开详尽的论证。情境型议论文如演讲稿、颁奖词、悼词等,属于特殊的议论性文字,多与特定的情景与情感相关联。

杂文、随想、情境型议论文以及其他类型的议论文虽然各有特色，各具特点。但均未能脱离议论文的共有特点，即言之有理（观点）、言之有物（根据）、言之有序（逻辑）、言之有度（严密的分寸）。

2.议论文体教学设计的基本思路

"言之有理"、"言之有物"即所谓有理有据，属于议论文的"内容"范畴；"言之有序"、"言之有度"说的则是议论文的"形式"，即文章是以怎样的说理方式来打动读者并使其信服。在议论文教学过程中，师生往往过多地关注"内容"而忽略"形式"。其实，议论文的"形式"本身也是"内容"，也是"道理"。没有严密的逻辑推理和论证结构，"观点"和"道理"就会变得苍白无力、无所依附。因而，在教学实践中，议论文的"结构"问题显得更重要一些。抓住作者的议论思路，感知"结构"，剖析"结构"、认同"结构"，就能寻找到议论文教学的突破口和着力点。所以，议论文教学设计的基本思路是：以议论文常识作铺垫，整体感知，把握全局——以梳理论证结构与论证方式为依托，深入剖析——运用所学议论文知识，拓展和迁移。①

3.议论性文体教学的设计策略

议论文用判断推理的方法，摆事实、讲道理，主要是晓之以理，以理服人，使读者"知之深而信之笃"。对于阅读心理尚属于故事期和文学期的中学生而言，接受起来自然存在一定的拒斥心理和畏难情绪。因此，议论文的教学特别需要情境创设、唤情激趣。

（1）唤情激趣策略

议论文是说"理"的，但议论文的"理"不是干巴巴的数理化证明题，而总是寓理于情趣之中。无论何种类型的议论文，总要表现出作者一

---

① 李卫东：《依乎天理：如析薪，如解牛——"议论文教学"小讲》，《语文教学通讯·初中刊》2005年第3期。

定的观点、立场和态度，而任何观点、立场和态度都必然包含一定的情感。不过议论文中的感情一般不是表现为明显的激情，而是蕴涵在议论或描写之中，把深厚的情感渗透在字里行间，透过富有感情色彩的词句或某些修辞手法，以达到寓情于理，情理结合。

议论文因有情固能激趣，此其一。其二，文章特殊的说理方式、作者的深刻见解及闪耀其中的智慧之光，同样也可激发读者的阅读兴味。议论文本身的"情"、"趣"因素，为教师教学设计的唤情激趣提供了基础。只要教师能悉心钻研教材，精心设计教学方案，创造性地运用教学艺术，定能激发学生阅读议论文的情趣。具体可从如下方面入手：

第一，充分发挥"读"的作用。语文教学中的朗读，并不仅仅适用于诗歌和散文，议论文的铿锵有力、节奏起伏、张弛有度等特征都可以通过朗读表达出来。恰如其分、不失时机的朗读自然是激发情感的重要方式之一。

第二，挖掘文章的独特之处。引导学生通过对比联想等方式，寻找文章在内容或表现手法上的独特之处，体会作者的智慧和出人意料，以激发学生的新奇感和探索精神。

第三，联系生活实际，引导学生体会"观点"和"道理"的人文、伦理背景。

（2）情境创设策略

第斯多惠曾说，教学的艺术不在于传授的本领，而在于激励、唤醒、鼓舞。创设具体生动的学习情境，激发学生的学习热情，是议论文教学的应有之义。在议论文教学中创设情境，常用的方法有：故事导课，创设乐学情境；巧妙质疑，创设阅读情境；适时点拨，创设思考情境；评价鼓励，创设愉悦情境等。

二、文学类文体的阅读教学

文学类文体的教学，是指小说、散文、诗歌、文学剧本等文学文体的教学。文学类文体作品是通过感性的形象反映生活，全面表现人和人之间的关系，人的性格、思想和情感的一种艺术形式。文学作品的教学，除了应遵循语文阅读教学的一般规律、原则，服从于语文教学的总体目标之外，还应尊重文学文体的固有特性，重视文学教育的自身规律和特点。关于文学类文体的阅读与教学，语文课标有如下的提示与要求：

能够区分写实作品与虚构作品，了解诗歌、散文、小说、戏剧等文学样式。

欣赏文学作品，有自己的情感体验，初步领悟作品的内涵，从中获得对自然、社会、人生的有益启示。对作品中感人的情境和形象，能说出自己的体验；品味作品中富有表现力的语言。

了解课文涉及的重要作家作品知识和文化常识。

文学作品阅读的评价，着重考察学生感受形象、体验情感、品味语言的水平，对学生独特的感受和体验应加以鼓励。

可通过考察学生对形象、情感、语言的领悟程度，以及自己的体验，来评价学生初步鉴赏文学作品的水平。

——《义务教育语文课程标准（2011年版）》

学习鉴赏中外文学作品，具有积极的鉴赏态度，注重审美体验，陶冶性情，涵养心灵。能感受形象，品味语言，领悟作品的丰富内涵，体会其艺术表现力，有自己的情感体验和思考。努力探索作品中蕴涵的民族心理和时代精神，了解人类丰富的社会生活和情感世界。

在阅读鉴赏中，了解诗歌、散文、小说、戏剧等文学体裁的基本特征及主要表现手法。了解作品所涉及的有关背景材料，用于分析和理解作品。

阅读文学作品的过程，是发现和建构作品意义的过程。作品的文学价值，是由读者在阅读鉴赏过程中得以实现的。文学作品的阅读鉴赏，往往带有更多的主观性和个人色彩。应引导学生设身处地去感受体验，重视对作品中形象和情感的整体感知和把握，注意作品内涵的多义性和模糊性，鼓励学生积极地、富有创意地建构文本意义。应引导学生在阅读文学作品时努力做到知人论世，通过查阅有关资料，了解与作品相关的作家经历、时代背景、创作动机以及作品的社会影响等，加深对作家作品的把握。

——《普通高中语文课程标准（实验）》

撷其要点，一是了解和把握文学作品的文体知识和与此相关的文化常识，二是注重精神价值的摄取，三是重视个性化阅读，四是侧重阅读中的情感体验和审美感受，五是关注作品意义的构建性。

（一）小说教学

小说是一种"集大成"的文体，它包含了诗歌的真挚和抒情，散文的洒脱和自由，戏剧的凝练和冲突，而它自身又具有反映生活的广阔性，故事情节的曲折生动性，人物刻画的丰富性、深刻性，情节、人物、环境的完美交融性等审美特征，再加上精妙的语言、独特的构思等，使小说成为深受读者喜爱的文学样式。小说教学能够提升个性解读能力，丰富感情体验，完善人格修养，升华人生境界，深化对生活和世界的理解和认识。小说教学，既不同于一般的叙事性文章，也不同于诗歌、散文等其他文学类文体。在语文课标环境下，小说文体的阅读教学应从以下几方面着力。[①]

1.认识教材中的小说与生活的关系

确切的小说教学是在初中以上。在语文课标的初、高中各种版本的语文教材中，小说的编排有两种方式，一是按作品内容散见于各个专题（话题、主题）单元之中，二是按文体构建完整的小说单元。穿插于专题单元中的小说，其教学的主旨更多地为单元主题服务，同时兼顾小说的个体特征。以独立单元出现的小说，教学侧重点在于文体本身，同时也要纳入学生总体语文能力的训练体系之中。可见，不同的编排方式影响着具体的教学目标及教材处理方式。但目标的达成必须以文本为本，教材的处理也无法避开小说文本的固有特性：小说与生活的联系。

---

① 刘颖：《点击小说教学的关键词》，《语文教学通讯·初中刊》，2005年第4期。

小说是写人的，写人的遭遇和命运，写人的心理和情感，写人的状态和状态下的生存。而一个人的经历、情感、性格和命运都是与时代和社会紧密相连的。小说借助故事情节、语言及环境的描写，塑造人物来反映社会生活和世间万象。我们剖析小说的情节、语言、环境及各种表现手法，都是为了认识和理解小说中的人物，而认识了小说中的一个人，就是认识了社会上的一类人；读懂了小说中的一个情节，就是看懂了社会的一个侧面。读小说就是读自己，读社会，读人生。阅读小说是中学生认识世间万象的重要途径，小说不仅为他们提供了人事百态，而且更重要的，通过对小说典型人物的解读，提高他们观察和认识社会的能力。所以，小说教学应该以人物为中心，引导学生借助人物形象去了解生活，探寻生活的本质。

2. 以人物品读为中心展开小说教学

小说震撼人心的艺术生命力，在于它塑造了比真面貌还要有神气、有活力、有生气的各种人物，揭示各种人物的性格与灵魂。鲜明而典型的人物形象是构成小说艺术魅力的主要因素，那么，引导学生阅读小说自然应该以探寻人物美的艺术魅力为突破口和出发点，透过人物的心灵世界和情感领域来认识人生和社会。

阅读小说必须具备相关的文体知识，如小说的三要素，故事情节的发展脉络等因素，这是小说阅读的准备工作或整体感知任务，它们是为小说教学的中心环节——人物形象解读服务的。解读人物的一般方法有：

（1）加强诵读，品味人物语言，感悟人物的心理和情感的细微之处，以期拨动学生的心灵之弦，产生心理和情感的共鸣。

（2）揣摩小说的细节，认识人物的性格特征及其丰富性、复杂性，体会人生、人性的多维性。

（3）剖析小说的环境描写、人物肖像描写及作者的叙述性语言，探究人物性格的社会历史性。

（4）认识小说的对比、呼应、悬念、铺垫、穿插等手法对表现人物的意义。

3.在想象和联想中感受小说的艺术之美

只有走进作品,对话才能开始,鉴赏和感受活动才能发生。学生要获得直觉领悟和心理体验,设身处地、身临其境地去感受作品中的审美因素,必须借助形象思维,在联想和想象中展开审美体验活动。在小说阅读教学中,关注学生的形象思维,帮助学生展开丰富的联想和富有创造力的想象,在自我经验和作者经验、作品人物经验的相互融合中重塑自己心目中的文学形象,获得真正属于自己的审美感受,从而实现对文本意义的建构性解读。

训练学生的形象性思维,可以从以下几个方面入手:

(1)情境再现法:在阅读教学中,通过对小说情境的渲染和描绘,帮助学生在大脑中勾勒出似乎可以呼之欲出的人物形象及其活动状态,并使人物随着情节的发展在眼前"活"起来。

(2)延伸揣摩法:帮助学生边读边设想情节可能的发展,或在作品阅读之后,通过合理的想象,延伸作品内容,用自己的想象参与人物的再塑造。如在《项链》阅读中人们常用结尾续写的方法以开启学生的想象,以深化对作品的理解或产生不同的理解。

(3)情感融汇法:通过启迪和唤情等方式,帮助学生阅读时努力进入作品的审美世界,与作品融为一体,使学生成为小说中的一个人物,参与到作品所描绘的生活中去,和其中的人物同甘共苦,休戚与共。

在这里,学生的联想与想象是以情感的沟通为前提,而情感认同的基础是生活实践和切身体验。因此,发展学生的联想与想象,训练其形象思维,必须以尊重学生的生活经验和情感基础为前提。

4.以关注课外读写为落脚点

与其他文学样式相比,小说是与生活距离最近的;小说的故事性特点,使之成为最受中学生欢迎的。因而,小说的课外读写可以说是中学生课外读写的重心。语文课堂教学中的小说应以关注课外读写为落脚点,以写辅读，以读促写，以达到强化思维、训练表达、积累思想的教学效果。其常用的方法有：

（1）评论法：对小说的内容和写法发表自己的看法。

（2）人物点评法：点评故事中的某个人物或其行为。

（3）细节点评法：由小说中的某个细节发生联想或感触。

（4）比较法：选择有可比性的任务或作品进行比较。

（5）换位表述法：改变叙述的角度，以作品中某个人物的口吻重新演绎故事。

（6）情境再现法：想象小说中某个暗线隐藏的情节。

（7）细节拓展法：扩写小说中某个简略的情节。

（8）梗概法：缩写小说情节。

（9）延伸续写法：对一些结束含蓄隽永的小说，续写故事。

（10）模糊法：对小说的某个细节或突出特点进行仿写。

（二）散文教学

散文是一种从内容到形式都非常自由灵活的文体。这种取材广泛、结构灵活、表达自由、具有强烈感情的"文学小精灵"，不仅能给学生以美的语言范本、诗的意境享受，还能开拓他们的视野，启迪他们的思想，撞击他们的心扉，因而更利于达到语文课标对教学三个维度，即"知识与能力，过程与方法，情感态度和价值观"的要求。因此，在新版的各种语文课标教材中，散文都占据着很大的比重，如在初中教材中，人教版散文篇数占总篇数的14%，语文版占21%，苏教版则达到了27%。其数量之多，比例之大，大约仅次于为方便初中学生学习读写而设的"记叙文"类。而在各版的高中新课标教材中，现代文的选读，除了小说，剩下的大约都可归结为散文。注重散文阅读是新课标教材的特点，而加强散文教学则是语文教师的重任。[①]

---

① 胡明道：《滴水瓣花总关情——谈初中散文教学》，《语文教学通讯·初中刊》2005年第5期。

1. 把握散文的艺术特质

（1）主体抒情性。

散文创作以"感乎外物，情动于中"为缘起，以抒发主体情感和内心体验为指归，这决定了它必然具有抒情性的特征。朱自清说过，散文艺术生命的"最大因素在于情感的浓厚"；作家石英也说过：散文是情的产物，其形可散可不散，但万变不离其情，散文"不可薄情，不可矫情，更不可无情"。散文可称的上是一种"情文"。同时，散文是一种主体性很强的文体，它重在作家主体意识的坦诚流泻，言我之志，抒我之情。优秀的散文作家，总是通过抒写自身对人生、对生活、对自然、对社会的感悟，揭示创造主体的个性与人格，进而传达出对人生、自然、社会的真知灼见。大凡优秀的散文作品，也总在优美隽永的艺术画幅中，潜涌出作者对社会、自然、人生的关怀和眷顾，融注着他们对生活和人生的深层感悟，即对生命现象、生活态度和人生真谛的深刻理解和浓郁情怀。因此，解读散文，不但要体验和感受其中的情感，更要关注抒情主体的情感个性及人格魅力，关注散文主体情感的真实性和深刻性。

（2）自由开放性。

散文是最为潇洒的文体，具有其他文体所不及的自由开放特征。散文的自由开放性主要表现为：一是题材广泛，内容丰富。散文是一种"心灵开放"艺术，是作家最直接的生命冲动与外部世界的偶合，因而，它可以冲破时空界限，上穷碧海下黄泉，纵横驰骋八万里。二是笔法自由，随意赋形。散文是作者的率性表达，其审美特质在于主体审美个性的自由展现，笔法上自然就不必受制于某种形式的约束。不拘格套，方能独抒灵性。三是兼容各体，又自具特色。散文的艺术表达，可以兼容小说的情节和人物、诗歌的韵律和节奏、戏剧的对话和冲突、论文的哲思和雄辩、绘画的色彩、音乐的旋律等等，使之自然而准确地栖息于散文之中，缘情而动，为情而发，孕育和创造出鲜活的具有高层次审美价值的艺术精品。

（3）语言凝练性

散文素有"美文"之称。散文的艺术感染力，很大程度上取决于语言的优美凝练，富有文采。散文的语言，或绚丽多彩，或质朴清新，但都要做到简洁精确，具有浓郁的感情色彩，能够把作者的思想、情感、气质、文化素养和审美趣味等完美地表达出来。散文的语言美主要表现在简洁凝练、形象生动、清新自然、富有节奏感并饱蘸诗意等方面。当然，散文的语言虽然讲究文采，但以自然、亲切为上。其思愈深，其文愈质；其情愈真，其言愈朴。语言越是质朴，越能彰显作者高度凝练而又不事雕饰的语言功力。

2.明确散文的教学目标

（1）了解散文及文本知识。

了解和熟悉散文的一般文体知识及具体文本所呈现的散文特点，理清文本思路所需的线索知识，掌握文本的时代背景及相关资料等，是阅读散文的必要准备。

（2）培养鉴赏散文的能力。

阅读和鉴赏散文的能力包括：品味散文语言的能力，探究散文表达技巧的能力，把握散文鉴赏过程与方法的能力，知识与情感积累的意识和能力等。

（3）体验作品的情感美。

各类文学文体都不可避免地带有作家的主观感情色彩，但却只有散文是以自由灵活的方式，最直接、最酣畅淋漓地抒发作者的内心体验和情感世界。散文是一种"言情"艺术，是作者情感的内心独白。阅读散文，就是最近距离地与作者进行的心灵对话，是作者与读者双方生命的张开和发现过程。所以，散文的阅读教学不可过多地注重作品的曲折情节、组织结构及思想意义等，而应当着力于对其主体情感的体验与挖掘，关注学生的情感陶冶和审美感受，启迪学生的心扉，调动学生的生活体验，鼓励学生进行联想和再造想象，与作者感情相通。由体认而意会而情动，促进情感、态度、价值观的转化与升华。

（4）感悟作品的哲思美。

散文是最具个性的文体，因为每一篇散文都饱含着作者对人生世相诸多关注、深刻思考和不倦探索。散文是体验历程的产物，是纯正思考的结晶。散文之"神"，散文之"魂"，就是作者对于人生世相的思考，对于生存之理的探索。罗丹提及其著名的作品《思想者》时说，艺术人的整个美，来自思想，来自意图，来自作者在宇宙中得到启发的思想和意图。优秀的散文总是在具备突出的审美意蕴的同时，又蕴涵着深刻的哲理。引导学生审视、接纳、理解文本中的哲思，由此拓展自己的认识空间，更好地提高审美品位，是散文阅读教学的应有之义。

（5）鉴赏作品的形式美。

黑格尔曾说：艺术内容在某种意义上最终是从感性事物，从自然取来的；或者说，纵使内容是心灵性的，这种心灵性的东西也必须借外在现实中的形象，才能掌握得到，才能表现出来。可见，文学的情感美和哲思美都离不开形式美。形式与内容的和谐统一才能铸成艺术的美，其关系犹如服饰与人体，相得益彰，才能称之为美。如篇章结构的恰当美，情景交融、形神结合的意境美，出神入化的手法美，鲜活传神的语言美等。

3.掌握散文的教学策略

诗情画意般的意境、幽雅睿智的情趣、清新浓郁的诗意以及这一切交相辉映所产生的通体美感，决定了散文的阅读与鉴赏必定以审美的方式而展开。更何况，语文课标教材选入的散文作品，大多情意浓厚，文辞优美，构思绵密，语言富有情感和哲理，在一个广阔的空间中再现了人类丰富多样的情感世界，凸显了异彩纷呈的艺术表现形式。只有从审美的需要出发，解读和鉴赏这些文学作品，使散文教学转化为美的再现、美的欣赏和美的创造的活动，才能有效地提高散文阅读教学的质量，培养和提升学生的审美素质，真正体现出语文课程的人文化特征。

散文审美鉴赏活动可以从如下几个方面入手。

（1）创设文化情境，激活阅读期待。

情境的创设不仅要有和谐性、趣味性、助学性，还要显示刺激性，以发挥诱发学习期待的功能，如引入背景资料；展示生活体验；激活逆向思维；设置悬念疑问等。

（2）搭建探究平台，解读赏析文本。

带着感情，引入意境；抓住文眼，理清脉络；含英咀华，学习技巧，是散文教学的三个基本环节和逻辑思路。依据语文课标的教学理念，教师在遵循散文教学一般思路的前提下，更应该搭建探究学习的平台，引导学生在开放的自由空间中鉴赏文本。教师应本着"求新求变，引发创意"的教学意识，策划解读、鉴赏中的探究问题。同时，要鼓励、启发学生探究发问，教师吸纳、整合师生问题，指导对文本的解读和赏析。

（3）引导合作体验，达成意会情动。

要艺术地组织合作交流。组织原则是：精选内容；驱动乐趣；调控点面，把握频率。合作的方式可有：热身自由式；同题交流式；异题分享式；对抗论辩式。交流的方式可有：独立表述；代表发言；团队汇报等。

（4）实施多元指导，促进人格融合。

教师在课堂学习中，既是指导者，又是促进者，如何体现角色功能是亟待探讨的问题。在课堂上既要作直接指导：精讲有效知识，指导探究活动，总结学习方法。又要作无痕指导：熔点拨、校正、概括、提升、评价、赞赏于一炉。

（三）诗歌教学

"诗歌是人类的母语"。海德格尔说过，一种语言的性质要通过诗歌来体现。艾略特也说过，诗歌代表着一个民族最精细的感受与智慧。那些优秀的诗人和诗篇，总是一个民族、一种语言文化的骄傲和表征。鉴于这种认识，诗歌教学再次成为新理念下的中学语文教改和课改的一个重点。目前通行的各种版本的语文新教材均选进了大量中外诗歌，不仅再次确定了诗歌在中学语文教学中的重要位置，而且也为今后的语文教学昭示了一个角度和方向，那就是通过诗歌来提高学生的文学素养、人文素养和审美素养。

1.把握诗歌的审美特质

诚如车尔尼雪夫斯基所言，诗歌是"一切艺术中最崇高、最完美的艺术形式"。诗歌运用富有鲜明节奏和韵律的语言，以强烈的情感、丰富而奇特的想象，高度概括地反映社会生活。诗歌有别于小说、散文相对独立的审美特征。

（1）真挚的抒情美。

诗歌是客观外物所触发的主题感情的表现，是情绪化、理想化、心灵化的现实美的艺术外射。诗歌作者总是选取现实中最富有特征的片段瞬间来表现思想感情、创造艺术形象或审美意境，即使是对景物、事物的描写，其指归也在于抒发感情。诗歌中的一切景物形象，都是感情的产物，感情的载体，是诗人感情的艺术化表现，因此使得诗歌中的语言、结构、艺术表现手法等，无不带有真挚的抒情色彩。因此，感情是诗的本体生成与构成的主要因素，诗的美，实质上就是一种诗情的美。诗歌中的感情是从诗人心灵深处宣泄出来的一种激情，是诗人对现实的独特发现、独特感受的心灵反映，是以最真挚的感染力、震撼力、冲击力和穿透力来打动读者，征服读者。诗歌就是凭借饱含情感的艺术形象，优美动人的意境，去叩动读者的心弦，唤起丰富的审美联想和情感共鸣。

（2）语言的精炼美、音乐美。

诗歌是最精美的语言艺术。语言的高度凝练精致、富有音乐审美特质是其显著的特征之一。诗歌构思的精巧，形象的生动，意境的深邃，都是通过千锤百炼的语言表现出来的。诗歌语言是一种经过精心加工过的语言，不仅集中体现了文学语言的整齐美、抑扬美、回环美，而且比其他文本样式的语言更加文雅精巧。

首先，诗歌打破语言运用的散文体形式，视角上分行排列，句式整齐，听觉上则合辙押韵，抑扬顿挫，合于音律。缘于诗、歌、舞三位一体的渊源，诗通过各种语言修辞手段的运用，使语言在句式上的整齐美、声调上的抑扬美、韵律上的回环美等，都发挥到了极致。这使得诗歌不仅能以其丰富的情味感染人，也能以它美的形式唤起读者的美感。许多时候，人们对诗歌语言本身的兴趣会超过对文本意义的兴趣，阅读一首好诗，单是品味其语言形式就如获甘醴。

其次，诗歌语言通常表现为对语言常规的偏离。诗歌在遵循语言常规的同时，更显示出一种突破日常语言习惯的倾向，语义的乖谬悖理、语序的颠倒、词语的错位以及跳跃和省略等，成为诗歌语言的主要特征。诗歌语言是一种突破常规语言而高度陌生化的语言。正是这种对日常语言习惯的有组织"破坏"，成就了诗语的"无理而妙"，为人们提供了常规语言系统中难以表达的诗情画味。

（3）深邃悠远的意境美。

意境虽不为诗歌所特有，却是诗歌之必备。诗歌的最高美学层次是它的意境，意境是诗歌艺术创构的主要特征。诗歌美的本质就是其意境美。因而，品鉴一首诗的高下与美丑，评赏一首诗的艺术效力和审美价值，最基本的审美标准就是考察其是否构建出了新奇、独特的意境。正如王国维所说，诗以境界为上，有境界自成高格。诗的意境是在直觉形象的实境基础之上，以具体的物象为依托而产生的美学境界，是情与景的交织，意与象的融合，神与物的浑成，即作者主观的情感与客观外物的感应而形成的艺术审美空间。这种由情与景、意与象、神与物等基本因素构成的艺术境界，总是外显为鲜明而独特的艺术形象，使或深邃、或悠远、或旷达的艺术境界变得可触、可观、可感。

2.明确诗歌教学的目的

诗歌教学除了与其他文学文本共同完成语文课程标准所要求的语文素养养成和文学教育基本目标外，最重要的任务是了解诗歌的审美鉴赏知识并提高鉴赏诗歌的能力。感悟和体验诗歌的情感固然十分重要，然而，要读懂诗歌中的情感，必须从诗的语言表达入手，进入对其意境创造的把握，最终达成对其所传达的诗情、诗味的体悟。无论是语言表达还是意境创造，诗歌都具有与其他文学文本不同的艺术手法，了解和掌握诗歌的特殊艺术手法是打开诗歌艺术大门的必备钥匙，也是中学生进入诗歌艺术殿堂的必由之路。

诗歌常见的艺术手法有：起兴、意象、意象迭加、象征、语境、隐喻、反讽、多义或复义、用典、语词的错位、佯谬、跳跃或省略、通感等。

3. 了解诗歌教学的策略

了解诗歌的基本知识读懂诗歌；借助经验感受作者的情感；归纳诗歌阅读鉴赏乃至于诗歌创作的基本规律，用以指导学习，将诗作的情感体验内化为自己的情感体验，用以陶冶情操，理解人性的丰富、社会生活的多样性，建构起精神生活的基本范式和人文底蕴。即识其体、感其情、用其事，是诗歌教学的基本流程。在这个基本流程中，师生要不可避免地运用以下几种策略。

（1）诵读策略。

诗歌是一种声音的艺术，其魅力和意义是和声音不可分离的；是和其节奏、韵律或内在的音乐性结合在一起的，甚至和其"语感"、"语调"和"语气"都有着不可分离的联系。我们只有通过引导学生"念诗"或朗诵诗，才能使他们切身体会到诗歌的那种直接进入人心的力量。一时不太"懂"也没有关系，只要去读去念，自然会感受到诗歌本身的魅力。古人所谓"熟读唐诗三百首，不会做诗也会吟"，"书读百遍，其义自见"，都形象地说明了诵读对诗歌学习的重要性。

诵读时如把作者的情感在读的时候传达出来，不但能了解作者说些什么，而且与作者的心灵相感通了，无论兴味或受用方面都有莫大的收获。用诵读法来体味诗歌的音乐美再恰当不过了，让学生在缓歌慢唱、密咏恬吟中把握诗的用韵、节拍、停顿、把握声调的轻重缓急，字音的响沉强弱，语流的疾徐曲折等。

诵读，是品味诗语、体悟诗情、探寻诗境、形成语感的重要方式，其方法很多，如范读、美读、涵泳、品味、创造性朗读等。在具体操作上，又可分别采用领读、齐读、复读、自由读、分角色读以及各种形式的竞赛读等。

诵读指导应注意两点：

一是要以个别训练为主，与整体训练相结合，鼓励学生单独诵读，教师从旁指导，促使学生掌握诵读技巧，切实提高诵读水平。不可只追求热闹的场面，为读而读，或把学生诵读仅视为教师教学环节的添加剂。

二是诵读技术如重音、节奏、抑扬顿挫等的指导要体现出规范性与灵活性结合的原则。要想真正在诵读中准确地表达感情，重音、语速、语调等不能不考虑，因为诗人的感情主要是通过这些来体现的。但因为诗歌的含蓄美和模糊美，使得诗歌具有多义性，决定着朗读的节奏、重音、语速、语调和感情等方面处理上的灵活性。"诗无达诂"，对诗的不同理解，其读法也不同；对情揣摩不准，则朗读技巧再熟练，读起来也无美感。有时老师的揣摩也不一定准确，学生只要对诗的理解能说出道理，就应当给予肯定。因而，朗读的技术处理就不必作为硬性要求，只要学生能读得清晰、流利、感情恰如其分就行。为此，教师在诗歌教学中要慎重运用"范读"，因为"范读"往往意味着规范化，学生的个性化阅读和独自揣摩的机会就会因此而丧失。

（2）入境策略。

诗歌的情和美是借助意境来承载的，入境方可入情。

我国六朝时期的文艺理论家刘勰在《文心雕龙·知音》中指出："夫缀文者情动而辞发，观文者披文以入情，沿波探源，虽幽必显。"这段话不仅揭示了"情感"在创作时的重要作用，而且道出了欣赏者也应"披文入情"，探求文章主旨的真谛。在诗歌教学中，引导学生"披文入情"、"沿波探源"主要是通过教师精心设计的诱导物来实现的。

艺术欣赏的特点，其实不过是借有限却有力的诱导物，让欣赏者利用他们的那些和特定艺术形象有联系的生活经验，发挥想象，接受以至"丰富"或"提炼"即成的形象。可见，艺术欣赏的首要条件是"有限却有力的诱导物"。诗歌鉴赏亦如此。教学中，可借助导语、音乐、图片、相关的历史事件等为学生创设与诗歌内容相联系的情境，诱导学生产生与之相适应的情感体验。

（3）激情策略。

"愤怒出诗人"。诗歌创作是诗人的激情涌动，诗歌阅读同样需要读者的激情喷涌。以情激情、以情唤情，才能心领神会，灵魂相通。那么，语文教师不但要很好地理解诗歌所蕴含的思想感情，而且还要在诗歌的教学过程中突出自己的情绪感染和情感熏陶，以点燃学生的激情，唤起他们的求知欲，从而达到学生对诗歌的有效感悟和情感共鸣。这就要求教师在组织、引导、点拨等驾驭教学的整个过程中，一定要充满激情。教师要尽量用诗一般的语言进行引导、点拨，清新、美丽、饱蘸感情的语言犹如涓涓溪水使学生顿感惬意。教师不仅语言流畅、美丽、机智、幽默，极富煽情性，而且手势自然、面部表情变化多端，与其口语相得益彰，使整个教学过程浑然一体，有着诗一般的节奏、诗一般的激情、诗一般的氛围。在诗歌教学中怎样才能做到富有激情呢？

首先，教师在深入理解诗歌情感及其意境的基础上，能有自己独特的情感体验和审美感受，并通过诵读、品味方式，充分调动学生的创造性思维活动，再现诗歌的意境，激起学生感悟诗歌情感的兴趣，营造体味诗歌韵味的环境。

其次，教学设计要突出动情环节，教学实施要讲究张弛有致、跌宕多姿。

再次，要有较高的语文素养。教师是诗歌的爱好者，是诗歌朗诵的高手，是一个富有情感并善于表达自己情感的人。

诗歌是作者感情的自然流露，无论抒情诗、叙事诗、还是哲理诗，都跳动着一种激情，如果教师在教学中把握并再现了这种激情，就可以拨动学生心灵独特的琴弦，唤醒学生的心灵，激发学生精神生命的意识。师生通过饱含激情的诵读，来感受作者的生命之脉；通过涵泳、揣摩去体悟诗中蕴涵的生命意象。在共同的感受和体悟中，提升精神境界。至此，诗歌教学的效果也就不言而喻。

（四）戏剧教学

戏剧是一种综合性的艺术形式，兼有文学、音乐、舞蹈、美术等艺术因素，具有多种艺术相互交叉、互为渗透的多重性特征。但是，戏剧艺术的基本因素则是文学。在戏剧诸种艺术因素中，惟有文学因素是固定持久的，我们接触戏剧总是通过由文字符号构成的戏剧文学，戏剧文学是教学的基本依据。所以，从本质上说，语文课程中的戏剧教学实际上是在阅读、欣赏和探究剧本，即作为舞台演出依据的文学样式，而不是侧重探究舞台表演本身。

1.把握戏剧文学的特征

戏剧文学具有与小说、诗歌、散文等文学文体不同的文体特征，主要表现为剧本构成的演出性、戏剧结构的集中性、戏剧冲突的紧张性以及戏剧语言的剧场性等四个方面。

（1）剧本构成的演出性。

剧本是用来表演的，是舞台演出时的脚本。是否具有演出性是考量剧本的基本要求，也是区别其他文学文体的最基本的标志。剧本由两个基本因素构成，一是剧中人物的对话，即演出时演员的台词，二是剧作者的描述与说明，主要包括剧名、题记、前言、场幕标志、舞台说明，以及每段台词前的人物名称等。前者是靠演员说出来的语言，而后者则是通过其他辅助手段演示出来的形体造型、手势眼神、音响、灯光、画面、构图等舞台效果。这种舞台效果只有在表演的过程中才能充分展示出来，并得到进一步的检验和提升。一个好的剧本，必须达到台词与舞台效果的相得益彰。

（2）戏剧结构的集中性。

剧本为舞台演出而创作，必然受到表演时间和空间的限制。戏剧冲突的展开和人物形象的塑造，总是集中在有限的空间和较短的时间内完成。

剧本结构营造的集中性一般表现为矛盾冲突的集中、情节与场面的紧凑、人物数量及揭示其性格特征的集中等。

（3）戏剧冲突的紧张性、尖锐性。

戏剧冲突是指人物之间、人物与环境之间、人物内心的矛盾冲突。冲突是戏剧的本质，没有冲突就没有戏剧。戏剧要在有限的时空中反映复杂、丰富的社会生活，就必然要对生活中的矛盾进行典型化处理，形成尖锐、紧张的对立关系，以此揭示相互对立的各种人物的性格和思想感情特征。蓄积冲突的紧张、尖锐，才能引发出曲折动人的故事情节，才有戏剧性。

（4）戏剧语言的剧场性。

对话，是戏剧人物语言的主体。戏剧人物主要是通过自己的语言来完成自我形象的塑造。不但如此，戏剧人物的对话还要具备"场性"特征，即说出来的话要符合此情、此境、此时、此地、此人、此事的场地规定性，表现为传情性与合理性、动作性与性格化的完美结合。

2.明确戏剧文学的教学目标

（1）了解和掌握戏剧的一般知识。

学生阅读剧本，首先要掌握剧本的基本构成，能区分场和幕、对话（对唱）与独白（独唱）、舞台提示等之间的相互关系与作用。其次，能从不同角度判别戏剧的种类及其特殊的表演手法，大体了解不同种类中的代表性剧目，了解中国传统戏曲的常识，如脸谱的象征意义，角色中的生、旦、净、末、丑，表演中的唱、念、做、打等。

（2）丰富学生对历史、社会、人生的认识。

戏剧集中表现典型的人物性格和典型的人物关系，能使读者像通过聚光镜一样，观察到作品中所展现的社会生活，并对剧中各种人物及其所展现的社会生活，获得鲜明突出的印象。戏剧是一本直观形象的"生活教科书"。

（3）提高学生审美能力，培养学生高尚的审美情趣。

戏剧结合了多种艺术门类：绘画、雕塑、音乐、舞蹈，使读者（观众）在轻松快乐的氛围中感受语言美、舞台造型美、音乐节奏美、作品的内容美、作品结构形式的和谐美。因此，学生欣赏戏剧是一种审美享受，对提高学生审美能力，培养学生高尚的审美情趣有着重要的作用。

（4）继承戏剧文化传统，培养学生艺术素质。

在戏剧文学中，有一种综合文学、舞蹈、音乐、武术、杂技、美术及人物扮演等各种因素的戏曲艺术。它带有浓厚地域特征和传统文化，可以说是承载传统文化的标本。选编到中学语文课本中的京剧、昆曲等剧本，可以说是一种雅俗共赏的诗剧。如在唱词上继承我国诗词、曲和说唱文学的传统，在表演上吸收了民族舞蹈、武术、杂技的长处和技巧，在服饰、道具、人物造型、脸谱方面借鉴和吸收了我国的民族绘画、雕塑、书法、刺绣及民间工艺的特长，在内容上有相当部分弘扬了中华民族的传统美德，诸如惩恶扬善、褒勤贬懒、精忠报国等，还有不少戏剧表现了民族智慧和人生的哲理。

传统戏曲虚拟化的表现方式，从化妆到表演艺术的夸张和写意手法，都体现了中国传统的美学观点，形成了中国特有的东方戏剧艺术体系。这对学生的文化传承和艺术素养的提高不无裨益。

3. 了解戏剧文学教学的常见模式

戏剧教学要以矛盾冲突为中心，紧紧围绕剧本的特征，紧密结合现代媒体、创新表演、影视欣赏等进行。在具体程式上，戏剧教学大体有三种常见模式。

（1）"阅读感知——阅读理解——阅读鉴赏"模式。

这种教学模式强调戏剧剧本的文学特点，从戏剧文本角度进行学习。

阅读感知：通过默读、分角色朗读，品味剧本语言、动作，感受剧本的思想艺术魅力。

阅读理解：通过把握情节、理清结构、分析冲突、探究人物等活动，理解剧本丰富的内涵以及作者对人生和社会的认识。

阅读鉴赏：在理解的基础上，充分地感受剧本的艺术美，提升学生的审美境界，探讨剧本的美学价值及时代精神。

（2）"读——看——议——评——演"模式。

读：学生自读戏剧文本，解决基本的戏剧文学常识，然后分角色配乐朗读，感知戏剧情节。

看：观赏由剧本拍摄而成的影视作品，引导学生与剧本相比较，了解剧本与戏剧本身的不同，理解戏剧作为一种表演艺术的舞台性特点。

议：组织学生针对戏剧文学的基本特点、戏剧冲突、人物塑造、表现方式等，进行质疑、讨论。

评：在学生充分了解剧本基本知识、基本结构的基础上，引导学生进行戏剧鉴赏和评论，提高戏剧的整体鉴赏能力。

演：选取剧本中的几段进行排演，或运用所学知识自编课本剧并进行排演。

（3）戏剧专题教学。

与其他文学文本相比，戏剧文学在初中和高中教材中选编数量较少，而且大都是节选某种基本的一部分。教师可根据学生素质和学校的特点选取其中一个剧目进行精讲细嚼，从而带动其他相关剧目的评价与鉴赏，将戏剧课堂教学和课文综合活动有机结合。

戏剧专题教学的一般思路是：

课堂教学：解剖精讲剧目，掌握相关知识，形成初步戏剧鉴赏的能力；以点带面鉴赏评价其他剧目；通过对比、延伸等手段，巩固知识并进一步提高鉴赏能力，培养阅读戏剧文学的兴趣。

戏剧实践活动：配合课堂教学，进行戏剧文学的演出和创作实践；开展戏剧欣赏周活动，结合教材内容进行不同剧种的戏剧欣赏活动；结合戏剧知识和校园生活，开展戏剧创作活动；结合教材内容，开展戏剧演出活动。①

---

① 沈红：《中学戏剧文学教学美育取向及教学设计》，《语文学刊》2004年第4期。

第十三章　语文写作教学

　　语文课程的目标在于培养学生的听、说、读、写能力，提高学生的语文素养，其中写作能力的训练是非常重要的内容。相对于听、说、读的能力，写作能力是最高级的能力，对学生来说也是最困难的活动，学生写作水平的高低反映了他们语文素养的高低。因此，重视写作能力的培养，加强写作教学是全面实现中学语文教学目标，促进学生语文素养全面发展的重要环节。

第一节　写作教学的理念

　　写作就是写文章，即运用书面语言表达思想感情的活动，在语文教学中就是学生作文。语文新课程标准指出，写作是运用书面语言进行表述和交流的重要方式，是认识世界、认识自我、进行创造性表述的过程。学生的写作能力要通过训练才能形成，写作教学就是学生在教师的指导下进行写作的训练。写作教学是一种综合训练，它一方面能发展学生的语言，提高他们的书面语言的表达能力，另一方面也是一个思想认识的训练过程，它在指导学生认识社会、体验人生，培养他们健康的审美情趣、完善的人格、良好的思想品德等方面具有特别重要的地位。

一、写作教学的目标

写作教学的目标在语文课程总目标的统领之下，是实现语文教学目标的重要组成部分。只要做到目标明确、科学，教师才能以其为根据进行有效的写作教学工作，贯彻其教学要求，完成语文课程标准规定的任务。写作教学的目标是有层次的，包括整体目标、阶段目标和年级目标等。写作教学的目标在《义务教育语文课程标准（2011年版）》和《普通高中语文课程标准（实验）》中表述得比较清楚。

（一）义务教育语文课程标准关于写作教学的目标

义务教育语文课程标准教学总目标第八条指出："能具体明确、文从字顺地表述自己的见闻、体验和想法。能根据需要，运用常见的表达方式写作，发展书面语言运用能力。"为了实现这个目标，课程标准对1~9年级分四个不同学段提出了具体的教学要求。

第一学段（1~2年级）要求学生："对写话有兴趣，留心周围事物，写自己想说的话，写想象中的事物"；"在写话中乐于运用阅读和生活中学到的词语"；"根据表达的需要，学习使用逗号、句号、问号、感叹号"。

第二学段（3~4年级）提出了6条要求："乐于书面表达，增强习作的自信心。愿意与他人分享习作的快乐"；"观察周围世界，能不拘形式地写下自己的见闻、感受和想象，注意把自己觉得新奇有趣或印象最深、最受感动的内容写清楚"；"能用简短的书信、便条进行交流"；"尝试在习作中运用自己平时积累的语言材料，特别是有新鲜感的词句"；"学习修改习作中有明显错误的词句。根据表达的需要，正确使用冒号、引号等标点符号"；"课内习作每学年16次左右"。

第三学段（5~6年级）有5条要求："懂得写作是为了自我表达和与人交流"；"养成留心观察周围事物的习惯，有意识地丰富自己的见闻，珍视个人的独特感受，积累习作素材"；"能写简单的记实作文和想象作文，内容具体，感情真实。能根据内容表达的需要，分段表述。学写读书笔记，学写常见应用文"；"修改自己的习作，并主动与他人交换修改，做到语句通顺，行款正确，书写规范、整洁。根据表达需要，正确使用常用的标点符号"；"习作要有一定速度。课内习作每学年16次左右"。

第四学段（7～9年级）有8条要求："写作要有真情实感，力求表达自己对自然、社会、人生的感受、体验和思考"；"多角度观察生活，发现生活的丰富多彩，能抓住事物特征，有自己的感受和认识，表达力求有创意"；"注重写作过程中搜集素材、构思立意、列纲起草、修改加工等环节，提高独立写作能力"；"写作时考虑不同的目的和对象。根据表达的需要，围绕表达中心，选择恰当的表达方式。合理安排内容的先后和详略，条理清楚地表达自己的意思。运用联想和想象，丰富表达的内容。正确使用常用的标点符号"；"写记叙性文章，表达意图明确，内容具体充实；写简单的说明性文章，做到明白清楚；写简单的议论性文章，做到观点明确，有理有据；根据生活需要，写常见应用文"；"能从文章中提取主要信息，进行缩写；能根据文章的基本内容和自己的合理想象，进行扩写；能变换文章的文体或表达方式等，进行改写"；"根据表达的需要，借助语感和语文常识，修改自己的作文，做到文从字顺。能与他人交流写作心得，互相评改作文，以分享感受，沟通见解"；"作文每学年一般不少于14次，其他练笔不少于1万字，45分钟能完成不少于500字的习作"。

（二）普通高中语文课程标准关于写作教学的目标

普通高中语文课程标准关于写作教学的目标是："着重培养学生的观察能力、想象能力和表达能力，重视发展学生的思维能力，发展创造性思维。"并提出了以下具体要求：

1. 学会多角度地观察生活，丰富生活经历和情感体验，对自然、社会和人生有自己的感受和思考。

2. 能考虑不同的目的要求，以负责的态度陈述自己的看法，表达真情实感，培养科学理性精神。

3. 书面表达要观点明确，内容充实，感情真实健康；思路清晰连贯，能围绕中心选取材料，合理安排结构。在表达实践中发展形象思维和逻辑思维，发展创造性思维。

4. 力求有个性、有创意地表达，根据个人特长和兴趣自主写作。在生活和学习中多方面地积累素材，多想多写，做到有感而发。

5. 进一步提高记述、说明、描写、议论、抒情等基本表达能力，并努力学习、综合运用多种表达方式。能调动自己的语言积累，推敲、锤炼语言，表达力求准确、鲜明、生动。

6. 能独立修改自己的文章，结合所学语文知识，多写多改，养成切磋交流的习惯，乐于相互展示和评价写作成果。45分钟能写600字左右的文章。课外练笔不少于2万字。

两个语文课程标准对写作教学目标所做的一系列分阶段的详细规定，明确形成了作文训练的序列，增强了写作训练的系统性和科学性。这对写作教学有极其重要的指导意义。教师应该好好学习把握，尤其是对其中蕴含的一些新理念，应该透彻领会，在实践中努力贯彻。

二、写作教学的新理念

写作教学伴随语文教学改革进行了多年，虽经多方探索但收效不大。学生的写作缺少真诚的人格、鲜活的个性、独特的体验，以及生机勃勃的创造力。反思其根源，在于以往的写作教学多注重技巧方法上的训练，没有注意培养学生健全的人的全面发展，没有从素质教育的高度构建整个写作教学体系。写作教学要体现人文关怀，就要重建教学理念，加大改革力度。国家基础教育课程改革体现了"一切为了学生的发展"的思想，语文课程标准的颁布为写作教学提供了崭新的理念。

（一）呼唤写作主体的回归

构建学生的主体性是素质教育的目标，自觉性、主动性和积极性是学生主体性的特征。在传统的写作教学中，语文教学对思想教育的政治化倾向的重视，对思想内容的过度"圣化"，剥夺了学生思考的权力，写作变成了一种程式化的机械操作，扼杀了学生写作的创造性。这样的教学观念指导下的教学实践使学生养成思维的惰性，不愿或不敢发表自己的个性化见解。学生写作的对象意识淡化，学生的自觉性、主动性长期受到压抑，渐渐失去了写作的积极性，失去了表达自我的愿望，写作变成了痛苦的折磨。本"我"的丢失、个性人格的缺席使学生的主体性退隐。

新课程标准呼唤写作主体的回归，提出："乐于书面表达，增强习作的自信心"，"写作时考虑不同的目的和对象"，让学生"懂得写作是为了自我表达和与人交流"，"根据个人特长和兴趣自主写作"，"为学生的自主写作提供有利条件和广阔的空间"。还提倡自主拟题、在写作实践中学写作、自改和互改作文等。这些培养学生主体性的思想应该贯穿于写作教学的全过程。写作是个性的表达，表达的主体是学生自己，学生或因生活之需不可不说，或因情感之生不抒不快，完全出自表达的需要。学生的自主写作有氛围、有目的、有对象，能保持自然、自信的心态，容易养成良好的写作习惯。写作时学生处于主体地位，可充分调动自身的潜力，发展自主性和创造力，为独立自主人格的形成打好基础。

教师应从根本上改变应试教育中陈旧的教学观念。首先，应该使写作教学更具开放性、民主性，将思考的权力还给学生，让学生敢于描写自己观察到的现象，抒发自己感悟到的真情，发表独立的见解，激发兴趣，增强自信心。当学生写作的态度端正明确，表达的主体意识得以回归时，学生就敢于以我手写我口，做到为真情而写作，为兴趣而写作，为交际而写作。其次，必须提倡真实的写作。真实的写作必须负载真实的信息，必须与生活的需要相结合，必须与学生的思想实际相联系。真实的写作是以作者的主体回归为前提，以自我价值的实现为最终目的。学生将为"我"而写作，为生活中的悲喜而写作，写作不再是一种苦差事，而是抒写心灵的园地，是联系社会的纽带，是人生的一个组成部分。倡导学生写作主体的回归是一个充满人性化色彩的合乎科学规律的写作新理念。

（二）实现"人""文"的融合

过去受到语文工具性观念的影响，在写作教学中存在严重的急功近利倾向。为了应试，写作只追求速成，教师很少在引导学生积累语言、感悟生活上下功夫，而是舍本逐末，进行纯技术的训练，形成了学生写作的模式化、套路化倾向。就连最自由的散文也被模式化了，有诗曰："开头提出小问题，一线一定要到底；还要夹叙边夹议，结尾点出大道理。"这种写作模式将本该鲜活灵动的文章八股化了，将学生的思维牢牢束缚住，写作变成了一种程式化的工具性的机械操作。本应充满鲜活个性，充满鲜明人文性的心灵活动变成了一种抄袭拼凑、胡编乱造、无病呻吟的枯燥游戏。学生学会了用公共的思维模式代替丰富多彩的精神方式，用程式化的写作技巧套路代替了灵活的艺术表达。写作远离了学生的人格精神，变成了丧失灵魂的一纸"空"文，导致了学生写作中"人"和"文"的分离。

时代不需要写作与做人分离的双重人格的人。教育的重要价值就在于，使人在学习中不断发现自我、完善自我，并实现自我，使个体生命焕发出耀眼的光辉。写作是学生语文素质的综合体现，语文学科鲜明的人文性在写作教学中表现得尤为灿烂："我"是写作的灵魂，人文合一是写作的规律。写作的过程实际上就是教人怎样做人的过程。现在，语文课程标准为转变这种局面，提出"要求学生说真话、实话、心里话，不说假话、空话、套话"，"力求表达自己对自然、社会、人生的独特感受和真切体验"，开始关注"人"和"文"之间的融合。新课程标准这种求真求实的导向，对培养学生健全人格十分有利。它针对学生写作过程中的套路模式，抒虚情假意，说假话、空话、套话等问题，特别强调学生写作的情感体验。情感体验是指人对客观事物是否满足自己的需要而产生的态度认识。其主要内容包括道德感、理智感、美感等，这些都是健全人格、培育精神不可缺少的。所以课程标准在每一学段中都有十分明确的要求，强调了情感在写作育人中的独特作用。学生在学习体验中获得经验，在生活中丰富经验，是涵养情感的基本途径。积累的经验越多，感情就越真挚，思维就越灵活，在文章中的表达就越发自内心。教学实践证明，学生写作时忽视人的因素，缺乏情感的体验，必然导致为文造情，造成人和文的分离。

（三）培养学生良好个性及创新意识

过去的写作教学中，对学生的写作无论是内容还是形式，都有严格的规定，学生创造和想象的余地极小，限制了学生有灵性的个性的表达。孩子们封闭了自己的大脑和心灵，代之以僵化和功利化的思想、社会化和伪圣化的情感、成人化和世俗化的语言，成了个性模糊的"套中人"。在学生的写作中，"人"是社会的、共性的"人"，而不是有血有肉有灵性和个性的个体，不是独一无二的"自我"。学生写作摒弃了创造，远离了个体生命体验，使其对写作产生厌烦和惧怕心理也就不足为怪了。

写作本是个性化的活动。写作的乐趣来源于生命的自我表现和个性的舒展。心理学认为，个性是指一个人比较稳定的个性倾向性和个性心理特征的总和，包括需要、动机、兴趣、价值观等个性倾向性因素；也包括能力、气质、性格等个性心理特征因素。个性实质是个人的全面发展，具有独立的、特殊的个体性。个性是创新的基础，健康个性的内涵是创新精神。语文课程标准在写作教学发展学生的个性、培养他们的创造能力方面有明确的导向，指出："能不拘形式地写下见闻、感受和想象，注意表现自己觉得新奇有趣的或印象最深、最受感动的内容"，"珍视个人的独特感受"，"写作要感情真挚，力求表达自己对自然、社会、人生的独特感受和真切体验"。高中阶段提出"力求有个性、有创意的表达，根据个人特长和兴趣自主写作"。根据语文课程标准的精神，写作个性化的基本特征是强调写作具有自主性、生活化、创造性。具体来说，自主性就是学生自由表达，写自己想写的内容，选用自己喜欢的表达方式。强调自我表现，并不是脱离生活，也不是怎么想就怎么说，而是表现个人正确的价值取向。所谓生活化就是强调写作贴近生活，贴近自我，说真话，诉真情，真实而有生活气息。所谓创造性就是不迷信、敢质疑、敢思考，有独到的见解，不"人云亦云",敢于有创意地表达。

写作教学要围绕这些要求进行个性化的写作训练。教师要给予学生更多的写作自由、写作空间,减少对学生写作的束缚,鼓励自由表达和有创意地表达。教师要注重学生的创造性思维能力和想象能力的培养。在评价上,语文课程标准强调教师应重视"对写作的过程与方法、情感与态度的评价",对学生写作态度的评价,重在对"兴趣、习惯、真实、创意"的评价。个性化写作必然是见解各异、观点不同、风格多彩的,教师对此要有包容的态度。教师要加强学习,转变观念,抛弃僵化的思维模式,指导学生写出具有鲜明个性的文章。

(四)以学生的生活实践为基础

传统的写作教学多为命题写作,学生为写作而写作,为写作而编造生活,这使他们离真实的生活越来越远,学生写作普遍存在"假、大、空"的弊病。写作能力从根本上讲不是一门知识技能,而是为人生的抒发表达。语文学习的外延与生活的外延相等,写作教学与学生的生活密切相关。写作能力必须通过对人生的深切感悟和大量的写作实践才能形成和提高,而不是单靠文章技巧之类的东西所能奏效的。写作应是生命的律动,是生活的需要,最终是写作者自我参与的心灵活动。目前,世界各国写作教学有一个共同的趋向,就是向生活靠拢,以人为本,注重培养"我"的主体人格。如日本语文教学界提出"生活作文"的作文教学思想,它是通过以生活世界为对象的写作,在培养语言能力的同时,通过以作品内容为中心的讨论等活动,使学生深化对生活的认识,使学生形成主体性的人格。

义务教育语文课程标准指出:写作是"认识世界,认识自我"的过程,"养成留心观察周围事物的习惯,有意识地丰富自己的见闻,珍视个人的独特感受,积累习作素材","写作时考虑不同的目的和对象","多角度观察生活,发现生活的丰富多彩,能抓住事物特征,有自己的感受和认识,表达力求有创意"。语文课程标准将写作根植于生活的土壤,为写作教学引入生命的活水,突出了"生活写作"的价值取向。面对丰富多彩的世界，学生不是被动地接受世界，而是以一种积极主动的态度去面对，他们依据自己的认知水平与思维方式接纳并认知世界，用写作创造性地表述见闻，表达真善美、鞭挞假恶丑。他们也在写作中不断认识自己、审视自己，并实现自我、超越自我。新课程标准关注生活中的应需性写作，应需性写作因为生活之需不可不写，有特定的场合、明确的对象和实在的目的，有助于培养学生良好的写作心态，扭转为写作而写作的心理，克服造作、浮夸的写作之风。

语文课程标准实现了写作教学观念的重大突破，观念是一切教改的先导，对新观念的深入解读和贯彻，必将带来写作教学的全面优化。写作教学要拨乱反正，走出迷阵，根本的出路就在于遵循人文合一的写作规律，找回学生写作中丢失的"自我"，让学生进行真实的心灵写作。这样，学生在成长中写作，在写作中成长，才能实现写作水平与个体生命的同步提升。

第二节　写作教学的内容

写作教学是教师引导学生运用语言文字进行表达和交流的综合性实践活动，是学生语文综合素养提高的过程。影响写作能力的因素是写作教学的内容，主要有生活因素、思维能力、想象能力、文体知识、语言知识等。语文教师应围绕以下几个方面进行写作教学。

一、写作素材积累

（一）观察与感受生活是写作的源泉

宋代诗人严羽在《沧浪诗话》中说，"汝果欲学诗，工夫在诗外"，意思是要学习写诗，工夫来源于生活实践。写文章也是如此，生活是写作的源泉，细心观察世界，用心感受生活，是积累写作材料的重要途径。

　　所谓观察就是观察生活，认识世界。语文教师应当引导学生注意观察大自然，观察社会，观察人，组织有意义的社会活动，培养学生对生活美的敏感性，让学生用自己的眼睛去发现别人没有发现的东西。只有认真观察，体验生活，做生活的有心人，才能写出内容充实、生动活泼的好文章来。要掌握观察方法，对事物做总体的观察或全面的观察，进行细节观察或多角度的观察，准确捕捉观察对象的与众不同之处。要尽量扩大生活的领域，增加与外界接触的机会，积极开放多种感觉器官，进行专注、细致、持久的观察。

　　要让学生懂得，观察绝不能只停留在形式上，还需要融进自己对生活的内心体验、真切感受。为了获得真切、生动、有意味的直接材料，要让学生热爱生活、投入生活、感受生活、体验生活。感受是由客观外界事物的影响而产生的一种心理活动，是由外界事物刺激而引起的反应。它包含一定的认识因素和理解因素，也包含一定的情感体验因素。当外界的客观事物在人的心理活动中引起刺激和反应时，总是和人的需要、信念、习惯、观点和态度联系在一起，总是伴随着喜爱或厌恶、快乐或忧愁、肯定或否定等情感活动，使人产生"不吐不快"的感觉。感受不仅能使人产生写作动机，其本身也是写作的对象和内容。教师应该训练学生敏锐的感受能力，使学生善于见微知著，透过细微的现象洞察事物的本质，从平淡的事物中体味其深邃的意义，捕捉"只可意会，不可言传"的感觉。感受总是和特定的感情体验结合在一起。文章不是无情物，王国维在《人间词话》中强调："大家之作，其言情也必沁人心脾，其写意也必豁人耳目。其辞脱口而出，无矫揉妆束之态，以其所见者真，所知者深也。"学生要善于捕捉内心细腻微妙的情绪和情感的波动，记录真切的生活体验和审美感受。如果学生的作文感情真挚，语言形象生动，有个性、有创意，定会给人留下深刻美好的印象。

　　教师要指导学生养成随手记写的习惯，用观察日记、随笔、周记等形式将观察体验、感受到的有一定意义的材料记录下来。这样不仅为写作积累素材，也是练笔的训练方式。

（二）广泛阅读是写作的基础

美国著名心理学家克拉森在其作文教学论著《作文：研究、理论与应用》中明确指出："学生自发的兴趣课外阅读，比增加经常性的写作训练对发展学生作文能力更有效"；提高写作能力的中心任务是"使学生对读物达到入迷的程度，从而自发地去阅读大量的文学读物"。这对我们的作文教学很有指导价值。新课程标准明确指出："培养学生广泛的阅读兴趣，扩大阅读面，增加阅读量，提倡少做题，多读书，好读书，读好书，读整本的书。"要求九年义务教育阶段课外阅读总量应在400万字以上，背诵240篇优美的诗文。学生在大量的阅读和背诵中可获得丰富的语言积累、思想积累、情感积累、文化积累以及生活积累，这是作文能力的基础。离开了丰厚的积累，一味追求作文的"量"，无法从根本上提高学生的作文水平。教师要引导学生坚持课外阅读，广泛涉猎各类读物，养成到图书馆查阅资料的习惯，并善于利用网络搜集自己所需要的资料。让他们坚持收集、摘抄书报资料，坚持记读书笔记，养成多读勤记的好习惯。同时，教师要教给学生积累间接材料的方法，如摘抄的归类和格式、专题积累的分类、卡片的使用等。

学生通过阅读不仅要学习一些写作手法，进行知识积累并运用于作文之中，而且要学习作者是怎样细致敏锐地观察生活，怎样透过表面深入本质进行思考，怎样以饱满的激情感悟人生的；学习作者的思考方式和观察角度，真诚豁达的处世态度，追求真善美的执著精神。这样做能够提升学生的精神境界、认识能力和人格素质，这些是创作的灵魂和根本。

二、写作思维训练

思维是人脑反映事物的一般特性和事物之间的规律性的联系，以及用已有知识为中介进行推理和解决问题的活动过程。思维能力是人类认识世界和改造世界的主导力量。能动性、概括性和间接性是思维的特征。"语言是思维的直接现实"，思维总是与语言相互依存、密切联系。写作的实质便是用书面语言的形式表达思维的成果，思维畅达，言语活动才能有序地进行，并以创造能力的形式在文章中得到体现。思维能力是作文能力的核心。在写作教学过程中，自始至终要坚持语言能力与思维能力同步训练的原则。

思维训练的内容是复杂而丰富的，写作思维由形象思维、抽象思维和灵感思维等思维形式构成。形象思维是凭借具体的感性材料和事物表象，进行改造和重组、虚构和想象，创造出一般和个别有机结合的具体统一的艺术典型的思维方式。抽象思维是运用概念、判断、推理等方式，对感性材料进行分析综合、归纳演绎、推导判断，从而做出结论的思维方式。灵感思维是指人们在平时积累思索的基础上，突然出现的顿悟、理解、豁然开朗的一种思维方式。这三种思维方式在写作实践中是互相联系的，应该综合加以运用。

进行写作思维训练应着重训练学生掌握各种思维方法，主要包括：

（一）分析与综合

分析与综合是统一的思维过程中的两个侧面，各自发挥着独特而又互相协调的作用。分析是把思考的对象分解为各个组成部分、各个方面、各种因素，然后进行思考论证，以认识其内在本质的思维方法。综合是把研究对象的各个部分、各个方面和各种因素联系起来考虑，从而在整体上把握对象的本质和规律的思维方式。分析和综合与作文关系密切，可以说整个写作过程都离不开分析与综合这两种思维方式。

（二）归纳与演绎

归纳就是从个别到一般，从许多同类的具体事物中，经过分析抓住主要的东西，概括出一般原则和规律的思维方法。演绎则是从一般到个别，从一般原则出发推论出个别事物的思维方法。在写作中理解生活或从材料中提炼主题，主要用归纳思维方法；解释道理，选择材料，构思文章结构，主要用演绎思维方法。

（三）求异思维

求异思维就是打破常规思维定势的思维，它敢于对人们惯常的定论持怀疑态度，寻求变通而不因循守旧，想人所未曾想，言人所未尝言，往往有不同凡响的新创见出现。历代文章大家都强调写作的创新能力，留有"删繁就简三秋树，领异标新二月花""文似看山不喜平"等诗句。进行求异思维训练，可以做到立意新颖，不依常情，反弹琵琶，大胆翻案；构思结构欲扬先抑，曲折有致。在写作中，切忌循规蹈矩，应大胆创新，使文章不落窠臼。在写作中加强求异思维能力的训练，学生的作文就会因另辟蹊径而别开生面，因个性突出而令人耳目一新。

（四）发散思维

发散思维就是在思维过程中，从一个思维基点出发，运用发散组合、引申推导、类比联想等方法，从四面八方进行全息思维，找出多种思路，求得多种答案和设想的一种思维方式。发散思维可以是纵向思维，着眼于客观事物时间上的联系，自古至今，由今溯古或古今对比；可以是横向思维，着眼于客观事物的空间联系，由甲到乙，由中到外，或甲乙比较，中外对照；还可以是定点多向思维，着眼于事物发展的多样性和多种可能性。"横看成岭侧成峰，远近高低各不同"，在写作训练中应要求学生学会"换一种眼光"观察世界，用发展变化的眼光看待事物，从不同角度不同侧面来认识问题，使得文章推陈出新，不落俗套。发散思维有利于学生的个性表现，是创造性思维的重要组成部分。

思维能力的培养需要深入思考生活，在感受生活的基础上对生活进行理性认识。生活是复杂的，对生活的思考是从偶然到必然、从特殊到普通、从表象到本质的逐步深入的过程。学生对生活的理解越具体、越全面、越深刻，写出来的文章就越有意义和价值。总之，思维能力的培养是中学作文教学中重要的内容，必须从培养和强化学生的思维特别是创造性思维入手，提高学生的构思能力和书面表达水平。

三、想象能力培养

在写作活动中，想象是必不可少的。想象是人脑对已有表象进行加工改造，重新组合，形成新形象的心理过程，是一种主动的、有目的的创造性活动。正如刘勰在《文心雕龙·神思》中所指出的："寂然凝虑，思接千载；悄焉动容，视通万里。吟咏之间，吐纳珠玉之声；眉睫之前，卷舒风云之色。"写作的任何一个环节，都离不开想象。通过想象，可以提高学生的选材构思能力，使表达的内容更丰富，思路更开阔，形象更鲜明。创造性的想象能力，是写作成功的关键。《语文课程标准》强调写作要"运用联想和想象"，"鼓励写想象中的事物"，要写"想象作文"。我们必须深刻认识到，写作是极具个性化的活动，鼓励学生写作时进行联想、想象，实际上就是给他们构建意象、培养创新意识的机会。

在写作教学过程中，教师可以通过一些具体的方法来训练学生的想象能力。

（一）丰富表象积累

心理学研究表明，一个人的记忆表象储备越多，他所展开的想象内容就越丰富。积累是想象的源泉，离开了丰富的表象，想象就成了空中楼阁。这就要求我们满腔热忱地对待周围的事物，事事留心观察，还要注意从书本和生活中不断地汲取养料。这样，积累的表象就会日益丰富起来。

（二）指导进行想象的方法

只有掌握想象自身的规律，才能进行各种合乎逻辑的想象活动，做出合情合理的想象。常见的想象方法有以下几种：

1. 联想

联想是由此及彼的心理活动，是由一个事物而想到相似或相关、相对或相反的另一个或几个事物的心智活动，是想象的基本形式。联想的方式很多，主要包括接近联想、相似联想、对比联想等，通常所说的"爱屋及乌""睹物思人"等就是例子。

2. 辐射式想象

辐射式想象，即由一事物作为触发点，向四面八方想象熟悉的生活和领域，即由小到大、由近及远地进行想象，使文章创造的意境逐步加深。例如"浮想联翩""神与物游"等词语就有这个意思。

3. 推测式想象

推测式想象是根据已有的认知和表象材料的内部关系对可能出现的新组合、新变化做出推测。推测想象要把握事物的内部联系，注意合乎事物常理和生活的逻辑。例如"瑞雪兆丰年""举一反三"等就是利用推测想象的结果。

训练想象力的方式很多。在指导学生选择阅读材料时，可以有目的地推荐一些科幻故事、寓言、神话传说、推理小说等，丰富学生的想象经验。在指导学生写作时，可以进行创造性想象因素较多的续写、文学创作等训练，让学生编写童话和寓言，进行自由虚构，以发展和提高创造性想象能力。比如：请根据《卖炭翁》的内容，合理想象在老翁的炭被抢走后发生的事，写一篇拓展性的想象作文。

四、写作知识教学

知识是能力形成的基础，写作能力的形成离不开写作知识的掌握。写作教学中需要传授的写作知识有：

（一）文体知识教学

文体是约定俗成的各类文章的表达体例、模式。写文章要有文体感。文体知识教学就是训练学生掌握各类文体写作的具体技能。中学生作文教学主要有记叙文、说明文、议论文、应用文等文体。指导学生训练应力求做到叙述清清楚楚，说明准确无误，议论鞭辟入里，描写绘声绘色，抒情真挚浓厚。

1. 记叙文写作教学要点

（1）内容要具体。中学生写作记叙文的弊病常常是内容空洞、泛泛而谈。要克服这种毛病，首先要解决材料来源问题，教师要指导学生观察生活，从日常生活中认真收集材料、积累材料、选取材料。在此基础上训练学生用确切的语言，用各种修辞手法贴切地表现内容，用恰当的细节描写充实内容，这样就可以把记叙文写得具体一些。记叙文中的描写一定要符合生活的实际，具体记事，生动写人，不能描摹失真、夸张失度，切忌空洞无物。

（2）条理要清晰。条理清晰就是记述要有条理性，它包括几个方面的内容：首先是叙述的人称。叙述人称是作者叙述时的观察点、立足点问题。叙述的人称有第一人称、第二人称和第三人称，要指导学生根据表达的需要选择运用。其次是叙述的顺序。记叙文在材料安排上常用顺叙、倒叙和插叙的方法。在指导训练时，特别要注意交代清楚记叙时间和空间顺序的变换。再次是叙述的线索。线索是事件发展的脉络，它反映了作者组织材料的思路。文章的线索有单条线索和多条线索。当文章有几条线索时，一定要注意主线和副线、明线和暗线的安排，这样才能使文章脉络清晰。

（3）表达要生动感人。指导学生学会运用记叙、描写、抒情、议论和说明相结合的综合表达方式。恰当运用几种表达方式，能深化文章主题，增强文章的感染力、生动性，起到画龙点睛的作用。

2.说明文写作教学要点

（1）抓住事物的特征。说明文是为了准确地说明事物，所以写作一定要抓住事物的特征。要指导学生在写作之前对所说明的事物有充分的、切实的观察，通过比较、调查等方式深入认识事物的内在联系，把握事物的本质特征，正确说明事物，给予事物以定义和解说。

（2）掌握说明的顺序。说明文的条理性要求文章有明晰而合理的说明顺序。说明的顺序应根据事物的规律、特点和表达的需要来决定，要与事物本身的条理一致，要跟人们的认识过程一致。一般来说，说明的顺序有时间顺序、空间顺序、逻辑顺序、程序顺序等。

（3）选择适当的说明方法。说明文的实用性很强，为了把事物说明阐释清楚，就需要指导学生选择恰当的说明方法。常见的说明方法有：下定义、打比方、分类别、作比较、举例子、列图表、引用、诠释等等。

3. 议论文写作教学要点

（1）确立论点。引导学生从周围的现实生活出发，注意发现问题，善于思考。引导学生做到论点正确、新颖，要明确自己对所论述的问题的见解和态度，敢于发表自己的理论，或对传统的提法给以新的阐释。

（2）选择论据。要引导学生选择典型而有说服力的材料为论据，或证明自己的论点或反驳错误论点，做到论点、论据一致。要训练学生运用比较的方法选择最恰当的论据来论证，常用的论据有事实论据、理论论据等。

（3）运用恰当的论证方法。议论文要有说服力，就要把论点和论据运用恰当的论证方法联系起来。不仅要使学生掌握"摆事实、讲道理"的基本论证方法，还要学会其他几种论证方法，如归纳法、演绎法、喻证法、类比法、对比法和归谬法等，并在写作中把各种论证方法结合起来运用。同时要指导学生注意语言的准确性和严密性，使论证既有说服力又有感染力。

4. 应用文写作教学要点

（1）提高对应用文写作重要性的认识。在现代社会里，应用文的使用范围非常广泛，已经渗入到生产活动、经济交往、法律生活和科技领域等方面。要指导学生端正认识、激发动机，以积极的态度对待应用文，把培养应用文写作能力作为作文教学的一个重点。

（2）强化应用文的惯用格式训练。有特定的文章体式是应用文的一个鲜明特点。教师应该选择典型实例，使学生掌握应用文的体式和格式特点。应面向社会实践，将广阔的社会生活、经济建设及精神文明建设的丰富素材引入应用文写作中，有目的地组织学生深入实际，参观访问、调查研究，在生活的实际应用中掌握应用文的写作。

（3）训练应用文的语言。由于受到内容特点和表达方式的制约，应用文的语言要求严谨、平实、得体、准确、简明，以便于进行交流和应用，在指导写作训练时要力求符合这些要求。

（二）语言训练

写作是语言的艺术，是运用书面语言进行表情达意的综合训练。孔子说："言之无文，行而不远。"扎扎实实地练好语言基本功，是写好文章的重要前提。因此要对学生进行遣词造句能力的训练，即训练学生行文时按照文体及表达的要求恰当地选词、造句，让学生养成锤炼字句的习惯，逐步掌握写作的语言运用规律，提高语言素养。通过语言训练，努力使学生的书面语言达到以下要求：

1. 准确

即用词恰当，语句通顺，句序连贯合理，表达意义准确到位，没有语法、修辞、逻辑等方面的错误。要做到准确，就需准确理解词语的词性和词义，认真辨析词语的感情色彩和语气；需要根据内容选择最恰当最有表现力的句式。

2. 简明

即语言简洁明快，质朴自然，不刻意雕琢。词语的选用要清楚明白，避免在句子中产生歧义。还要注意语句结构合理，尽量去掉重复的语句。要用语经济，用最少的语言传递尽可能多的信息。

3. 得体

得体就是遣词造句要适应语言环境，用语恰如其分。写作的时候要考虑具体的时间、地点、场合、目的和对象，考虑上下文的语言环境，考虑到文章文体与语体的特点等因素。

4. 生动

为了增强文章的可读性与感染力，语言还要具有生动性。生动就是运用词语具体、形象、有生气。生动形象，富于文采，是对作文语言的较高要求。为加强文采，可以适当运用排比、比喻、设问、反问、夸张等修辞手法，也可以巧妙引用优美的歌词、诗句、名言、警句等。文章不是无情物，要使语言生动，还要注意抒写真感情、真体验，如果学生的作文感情真挚，语言形象生动、有个性、有创新，就表明写作教学取得了可喜的成绩。

"操千曲而后晓声，观千剑而后识器"①。要提高学生遣词造句的能力，首先必须积累语言，积累语言的途径可以让学生深入生活，注意捕捉大众口语中鲜活、生动的语言；也可以让学生在阅读中学习语言，做好读书笔记，记录一些优美的词语、成语、警句，甚至整篇的美文，来丰富语言材料库。另外，要实践运用语言，指导学生多写多练，坚持写随笔，提高学生的语感能力。

第三节 写作教学的程序

写作教学的程序指的是一次写作教学的完整过程。写作教学过程是学生在教师的指导下进行作文训练的过程。教师对于写作教学过程的认识，直接决定了他指导学生写作的方法，从而关系到写作教学的成败。写作教学的程序一般包括命题、指导、批改、讲评等几个环节。

一、命题

命题就是由教师直接出示写作题目，规定文章体裁及表达方式，让学生按照题意和要求进行写作。命题指导着学生为什么写和写什么的问题。过去对命题作文批评得比较多，认为它束缚学生的个性，制约学生的创造灵感。叶圣陶先生说："咱们平时写作，总是为了实际需要，而教师出个题

---

① 刘勰：《文心雕龙·知音》。

目让学生作文的时候,学生并没有作文的实际需要,只因为要练习作文,才出个题目让他们作。就实际说,这有点本末倒置,可是练习又确乎必不可少。因此,命题作文只是个不得已的办法,不是合乎理想的办法。"[①]他这话的意思说明了学校的命题写作训练是为了发挥其练习功能。命题写作有利于贯彻写作训练目的,使写作技能有计划、有步骤地得到练习,有利于教师集中统一指导。命题写作有利有弊,我们应扬长避短,充分发挥它的训练功能。

（一）命题的要求

1. 命题要有教育性

语文的人文性特征要求写作教学不仅是能力训练,更是育人的教育活动。写作命题不能只着眼于写作能力和技巧,还要发挥其所含有的教育价值。凡是内容健康、有思想意义的写作命题都是有教育价值的。不能让学生的目光只停留在一些生活的浅层的表面现象上,只在家庭和学校的小圈子内打转,应该结合国内外政治经济形势,结合当前社会热点等命题,把学生的视野引向广阔的社会,引导他们关心社会,思考人生,使写作训练成为学生对人生、对社会的观察、思考、认识的过程。

2. 命题要有计划性

根据课程标准的指导,每个学期和学段都有一个成体系的教学计划,语文写作教学的安排也是有目的、有序列的。每一次写作训练都是教学计划上的重要环节。因此,写作命题应有计划性。要依据每次写作的训练目的,确定训练重点、文章体裁、命题方式及具体题目,从内容到形式做出全面的规划,保证写作训练的计划性。在教学中切忌那种随心所欲的毫无计划的命题。

3. 命题要有针对性

写作是学生对自己内心世界和生活实践的表达,命题要针对学生的年

[①] 叶圣陶:《大力研究语文,尽快改进语文教学》,《中国语文》1978年第2期。

龄和生活经验的特点，适应学生的思想和生活实际，使学生有事可叙，有物可状，有情可抒，有理可论。叶圣陶先生说："希望教师能够了解学生的生活，能够设身处地地想象学生内部的思想和情感，然后选取学生能够作的愿意作的题目给学生作。如果这样，教师出题就等于唤起学生作文的动机。"①命题只有切合学生的思想和生活，学生才会"材源"滚滚，写起来得心应手。有针对性的命题，能激起学生的写作兴趣，触发写作灵感，开启写作思路，活化写作材料。反之，如果题目超出了他们的思想认识水平和他们的生活范围，他们就会感到无从下笔。命题要尽可能新颖，开拓新领域，变换新角度。题目要"美"，要有文采，有诗意，给人以美感。

4.命题要有迁移性

所谓迁移，作为一个心理学的术语，指的是一种学习对另一种学习的影响。语文教学要贯彻听说读写密切结合的原则，读和写是互相促进的，写作教学也就必然要和阅读教学相结合。阅读教学能为学生树立范文的体式，使他们获得写作知识和写作技巧，也能使他们提高思想认识。写作命题结合阅读教学的实际是促进读写迁移的关键。教师可以结合范文的思想内容命题，用课文的思想观点指导写作的立意；也可以结合课文的表现形式命题，例如，学了《"友邦惊诧"论》，可命题《小议"开卷有益"》，让学生学习课文中驳论的论证方法。在一般教材的编排中，写作训练同阅读训练是紧密结合的，这就为在写作教学中实现迁移创造了条件。

（二）命题的方式

1.直接形式的命题

直接形式的写作命题可以分为完全命题和不完全命题两种形式。完全命题即教师给出的题目完整、题意显露、取材范围明确。这种命题比较严格，学生对写作题目在字面上不能更改，只需吃透题旨，按照题旨要求来写作。不完全命题也叫半命题作文，即教师提供一个不完整的题目，让学

---

①《叶圣陶语文教育论集》，教育科学出版社1980年版，第396页。

生填补空出的部分，使之成为完整的题目。如"我迷上了＿＿＿＿""＿＿＿＿给我留下深深的印象""我体会到＿＿＿＿"等。这种训练方式既能实现写作训练目标，又给学生留有较大的自由度，学生可以选择体验最深、最有把握的内容来写。

2.间接形式的命题

（1）材料作文。材料作文也叫供材料作文、条件作文，属于半命题性质的写作。由教师提供一定的材料并提出要求，学生根据材料及要求进行写作训练。材料作文的主要价值是：学生必须在理解给定材料的基础上才能进行写作，既有一定的条件限制，又有一定的灵活性；学生可以多角度立意，多样化构思，有利于培养学生的创造性思维能力。当然，所给材料必须适合学生的生活积累和知识积累的实际水平。

材料作文的材料种类很多，大体可分为如下几种：

①文字材料。教师提供一组文字材料，可以是名言、寓言故事、短文、表格、数据、书信等等，让学生按要求对文字材料本身进行加工处理，或改写，或扩写，或缩写，或续写，写出一篇新的文章。改写，就是在不改变原文基本思想的前提下，从形式上对原文进行改造，如改变体裁、改变人称、改变结构、改变表达方式、改变叙述角度等，着重训练学生的语言表达能力和材料组织能力。扩写，就是对原文进行扩展和生发，使内容更加具体、生动，主旨更加突出、鲜明。可以把句子扩展成段落，把段落扩展成短文，也可把提纲或文章的梗概扩写成内容具体的文章。缩写，就是把长文概括、压缩成最精炼的短文。它要求既不能改变体裁，又要保留原文思想内容的精华。其方法是摘取原文的重点词句，加上必要的衔接词语连缀成文；或根据原文重点加以概括，重新组织成文。续写，就是对原材料的内容、情节进行合理推演，补充续写，使之获得新的发展。其材料或提供开头部分，或提供结尾部分，也可以既提供开头部分，又提供结尾部分。这样能训练学生的想象能力和发散思维能力。

②图画材料。就是学生根据所提供的图画，进行观察、思考，写成文

章，也叫看图作文。图画材料可以是漫画、年画、挂图、插图、照片、邮票、宣传画、连环画等。由于画面直观形象，容易激发学生的兴趣。选择图画要注意适合学生的水平，使学生能看懂，有话可说。要指导学生认真看图审图，让学生仔细观察，并展开联想和想象，根据画面的内容及画面之间的联系，读出画面的意蕴，确立写作的中心思想。

③音像材料。教师利用多媒体设备提供音响和影像材料，让学生根据材料按要求写作。音响材料可以是音乐、笑话、人物对话等等。影像材料一般是幻灯、录像、电影电视片段等。这类写作材料形象性和动态性强，直接作用于学生的听觉和视觉，更能激起学生的写作兴趣。教师要精心选择材料，指导学生欣赏把握材料的主旨，启发学生展开联想和想象，构思文章的立意。这需要充分发挥多媒体教学的功能。

④实物材料。是由教师向学生出示或提供可以观察接触的具体事物，让学生近距离地观察、体验、欣赏，或描写其形状，或说明其原理，或评论鉴赏，或发表议论等等。所选择的实物材料应该形象感人，精巧优美，具有审美性和启发性，能激发学生写作的兴趣。

（2）话题作文。从1999年全国高考语文试卷中出现"诚信"这一作文试题后，话题作文成为最近几年写作训练和考试的热门形式。话题，就是谈话的中心，是议论、说理、抒情所由来的范围或引子。它只提供写作对象、写作范围或写作缘由，而不指定写作标题和限制写作体裁。这种命题一般由材料、提示语、话题和要求四部分组成，要求又基本上是"四自"原则：自选材料、自定题意、自拟标题、自选文体。话题作文解除了命题作文的种种限制，学生可以在规定的范围内自由地选择对象、角度、中心，自如地运用自己擅长的文体进行记述、描写、议论和抒情。话题作文是一种开放性的命题，它能给学生充分的写作自由。它鼓励创新和发散思维，多角度、全方位地让学生展开话题。它需要学生对材料进行分析、概括，透过现象认识本质，需要联系现实，进行引申发挥，因而有利于训练学生的辩证思维能力和议论说理能力，体现了语文的人本意识和人文关怀。

（3）情境作文。情境作文是指教师精心设计和安排某种可看见或者可感受的情感与景物融合的意境，让学生设身处地去观察、体验和感受，并把观察和体验的结果写出来的一种写作训练方式。这种写作情境能触发学生的情感体验，引发学生的写作冲动，解决了写作的素材问题。写作情境可分为真实情境和虚拟情境。真实情境是创设的情境就在面前，学生置身其中并参与情境之中。虚拟情境是指教师提供的情境是看不见摸不着的，或者是并非真实存在的，学生需要根据这种虚拟的情境去想象、体验。

3. 自由拟题写作

自由拟题写作是学生不受教师指令性命题的限制，由自己自主拟题的写作训练方式。学生可以根据表达的需要，运用自己最擅长的文体和表达方式，想怎么写就怎么写，充分展示自己的写作才能。由于学生写的是自己的生活实际，表现的是自己的心灵世界，没有限制和压力，符合个人心理需要，因而容易写出真情实感来。此外，学生自由拟题有充裕的时间构思立意，选择材料，推敲字句，有利于练习写作基本功，提高写作水平。这种训练方式的弊端就是随意性较大，不利于贯彻写作教学的目标，也不便于统一指导和讲评。

自由拟题写作可分为课内自由拟题写作和课外自由拟题写作两种。课内自由拟题写作是指课堂内特意安排的自由拟题写作训练。这种训练有半自由拟题形式和完全自由拟题形式。前者有明确的要求并限定条件，但内容和观点不加限制。后者是内容和形式都不加限制，完全由学生自由命题。这种训练必须有计划、有控制，并要加强指导，真正发挥其积极作用。课外自由拟题写作是指课外练笔中的自由拟题写作，如日记、札记、发言稿、广播稿、书信和课余文学创作等。这些写作内容有的是应生活之需要而写作，有的则是有意识的写作训练。它不受时间和空间的限制，训练的领域广阔，训练量也大，是写作与生活的密切结合。这种写作是"我要写"，学生的写作热情和兴趣也更加浓厚，更易于发挥学生的创造性才能。

二、指导

这里的指导是指命题之后教师对学生写作的指导，解决写什么和怎样写的问题。学生在写作之前最需要教师的指导点拨，这关系到每个学生写作质量的优劣，也是教师发挥指导性的重要环节。指导包括审题、立意、选材、构思和修改等方面的内容。

（一）审题指导

审题，就是对写作题目进行认真审察和分析，全面、准确地了解命题意图。一般的写作题目包括两个方面的内容：一部分是文题（包括文字、漫画材料），另一部分是对写作者的写作要求。审题时，不但要准确全面地理解文题的意思，而且要搞清楚写作要求。审题的内容包括：明确写作目的，明确选材范围，明确文体、人称、字数和写法等。审题是一个思维训练过程，是写好文章的第一步。题目审不好，就会写偏题或跑题。要明确题目的限制条件，题目中的限制实际上也是一种提示，根据提示才能写出切合要求的文章。

审题的常用方法有以下几种：

1.分析审题法

就是通过对写作题目的语言词汇进行分析，把握关键词语的本义及其之间的关系，从而完整把握题目。还要对题目中的词语所蕴含的抽象的象征性意义进行分析，理解题目所包含的比喻、象征、拟人等修辞意义，如题目"绿叶赞"，就要分析绿叶具有哪些比喻性的精神品质。

2.类比审题法

就是把训练题目与同类或近似的写作题目进行比较，找出它们的异同点，从比较中明确所写题目的内容和要求，从而把握所写题目的特点，避免写跑题。

3.补充审题法

就是在半命题题目中增补一些词语，使原来不易把握的题旨显示得更加明确。有的题目故意藏头去尾，题旨有一定的模糊性，如果在题目中增补一些词语，就可使审题化难为易了。

（二）立意指导

立意就是学生在审题后确立文章主题。立意指导就是指导学生根据题意，确立和提炼文章的主旨。主旨是一篇文章的主脑、统帅。哲学家王夫之曾说，文章"俱以意为主，意犹帅也；无帅之兵，谓之乌合"[①]。写作时只有先立定主题，材料的选择、结构的安排、语言的运用才有了依据。因此，必须使学生明确树立"意在笔先"的观念。

立意的要求有：立意要健康、正确，就是文章的主旨要有积极的思想意义；立意要集中，就是一篇文章要集中说明一个意思，重点突出；立意要鲜明，就是表达的意思要明确，态度要明朗；立意要深刻、新颖，要深入开掘，反映事物的本质，写出自己独特的感受和认识。

要提高学生的立意能力，除了让学生不断提高对生活的认识、感悟和体验，扩大生活积累外，还要让学生掌握一些常用的立意方法。

1.本质挖掘法

就是透过事物的表面现象，去发掘事物的本质，或从材料所具有的多方面的意义中遴选出最亮的闪光点；或从众多材料中概括并揭示出决定其价值的更深层的原因。

2.以小见大法

就是从看似不起眼的具体平凡的事物中，发现不同寻常的思想意义。例如许地山的《落花生》，就是通过一家人在收获季节谈论普通的花生，说明了做人处世的道理。

3.多角度立意法

对待同一题目或者材料，学生可以从不同的角度立意。可以在立意时充分展开纵向联想或横向联想，或者利用逆向思维，对题目或材料进行反

---

① 王夫之：《船山遗书·夕堂永日绪论》。

向思考，提出与众不同的看法。

（三）选材指导

材料是为写作而搜集的一系列的事实和事理，如人物、事件、数据、例证、公理、名言等。材料是文章的血肉，是形成和表现主旨的基础。材料选用得好往往会赋予文章以鲜活的生命力。教师可以根据以下几点标准指导学生选材。

1.要切合主旨

选择材料的目的就在于表现主旨，把主题表现得充分、突出。必须根据表现主题的需要来决定材料的取舍。材料中能很好表现主旨的，就要入选；坚决摈弃那些虽然新鲜生动但与表达主题无关的材料。

2.要典型

所谓典型材料，是指那些能够充分表现文章主旨、深刻揭示事物本质，具有充分说服力的材料。中学生写作常犯的毛病是选材一般化，虽然材料用了一大堆，而且也与表现主旨有关，但不典型，不能突出主旨。这就需要指导学生选择最典型的材料，以收到以少胜多的效果。

3.要真实

材料真实是指所用材料能反映客观事物的本来面貌，材料真实使文章具有说服力和感染力。选用的材料必须真实可靠，反对弄虚作假。有的中学生习作，臆造杜撰，或者搬用别人文章中的材料，例如，为了追求生动感人的效果，自己的妈妈明明健在，却写妈妈去世时极度悲痛的心情，这纯粹是为文造情而不是为情造文。

4.要新颖

就是说材料要有特色、新鲜感。只有材料新颖，才能使主旨鲜明突出，内容生动感人，才能引起读者的兴趣并给人以耳目一新的印象。中学生写作很容易按照一种模式套用一些大家常用的材料。教师要帮助学生从生活中选取亲身经历的材料，或是发掘生活中有新意的材料。

（四）谋篇布局的指导

谋篇布局就是在立意和材料确定后，考虑如何形成一个完整统一的明确表达主旨的有机体，就是对文章思路结构的组织安排问题。谋篇布局的能力就是按照客观事物的内部联系和规律来组织安排材料的能力。它不单纯是一个技巧的问题，也是一个作者思想认识的问题。谋篇布局的一个重要的手段是编写结构提纲。列结构提纲是把头脑中构思好的文章的格局，包括观点、材料以及观点和材料的组合、安排方式等用最概括最简练的文字固定下来。提纲是文章的蓝图，对文章整个内容及形式有一个通盘考虑，它好比盖大楼时的图纸设计，能保证大楼的施工顺利。因此，要使学生养成列提纲的习惯。提纲有标题式的，也有要点式的，可以根据写作的需要和文章的体式而确定。

谋篇布局的指导包括以下几个方面：

1. 层次段落要清晰

所谓层次指的是文章思想内容的表现次序，它体现着作者思路展开的步骤，着眼于思想内容的划分。而段落是构成篇章的基本单位，是文章思想内容在表达时的文字停顿，侧重于文字表达的需要。组织划分层次，安排段落，是谋篇布局的重要一环，总的要求是做到清晰、严密、完整，注意部分和整体的逻辑关系，使它们成为一个有机的整体。

2. 剪裁详略要得当

剪裁指的是根据主题的需要对材料的处理，有的要详写，有的要略写。与主题关系密切的要写得详细；与主题关系较远、不太密切的要写得概括简练。这既是一个选材的问题，也是一个篇章结构的问题。

3. 开头结尾要呼应

开头和结尾在文章中占有重要的位置，古人有"凤头、猪肚、豹尾"之说，就是说开头要有吸引力，结尾要有收束力。开头或开门见山，或平铺慢叙，切忌言不及义，离题万里。结尾要自然收束，总结全文，余味无穷，不要草草收兵或画蛇添足。要做到首尾呼应，结尾要成为开头的补充、深化和升华，使文章首尾一体，格调一致，结构严谨。

4.过渡照应要严密

写作不仅要讲究首尾呼应，而且要注意段落层次之间的过渡和照应。所谓过渡指的是层次段落之间的衔接与转换，起承上启下的联系作用。要指导学生在文章的结构或内容转换的地方用过渡词语、过渡句或者过渡段。所谓"照应"指的是文章内容上的前后关照呼应。要注意写作内容的前后提示和伏笔，做到环环相扣，使文章浑然一体。

（五）修改指导

修改，是学生写作成篇的最后一个环节。文章不厌百回改，在一定意义上可以说好文章不是写出来的而是改出来的。对此，新课程标准有明确的目标要求，即"养成修改自己作文的习惯，修改时能借助语感和语法修辞常识，做到文从字顺"。修改是一个认识不断深化、表达不断完善的过程。修改能力是写作的基本能力。培养学生自己动手修改文章的能力，不仅是提高学生写作能力的重要途径，而且还能培养他们严肃认真的写作态度。教师只有既指导"作"，又指导"改"，才能全面培养学生的写作能力。

1.指导修改的内容

作文的修改不仅要着眼于内容，也要着眼于形式。一方面要改掉文章的毛病，另一方面要把文章改得更加完美。首先，看文章的主题挖掘得是否深入，观点是否正确，中心是否突出鲜明。其次，看文章的材料与中心是否统一，如果观点不能统率材料，材料不能说明观点，就要进行修改。再次，要看文章的结构。如果开头结尾不理想，段落层次不分明，过渡照应不自然，就要进行修改。最后，要推敲语言文字。对错误的多余的字词句段要做删、改、调、换、补等修改，做到语言通顺，文气连贯，力求生动而富有表现力。还要让学生注意书写格式及文面的规范正确。

2.指导修改的方法

（1）自读自改法。指导学生自己读自己的作文，发现语句不通顺、语气不连贯、词语不正确之处，对一些词语和句子的选择进行辨析、比较、推敲。如果条件允许，可以出声朗读，边读边做标记，然后进行修改，效果更佳。

（2）互动修改法。先自读自改，然后在学习小组内与同学们交换作文，互相阅读并提出改正意见，交流写作的体会，最后由作者本人修改自己的文章。

（3）当堂修改与过后修改。修改可以在写完后立即在写作课上自读自改，也可以边写边改，这叫做"热处理"。也可以"冷处理"，作文写完后放几天，待冷静后再从容修改。此外，还可以师生共同修改一篇作文，教师先给学生以示范，然后让学生修改自己的文章。

三、批改

批改就是教师对学生的写作文稿进行批阅、改正、评价。批改是写作指导的继续，是写作讲评的前提。教师对学生的作文在形式上进行优劣的改正评价，提出意见，可以使学生正确认识自己的作文，掌握写作和修改文章的技巧。同时教师也在内容上对学生的思想认识和情感、价值观方面予以指导。

（一）作文批改的原则

1. 全面性原则

写作教学要贯彻文道统一的原则。作文包括内容和形式两个方面，在批改作文时，要注意文章的表达形式是否恰当，包括词语、句子、段落、层次、结构等；还要注意内容方面，包括文章的观点、道理、情感、价值取向等，从而全面完成写作教学所承担的知识传授、能力培养和思想教育的任务。

2. 针对性原则

作文批改是为落实训练的具体目的而采取的指导方式，因此，作文批改应以当次训练要点作为批改的重点，以点带面，不必要有错必改，面面俱到。或者从表达技巧上，或者从内容立意上进行批改，这样，抓住关键问题，可以使学生每次练习都有具体的收获，逐步形成全面的写作能力。

3.尊重性原则

写作是学生自我个性的抒发，教师应该尊重学生的主体性劳动。教师批改作文时，要根据学生的认识水平、心理特点、生活范围、知识程度、能力现状等诸多实际情况，尽量保留原作原意，少作改动。教师不能以自己的思维和水平要求学生。作文批改不能只盯住学生作文中的毛病进行挑剔和责难。对学生作文中的缺点，要以热切诚恳的态度指出，并提出或启示改正的办法。教师要善于发现和肯定学生作文的成功之处、创新之处和进步之处，评定成绩也不必求全责备，要充分发挥肯定和表扬的积极作用。

4.启发性原则

作文批改的主要目的是要学生领会、揣摩写作之道，因此，作文批改应该重在启发，引起学生思考，指导学生修改。教师的改，主要不在于改得通顺、恰当，而在于给学生示范，使他们懂得为什么要这样改。要求学生自改的或教师不宜代替修改的，要用批语指出来，要启发学生思考作文弊病出现的根源，自己去寻找改正的办法。

（二）作文批改的方法

作文批改的方法可分为批和改两种。

1.批

批有眉批和尾批两种方式。眉批也叫旁批，就是对文章的某一点随行文评价，写在文章相应的行侧，或指示修改，或评价优劣，或说明改动的理由。尾批也叫总批，是在作文的后面对作文做综合评价，不仅评价作文的内容和形式，也要评价写作态度，并指出今后注意的地方。眉批是具体的，尾批是综合的、概括的，二者要紧密配合。批语的写作要针对性强，要抓住作文明显的进步之处和主要的问题所在，切忌空话套话、陈词滥调；语言要简明概括、深入浅出，书写要规范。

2.改

改就是改正作文中字、词、句、标点符号等方面的问题。改有增、删、换、调四法。增，是增添必要的字词句段，使文章连贯、充实、完整。删，是删削冗余的文字，使文章简洁鲜明。换，是用另外的文字替换原来的文字，使文章更加准确、生动。调，是调整字、词、句、段的次序，使之通顺合理。

（三）作文批改的方式

1.精批细改和重点批改

精批细改，就是教师对学生的作文从主题、材料、语言、结构等进行全面的、细致的批改，在作文中进行点画勾圈，不但指出优缺点，还指出其不足的原因，提出一些改正的建议。重点批改即每次围绕一个特定的中心或者训练的目标有侧重地批改，这样的批改针对性强，可以提高批改的效率。

2.全面批改和轮流批改

全面批改即教师对学生的作文全收交、全批改。其优点是教师可以全面了解每一个学生的写作情况，全面细致地指导学生的写作；其缺点是教师费时费力，负担太重。比较可行的办法是每学期的学期初、学期中、学期末各全面批改一次。轮流批改即每次只重点批阅一部分学生的作文，或按组，或抽样，比例可视具体情况而定。要注意渐次轮换，使每个学生的作文都有批改的机会。

3.书面批改和当面批改

书面批改就是教师在学生的作文本上进行批画，是批改的常规方法。它便于教师灵活运用自己的时间，随时批改，文字和批改符号兼用，简明扼要；也便于学生反复阅读，揣摩教师的批改和启发性批语。当面批改，是师生之间以个别面谈或者小组面谈的方式进行，师生之间可以充分交换意见、交流感情，便于教师了解学生的思想认识和思维过程，针对学生的实际予以具体直接的指导。但当面批改费时较多，可以每学期进行一次。

4. 自我批改和合作批改

教师粗略浏览全班学生的作文，对其中带有普遍性和倾向性的问题，做总体的指导说明，然后组织学生批改。学生批改有自我批改和合作批改两种方式。自我批改即学生在老师的指导下，对语言、结构及主题的修改，最后写出"自评"，总结优缺点，明确努力的方向。合作批改，可以采取两个人对改、小组批改，甚至班与班之间互相批改等方式。合作批改要求进行全面细致的批改。由于学生批的是"伙伴作文"，积极性会很高，有利于他们互相吸取经验，共同进步。学生批改后，教师可重新浏览，既掌握"面"，又掌握"点"，为讲评做好准备。

四、讲评

写作教学的最后一个环节是讲评。讲评是对全班作文情况的总结、评价，是引导学生对写作实践进行综合、分析、归纳，从感性认识上升到理性认识的活动。作文讲评的内容和要求基本上是和作文批改相一致的。讲评内容既要包含个别事例，又要包容全班的共同倾向，要有中心、有重点，突出训练计划和目的；要理论联系实例，以写作理论做指导，做出规律性的总结；既要指出写作中的问题，又要保护学生写作的积极性；要激励学生取长补短，增强写好作文的决心和信心。千万不要选取那些可笑的例证，出学生的"洋相"，更不要对学生讽刺挖苦，伤害学生的自尊心。

作文讲评的方式很多，常见的有以下几种：

（一）综合讲评

综合讲评就是对全班学生的作文做全面、概括的评析。既针对学生作文的思想内容、写作方法，又针对学生的写作态度和写作习惯等情况进行全面总结，指出优点和缺点，并注意把普遍性问题和个别性案例相结合。这种讲评的特点是全面具体，但是费时较多。

（二）专题讲评

专题讲评就是抓住作文中的一两个问题，依据写作理论知识，结合具体例证，进行深入的分析讨论。专题问题的确定，可以是当次写作的训练目标，也可以是写作中出现的带普遍性的问题。这种讲评，目标单纯、内容完整、集中深刻，效果较好。

（三）典型讲评

典型讲评就是选出一篇或几篇有代表性的作文，进行分析和评价。所选文章要有典型性，可以选择优秀的作文，也可以选择带普遍性问题的一般作文，能起到以点带面的作用。讲评分析要深入、中肯，以典型指导一般，使学生明辨自己的得失，学习借鉴他人。

（四）对比讲评

对比讲评就是对照比较讲评几篇作文。可以是优秀作文和较差作文的对比，可以是修改后的作文同原作文对比，可以是学生的作文同范文对比，也可以是不同特色的对比，如在立意、选材、结构、表达方式等不同方面的对比。通过对比，学生知道应该怎样写，不应该怎样写。由于材料具体，对照鲜明，可以给学生深刻的印象。

写作讲评课堂上要师生互动，让学生积极参与，学生可朗读自己的文章，可积极发言评论，可介绍写作经验，可互相传阅学习，也可推荐并评价优秀作文。讲评后可以指导学生订正或进一步修改，也可以让学生办优秀习作展览等，这些都有利于学生写作能力的提高。

第十四章　语文口语交际教学

口语交际教学是学生在教师组织和指导下所进行的有目的、有计划的训练听说能力的课外实践活动，它是中小学语文教学的基本内容之一。口语交际能力是学生必须具备的能力，是适应未来社会发展需要的基本素养，我们应当认识到口语交际教学的重要性和迫切性，认识到这是时代对语文教学的新要求，也应该认识到这是新一轮课程改革的重点之一。口语交际教学应当以切实可行的方法和灵活生动的形式，组织学生进行多向交流实践，并努力在交际实践中形成良好的口语表达能力。

第一节　口语交际教学的概述

一、口语交际教学的地位

在实际的中学语文教学活动中，由于各种原因，还不同程度地存在着重书面表达轻口头表达的现象，对口语交际的训练与培养缺乏足够重视。

为此，必须加强对口语交际教学在语文教学中的地位的认识。

首先，从语言活动本身的规律来看，口语交际是其他语言活动的基础，听说是语言活动的先导，阅读和写作是在听和说的基础上派生的语言活动。在一般情况下，语言教学和语言训练的顺序，应当是先口头语言后书面语言。学生的听说能力提高了，他们的读写活动就有了更丰富的知识基础和更有力的思维保障。同理，学生读写能力的提高又使他们的口语交际活动有了更广阔的表述领域和更艺术的表达技巧。听说读写是相辅相成、互相促进的，这已经成为人们的共识。因此，口语交际教学应当和阅读教学、写作教学同等重要。

其次，从社会发展趋势来看，必须重视口语交际教学。在科学技术日新月异的今天，随着经济的腾飞和现代视听技术的迅猛发展，电话在人们的日常生活中已广泛普及，人际交往从来没有像现在这样更多地依赖口语交际手段。生活节奏的加快，也促使人们更钟情于快捷的口语交际方式。现代化的传播技术使信息交换的方式向综合性和多样化的方向发展，学者可以在电视上发表学术见解，听众可以从广播中了解天下大事，散文TV、诗歌TV等新的艺术样式雨后春笋般涌现……所有这些都表明，这将是一个语言信息空前繁荣的时代，综合性的传播方式已经把人们的"耳朵"和"嘴巴"推到了信息交换的"前沿阵地"。因此，口语交际教学在语文教学中绝不是"附属"和"点缀"，时代赋予了口语交际教学以更加丰富的内涵和全新的表现形式。

然而，在我国现行的初、高中教育阶段，由于历史的、经济的等各种复杂原因，应试教育的大环境尚没有彻底改变，造成了对口语交际教学认识超前、操作滞后的现象。例如，语文课程标准虽已分学段制定了具体的口语交际教学目标，但至今还没有系统成熟的口语交际教材，在各级学校的各类考试中，对学生口语交际能力也缺乏科学的评估方法，广大语文教师还没有完全扭转只重视学生纸笔测验成绩、片面追求显性教学成果的错误思想，因此，随意应付口语交际教学的现象还比较严重，这些都是亟待解决的问题。

二、口语交际教学的作用

口语交际在人们的生活和学习中是非常重要的。口语交际教学的作用可以归纳为以下四点：

第一，增长见闻，丰富知识。口语交际是人们交流信息、获取知识的主要手段之一。成功的口语交际教学可以极大地拓展学生的知识面，可以使学生迅捷地交流有关时事形势、科技、文艺等方面的最新消息，从而开阔学生的视野，增加学生的知识储备。

第二，利于交际，沟通感情。口语交际是人际交往的基本手段。成功的口语交际教学，可以增强学生的人际交往能力，可以沟通师生之间、学生之间的情感，是建立民主和谐师生关系的纽带和桥梁，也是构建和谐社会的"调谐器"。

第三，磨砺思维，发展智力。口语交际活动瞬间完成，要求听者和说者都必须思维敏捷而有条理。所以，成功的口语交际教学，可以使学生的思维能力得到锻炼，可以有效提高学生的智力水平。

第四，促进读写，提高能力。语文能力包括听、说、读、写四个方面，以听说能力为核心的口语交际能力和以读写能力为核心的文字表达能力是相辅相成、相互促进的。张志公先生说：一个人口头上词句妥帖，写出来的文章也必然条理清楚。所以，成功的口语交际教学必然能从侧面提高学生的书面表达能力，使他们的语文能力结构更趋合理，更加完善。

三、口语交际能力的构成

口语交际能力主要由听话能力、说话能力和听说礼仪三个部分构成，下面我们将从这三个角度分别阐述。

（一）听话能力

心理学研究证明，听话的一般心理过程是：收入语音（即将作为第二信号系统的语音通过听觉神经末梢集拢并传导到听觉中枢）——理解语意（即通过大脑的分析和综合，理解这些语音所包括的含义）——储存信息（即将经过加工的信息储存在大脑的记忆中心）——作出反应（即根据接受的指令，采取相应的行动）。因此，听话能力训练的内容主要包括以下几个方面：

1. 注意能力

注意能力作为一种心理品质，是学习、工作所必不可少的前提条件。俄国著名教育理论家乌申斯基说："注意是一扇门，任何东西都得经过它。"可见，注意能力是学习能力的重要标志。同时，由于作为听的对象的语音是转瞬即逝的，如果不注意捕捉，立即就会消失得无影无踪。因此，要想培养听话能力就必须培养注意能力。如何培养注意能力呢？我们认为，既要培养注意的集中能力，又要培养注意的分配能力。（1）培养集中注意的能力。注意分为有意注意和无意注意两种类型。专注的倾听就是一种有意注意的表现。在听话过程中，只有专注地倾听，才能准确、高效地捕捉到语音信息。在课堂教学中，后进生的一个共同特点就是注意力分散，不能够专注地倾听老师的授课，也就是说，他们的有意注意能力不强，这是导致他们学习效率低下的重要原因。因此，听话训练必须培养学生集中注意的能力。（2）培养分配注意的能力。所谓注意的分配能力，是指一个人在同一时间内能够注意两个以上的客体或从事两种以上活动的能力。一个善于分配注意的人，能在同一时间内，以较少的精力从事较多的学习活动，从而获得较多的知识。学生上课时，一边听课，一边记笔记，或者一边听讲，一边看有关材料，以扩展视野，印证老师的观点，这就是一种注意的分配。一般说来，注意的集中与分配是矛盾的，但只要认真培养，二者是能够统一起来的。

2. 辨音能力

口头语言是语音、词汇和语法三个要素组成的统一体。语音是语言的物质外壳，词和句子都要通过语言来表达，语言的交际功能基本上是由语音来体现的。在听别人讲话的时候，只有听准别人的语音，才能领会其讲话的意思，如果不注意，听错了一个音节，往往就会失之毫厘，谬以千里。例如：小明放学回家，弟弟对他说："妈妈让你把枣儿洗了，等她回来做饭。"小明听了，就去浴室洗澡。你看，听错了一个音，小明变成了"枣儿"。辨音能力主要包括以下几个方面的内容：（1）辨清每个音节的声母、韵母及声调。如不要把"大娘"听成"大梁"，把"牛奶"听成"刘奶"，这在某些n、l不分的方言区是很容易出现的。韵母方面要听准以o、e、uo、ie、ao、ou、ai、ei、an、en、in、ang、eng、ing、ong为韵母的音节。至于声调的差异就更多更复杂了，这些都需要我们进行仔细的听辨。（2）辨清每个音节的轻重。现代汉语中，轻读重读不同，语意也就迥然不同。如"生气"一词，重读"生"字，就有"活力""朝气"的意思，重读"气"字，就是"发怒"的意思了。这在听话时，也要注意听辨。（3）听清每句话的语调。语调是指声音的高低、强弱以及快慢的变化，也就是声音的抑、扬、顿、挫。人们说话的情感态度不同，就有不同的语气和语调，语调不同，语意就有变化，所以在听话时，一定要注意听辨说话人的语调。如"这是怎么回事？"这句话，如果说得柔而扬，表示询问；如果说得柔而抑，表示疑问；如果说得刚而抑，表示责问；如果说得刚而扬，表示反问。（4）注意停顿的含义。停顿就是语句间的间歇，是说话人调节气息或传情达意的一种方式。不同的停顿能表达不同的语意和感情，如"中国女排战败了/古巴队夺得了冠军"与"中国女排战败了古巴队/夺得了冠军"，停顿不同，表达的意思截然不同。听话时也要注意听辨停顿的不同内涵。

3.理解能力

理解能力是口语交际能力的核心因素。听话，要在感知语音的基础上，凭借个人的经验，通过思维去理解话语的内涵，因而理解能力变成了衡量听话能力的一个基本尺度，也是口语交际能力训练的基本内容。

理解能力分表层理解能力和深层理解能力：（1）表层理解能力是指对话语的字面意思的理解能力。它要求听话人要有一定的概念储备和知识修养，如果一个人在某一方面缺乏知识，那么他在听这个方面的谈话时，就会一知半解、不知所云。比如，如果没有一点历史概念就会把"北宋"误听为"背诵"；如果对股票知识一无所知，那么"牛市""熊市"就可能被他理解成"卖牛的市场"和"卖熊的市场"。所以，提高学生表层理解能力的前提是必须不断地扩大学生的知识面，增加知识的储备。（2）深层理解能力，也就是说对言外之意的理解能力。这种理解往往是借助特定的语境以及上下文的关系，需要听话人透过"表层"而发掘出"深意"，这是一种难度较大的听话能力，要求听话人要有较高的文化修养。例如《红灯记》中李玉和被捕临行前对铁梅的嘱咐："小铁梅，出门卖货看气候，往来账目要记熟，困倦时留神门户防野狗，烦闷时等候喜鹊唱枝头，家中的事儿你奔走，要与奶奶分忧愁。"这段话的字面意思是李玉和嘱咐小铁梅出门卖东西时要看看天气，要算清账目，要提防狗咬，在家里要为奶奶多做事多分忧，但言外之意却是在嘱咐铁梅，出去与地下党联络（卖货）时要看清周围有没有特务监视（天气），联络暗号（账目）要记清楚，要谨防被敌人（野狗）抓住，要为奶奶多做些革命工作。要理解这段话，就必须引导学生结合当时特定的语境进行深入细致的分析，设身处地地揣测说话人的意图，这样才能提高学生的深层理解能力。

4.记忆能力

一切知识、经验都是靠记忆来积累的。俄国生理学家谢切诺夫说："一切智慧的根源在于记忆，记忆是整个心理活动的基本条件。"外界信息输入大脑的通道有很多条，其中最重要的是眼睛和耳朵。听课、听报告、听朗诵，都是在输入信息，输入的信息有的不需要保存，可以随听随"忘"，有的则要长久保存。如何才能使获得的信息长久保存呢？这也是听话能力训练的一个内容。首先，我们应引导学生在听话过程中养成边听边整理、记录话语内容的良好习惯。其实，要引导学生在听话过程中努力和说话人产生思想和感情上的共鸣，因为共鸣越强烈，记忆越持久，当然，加强记忆能力的方法还有很多，在此就不一一赘述了。

（二）说话能力

人们说话的目的就是为了准确恰当、生动形象地将自己的思想情感表述出来，使听者正确理解自己的思想观点，并进而产生情感共鸣。说话的过程是由三个方面的要素构成的动态语码信息传达系统：首先要有正确的语言能力；其次要有丰富的语汇能力，包括词语、句式和口语修辞技巧等；再次要有一定的思维能力。我们进行说话训练就应当从这三方面入手。

1. 正确的语音能力

语音能力指将文字符号或交际意旨以语音形式传送的能力，要培养正确的语音能力，必须注意以下四个方面：（1）吐字清晰、发音准确。要自如地调节发声器官，每个字的声母、韵母都要读得清清楚楚、毫不含糊。要做到声母发音圆润纯正，韵母发音饱满响亮，讲究吐字归音，避免含混不清。发音要准确，不能读或说错字、别字。（2）掌握普通话的标准语音，努力克服方言的不良影响。普通话是汉民族的共同语，因此，必须纠正发音和不良的方言习惯，使自己的口语语音尽量符合普通话的规范，以便更广泛、更有效地进行语言交际活动，否则就会干扰正常的信息交流，造成许多不应有的损失和麻烦。（3）运用恰当的语调，自然地表达复杂的情意。语调的抑扬顿挫，能反映说话人复杂的情感变化，能传达言外之意、弦外之音。这就要求学生了解语调变化的规则，并能根据表达的需要，灵活运用平式、升式、降式、曲式等语调的形式，使口头表达声情并茂，富有表现力和感染力。（4）注意语速和停顿。说话的速度也是说话能力的一个基本要素。讲话速度不应低于120字/分钟。说话必须有疾有徐、有快有慢，富有节奏感，才能收到娓娓动听的效果。这就要考虑停顿的问题。说话时的停顿既能调节语速，也能表情达意。如讲述一个紧急情况、表达焦急心情时，语速就应当加快，停顿要少；而讲述一则沉痛的消息、表达沉重的心情的时候，语速就应当缓慢一些，停顿就应当多一些、长一些。

2.丰富的语汇能力

口语交际中的语汇能力，就是运用口头语汇表情达意的能力。要想拥有丰富的语汇能力，一方面必须掌握丰富的词汇语汇，另一方面也要具备运用这些词汇语汇的能力，即运用多变的句式和丰富多彩的口语修辞技巧来表情达意的能力。词汇平时要积累，既要向书本学习，体味名篇佳作的语言特色，积累语言，又要深入生活，学习人民大众的口语语汇。对广播、电视、电影、录音的语言表达，也要注意聆听，学习那些精炼生动的语言。经过长期积累，词汇丰富了，说话时自然就能脱口而出，提高口头表达的能力。此外，要想获得生动的表达效果，还必须注意加强口语修辞训练。口语修辞的内容很多，中学生要从这样几个方面来训练：（1）说话要语意连贯，层层推进。学生说话常犯散漫的毛病，一不小心就跑题，这就要求重视对学生进行语脉语流的训练，重视常用关联词语在口语表达中的作用，使学生说话承启自然，转折有序，能运用逐层推进的方法，以加深听者印象，牢牢控制住听者注意力。（2）说话要力求简约明晰。学生说话常犯牵扯过多、转折过多、冗语赘词过多等毛病。这就要训练学生在说话时尽量去除语言杂质，克服口头禅。要紧扣话题讲话，尽量运用短句，一句话一个意思，力求把复杂的事情说得简单而明确。（3）说话要少用生僻的书面语，多用有活力的群众口语。学生答问、复述常犯"书面化"的毛病，在普通场合说话，也常用一些书面语。这就要使学生明白，语言艰涩难懂、文白夹杂，会影响思想交流，是口语的大忌。要求学生说话时使用通俗易懂的口语，力求做到情切语明，表意直接。（4）说话时要善于运用多种修辞手法，以增加语言的表现力。要注意词语句式的灵活运用，避免单一句式表意。口语中如"打个比方""比如说吧"等比喻修辞格式的运用能使语意更加形象具体和深入浅出。辩论时要用排比句式的口语修辞手法，能增强辩论的气势，使语意畅达、节奏明快。说话时适当采用一些健康生动的民间俚语、歇后语，能增强语言的感染力，收到幽默诙谐、生动形象的表达效果。此外，口语中对偶、借代、拟声、拟人等修辞格式的运用，都能使口语表达更具艺术魅力。

3.敏捷的思维能力

思维能力其实是口语表达能力的核心驱动力，因此必须重视说话的思维训练。训练学生的说话思维能力，主要从这样几个方面来进行：（1）培养说话思维的逻辑性。说话要做到条理清楚，关键在于思路的清晰。因此，要指导学生在说话的过程中不断整理思路，有针对性地进行逻辑思路训练，例如：可指导学生在说话之前列提纲、打腹稿。（2）提高说话思维的灵敏性。思维的灵敏性直接影响到说话的适应性。要指导学生结合当时的语境，及时调整自己说话的内容和方式，根据反馈回来的信息，迅速做出正确的判断和及时的反应。训练时教师可以有意创设变动的情境，设置突然的情况和难以预料的情节，以培养学生随机应变的能力。（3）培养说话思维的深刻性。口语训练时，要根据学生实际情况，布置有一定深度的训练内容，引导学生认真思考。要避免那种没头脑的一言半语式的零星问答；避免浅尝辄止、浮光掠影的谈话；避免那种信口开河、漫无边际的闲谈。训练的内容要有一定的思维深度，要能迫使学生多动脑筋，使他们的思维活动能够深入下去，经过仔细而慎重的分析、比较、判断、概括等思维过程，将他们的思维成果转换为蕴含丰富的外部语言，让学生真正体会到思维的乐趣和说话的乐趣。

（三）听说礼仪

口语交际中的听说礼仪规范虽然不直接构成交际能力，但它对交际的效果影响很大。试想，一个听你讲话的对象东张西望、漫不经心，或者随意打断你的表达，对你颐指气使，态度傲慢，你会愿意和他倾心交谈吗？如果一个旁若无人、目空一切的人对着你大讲特讲，或者一个人讲话时手舞足蹈、唾沫乱飞，你会有耐心听他的讲话吗？所以，文明得体的听说礼仪规范，也是构成口语交际能力的一个间接因素。

不同的民族在交际礼仪方面虽有不同的规范，但是它们都大同小异。如：对长辈说话要恭敬，对晚辈说话要亲切；跟知心朋友谈话可以随意一些，跟陌生人说话则要有礼貌。说话时可适当地运用一些与谈话内容相配合的适度而富于变化的身体语言和手势语言，但不可过度或乱用，否则会使人怀疑你是否真诚，而真诚又是口头表达的"维他命"，所以口语交际要拒绝虚伪，拥抱真诚。一般性的谈话，说话者最好面带微笑，以及时沟通双方的情感。要记住，微笑是人际交往中最好的"通行证"。此外，服饰仪表也要充分考虑交际环境的特点，不能在随意的场合穿着严肃刻板，在严肃的场合穿着邋遢怪异。听人谈话时要神情专注，不要东张西望，也不要摆出"昂首称帝""俯首称臣"的姿势。要注意礼貌，耐心地听人把话说完，不要轻易地插话或打断别人的话题，在公共场合听演讲要遵循公共道德，不要大声喧哗吵闹。总之，不文明不得体的听说习惯虽然不是语言结构上的毛病，但它必然影响交际的效果，而文明得体的听说礼仪则能使人们的口头表达更美丽、更动人，从而形成良好的口语交际能力。

第二节　口语交际教学的理念

一、口语交际教学的目标

根据《义务教育语文课程标准（2011年版）》和《普通高中语文课程标准（实验）》，我们将口语交际的教学目标分列如下：

（一）九年义务教育阶段

第一学段（1～2年级）：

1.学说普通话，逐步养成说普通话的习惯。

2.能认真听别人讲话，努力了解讲话的主要内容。

3.听故事、看音像作品，能复述大意和自己感兴趣的情节。

4.能较完整地讲述小故事，能简要讲述自己感兴趣的见闻。

5.与别人交谈，态度自然大方，有礼貌。

6.有表达的自信心。积极参加讨论，敢于发表自己的意见。

第二学段（3～4年级）：

1.能用普通话交谈。在交谈中能认真倾听，能就不理解的地方向人请教，就不同的意见与人商讨。

2.听人说话能把握主要内容，并能简要转述。

3.能清楚明白地讲述见闻，并说出自己的感受和想法。讲述故事力求具体生动。

第三学段（5～6年级）：

1.与人交流能尊重、理解对方。

2.乐于参与讨论，敢于发表自己的意见。

3.听他人说话认真、耐心，能抓住要点，并能简要转述。

4.表达有条理，语气、语调适当。

5.能根据对象和场合，稍做准备，作简单的发言。

6.注意语言美，抵制不文明的语言。

第四学段（7～9年级）：

1.注意对象和场合，学习文明得体地进行交流。

2.耐心专注地倾听，能根据对方的话语、表情、手势等，理解对方的观点和意图。

3.自信、负责地表达自己的观点，做到清楚、连贯、不偏离话题。

4.注意表情和语气，根据需要调整自己的表达内容和方式，不断提高应对能力，增强感染力和说服力。

5.讲述见闻，内容具体，语言生动。复述转述，完整准确，突出要点。能就适当的话题作即席讲话和有准备的主题演讲，有自己的观点，有一定说服力。

6.讨论问题，能积极发表自己的看法，有中心、有根据、有条理。能听出讨论的焦点，并能有针对性地发表意见。

（二）普通高级中学阶段

1. 增强人际交往能力，在口语交际中树立自信，尊重他人，说话文明，仪态大方，善于倾听，敏捷应对。

2. 注意口语的特点，能根据不同的交际场合和交际目的，恰当地进行表达。借助语调和语气、表情和手势，增强口语交际的效果。

3. 学会演讲，做到观点鲜明，材料充分、生动、有说服力和感染力，力求有个性和风度。在讨论或辩论中积极主动地发言，恰当地应对和辩驳。朗诵文学作品，能准确把握作品内容，传达作品的思想内涵和感情倾向，具有一定的感染力。

二、口语交际教学的理念

语文课程标准对口语交际提出了相应的教学建议：口语交际是听与说双方的互动过程；教学活动主要应在具体的交际情境中进行，不宜采用大量讲授口语交际原则、要领的方式；应努力选择贴近生活的话题，采用灵活的形式组织教学；重视在语文课堂教学中培养口语交际的能力，鼓励学生在各科教学活动以及日常生活中锻炼口语交际能力。根据教学建议的精神，我们认为，在口语交际课堂教学实施过程中，应树立以下基本教学理念：

（一）淡化知识教学，注重实践锻炼

口语交际的实践性很强，人的口语交际能力是在口语交际的实践活动中形成的，较强的能力必须通过大量的实践锻炼、体会才能习得。俗话说："拳不离手，曲不离口。"语文课程标准也强调要以贴近生活的话题或情境来展开口语交际活动，重视在日常生活中人际交往能力的培养，而不是单纯传授口语交际知识。因此，口语交际知识教学要简化精要，要尽可能和口语交际实践相结合，努力淡化知识的记诵背写，注重实践锻炼和提高；在训练过程中要注意采取多种形式，鼓励全班同学全员参与，为每个学生提供尽可能多的表达机会，在动态的口语交际实践中反复历练、体味，逐步提高思维的敏捷性、逻辑性、深刻性；提高语言表达的规范性、条理性、机敏性，在实践中获得真知，增强能力，并逐步形成良好的语言习惯和交际态度。语文课程标准在小学阶段关于听人讲话、听故事、复述、讲述、转述等的要求，在初高中阶段关于即席讲话和主题演讲、课堂讨论、应对能力等的要求，都体现了应在实践过程中培养学生口语交际能力的理念。具体的措施则有以下两点：

首先，要坚持在教学过程中培养。要坚持课堂教学这个主阵地，认真领会语文课程标准对口语交际教学的要求，用好教材中设计的口语交际内容，使学生通过典型话题的实践训练，积累口语交际经验。同时，学生口语交际能力的培养，也应当和其他课程教学紧密结合，加强学科之间的联系，将口语交际教学融入各学科的教学之中。

其次，要重视日常生活中的实践锻炼。学生在日常生活中有大量的课外实践活动空间，如果教师能有目的地利用好这些实践活动，引导学生在这些活动中展开学习和锻炼，并采取多种组织方式，有针对性地组织口语交际实践训练，潜移默化，熏陶渐染，学生的口语交际能力必然会有很大提高。如定期举行课本剧表演；国家纪念日活动或宣传周、宣传月教育活动；走访敬老院为孤寡老人献爱心；社区志愿者活动；建设校园文化活动；班队团体主题活动等等。这些与学生生活紧密结合的实践活动，能够充分发挥学生的主体作用，发挥他们的聪明才智，通过设计活动方案、制定活动规则、召集会议、布置安排工作等，有意识地引导学生学会"倾听"、学会"表达与交流"、学会"进行人际沟通和社会交往"、学会"与别人合作"，从而逐步"具有文明和谐地进行人际交流的素养"。

（二）引导多向互动，凸显交际功能

语文课程标准指出，对于学生口语交际能力的评价必须在具体的交际情境中进行，让学生承担有实际意义的交际任务。口语交际的核心是"交际"二字，这是口语交际训练不同于以往听话或说话训练的一个显著特征。口语交际是人与人之间运用口头语言相互交换思想、观点，交流经验、情感的交往活动，或者买卖东西、寻求帮助、交涉事情等待人处事的社交行为，在这个行为过程中，听方与说方始终处于信息对传双向互动的状态，而不是听和说的简单相加。因此，口语交际就必须要有交际对象，构成交际关系，形成双向或多向互动的交际方式才能进行。基于这一基本特点，教师和学生在口语交际教学中就应当有双重的角色意识，注意角色的转换。除指导点拨时师生之间构成教与学的双边关系外，师生之间、生生之间要像日常社会口语交际那样互为对象，构成交际关系，并模拟生活实际双向互动地进行训练，才能体现出口语交际训练的特点，切实锻炼和发展学生的口语交际能力。

有一些口语交际训练的话题，其双向互动性是明显的，操作起来也比较容易。如"小猴借钢笔"这个话题，有比较细致的文字提示：小猴是怎样向熊猫借钢笔的？熊猫是怎样说的？是怎样做的？小猴是怎样还钢笔的？熊猫是怎么样说的？……教学时，只要让学生弄清这个话题的提示要求，分别让学生进行角色扮演，按照文字提示的顺序，一边说话一边表演，学生很快就可以进入互动状态，实现交际效果。

而有一些交际话题的互动性不够明显，如果组织不好，其互动性特征的缺失将导致交往不畅，因此在教学中就应当特别留意并善加组织，以加强互动环节。如"学会劝阻"，题目要求对公共场所的不道德甚至危险行为加以劝阻。如果教学时只关注"劝阻一方"怎样说话，那么这个话题就失去了互动性，成了看图说话或政策宣讲。所以，教师在教学中不仅要指导"劝阻一方"如何说话，让他"能言善劝"，也要指导"被劝阻一方"如何说话，让他"能言善辩"，这样在口语交际训练中，才能避免枯燥独白、单方冷场等不利局面。像祝贺、待客、道歉、商量、安慰、解释、请教等交际话题都属于此类，需要在教学时运用组织手段凸显其互动性特征，增强交际效果。

还有一些口语交际话题，看上去并不是能双向互动的。教学前，教师应该认真钻研教材，把握教材，精心设计训练方式，引导学生在交际时互动起来。如"找春天说春天"这个话题，可以分组分点观察，并分别制定具体的观察要求：校园组重点观察小池里的水和鱼，花园组重点观察花草，树林组重点观察树木。课堂上可以先问问大家找春天时都找到了什么，再互相发问。这样，学生就会提出"我想知道池子里的水的温度""我想知道水池里鱼的种类""我想知道花园里什么花开了，好看吗""我想知道树林里的树木都长出叶子了吗"等问题。这些问题也自然成了交际话题，驱动师生之间形成多向互动关系，使互相问答的过程变为互动的口语交际过程。

（三）精心创设情境，激发学习兴趣

逼真的情境是增强学生生活体验、激发学生思维与口语表达的必要条件和动力来源。生活中的口语交际是在特定的情境下产生的口头言语交往活动，这种言语交际活动如果离开了特定的环境就无法进行。因此，我们在进行口语交际教学时，就应当精心创设符合生活实际的交际情境，努力使学生产生一种身临其境、似曾相识的感觉，有研究表明，学习任务的真实性程度越高，学习者参与学习的情绪越高，兴趣越浓。在口语交际教学过程中，如果老师注意模拟现实生活，创设逼真交际环境，学生学习口语交际的主动性就会被激发出来，他们就会带着真实的情感、怀着浓厚的兴趣，走进交际情境中，去作进一步的体验，在体验中完成情感的交流和表达。这样的学习活动触及了学生的内在情感，因此必然使学生的学习动力增加，并形成持续性的学习动机，有利于学生的后续学习。此外，创设多种多样的口语交际情境，容易形成和谐民主的教学氛围，使学生能够无拘无束地进行口语交流。所以，教学中一定要依据教学内容，运用多种手段和道具，尽量模拟社会生活交际实际，创设逼真情境，形成良好交际氛围，使学生在这种情境气氛中产生交流欲望，激发参与意识，无拘无束地进入交际过程。也只有这样，学生的个性与创造思维能力才能在教学中得到充分的发展，才能提高教学效率，达到口语交际训练的目的。

创设口语交际情境的方式很多，如陈设相关的实物，绘制有关情景的图画，制作必要的道具，展播录像节目，播放录音渲染气氛，展示教师或学生的语言描述和动作表演等。口语交际的情境类型是多种多样的，大致来看有学习型情境、生活型情境、发展性情境三类，学习型情境如学习体会交流，课外阅读交流，手工、游戏介绍，介绍喜好的书籍、动物、植物等。生活型情境如看病，买东西，接待客人，家庭角色扮演，家庭社交聚会，社区小品晚会等。发展性情境如模拟择业时根据职业要求介绍自己的专业能力与特长，模拟营销活动中揣摩顾客心理介绍商品性能、特点，以及社会职业角色的模拟和扮演等。我们以往的口语交际教学往往能够较自觉地创设前两种交际情境，而不注意发展性情境的创设，其实，口语交际教学应当考虑培养学生未来的职业意识和职业技能，要为学生今后的社会交际需要做准备。

（四）加强指导示范，培养良好习惯

由于学生生活经历有限，社会交往的口语能力较弱，其口语交际的内容、方式和语言形式相对来讲比较粗疏，也欠缺良好的交际态度和听说习惯。因此，教师在口语交际教学的过程中就必须加强示范指导，以培养学生良好的口语交际习惯。要做好示范指导工作，首先要求教师身体力行，谨言慎行，以自身规范的言语行为做学生的表率。教师简洁明快的课堂教学语言，丰富多彩的个人表达习惯，都有可能潜移默化地成为学生口语交际的习惯和行为，因此，教师要锤炼自己的课堂教学语言，要处理好教学语言的共性和个性的关系，使自身的教学语言既具有共同美感，又具有个人风范，从而真正成为影响学生心灵的工具，成为学生学习口语表达的对象和楷模。教师在生活中的口语行为也应当规范得体，不能课堂普通话，课后本地话，课堂文明话，课后粗俗话，这样会对学生的口语交际行为产生误导，不利于学生文明得体的口语交际习惯的形成。其次，教师指导要结合具体交际语境，相机而动、精当点拨，有针对性地指出学生在语言表达、听说习惯、交际方式与态度上的偏差和不足，使之受到正确的训练，从而有效地提高实际口语交际的能力。在指导时要避免讲授大量系统的有关知识与方法。纠正性的指导用语尽量不要涉及学生品行人格，要注意保护学生的自尊心，鼓励学生的自信心。另外，教师在指导时一方面要努力调动学生的生活经验和语言积累，另一方面也要及时补充与交际主题相关的有用信息和语言材料，特别是要巧妙使用经典的口语交际案例，让学生赏析品鉴，体味揣摩，运用反思手段在对比分析中找到差距并弥补差距，进而形成良好的交际行为意识和习惯。最后，教师在指导时要考虑整体发展，特别要关注那些在口语交际方面的"弱势群体"，对那些不善于口头表达的学生，应当给他们更多交往和表达的机会，并时时给他们以精神鼓励，使之始终保持积极饱满的参与热情，在不断的尝试中改善和提高口语交际能力。

第三节　口语交际能力的培养

听、说、读、写这四种能力总是相互交织、互相渗透的，因而口语交际能力的训练方式多种多样、丰富多彩。其中任何一种能力的发展，都会影响其他三种能力的发展。因此，要培养一种能力，也常常需要其他三种能力在训练上相互配合。在培养口语交际能力的训练中尤其如此，因为口语交际能力的高低好坏是无法单独进行评估和衡量的，它必须以说、写、读等活动为检验手段。因此，课堂上口语交际能力的训练方式总是和读、说、记、写等活动交织在一起同时进行，只不过侧重点放在"听"或"说"上罢了。以下，我们就从说话能力训练和听话能力训练两个角度分别介绍口语交际能力训练的常用方案。

一、以听说能力训练为主的口语交际能力培养方案

（一）听文听话复述能力训练

在语文教学中，复述是训练学生口头表达能力的一个重要手段，也是调动学生记忆、思考、模仿的语言训练。这种训练方式的主要目的是：训

练学生集中注意力听文听话的习惯；训练学生全面理解、牢固记忆原话并准确复述的能力。训练的程序为：可先使学生听录音、唱片，或听教师朗读一段文字，然后让学生听后复述所听的内容。复述可以分为口述与笔述两种方式。复述的方法可以灵活多样，一般有人物复述、对话复述、场景复述、情节复述、论点论据复述等方法。教师可以依据材料的特点、学生的实际水平以及训练的重点来落实。如果采用笔述方式，教师必须给定给足时间，并统一检查和评阅；如果采用口述方式，可以以小组复述或两人互述互查等方法来进行训练。

（二）听文听话概述记要能力训练

概述记要就是要求学生在听课、听报告、听讨论时，有选择而扼要地把文章或话语中的内容要点记下来。这种训练方式的主要目的是训练学生在准确听知听记的基础上，充分理解、综合归纳所听的内容，抓住实质，概括文章或讲话要点的能力。训练的程序为：教师朗读或者播放一段录音，要求学生边听边作摘要记录，然后进行抽查检验。这种训练也可以用学生互说互听、互相概括的方式来进行，如以小组为单位，几个人发言后由一个人来概括发言的内容。

（三）听文听话辨误能力训练

这种训练方式的主要目的是训练学生准确的辨误能力，包括对语音的辨误、词语的辨误、语句的辨误、思想内容的辨误等。训练的程序为：教师先有计划地组织各种错误类型的讲话或朗读材料，然后用听录音、唱片，或者听师生口述、朗读、问答等方式，让学生听后立即指出其错误之处及错误类型，并作简要评析和辨正。

（四）听文听话同类归纳能力训练

这种训练方式的主要目的是训练学生准确听记的能力、边听边思维的能力，以及迅速抓住中心、进行同类归纳的能力。训练的程序为：教师读或者讲若干条编好序号的材料，然后让学生按要求对这些材料作同类归纳整理，以口问和笔记的方法进行检测。

（五）听文听话辨"味"能力训练

这种训练方式的主要目的是：在准确听记的基础上，训练学生仔细品味话中之味、弦外之音的能力，即准确找出话语背后的"潜台词"的能力。训练的程序为：先放一段富含"潜台词"的影视戏剧对白录音，或者讲、读一段耐人寻味、含蓄幽默的话或文章，然后由学生边听边想，仔细分析，从而品出话中之意、话中之情、话中之味，找出隐含于原话背后的"潜台词"，达到正确理解的目的。

（六）听文听话鉴赏能力训练

听文听话鉴赏，是训练学生听话鉴赏力的一种方法，多用于文学作品的教学。这种训练方式的主要目的是：在准确听记的基础上，训练学生边听边思索边鉴赏的能力。这是一种难度较大、要求较高的听话能力训练。锣鼓听声，听话听音。语音的轻重缓急、高低抑扬、延续停顿，可以造成一个特殊音响的世界。通过旋律优美、节奏鲜明的声音感染，可以品味文学佳作的艺术美。训练的程序为：先放一段录音，或者教师朗读、口述一段文质兼美的优美文章、演讲稿等，可以根据材料的难易程度决定听的次数，一般不要超过两遍，听后让学生以口头或书面的形式，对所听的内容进行批评鉴赏。

二、以说话能力训练为主的口语交际能力培养方案

说话能力是口语交际能力的主要显现方式，其训练方式在中学语文教学中是丰富多彩的。在语文教学的全过程中，其实都渗透着训练学生口语表达能力的可能性。我们根据课堂教学和课外活动两种组织形态，以口语表达能力训练为主，可以设计以下一些常用的口语交际能力培养方案。

（一）课堂教学中的训练方案

1.答问

答问就是回答老师提出的问题。答问是课堂教学中使用最频繁的口头训练方式。尽管答问并不以训练口语为惟一目的，但它是训练学生说话能

力的基本方法。答问有口问口答、笔问口答等形式。答问除了要求内容正确之外，还要求答问的语言准确而简洁，答问者的仪态要落落大方；要求回答问题时的语言要完整，要合乎语法规范，要条理清楚，中心明确。学生答问过程中出现的语言含混，啰里啰嗦，或者语句不通，表述混乱，如句子成分残缺、词语搭配不当等问题，教师都应当随时予以纠正。在进行答问训练指导时，可以提示学生先说结论，后说根据；或者先说根据，后说结论；可以教给学生一些固定的答问格式，如"我认为……""我的理由是……"等等。

2. 朗读

朗读可以丰富口头语汇，增强语感；可以练习正确发音，学习表情技巧。它既能训练胆量，又能训练口才。它可以使口语和书面语融会贯通，从而增加学生口语表达的文化内涵。朗读是说话能力训练的基本方法，在课堂教学中教师要有目的、有计划地进行，而不能只将其作为阅读教学的辅助手段。朗读训练中要注意加强教师的示范性和指导性。

3. 看图说话

图画是画家对生活的审美反映。画家运用线条、色彩、光线等来表达他们对生活的理解，描绘他们的愿望和追求。有的画包含着丰富的情节，有的画又抒发了强烈的情感，蕴含着深刻的哲理。形象的画面能引发人们无穷的联想和兴味。在课堂教学中，可以结合教学内容展示一些人物画或风景画，让学生在仔细观赏的基础上，或讲故事，或抒发感情，或阐发议论。如教学朱自清的散文《背影》，就可以展示罗中立的油画《父亲》，让学生更深刻地体会到父爱的伟大。看图说话是综合训练学生观察力、想象力、思维能力和说话能力的好方法，对学生有着很强的吸引力，学生对这种练习方式有着浓厚的兴趣。不过，选图要适合学生的年龄特征和认识水平，不应过浅或过深。

4. 口头复述

口头复述就是让学生用自己的语言叙述课文或教材的有关内容，是阅读教学中经常使用的方法。口头复述训练除了要使学生达到熟悉文章内容、体会作者的语言风格等目标之外，还要着力于培养学生系统而连贯的说话能力。口头复述主要有详细复述、简要复述、摘要复述、综合复述等。进行口头复述练习，教师要做示范指导，要给学生准备的时间。应要求学生不看或尽量不看原文，以便复述取得成效。同时教师不要轻易打断或停止学生的口述，要鼓励他们把话说完说好。

5.讨论

讨论是由老师或学生提出议题，组织全班同学发表自己的见解或主张的教学形式。讨论不但能够发展学生的思维能力，而且能够提高学生的口头表达能力。在讨论的过程中，教师应引导每个学生都积极参加讨论，特别要鼓励那些性格内向不善言谈的学生，使他们在讨论问题的过程中不断增强表达的欲望，体会表达的乐趣。讨论有基于临时因素而组织的即兴的讨论和有计划、有准备、有组织的讨论两种形式。教师要根据学生的实际情况和教学内容科学安排这两类形式的讨论。教师不但要对讨论的内容进行评价，还要正确评估学生的说话能力，尤其对优美巧妙的语言表达要表扬，对错误或笨拙的口头表达要及时纠正。

6.口头作文

口头作文是一种难度较大的说话能力训练方式。它要求学生按照给定的文题在较短的时间内打好腹稿，然后说出一段中心突出、首尾连贯、语言简练的话来。口头作文要求言之有物、言之有理、言之有情、言之有序，进而力求形象、生动、明快、准确。虽然难度较大，但它对训练学生的口语交际能力有着重要的意义，教师要善加引导，精心组织。口头作文通常采用"一想、二说、三评、四写"的步骤。口头作文初始阶段可以采用片断表达的方式，如肖像、神态、动作、语言、心理活动等的片断表达，然后逐步过渡到口述全文。口头作文必须及时讲评，讲评的过程就是教师生动切实的说话指导过程，这对于提高学生的口语表达能力是非常有效的。

当然，在课内的讲读教学和作文教学中，口语表达能力的训练方式还有很多，教师在教学过程中要根据教学的实际情况灵活运用。

（二）教学活动中的训练方案

语文课改非常重视活动类课程，这表明了语文教学改革的发展趋势，体现了"大语文"教育的思想。创设活动类课程，可以极大地丰富学生语文学习和语文活动的内容，使得课外活动中口语交际能力的训练有了理论依据和课时保障。课外活动中口语交际能力训练的常用方式有以下几种：

1.情景会话

就是模拟日常生活或特定情景的对话所进行的口语交际训练活动。如接待、采访、致辞、导游、解说、自我介绍、慰问病友、商讨难题、指示、请示、电话对话、商业广告、推销产品等等。情景会话由于贴近生活，学生的训练兴趣很高，因而有很好的训练效果。训练时，可以将学生分成小组共同练习，每人在纸条上写明"身份、对象、内容"三项，折叠后放在一起，然后用抽签的方式按纸条上规定的要求扮演角色，相互对话。这种训练不但生动有趣，而且能锻炼学生的应变能力，提高学生的实用口语水平。

2.故事会

这种训练活动的方式就是选派几位学生为全班或小组同学讲故事。这种活动比较适宜于低年级的学生。讲述的故事要让学生自己选择，教师同时也要对故事的内容做总体的规范和指导，防止不健康的内容渗入。在组织讲述阶段，教师要协助讲述的同学控制会场秩序，防止哄乱现象干扰讲述。在评论讲述阶段，教师除了进行讲述技巧的指导外，还要注意对内容的评点，不能忽略了可能进行的思想教育。

3.读书报告会

读书报告会就是有目的、有计划地组织学生进行课外阅读，然后报告读书心得的一种口语交际训练方式。这种活动比较适宜于高年级的学生。训练方式可以分为三步：（1）指导学生读书，然后拟出报告题目，写出感想和见解；（2）组织报告活动；（3）师生共同对所报告的内容和口语表达这两方面做出评价。

4.演讲会

演讲是在公开场合，面对听众发表见解、阐明事理的一种说话形式。这是较高级的口语训练方式。它不但能培养学生的思辨能力，对口语交际能力的训练更具有独特的意义。它不但要求演讲者以雄辩的逻辑力量使人信服，还要求演讲者以充沛的情感、生动简洁的语言、美观和谐的姿势与表情使人感动，从而产生思想情感上的共鸣。教师应从这样几个方面对学生进行演讲指导：（1）演讲的选题和演讲稿的写作。要求演讲的内容针对性强，有一定的创见，独出心裁，不能人云亦云，老调重弹。（2）真实的情感。演讲要打动听众，演讲稿在表达上就要有较强的感情色彩，要有真情实感；同时，演讲要有激情，在打动别人之前首先打动自己。一个精神不振、说话有气无力的演讲者是永远征服不了听众的。还要注意演讲时切不可故作姿态、矫揉造作。（3）锤炼语言。演讲者首先要尽力使听众听明白，因此演讲的语言要简洁、生动，通俗易懂；要熟记演讲稿的内容，脱稿训练，切不可带着稿子上台宣读。（4）端庄谦和的仪态。演讲要有表情，切不可板着面孔上台背诵；不要故作斯文，也不能盛气凌人；演讲者目光平视并且能够用目光和听众做自然的交流沟通，切不可东张西望，抓耳挠腮。（5）及时精当的讲评。讲评要以鼓励为主，也可以在演讲后听取著名演说家的演讲录音，听后进行对比分析，找出差距，切实提高演讲水平。

5.演剧

演剧也是一种进行口语交际能力训练的有效形式。特别是把教材的内容演出来，这不仅可以加深学生对教材内容的理解，而且可以提高他们的表达技巧。它是语文教学中非常有益的口语交际教学活动形式。这种训练方式在我国的语文教学中运用较少，而在国外语言教学中却经常运用。因为剧本语言是最精彩、最口语化、最富有潜台词的语言，让学生尝试复现剧本中人物的语言，去设身处地地做表演性的讲话，这对提高学生的口头表达能力有着特殊的作用。演剧可首先进行分角色朗读活动，待学生熟练后，再根据情节发展的要求配合以动作手势、表情，指导学生排演，加进表演成分。剧本可以选用中学语文教学中的选本，也可以选择一些课外的经典性戏剧小品。

6.辩论赛

辩论是对于某一个特定的议题持有不同意见的人们，按照共认的规则当面陈述其观点或进行辩驳，以促成彼此彻底沟通的交际行为。辩论是一种高层次的口语表达形式，在培养学生的思维能力及说话的机敏程度方面有着特殊意义。辩论赛就是按比赛的方式组织的集体性辩论活动。辩论不仅能培养学生灵敏的反应能力和逻辑思维能力，而且更能够锻炼学生的口头表达能力。举行辩论比赛要做好充分的组织准备工作：（1）要选好辩题。辩题既要和学生的思想、学习、生活紧紧联系，又要有明显的论辩性特征，能产生明显的分歧，能够树立起对立面，使学生产生辩论的热情和兴趣。（2）组织辩论的正方和反方，并分别指导他们查资料、做卡片，教给他们辩论的方法。（3）宣布辩论的规则，诸如发言时间和辩论程序等。一般一个辩手发言时间不能超过五分钟，辩论程序一般是先由正方反方的辩手交错进行五分钟的论题发言，宣布各自的观点和论据，然后进行自由辩论。辩手发言时要以理服人，要让对方把话说完，要严肃而有礼貌。

当然，在口语交际能力培养中，训练方案并不限于上述这些形式，像有些学校开展的互赠格言接力活动、相声表演活动、绕口令比赛等等，都是训练学生口语表达和交际能力的有效方法。在语文教学中，我们应根据现实需要和客观条件，灵活多变地创设各种各样的口语交际训练方案，切实提高学生的口语交际能力和水平。

第十五章　语文综合性学习

　　《义务教育语文课程标准（2011年版）》将"综合性学习"与"识字与写字""阅读""写作""口语交际"作为并列目标，共同构成语文课程内容的五大板块。"综合性学习"的设置是在2001年语文课标中提出的，它的提出成为语文课程改革的一大亮点，为语文课程改革打开了新的突破口。

第一节　语文综合性学习的概述

一、语文综合性学习的内涵

　　人们对综合性学习的理解各不相同，综合起来可以归纳为三种：一是作为课程形态的"综合性学习"，二是作为学习方式的"综合性学习"，三是作为课程形态和学习方式统一体的"综合性学习"。

　　我国学者熊梅对作为课程形态的"综合性学习"的内涵作了如下概括：综合性学习是一种相对独立的课程组织形态。它是超越单一学科的界限而按水平组织的原则将人类社会的综合性课题和学生关心的课题以单元的形式统整起来，通过学生主体创造性地解决问题的学习过程，有机地将知识与经验、理论与实际、课内与课外结合起来，以提高学生综合解决问题的能力，促进知情意行和谐统一发展。[①]它强调从外在的形式转化为内在实际的结果，从而实现从内容到形式、从过程到结果的统一。

作为课程形态的综合性学习有两种情况：一种是作为独立的课程形式存在的，它是学校课程规划的一门独立的课程，或者我们称之为"综合学科课程"会更便于理解，比如新课程计划中的《品德与社会》《科学》《艺术》等课程，这类课程是一种双学科或多学科的课程组织模式，它强调学科之间的内在联系，强调不同学科的互相整合。另外一种情况是属于"学科间的综合"，这里所要探讨的语文综合性学习就是这种情况，它以语文学科为依托，"注重联系学生的经验和生活实际，注重学科知识与其他学科的联系，注重学科内部知识、能力及相关素养的整合，注重知性与理性、情感、态度与价值观的整合，注重方法、过程的整合，注重课内学习、课外学习及日常生活的整合。新课程结构重视学科知识、社会生活和学生经验的整合，加强学科之间的相互渗透，从而改变了现行课程过分强调学科本位的现象"[②]。正如陆志平所言："一般来说综合性学习似乎不能与识字写字、阅读、写作、口语交际并列，而且不能作为教学目标，只能算是一种学习方式。可是语文课程标准却把综合性学习作为教学目标的五个板块之一，之所以把综合性学习作为五个板块之一，是基于这样一些认识：它是综合性课程，它是生活化的课程，它是经验化的课程。"[③]郭根福也持同样的观点，他认为："语文综合性学习是以语文学科为依托，注重语文学科与其他学科、语文学科与学生生活、语文学科与社会生活的整体联系，它

---

① 转引自周来宏、邵龙霞：《试论小学语文的"综合性学习"》，《现代教育科学》2003年第8期。

② 黄伟、陈尚达：《语文综合性学习研究与教学设计》，广西教育出版社2004年版，第5页。

③ 陆志平：《语文课程新探——新课程理念与语文课程改革》，东北师范大学出版社2002年版，第95页。

以问题为中心，以活动为主要形式，以综合性的内容和学习方式促进学生综合性的发展。"①虽然郭根福在概念的解释中没有明确语文综合性学习到底是什么，但是我们可以看出他是把语文综合性学习作为课程形态看待的。我们也认为，语文综合性学习是一种课程，只不过这种课程是以语文学科的基本内容为依托的，这样的课程组织形态主要是为了克服语文教学同其他学科之间的缺乏沟通所带来的弊端而设计安排的。

有学者认为语文综合性学习是学习方式。"语文综合性学习是基于学生的直接经验，密切联系学生自身生活和社会生活，体现对语文知识的综合运用的学习形态。"②这种学习方式是自主、合作、探究等学习方式的结合体。它有助于改变过去学生单一的学习方式，有助于培养学生的创新意识、创新精神以及合作意识和合作能力，最终促成学生在知情意行方面的整体发展。

有学者综合了上述两种情况，提出了语文综合性学习是课程与形式的统一体的说法，有的提出："'综合性学习'是学生在教师指导下，有意识地利用学习、生活和社会实践活动等课程资源，创设特定情景，尝试运用已有的语文知识和能力，自主讨论问题、解决问题，并通过活动实践，激发语文学习兴趣，发展语文能力，进而实现课标所提出的多重目标要求，以开放性、活动性和自主性为特点的语文基本学习内容和基本方式之一。"③有的提出："从形式上看，语文综合性学习是一种自主化、生活化的学习方式；从内容上看，语文综合性学习是一种开发化、灵活化、整合化的课程内容。"④我们认为，语文综合性学习是一种课程形态，做出这样的结论是基于如下考虑：其一，从语言学这个角度来看，在语文课程标准中，它是同"识字与写字""阅读""写作""口语交际"并列提出的，

① 郭根福：《把握"综合性学习"内涵，提高学生语文综合性学习的能力》，《中小学教师培训》2004年第2期。

② 王文彦、蔡明：《语文课程与教学论》，高等教育出版社2002年版，第185页。

③ 董新良等：《对综合性学习的几点思考》，《语文教学通讯》2004年第1期。

④ 钱加清、孔波、王永辉：《语文教育新视角》，吉林人民出版社2004年版，第249页。

并列结构的成分之间的性质应该是相同的，而"识字与写字""阅读""写作""口语交际"这些是属于具体的课程内容范畴，是课程内容的一种组织方式，那么我们可以认为语文综合性学习是一种课程形态或内容的具体组织方式。其二，从课程论这个角度来看，尽管人们对课程的定义有不同的理解，但是有一点，人们达成了共识，就是课程能够帮助我们解决"教什么"和"学什么"这样的问题，而语文综合性学习的设立恰恰说明了这一点，它想克服传统单科教学的弊端，通过综合性的内容达到培养学生整体素养的目的。所以，从课程论这个角度说，语文综合性学习应该是一种课程形态。通过上述简要分析，我们认为语文综合性学习的具体内涵可以概括如下：语文综合性学习是以语文学科为依托，以综合性的内容和综合性的学习方式为凭借，以学生的整体发展为目的的一种课程形态。

二、开展语文综合性学习的必要性

学校的任何一门课程都不是凭空开设的，必然同一定的社会需求相联系，那么，是什么样的社会需求促使语文综合性学习出现的呢？

一是时代的需求。进入21世纪，人类社会步入了后工业社会时代，这是一个知识经济迅猛发展，科学技术突飞猛进，国际竞争日趋激烈，社会信息化、经济全球化的伟大时代。时代的发展变化对人才和教育提出了全新的要求。人们要求教育提供个体发展的广阔空间，高效率的认知新事物、获取新知识的方法，科学的思维方式，有效地改进学习方式和工作方式的途径，使他们达到能在终身学习中不断认识自我、调整自我、提高自我、拓展自我，从而适应并推动社会发展的目标。在此背景下，20世纪90年代以来，世界各国的课程改革都把学习方式的转变视为重要内容。美国强调21世纪的教育目标是培养具有人间丰富性的成熟的市民意识，在学校设立了"科学、技术与社会"的课程、综合的人文研究课程等，通过调查研究和问题探讨的方式来进行学习，一方面使学生获得研究能力，另一方面增强学生的实践能力和创新精神。法国在1994年开始进行中小学校的课程改革，增加了类似"综合性学习"的课程，强调多学科综合和尽可能地引导学生自主学习。日本在1998、1999年两次颁布"学习指导纲要"，增设了"综合性学习时间"，重视学生的兴趣爱好，致力于培养学生主动开展问题解决式学习和探究学习的态度，引导学生掌握科学的学习方法和思考方法。我国台湾即将推广的新课程非常强调学生的"主动探索和研究精神以及解决问题的能力"。我国香港特别行政区即将推出的新课程所确立的基本理念是"终身学习，全人发展"，贯穿这一理念的课程体系则以"学会学习"为总目标。[①]语文综合性学习的设置实际上是适应世界教育改革的潮流，本质上是教育对社会需要所做的应对反应。

二是课程改革的需要。我国传统的语文教学有重视语文基础知识的传授、重视语文能力的培养等优点，但是它的弊端也是显而易见的。第一，它以教师为中心，严重地忽视了学生的主体性。它重视教师的权威，结果表现在教学上，就是教师一个人说了算，一言堂、满堂灌的现象屡见不鲜，忽略了学生的兴趣、爱好，导致学生的主体地位得不到承认，学生学习的主动性和积极性没有充分地调动起来。第二，以语文课本为中心。"教教材"这样的错误观念深入人心，导致实践上割裂了语文教学与社会生活的联系。同时，未能重视语文课程资源的开发与利用，不能创造性地开展各类活动，从而忽略了其他课程资源在学生语文素养形成过程中的作用。第三，以结论为中心。传统的语文教学重视学习结果的展示，忽视学生学习过程。这实际上是将整个学习完全简化为一个记忆的过程，淡化了思维在整个学习过程中的作用，将学生看作是一个可以不动脑筋、只管记忆的容器，完全忽视了学生作为一个具有高度容量的大脑的人的存在。从以上三点我们不难看出，传统的语文教学忽视了学生作为一个活生生的人的存在，这样会影响学生健康个性的形成和人格的发展，而健康的个性和健全的人格恰恰是当今社会所需要的。这样就需要我们开设一种崭新的课程，

---

① 岳乃红，http://www.wyjy.cn（维扬教育网）。

而综合性学习恰恰能够满足这些方面的需要。

三是进一步推进素质教育的需要。素质教育作为一种全新的教育理念和教育模式，其目的就是要使全体学生各方面的素质得到全面发展、主动发展。但要使这样一种理念、这样一种教育模式深入人心，还需要一段时间，还需要采取有力的改革措施。探索的渠道是多种多样的，而课程改革是教育改革的核心，没有课程改革一切都无从谈起。

三、语文综合性学习的价值

认清语文综合性学习的价值有助于我们加深对语文综合性学习的认识和理解，有助于语文综合性学习的开展和实施。语文综合性学习的价值主要体现在如下几个方面：

第一，语文综合性学习有助于培养学生发现问题的能力和解决问题的能力。传统的语文教学往往是教师提出问题，然后让学生去解决问题或者将问题的答案直接提供给学生，这样的教学无助于学生发现问题和解决问题能力的提高。而发现问题和解决问题是语文综合性学习的重要内容，同时也是语文综合性学习的重要目标。在综合性学习过程中，要求学生根据自己的兴趣和爱好提出问题加以讨论，然后选出研究课题，制定研究计划，收集多方面的材料，讨论分析问题，最终得出问题的答案。正是在这些自主探究、发现和思考的过程中，学生发现问题的能力和解决问题的能力得到了提高。从中我们不难看出，语文综合性学习强调的是学生的问题意识，强调学生自主解决问题的能力。

第二，语文综合性学习有助于学生学习方式的转变。现代社会的发展重视学习方式的转型和多样化。传统的语文教学和学习方式单一，表现在重结果轻过程，重课本轻生活，重分析、演绎，轻综合和感悟，这已经不能满足当今社会的需要。而语文综合性学习，倡导多样化的学习和个性化的学习，它是形成自主、合作、探究学习方式的重要途径。它重在学科内外的联系、重在学习过程，注重激发学生的创造潜能，能较好地整合知识和能力，尤其有利于在实践中培养学生的观察感受能力、组织策划能力、综合表达能力、人际交往能力、搜集信息能力、互相合作和团队精神等等。我们从以上表述中可以看出语文综合性学习既重视过程，又重视结果；既重视课本的学习，又重视同社会生活、自然之间的联系；既重视对问题的分析和分解，又重视综合思维和学生的个体体验与感悟，进而促进学生和谐健康的发展。

第三，语文综合性学习有助于学生主体性的发展。弘扬人的主体性，唤起人的主体意识，发挥人的主体能力，已经成为时代精神的主旋律。主体性是现代人的基本特点。在提高人的主体性方面，教育有其特别重要的作用。教育在人的发展中的作用，主要表现在提高人的主体性和主体能力。从根本上说，教育就是一种培养人，提高主体性和主体能力的社会实践活动。而传统教育严重忽视学生的主体性，把学生当作考试的机器、知识的容器，学生完全没有自由发展的时间和空间。我们必须重新审视我们的教育，多角度、多途径地探讨培养和提高学生主体性的方法和措施。语文综合性学习是一种自主性很强的学习活动，它强调学生的主动实践和主动探究。在学习方式上，它改变了传统接受学习为主的学习方式，是一个学习方式的综合体，具体包括：研究性学习、体验性学习、合作性学习、创造性学习和网络学习等学习方式。利用这些方式，学生可以自己选择课题，自己设计研究方案，自己查阅资料，将自身的主体地位发挥到极致。在学习内容上，学生拥有选择权，可以根据自己的学习兴趣、爱好选择学习内容，确立自己的主体地位。据此可以看出，开展语文综合性学习有利于培养和提高学生的主体性。

第四，语文综合性学习有助于培养学生的交流意识、交流能力。随着经济全球化的到来，人类在相互竞争的同时，也需要交流与合作。合作意识和合作能力是当今社会公民所必须具备的素质。应试教育给学生带来的却是恶性竞争，这样导致了学生与学生之间的隔膜与封闭，同学之间关系紧张，缺乏交流与合作。这样的情况已远远不能满足社会对人才的需求，必须加以改革。语文综合性学习提供了学生交流和合作的环境，它要求学生共同讨论、共同分析和共同解决问题，在共同学习的过程中，学生要善于表达自我、尊重他人，善于沟通和交流，也就是说让学生学会如何同他人相处，如何同他人共同地生活。所以，语文综合性学习在培养学生的合作意识和合作能力方面具有不可低估的作用。

四、语文综合性学习的特点

同一些学科课程相比，语文综合性学习的主要特点有：综合性、实践性、开放性、体验性和自主性。

（一）综合性

语文综合性学习的综合性，是语文综合性学习的基本特点，其他的特点都是在此基础上衍生出来的。语文学科的综合性，主要表现为语文知识的综合性运用、听说读写的有机结合和听说读写能力的整体提高、语文课程与其他课程的沟通、书本学习与生活实践的紧密联系、知情意行的和谐发展等。我们不难看出，语文综合性学习的综合性可以概括为目标的综合、学习方式的综合、内容的综合。目标的综合指的是语文综合性学习不仅要立足于学生语文素养的获得，更重要的是立足于学生健康个性的养成，健全人格的培养。这样可以打破过去语文学科同其他学科之间的樊篱，实现学科与学科之间的强强联合，充分发挥其在知识和能力、过程和方法、情感态度和价值观诸方面的教育价值。学习方式的综合，指的是语文综合性学习是一个学习方式的集合体，它是书本学习和实践活动的综合，又是接受学习和体验学习的综合；既是课内学习和课外学习的综合，又是个体探究和合作探究的综合。内容的综合，强调的是语文综合性学习是书本知识与实践活动的综合，也是语文课程与其他课程的综合。这三方面的综合，将语文综合性学习的综合性特征表现得淋漓尽致。

（二）实践性

语文课程标准强调"语文课程是实践性课程，应着重培养学生的语文实践能力，而培养这种能力的主要途径也应是语文实践"，语文综合性学习正好体现了课程标准的这一理念，语文综合性学习超越了书本知识，强调学生的实践活动和亲身经历，引导学生在生活实践和社会实践中学习语文、使用语文。例如在以"保护水资源"为主题的综合性学习活动中，我们可以安排如下活动：（1）访谈。走访当地居民，了解建设工厂掩埋了多少条水渠、池塘以及水污染的情况。（2）调查。调查马路积水、小河浑浊的原因。了解地方管理机构对水资源的管理。（3）讨论。讨论解决水污染问题的对策。（4）写建议书。集体形成问题解决方案写成建议书，张贴在社区，提高居民的认识水平和环境保护意识。在这样的综合性学习活动中，学生了解到许多课本以外的知识，并且通过讨论形成共识，把水污染问题的解决方案写成建议书，这便是运用语文解决生活问题。如此，借助语文综合性实践活动，开展综合性学习，就达到了"语文生活化，生活语文化"的效果，提高了学生的语文实践能力。

（三）开放性

传统意义上的语文教学是以课堂、教材和教师为中心，具有明显的封闭性，使整个语文教学缺乏鲜活的气息。语文综合性学习打破了这种局面，着力于建设开放而有活力的语文课程。语文综合性学习的开放性主要体现在如下三个方面：时间的开放、空间的开放、内容的开放。语文综合性学习已经不再把师生束缚在课堂教学的45分钟或者50分钟之内，师生完全可以充分利用课下充裕的时间，去开展各种各样的活动，去充实自己，这样就避免了语文教学在时间上的局限性，此为语文综合性学习在时间上的开放性。语文综合性学习开展的空间已不再局限于教室这样一个狭小的空间，学生可以到校园，甚至可以走出校门，到工厂、矿山、田野等处所，开展各种各样的实践活动，这样就将学校与家庭、学校与社会联系起来，拓展了学生学习的空间。语文综合性学习的内容已不再局限于语文课本的知识，学生可以根据自身的兴趣、爱好选择自己的学习内容，具有很大的弹性和选择性，可以满足个性发展的需要。这样，就使语文综合性学习成为一个开放的系统，充满生机与活力。

(四)体验性

在过去的语文教学中，我们强调整齐划一，强调标准答案，完全忽视学生的个性体验。《义务教育语文课程标准（2011年版）》将"应尊重学生在学习过程中的独特体验"作为一项要求和目标提出来，具有明显的针对性。语文综合性学习迎合了这一要求，强调学生要亲自参加语文实践，在语文实践过程中，学生在对事物进行认识的同时会获得独特的个人感受，从而不断认识自我和社会，发现自我，感受到自己的独特价值，使自己成为一个真正活生生的健康个体。

(五)自主性

在语文综合性学习中，教师是组织者、指导者、参与者，学生是语文综合性学习的主人。从学习主题的确立、学习途径的选择到学习成果的展示乃至学习评价主要由学生自己来决定。从整个过程来看，每一阶段的安排、每一项内容的选择、每一项形式的决定，无不体现着学生的自主性。这就要求充分尊重学生的兴趣、爱好，为学生的自主性的充分发挥开辟广阔的空间，让学生独立自主地完成一系列学习活动，允许他们自主地确定学习目标，选择学习内容，采取学习的方法，自己去设计、开发、行动、体验乃至创造，从中享受学习的愉悦、成功的快乐。教师只对其进行必要的指导，不包揽学生的工作。正是在一系列的自主活动中，学生展示着个性，发挥着特长，从中培养了合作意识、责任感，进而成为各方面和谐发展的健康个体。

语文综合性学习还有探究性、合作性、主题性、生成性等特点，这里不再详细说明。

五、语文综合性学习的目标

在《义务教育语文课程标准（2011年版）》中，语文综合性学习的目标同识字写字、阅读、写作、口语交际一样，是分阶段列出的，具体内容

如下：①

第一学段（1～2年级）：

1. 对周围事物有好奇心，能就感兴趣的内容提出问题，结合课内外阅读共同讨论。

2. 结合语文学习，观察大自然，用口头或图文等方式表达自己的观察所得。

3. 热心参加校园、社区活动。结合活动，用口头或图文等方式表达自己的见闻和想法。

第二学段（3～4年级）：

1. 能提出学习和生活中的问题，有目的地搜集资料，共同讨论。

2. 结合语文学习，观察大自然，观察社会，用书面或口头方式表达自己的观察所得。

3. 能在教师指导下组织有趣味的语文活动，在活动中学习语文，学会合作。

4. 在家庭生活、学校生活中，尝试运用语文知识和能力解决简单问题。

第三学段（5～6年级）：

1. 为解决与学习和生活相关的问题，利用图书馆、网络等信息渠道获取资料，尝试写简单的研究报告。

2. 策划简单的校园活动和社会活动，对所策划的主题进行讨论和分析，学写活动计划和活动总结。

3. 对自己身边的、大家共同关注的问题，或电视、电影中的故事和形象，组织讨论、专题演讲，学习辨别是非、善恶、美丑。

4. 初步了解查找资料、运用资料的基本方法。

第四学段（7～9年级）：

---

① 中华人民共和国教育部：《义务教育语文课程标准（2011年版）》，北京师范大学出版社2011年版，第9～18页。

1. 自主组织文学活动，在办刊、演出、讨论等活动过程中，体验合作与成功的喜悦。

2. 能提出学习和生活中感兴趣的问题，共同讨论，选出研究主题，制订简单的研究计划。能从书刊或其他媒体中获取有关资料，讨论分析问题，独立或合作写出简单的研究报告。

3. 关心学校、本地区和国内外大事，就共同关注的热点问题，搜集资料，调查访问，相互讨论，能用文字、图表、图画、照片等展示学习成果。

4. 掌握查找资料、引用资料的基本方法，分清原始资料与间接资料的主要差别，学会注明所援引资料的出处。

仔细研究语文课程标准中的语文综合性学习目标，我们可以看出，语文综合性学习主要强调如下几个方面：

第一，强调学生整体素质的培养。语文综合性学习的目标中蕴涵着识字与写字、阅读、写作和口语交际这四个方面的目标。"用口头或图文等方式表达自己的观察所得"，"尝试运用语文知识和能力解决简单问题"，就是这些目标的具体体现。同时，"热心参加校园、社区活动"，"在活动中学习语文，学会合作"，"学会辨别是非、善恶、美丑"，"体验合作与成功的喜悦"，"关心学校、本地区和国内外大事"，这些目标的表述，也是"知识和能力""过程和方法""情感态度和价值观"等目标的具体体现。可见，这些目标的设置，体现了语文综合性学习的价值所在，那就是尽量从多方面促进学生的发展，使学生的整体素质得到提高，成为一个全面发展的人。

第二，强调提出问题和解决问题能力的培养。在四个阶段的综合性学习目标中，第一、第二和第四阶段都有提出问题的能力要求，在第三阶段中隐含着解决问题的能力要求，可见对提出问题和解决问题能力培养的重视。

第三，强调校内外多种课程资源的开发与利用。在语文综合性学习目标中，要求学生参加校园、社区活动，利用图书馆、网络等信息渠道去查资料，关心学校、本地区和国内外大事，利用报刊、书籍或其他媒体获取有关资料，在家庭生活、社会生活中，尝试用语文知识和能力去解决简单的问题，这些"活动""媒体""生活"在语文综合性目标中出现，表明语文综合性学习已不再把语文教科书作为语文课程的惟一的资源，认识到了诸如此类课程资源在学生的发展过程中的价值，它重视形形色色课程资源的开发与利用。因此，我们可以说，它是语文课程与其他课程联系的纽带，是沟通书本学习和实践活动的桥梁。

第四，强调合作能力的培养。具有合作的意识和合作的能力是现代人必须具有的素养，然而多年来我们的语文教育在这一方面一直有所欠缺，语文综合性学习板块的设置，正好弥补了教育在这个方面的不足，它强调"共同讨论""在活动中学会合作""合作写出简单的研究报告""体验成功与合作的喜悦"，为合作提供了广阔的空间，让学生学会同他人相处，学会同他人共同生活。

第五，强调亲历亲为的实践体验。在语文综合性学习目标表述中，使用组织、讨论、利用、尝试、策划、观察、收集、查找等行为动词，强调学生的亲历亲为，正是这些实践行动使学生产生丰富的内心体验，这样就为使学生成为一个活生生的人而不是知识的容器奠定了基础。

第二节 语文综合性学习的实施

一、语文综合性学习实施的步骤及指导

语文综合性学习的实施步骤大致可以分为如下三个阶段：准备阶段、实践体验阶段、表达交流与评价阶段。

（一）准备阶段

在这一阶段，一是要选择和确立活动主题。语文综合性学习的开展，总是离不开一定的主题。语文综合性学习的主题不是预先设计好的，而是要看学生关心什么，对什么感兴趣，因此语文综合性学习的主题主要来自于学生的发现，而不是教师的硬性规定，这也是语文课程标准所强调的，如"对周围事物有好奇心，能就感兴趣的内容提出问题"（第一学段），"能提出学习和生活中的问题"（第二学段），"为解决与学习和生活相关的问题"（第三学段），"能提出学习和生活中感兴趣的问题"（第四学段）。这些表述也为确定语文综合性学习的主题提供了方向。

语文综合性学习的特点决定了其主题的确立方式是多种多样的，主要有四种[①]：第一种，生活诱发式。人类社会生活是五彩缤纷的，教师要充分利用学生的好奇心和求知欲，引导学生仔细观察生活、思考生活，从中引出语文综合性学习的主题来。如端午节的由来、白色污染的处理等等，都是来源于生活的主题。第二种，课堂教学的拓展式。由于课堂教学的时间和容量有限，不可能满足学生的全部需求，所以教师要以教材为依托，抓住学生提出的种种疑问，指导学生从这些疑问中引出一定的主题。如在学习《藤野先生》时，有的学生对教师在人们心目中的位置产生了兴趣，就此可引导学生进行一次调查。第三种，学科联系式。语文学科同其他学科具有千丝万缕的联系，这是不争的事实。教师要充分利用语文学科的这一特点，打破语文学科与其他学科之间的闭锁状态，引导学生从学科知识的联系中，确立语文综合性学习的主题。如学了《爱莲说》这篇课文后，有的学生想具体了解一下莲花的品种、习性、用途等，于是展开调查，这样的调查实际上就把语文课程与生物课程联系起来了。第四种，综合实践式。综合实践式是以一个问题为中心，从两门或两门以上的学科知识的联系中确立语文综合性学习的主题。这里的问题一般是涉及多门学科的大

---

① 郭根福：《试论语文综合性学习的教学策略》，《江西教育》2002年第15～16期。

问题。如"漫话风筝"这样一个主题，其内容包括风筝的历史，风筝的设计、制作与放飞，风筝与人类的生活等等。这里就涉及到历史、美术、劳动技能、自然和社会等课程的知识。

这四种生成主题的方式，难免有一些重合，但是足以说明语文综合性学习的主题是无处不在，只要学生是个有心人，善于观察生活和思考问题，教师善于引导和启发，那么主题就可以随时确立。

二是要制订学习方案。为了保证语文综合性学习有目的、有计划地展开，主题确立之后教师就要帮助学生制订学习方案。方案的制订也要体现学生自主性，教师主要是引导者、建议者。教师一方面要了解方案的具体情况，如项目名称、研究目的、研究人员的组成、研究的内容和方法、研究的进度和时间安排、研究的预期结果等等。另一方面，当学生有困难时要及时给予启发性的指导，而不是以自己的方案替代学生的方案。

（二）实践体验阶段

学生在建立起综合性学习小组、讨论了具体研究的思路和措施后，便进入了综合运用知识、亲身实践体验的阶段。这一阶段是语文综合性学习的主体阶段，也是语文综合性学习能否成功的关键所在。主要活动包括：（1）搜集、筛选资料。在这一活动中，教师要注意搜集信息和处理信息方法上的指导，指导学生通过网络、电视、广播、书籍或者调查、访问等渠道收集信息。只有比较详尽地占有资料、筛选资料，才不会犯以偏概全的错误。（2）分析问题和解决问题。教师要指导学生多层次、多角度分析问题、数据，去伪存真，去粗取精。但是这些指导也是方法上的指导和情感方面的激励，不宜对学生的学习活动过多干预。同时，在学习活动中，教师如果发现学生偏离了主题本身，应给予简单的提醒，但绝不能干涉学生对问题的思考。再有，要引导学生正确地看待问题的解决。不要单纯地追求问题解决的结果，即使问题没有解决，也可能是引发新问题的起点，重要的是他们的参与精神，他们处理问题的方式和方法。（3）写出学习报告。这一活动中，教师要注意对学生书写学习报告的指导，这种指导主要是格式上和策略上的，而不是内容上的，即使学生的研究成果再幼稚，也不要将自己的意见强加给学生。

（三）表达交流、评价阶段

实践体验阶段之后，教师要及时引导学生进入表达交流阶段。在这一阶段，学生要向同学展示自己的学习成果，介绍自己的学习经验，并接受同学的质询，同时加以申辩。表达与交流最初是在组内进行的，然后在组间进行，最后在整个班级内进行。学生在交流中学习他人的经验，反思自己的不足，无论自己的成果如何，学生都会有所收获，有所提高。这也是语文课程标准所强调的重过程而非结论，重语文知识能力的综合运用而非掌握知识多少，重亲身体验和感悟而非接受别人的间接经验等理念的体现。

关于语文综合性学习的评价，在本章第三节"语文综合性学习的评价"中有详细的阐述。

二、语文综合性学习实施应注意的问题

（一）切忌依赖语文教材，应充分利用和开发语文综合性学习课程资源

根据语文课程标准编写的语文教科书，都设有"语文综合性学习"单元，于是有的老师把这些单元所设置的语文综合性学习的主题，作为惟一的主题、惟一的学习资源，而置其他学习资源于不顾。这样的做法又回到了以"课本为中心"的传统教学模式，这是与语文课程标准强调的"建设开放而有活力的语文课程"相违背的。实际上，生活是最重要的学习资源。开展语文综合性学习应将学校资源、家庭资源和社会资源整合起来，充分发掘它们在学生成长中的合力。教师要培养学生的课程资源意识，培养他们开发与利用课程资源的能力，这样才能充分利用各种课程资源的价值，使语文综合性学习成为真正的综合性学习。

（二）切忌放弃教师指导，放任学生自由开展语文综合性学习

语文综合性学习强调学生的自主性，从主题设计、学习方案的制订到

活动的参与、成果的展示，都是学生的自主活动，于是在某些语文综合性学习中，将学生的自主性提升到极致，一切活动大权都掌握在学生手中，教师只是一个旁观者、守望者，这样就完全违背了教育规律。九年义务教育的学生，特别是小学生，在自控能力、认知结构、学习能力、学习方法等方面，都处于发展期、不成熟期，表现为一定的依存性、受动性和模仿性，需要教师点拨、引导和帮助，更不用说语文综合性学习这样一个新生事物，完全不同于以往的听、说、读、写活动，它有自己的内容、学习方式、评价体系，这一点即使是教师也要有一个理解和把握的过程，更何况各个方面不成熟的学生呢？另外，过于强调学生的自主性，就会导致"学生中心主义"，而"学生中心主义"这样一个教育理念，已经被历史证明在某种程度上是错误的。所以说，开展语文综合性学习要正确处理好教师的指导和学生的自主性之间的关系，管得过多、过紧，遏制学生的自主性，就违背了语文综合性学习的初衷；不管、放任自流，就违背了教育规律，更不利于学生的成长。因此就教师而言，要善于处理活动中的"放"与"扶"之间的关系。"扶"的功能在于"激励思考、帮助发现"；"放"的功能在于"少传授知识，不拿出真理来"。就不同年龄段的学生而言，第一学段和第二学段要以"扶"为主，第三学段和第四学段要以"放"为主，"扶""放"结合。只有正确处理好"扶""放"之间的关系，语文综合性学习才能顺利有效地开展。

（三）切忌形式单一，应开展多样化的语文综合性学习活动

对语文综合性学习的开展方式有诸多不同的理解，陆志平认为语文综合性学习的方式有三种：问题——解决、观察——表达、活动——探索[①]。问题——解决，要求学生在生活中能够就感兴趣的内容发现问题，提出问题，并且能够运用所学到的知识解决问题。观察——表达，要求学

---

① 陆志平：《语文课程新探——新课程理念与语文课程改革》，东北师范大学出版社2002年版，第96页。

生能够结合语文学习，观察大自然，观察社会，书面与口头结合表达自己的观察所得。活动——探索，要求学生热心参加校园、社区活动，在活动中学习语文，学会合作。也有人认为语文综合性的学习方式有如下几种：主题活动类、专题探究类、问题讨论类、社会实践类、游艺活动类。[①]可见，形式的多样化是语文综合性学习的一个重要特点。心理学研究表明，灵活多变的活动形式，能够避免学生的心理疲劳，激发学生的学习动机，保持学生的兴奋点，提高学习效率。同时，语文综合性学习采用灵活多变的形式，能够避免单个形式所带来的功能的单一性，发挥形式的整体合力，促进学生全面发展。因此，从上述因素考虑，语文综合性学习必须避免形式单一，应开展多样化的语文综合性学习。但是，形式的多样化不等于形式主义，最重要的是看学生是否有所收获、有所提高。

（四）切忌目标单一，应着眼于学生素养的整体提高

语文综合性学习的设置基于语文的综合性特点和社会对人的全面发展的需要，着眼于学生素养的整体提高、发展，它不再单纯追求智育目标，而是追求个体的兴趣爱好、情感态度、价值、合作意识、创新精神、意志品质的培养，将学生培养成具有健康个性、健全人格的个体。而有的教师将语文综合性学习的目标单一化，将语文综合性学习的目标定为培养学生的作文能力或者言语交际能力，这同语文综合性学习的设置初衷是背道而驰的。如有的教师在组织实施"我爱我家"这一综合性学习单元时，把课文中设置的"老照片的故事""我家的一件珍品""妈妈的唠叨"三个情境看成是为作文而设置的活动主题，把这一单元的语文综合性学习完全"上"成了"活动作文课"。实际上，除了"作文"之外，设置这一单元还有以下几个期望：第一，培养学生探讨、追寻、调查研究的兴趣和能力，培养学生留意身边生活的意识；第二，在对家庭中平时不被注意的寻常事物的调查了解中，体验生活的底蕴及蕴藉的情意；第三，在活动过程中，

---

① 韦健：《解读语文课程标准中的"综合性学习"》，《教学与管理》2003年第23期。

感悟关爱，理解关爱，体验爱心，生发爱心。①

第三节　语文综合性学习的评价

课程评价对课程的实施起着重要的导向和质量监控的作用，评价的目的功能、评价的目标体系和评价的方式方法等各个方面都直接影响课程培养目标的实现，影响着课程功能的转向和落实。20世纪80年代以来，世界各国对课程结构、功能、资源、权利等各个方面重新进行思考和定位，在展开一系列轰轰烈烈的课程改革的同时，越来越多的国家开始意识到实现课程变革的必要条件之一就是要建立与之相适应的评价体系和评价工作模式。因此，课程评价改革成为世界各国课程改革的重要组成部分。我国新一轮课程改革正是在这样的历史背景下展开的。新一轮课程改革倡导"立足过程，促进发展"的课程评价。新课程强调建立促进学生全面发展、教师不断提高和课程不断发展的评价体系，在综合评价的基础上，更关注个体的进步和多方面的潜能；强调建立多元主体共同参与的评价制度，重视评价的激励与改进功能。《义务教育语文课程标准（2011年版）》中，语文综合性学习评价是以独立的内容呈现出来的，其中的阐述明显体现了上述精神。

现行语文课程标准对语文综合性学习的评价又作出了具体的要求，现援引如下：

综合性学习的评价，应着重考察学生的语文综合运用能力、探究精神与合作态度。主要着眼于学生在综合性学习过程中的表现，如是否能积极参与活动，是否能主动提出问题，还有搜集整理材料、综合运用语文知识

---

① 倪文锦：《初中语文新课程教学法》，高等教育出版社2003年版，第202页。

探究问题、展示与交流学习成果等方面的情况。第一、第二学段要较多地关注学生参与语文学习活动的兴趣与态度；第三、第四学段要多关注学生在语文活动中提出问题、探究问题以及展示学习活动成果的能力。各个学段综合性学习的评价都要着眼于促进学生提高语文水平的效率，并有助于他们扩大视野，更好地掌握学习语文的方法。

评价要尊重和保护学生学习的自主性和积极性，鼓励学生运用多种方法，从不同的角度进行探究。要充分注意学生解决问题的思路和方法。对有新意的思路和表达以及有特点的展示方式，尤其要给予足够的重视。除了教师的评价之外，要多让学生开展自我评价和相互评价。①

从上述评价要求中，我们认为语文综合性学习的评价具有如下特点：

一、评价主体的多元化

在以往的课程评价中，教师是评价的主体，掌握着生杀予夺的大权，学生是任人宰割的羔羊，明显体现出评价主体的单一性。语文综合性学习是一种发展性学生评价观，这种评价，除了教师的评价外，要多让学生开展自我评价和相互评价。教师的评价在语文综合性学习的过程中是必需的，但有时由于教师没有参加综合性学习的具体活动，评价难免具有一定的主观性和片面性，有时学生不能接受，容易产生抵触情绪。语文综合性学习要求学生开展自我评价。由于语文综合性学习强调学生的自主性，从课题的选择、实施到总结交流，学生参与其中，有着切身的体验和感悟，所以由学生开展自我评价的话，在某种程度上比教师更加客观，更具有针对性，更让人信服。同时，语文综合性学习要求学生开展相互评价。语文综合性学习强调合作和交流，其开展的方式往往是以小组合作探究的形式，小组成员对综合性学习活动的各个环节比较熟悉，对小组成员在各

---

① 中华人民共和国教育部：《义务教育语文课程标准（2011年版）》，北京师范大学出版社2011年版，第31～32页。

个环节的具体表现也有一定程度的了解，所以学生之间的相互评价更具客观性，更令学生信服。在自我评价的过程中，学生通过反思了解自己在语文综合性学习中的表现，使他们能够及时地调整自己的学习，这样使学习更具效率。在相互评价的过程中，学生相互学习、借鉴，取长补短，这样有助于合作意识、能力的培养和提高。所以在语文综合性学习中，教师应该淡化自己的评价，有效地组织学生评价，充分发挥学生的主动性和积极性，培养学生的反思能力和自我负责的精神，进行自我教育。

二、评价内容的综合化

传统的语文课程评价，偏重于知识与能力，评价的对象侧重于学习的结果，这种对语文课程评价的片面理解，不利于学生成为一个全面发展的个体。语文课程标准围绕知识和能力、过程和方法、情感态度和价值观三个维度组织识字写字、阅读、写作、口语交际、语文综合性学习这五大板块，强调学生素养的整体发展。基于这样的前提，语文综合性学习在评价方面更加注重内容的综合化。它既强调过程的评价，也强调结果的评价。在过程方面，它评价学生"语文综合运用能力、探究精神与合作态度"，评价学生"是否能积极参与活动"，评价学生"是否能主动提出问题"。同时，它也要求对学习成果进行展示，进行评价。这样，我们可以把语文综合性学习的评价看作是形成性评价和总结性评价的统一体。语文综合性学习既重视知识与能力这些智力因素的评价，也重视对情感态度与价值观等非智力因素的评价。评价的重点既在于学生围绕某一主题搜集和筛选资料、调查、讨论和解决问题等活动中"语文知识的综合运用的表现"，也在于学生在活动中表现出来的兴趣、好奇心、投入程度、合作态度、意志、毅力和探索精神，还在于学生对祖国语言、人类文化的热爱情感和行为等等。

三、评价标准的个性化

传统的语文课程评价用统一的标准去评价每一个学生，这样的评价模式扼杀了学生的个性，违背教育要促进每一个学生都要有不同程度的发展的初衷。语文综合性学习为每一个学生的特长和潜能的发挥创造了机会。每一个学生都可以选择自己的学习内容和学习方式，其学习结果也能以丰富多彩的形式表现出来，学生的个性在语文综合性学习中展现得淋漓尽致，这样的态势怎能用统一的标准去衡量呢？因此，在语文综合性学习的评价中，要根据学生的不同表现和不同特点采用不同的评价标准。只要学生在知识与能力、过程与方法、情感态度与价值观等方面有所进步，有所提高，就应该受到尊重和认可，也就是说要以发展的观点去看待学生，去评价学生，而不是将学生放在一个群体中去划分名次、排定序列。例如，对"编一份手抄报"这样的语文综合性学习，由于学生的认知结构、情趣爱好、文化背景、家庭环境等各不相同，他们对手抄报的形式和内容也有不同的理解，所编出来的手抄报也就五花八门，针对这种情况，就应该根据这些差异，采用不同评价方式和评价标准。总之，语文综合性学习的评价"要尊重学生的个体差异，促进每个学生的健康发展"。

四、 评价方式的多样化

语文综合性学习涉及情感态度与价值观等非智力因素的养成，这些因素不能采用与知识和能力评价相同的评价手段去检测，因此语文综合性学习不再把考试作为惟一的评价方式，评价的目的不再是甄别和选拔，而是为教师的教和学生的学提供反馈信息，为将来的教学指明方向，推动学生的整体发展。在这样一个背景下，语文综合性学习的评价方式是诊断性评价、形成性评价和终结性评价的结合，是定性评价和定量评价的结合，是教师评价和学生评价的结合，也是口头评价和书面评价的结合，它是多种评价方式的结合体。通过这些评价方式，知识、能力等认知目标得到了评价，情感态度和价值观等非智力因素也得到了评价。多样的评价方式，可以实现对学生全面、客观的评价。

第十六章　语文教学研究

　　语文教学研究，是专门就语文教学领域的某些现象或问题进行系统研究、探讨和揭示语文教学规律的智能活动。语文教学是一门科学，对其内在规律认识、把握的程度高低，直接关系到教学的得失。"语文教学的实践者是教师，研究语文教学如何改进，语文教师责无旁贷。"① 因此，在积极进行语文教学实践的同时，有目的、有计划地开展语文教学研究，使教学与科研相辅相成、相互促进，对提高语文教学的质量和语文教师的理论水平，推动语文教学科学化的进程，都具有重要的意义。

第一节　语文教学研究的程序

　　语文教学既是科学，又是艺术，其研究工作也必然是一项复杂的工作。因此，从事语文教学研究，除应具备语文教学的一般能力外，还必须

---

　　①《叶圣陶语文教育论集》，教育科学出版社1980年版，第151页。

具备一些特殊的条件，它不仅需要有坚实的理论基础，要掌握科学研究的方法论，而且要有严谨的态度和踏实的作风。此外，语文教学研究的过程是一个复杂的过程，有其特殊的规律，它要求教师运用所学的方法，从理论的角度，对教学实践进行剖析，从中发现有价值的研究课题，并进而通过深入地探索，获得独到的见解。把握这些规律，有助于我们提高研究的效率。具体说，应做好以下方面的工作。

一、调查分析

调查分析是科研的起点，也是语文教学研究的基础。叶圣陶先生说："多少年来，语文教学效果不怎么好，很重要的一个原因，就在于没有认真做些研究，要研究首先就得调查，我希望咱们多作些实际调查。"叶老之所以强调要多作些实际调查，其意义也就在这里。

（一）调查分析的内容

调查分析应从教学的实际出发，在条件允许的情况下，可围绕以下方面的内容展开。

（1）调查分析学生的语文知识和语文能力的发展情况，如识字量、词汇量，听、说、读、写的速度及程度，观察、思维、想象能力的发展情况等。

（2）调查分析学生学习语文的心理意向，如学习的动机和兴趣，学生的态度与意志，学生的方法及习惯等。

（3）调查分析学生学习语文的环境，如学校环境、家庭环境、社会环境等。

（4）调查分析社会生活与社会发展对语文教学的需求，如各行业所需要的语文能力及水平。

（5）调查分析语文教学的历史及现状，如调查分析语文教学的经验及教训、发展的动因及存在的问题等。

（6）调查分析典型的教例、成功的模式等，以便掌握资料、总结经验并上升到理性认识。

（二）调查分析的方法

调查是研究者有目的地考察研究对象获取有关资料的途径，由此获得的原始资料是进行研究的重要依据，通过整理分析可以从中提取有用的信息，能够帮助人们认识研究对象的内在规律。它虽属于从经验的角度认识和改造教育现实的方法，但作为进一步研究的基础，却是不可或缺的。

常用的调查方法，主要有观察法、考察法、统计法等。

观察法。观察法是一种简便易行的调查方法。观察的范围不论大小，都要随时随地进行，范围大点的，可以观察人们运用语言交流思想的情况，观察外地或本地的语文教学情况；范围小点的，可就一位教师的教学情况或一个班、组学生的学习过程、学习方法、学习效果以及兴趣、态度、习惯等进行观察。如要观察得细些，可分专题或阶段进行。观察法虽然往往只能看到事物的表象，但任何研究也只能先从现象入手，才能探求事物的本质。所以它是进行调查研究的一种基本方法。

考察法。这种方法多用于以集体形式进行的规模较大的综合性的调查研究。使用这种方法，调查的范围较为广泛，调查的方式和内容也多种多样。如对社会各方面所需语文能力的调查及对语文教学的历史及现状的调查，就适宜使用这种方法。

统计法。即把调查的内容设计成表格，在表格中填写调查所得的情况和数据的调查方法。如运用这种方法对学生的知识及能力情况进行调查，就有助于确定教学改革的起点，也能够为研究分析提供确凿的数据。

常用的分析方法，主要有定量分析法、定性分析法、对比分析法、归类分析法、文献分析法等。

定量分析法。定量分析法是科学性很强的数学分析方法。运用这种方法，需要对调查获得的大量原始数据和材料进行整理和统计。因为这些数据中往往会蕴含着一定的规律性。只有通过整理分析，其规律性才能显现出来。如果缺少必要的整理分析，那么这些数据所包含的有用信息就不能得到充分地利用，所收集的原始资料的作用也就难以全部发挥。定量分析，所使用的数据要务求完整、准确，漏缺的数据要设法弥补，如发现与情理相悖或不合逻辑的数据，应及时作出判断并予以剔除或纠正。为便于直观、形象地显现规律，通常可运用列表或图示的方法进行。

定性分析法。定性分析是对调查所获得的数据或材料从类属或性态方面做出分析和判断。有时所要分析的问题呈亦此亦彼的模糊状态，如对教与学的态度、使用方法的优劣、技能熟练的程度，难以作出数字的估计，即可运用定性分析的方法进行。

对比分析法。对比分析法也是语文教学研究中常用的分析方法。通过对比，能够直观、形象地显示差别，从而有利于认识和发现问题的实质及规律。使用这种方法，用来对比的数据或材料应具有普遍性，从而才能避免结论的偶然性。

归类分析法。调查所得到的原始材料，往往是散乱无序的，要进行研究，就需要进行整理归类。运用这种方法，有利于对问题进行系统考察，便于层次分明地说明问题。整理归类的过程实际上也是一种定性分析的过程。

文献分析法。文献分析法是指通过分析调查所获取的文献资料来研究事物规律的方法。文献分析，是发现问题的重要手段，尤其是对历史性、总结性的研究来说，更是上述方法所不能比拟的。因此，它也是语文教育研究人员所必须掌握的重要方面之一。

二、选定课题

选定课题，即确立所要研究的主要问题，这在科研活动中具有定向的作用。它直接影响到整个研究活动的成败，并关系到成果水平的高低。爱因斯坦曾经说过："提出一个问题往往比解决一个问题更重要。因为解决一个问题也许仅是一个数字上的或实验上的技能而已。而提出新的问题、新的可能性，从新的角度看旧的问题却需要有创造性的想象力，而且标志着科学的真正进步。"希尔伯特也认为："问题的完善提法意味着问题已经解决了一半。"因而要选择一个好的课题十分重要。

（一）选题的依据

首先，应注意选择有研究价值的课题。选取的课题，在学术上应具有开创性，或在实际工作中有现实意义。教学中亟待解决的空白，应予更新的观念，需要补正的旧说，随着发展会成为研究的热门课题。有些基础理论问题，虽然与当前的教学实践的关系不大，但对今后语文教学的发展有重要的意义，甚至会成为新的突破的理论先导，这样的课题也是值得研究的。

其次，选择课题，必须考虑个人的理论水平及占有资料情况，即主观上应具备研究条件。如果个人能力不及或不具备相应的资料条件，即使是再有价值的课题，也往往难出成果。因此，选题要从自己的实有水平出发，要考虑力所能及，否则，好高骛远，也便难以取得相应的成果。

再次，选择课题也必须了解和把握研究动态，即要掌握研究现状及趋势，把握问题研究的深广程度。只有这样才有利于自己选择有价值、有意义的研究课题；也才能消除"撞车"现象，避免重复劳动；同时，也有可能使自己的研究有所突破；而且也只有把握动态，才能发现那些无人问津，但又确有价值的研究课题。要把握动态，应随时翻阅有关书刊、索引、专题目录或年鉴等，以获取有关的课题信息。这对选择和确定课题都有益处。

（二）选题的方法

语文教学的研究领域极为广泛，可供研究的内容也十分丰富，因此，选题方法也多种多样。如独辟蹊径、变换角度、方法翻新、旧题新作等等，都是常用的方法。

独辟蹊径。选题必须善于发现问题，独辟蹊径就是一种有效的方法。它主要是指这样几种情况：一是在人们耕种已久的熟地上去发现"新大陆"；一是到人们没有涉足的地方去开垦"处女地"；再就是到相邻学科的交叉地带去寻找"空白点"。前者发现问题难，要深入研究则更难；后者问题多、选题易，而研究也较有难度。但也只有善于独辟蹊径，才易于发前人所未发，言前人所未言，从而使研究具有较高的学术价值。

变换角度。选题犹如游山观景，"横看成岭侧成峰，远近高低各不同"，如若变换角度，所见景致就会迥然不同。如纠正错别字的问题，研究的文章已很多，但变换角度，也不妨能写出新意。如《江西师范学院学报》（1979年第3期）发表的题为《关于错别字的心理分析》的文章，从心理学的角度去分析错别字产生的原因，就给人以耳目一新之感。

方法翻新。传统的研究方法，不仅局限人们的研究视野，而且很难取得创造性成果，而方法翻新，有时却能够带来研究的突破。如李杏保的《语文教学控制论》一文，运用新的思维方法来研究语文教学信息传递过程的调控艺术，就提出了全新的见解。

旧题新作。在旧的课题上，做新的开拓。如《启发式教学新探》、《也谈文道统一》等，就属于这一类题目。运用这种方法，必须熟悉已有的研究成果，能够从前人研究的"终点"中，找到自己研究的起点，从而在认识以往研究不足的同时提出新观点，而且在研究手段及表达方法方面也要有新的特色。因为，旧题新作本来就易于给人以似曾相识之感，如内容上、形式上缺少新意，便很难给人留下深刻的印象。

三、收集资料

科学研究就是研究客观事实，从分析丰富的事实材料中概括出规律，提出切实的见解。在课题确定之后，接下来便要广泛地收集和充分地占有资料。马克思说;"即使只是在一个单独的历史实例上发展唯物主义观点，也是一项要求多年冷静钻研的科学工作，因为很明显，在这里只是说空话是无济于事的，只有靠大量的、批判地审查过的、充分地掌握了的历史资料，才能解决这样的任务。"[1] 由此可见，广泛地收集和充分地占有资料是何等的重要。

---

① 《马克思恩格斯全集》第13卷，人民出版社1983年版，第527页。

据美国科学基金会和日本国家统计局的统计表明，一个科研人员用在查阅收集资料方面的时间要占整个课题研究所用时间的50.9％。这也说明，不会收集资料，不能占有资料，所谓"研究"，就只能是一句空话。

那么，我们应该怎样来收集材料和占有资料呢？

（一）收集资料的途径

收集资料的渠道很多。如利用书目和索引、订阅情报刊物、浏览专业杂志、参加各种研讨会等。现分述如下：

利用书目、索引。书目，即图书目录。索引，即摘记研究课题或内容，并标注出处与页码，依次编排，供人检索的工具书。一般说来，书目或索引收集的范围都十分广泛，利用书目索引，可以了解前人已作的研究、所取得的成果，从而收集到与自己研究课题相关的资料。

订阅情报刊物，这也是收集资料的有效方式。各类情报刊物，收有有关研究的最新信息或文献资料，常见的如专题情报、文摘、报刊资料选汇等。随时翻检，也有利于把握学术动态，并得到有用的研究资料。

浏览专业杂志。语文教学研究方面的期刊杂志，如《中学语文教学》、《语文学习》、《语文导报》、《语文教学通讯》等，其内容大都直接反映语文教学研究的新动向、新成就。浏览这些杂志，有助于收集有价值的研究资料。

参加各种研讨会。各种研讨会的交流发言或文字资料，多是最新最活的情报信息，认真听取、广泛搜集，对于促进研究也具有重要的作用。因此，多参加一些语文教学的研讨会，是很有必要的。

（二）收集资料的方法

收集资料的方法大致有顺查法、倒查法、追溯法和循环法等。顺查法是从该课题有关资料的起始年代查起，一直到近期为止。写综合性论文时，查找资料多用这种方法。倒查法是由近及远，先查当年，然后逐年上溯，如所查资料已满足课题研究需要，即可停止。这种方法一般用于了解某一具体资料。追溯法是根据资料所附参考文献的线索，追根溯源，以经济有效地把握所需资料。循环法也叫分段法，即按时间分段逐段查阅相关资料，在探索某一课题发展过程时，可采用这种方法。

资料一经查出，就必须采取适当的方式予以处理。处理资料主要方式有摘录、提要、制卡、复录、翻拍等。如对所查资料中有价值的部分，即可摘录。摘录，既可原文照录，一字不易，也可忠实原意，概述大体。提要，即通过分析综合，将所查资料的要点概括出来。对"摘录"或"提要"的资料要制成卡片，以便保存和使用。另外，对一些珍贵资料或有价值的声像资料，也可复制、翻拍，但不管采取何种方式，都要注明资料的来源或出处，包括书名、作者、版本、页码等，以便引用和核对。

资料的收集和整理，是一项异常艰苦的工作。马克思为写《资本论》，曾钻研过1500多种书籍，这正如列宁所指出的，《资本论》正是"把堆积如山的实际材料总结为几点概括的彼此联系的思想"。鲁迅先生也曾说过："无论什么事，如果继续搜集资料，积三十年总可成一学者。"因此，我们必须高度重视收集和积累资料的工作。

四、开展实验

教学实验，是有计划、有目的地开展的小规模、小范围的教学实践。它是获取研究数据和资料的重要途径，是探索语文教学规律的重要方法。

语文教学改革实验的内容主要是在教材、教法两个方面，实验的形式则是多种多样的，但不管是哪方面的内容，不管是采取怎样的形式，其展开的程序却是基本一致的。

（一）提出目标

确定实验的目标，提出实验要达到的具体要求，是开展教改实验的最初的也是极重要的一项工作。所提出的目标，既是教师设计实验程序、组织实施实验的重要依据，也是实验结束之后鉴定成果不可缺少的参照指标。因此，要开展教改实验，首先就必须对实验目标有明确的规定，应就实验所要达到的水平及其程度作出具体确切的表述，如通过实验应实现的行为程度、应具备的技能水平或在学习心理方面应达到的要求等。特别是对那些运用数据能够计量的指标因素，如识字量、词汇量、单位时间阅读的速度等，最好使之量化，以便于控制和实施。

（二）制定方案

在明确实验目的、确立实验目标之后，还必须制定出具体的实验方案。实验方案主要应包括以下方面的内容：实验项目、实验时间、实验学校及班级、实验目标及要求、实验的程序与步骤、实验的验收与评估等。对这些内容，最好能分门别类、列表说明，以利把握和实施。

（三）组织实施

科学地组织实施实验，是确保实验成功的关键。教师要严肃认真地对待实验中的每一项工作，要保证每一步骤、每一环节的高质量，才能保证整个实验取得最佳效果。要充分地调动教与学两个方面的积极性，对实验的步骤要合理安排、适时控制，采用的手段也要切实可行，要注意避免可能出现的失误，要尽量排除干扰因素，从而全面实现教改实验的指标要求。此外，对整个实验的过程，必须进行认真地观察，以获取大量的第一手资料。

（四）总结验收

实验结束后，要及时进行验收，这是鉴定实验成果的阶段。这项工作，既可以为总结经验和撰写论文提供依据，也可为下一轮实验积累资料。总结验收，要以实验目标为依据，对整个实验的水平及成果作具体的评价与估量，要充分肯定实验的成绩，对存在的问题要作出客观说明，并要指出成果是否具有推广的价值。

第二节　教学研究论文的写作

论文，是对社会科学或自然科学领域中的某些现象或问题进行系统研究和探讨的文章。它作为发表科学研究成果、进行学术交流的重要形式，对科学技术的发展、人类社会的进步，起着重要的促进作用。

撰写论文，作为语文教学研究的最终步骤，也是语文教师科研水平高低的重要标志。为适应现代语文教育发展的需要，语文教师必须具备撰写学术论文的能力。

那么，语文教师怎样才能写出具有一定水准的学术论文呢？

一、选择论题

选择论题，即确定论文的题目。它是撰写论文的起点，并直接关系到论文的质量。所以选择论题必须反复推敲，而不能草率从事。具体说就是：选材范围宜窄不宜宽，论题宜小不宜大；要在确定选题方向的基础上，逐步把选材范围缩小和具体化。所选题目尽量要小，题目小，写起来易于把握，论述也易于做到集中、深刻。如题目过大，往往难以深入，即使写起来也往往会流于空泛。所拟题目，要能够统摄全文，具有"龙睛"之妙；所拟题目要简洁新颖，能够引人入胜。

二、筛选材料

查阅文献、积累材料，对撰写论文来说是十分重要的。但论文不是原始材料的自然堆砌，撰写论文不能不加选择地将所掌握的材料直接地搬进文章之中，还需要对材料进行必要的筛选和整理。筛选和整理材料的过程，实际上就是去伪存真、去粗取精的再加工的过程。要从阐述论文中心的需要出发，对搜集到的材料进行分析，要选择那些典型的、新颖而有说服力的材料。要舍得割爱，坚决淘汰那些看似精彩，实际不能说明论点的材料，所选取的材料，应该而且必须是事实上存在的，引用其他文献上的材料，也要忠实原意，注明出处。要尽可能多地使用"第一手资料"，不能人云亦云，以讹传讹。筛选材料，是撰写论文的重要一步，要写出高质量的论文，就不能不重视这一环节。

三、编拟提纲

编拟提纲，即根据文章的写作意图和中心论点，对文章的内容作通体的安排，也就是构想、设计文章的总体框架。所拟提纲，要能够反映文章结构的整体布局及其主体内容，要体现出文章的层次性与条理性。论文提纲不是凭空想象出来的，而是在对材料和问题进行深入思考研究的基础上，根据对客观事物发展规律和内在联系的认识，使之逐步条理化的过程。编拟提纲，可由粗及细、逐层深入，在安排好总体框架后，再考虑各部分的层次，并列出各层的要点及所使用的具体材料。提纲可以标题或文句的形式列出。在编拟过程中，要不断地调整和修改，以求使其达到完整严谨的要求。

四、撰写修改

撰写论文自然应该按照提纲所标示的思路，一部分一部分地进行论述，直至把研究成果充分地表达出来。在撰写过程中，应注意下面几个问题。

（一）引言

引言是论文的开头，犹如一出长剧的序幕，应当具有"一幕戏刚开幕的一刹那的情景，选择得适当，足以奠定全幕的情调，笼罩全幕的空气，使大家立即把纷乱的杂念放下，专心一致地看那下文的发展"的效果。写这一部分入题要快，开门见山，绝不能"自从盘古开天地"曲折盘桓论起，而应单刀直入，开宗明义，从而抓住读者，使其不忍离去。

（二）论述

撰写论文，必须紧紧围绕论题展开论述。如果论述的是别人尚未论及的新观点，就应充分摆出新观点赖以成立的依据，以证明新观点的正确性；如果论述的是别人已有的、但自己又有独特感受的论点，就应着力从新的角度丰富和完善原来的论点；如果要否定别人的论点，其重点应是反驳和论争，要有充分的理由、确凿的材料证明对方论点的误论，从而使论文具有鲜明的独创性。

要注意运用多种论证方法来论证论点。如可直接列举事实证明论点；可引用公认的原理或名家的论述来证明自己的观点；可用确凿的文献史实来证明论点等等。要根据实际需要，选用合适的论证方法，以增强论证的逻辑力量。

在撰写过程中，还要注意论证层次的安排。层次是论文内容的表现次序，它体现为认识过程的阶段性、客观事理的不同方面。论文层次的安排，可分为"总——分——总"、"总——分"、"分——总"等形式。在开头部分，一般要提出问题，确立论述的中心，主体部分要对问题作具体的分析论证，可以是环环相扣、层层递进；可以是围绕中心平行展开，最后要总结全文，得出结论。这样，才能使论文意脉清晰、融会贯通，成为有机的整体。其间各层次间的过渡也应以自然为好。如主体部分内容较多，为求眉目清楚，也可以使用标题或序号。

（三）结论

结论是整个研究过程的结晶，是全篇论文的精髓，是作者独到见解之所在。在结论部分，一般要对全文作出总结，并要提出本课题还需进一步探讨的问题。结论起着收束全文、深化主旨、画龙点睛的作用，应当是论文内容发展的必然结果或自然深化；应措词严谨、逻辑严密，切忌画蛇添足；要给人以"曲终人散"而余音绕梁之感。

（四）引文和加注

撰写论文，常用引文。如果引用的是别人的原话，就要加冒号和引号；如果引用的并非原话，可只用冒号而不用引号。特别重要的引文要换行自成一段，第一行要空出四格。引文要核对无误，以免错讹。对于直接引语，一般人不知道或尚未接受的事实，可加注予以说明。注释方法，可夹注，即在段中注，写在正文中用括号标明，也可注在本页正文下方，另外还可尾注，即写在全文之后。注释可直接标明此文的出处，可解释不为一般人所知的专门知识；一般也应把所使用的参考文献附于文后，以便读者查阅印证。

（五）修改誊抄

论文的修改是必然的、必须的。修改时应着重检查论点是否明确，论据是否充分，论证手段是否正确，推理是否严密，分析是否透彻，条理层次是否清楚，结构是否紧凑完整，语言是否准确、鲜明、简洁。如发现问题，就要进行修改调整。具体可采用增、删、换、移等手段，以使论文渐臻完善。

修改之后，即可誊抄。誊抄论文要符合文面的要求，书写要清楚工整，标点要正确无误，行款格式要得体，以给人以整洁、美观的印象。

参考文献

1. 曹明海、潘庆玉：《语文教育思想论》，青岛海洋大学出版社，2002年版。

2. 曹明海：《语文教学本体论》，山东人民出版社，2007年版。

3. 巢宗祺、雷实、陆志平：《普通高中语文课程标准解读》，湖北教育出版社，2004年版。

4. 陈建伟：《中学语文课程与教学论》，暨南大学出版社，2003年版。

5. 陈琦、刘儒德：《当代教育心理学》，北京师范大学出版社，1997年版。

6. 陈玉琨：《中国高等教育评价论》，广东高等教育出版社，1993年版。

7. 陈玉秋：《语文课程与教学论》，广西师范大学出版社，2004年版。

8. 【德】恩斯特·卡西尔著（甘阳译）：《人论》，西苑出版社，2003年版。

9. 方智范：《关于语文课程目标的对话》，《语文建设》，2002年第1期。

10. 傅道春：《新课程中教师行为的变化》，首都师范大学出版社，2001年版。

11. 顾黄初：《中国现代语文教育百年事典》，上海教育出版社，2001

年版。

12．国际21世纪教育委员会：《教育——财富蕴藏其中》，教育科学出版社，1996年版。

13．国家基础教育课程改革"促进教师发展与学生成长的评价研究"项目组：《成长记录袋的基本原理与应用》，陕西师范大学出版社，2002年版。

14．韩军：《一个危险的倾向：重技术，轻精神》，《中学语文教与学》，2001年第8期。

15．黄伟、陈尚达：《语文综合性学习研究与教学设计》，广西教育出版社，2004年版。

16．蒋成瑀：《语文课读解学》，浙江大学出版社，2000年版。

17．教育部师范教育司：《教师专业化的理论与实践》，人民教育出版社，2003年版。

18．李景阳：《语文教学论》，陕西师范大学出版社，2003年版。

19．李如密：《教学艺术论》，山东教育出版社，1995年版。

20．梁一儒、户晓辉、宫承波：《中国人审美心理研究》，山东人民出版社，2002年版。

21．刘国正：《实和活——刘国正语文教育论集》，人民教育出版社，1995年版。

22．刘国正：《语文教学与生活》，《中学语文教学》，1993年第2期。

23．陆志平：《语文课程新探——新课程理念与语文课程改革》，东北师范大学出版社，2002年版。

24．倪宝元：《语言学与语文教育》，上海教育出版社，1995年版。

25．倪文锦、欧阳汝颖：《语文教育展望》，华东师范大学出版社，2002年版。

26．倪文锦：《初中语文新课程教学法》，高等教育出版社，2003年版。

27．宁佐权：《语文教学"自有它独当其任的任"》，《河南师范大学学报》，2000年第1期。

28.潘文国：《语言的定义》，《华东师范大学学报（哲社版）》，2001年第1期。

29.皮连生：《学与教的心理学》，华东师范大学出版社，2003年版。

30.皮连生：《智育心理学》，人民教育出版社，1996年版。

31.钱加清、孔波、王永辉：《语文教育新视角》，吉林人民出版社，2004年版。

32.钱加清：《语文教学论要》，延边大学出版社，2001年版。

33.秦训刚、蒋红森：《高中语文课程标准教师读本》，华中师范大学出版社，2003年版。

34.区培民：《语文课程与教学论》，浙江教育出版社，2003年版。

35.【苏】苏霍姆林斯基（杜殿坤译）：《给教师的建议》，教育科学出版社，1984年版。

36.申小龙：《汉语与中国文化·前言》，复旦大学出版社，2003年版。

37.沈玉顺：《现代教育评价》，华东师范大学出版社，2002年版。

38.施良方：《课程理论——课程的基础、原理与问题》，教育科学出版社，1996年版。

39.石中英：《知识转型与教育改革》，教育科学出版社，2001年版。

40.孙周兴编选：《海德格尔选集》，上海三联书店，1996年版。

41.王尚文：《中学语文教学研究》，高等教育出版社，2002年版。

42.王文彦、蔡明：《语文课程与教学论》，高等教育出版社，2002年版。

43.韦志成：《语文教学艺术论》，广西教育出版社，1999年版。

44.韦志成：《语文学科教育学》，华中师范大学出版社，2002年版。

45.魏国良：《现代语文教育论》，华东师范大学出版社，2002年版。

46.【德】威廉·冯·洪堡特：《论人类语言结构的差异及其对人类精神发展的影响》，商务印书馆，1997年版。

47.伍蠡甫等：《西方文论选》（下卷），上海译文出版社，1998年版。

48. 徐友渔、周国平等：《语言与哲学》，生活·读书·新知三联出版社，1996年版。

49.【美】小威廉姆·E·多尔：《后现代课程观》，教育科学出版社，2000年版。

50. 阎立钦：《语文教育学引论》，高等教育出版社，1996年版。

51. 杨在隋等：《语文课程建设的理论与实践》，语文出版社，2001年版。

52. 叶澜：《教师角色与教师发展新探》，教育科学出版社，2001年版。

53. 叶澜：《教育研究方法论初探》，上海教育出版社，1999年版。

54. 叶圣陶：《略谈学习国文》，见《叶圣陶教育文集》第三卷，人民教育出版社，1994年版。

55. 叶圣陶：《叶圣陶语文教育论集》，教育科学出版社，1980年版。

56.【苏】赞可夫（杜殿坤译）：《和教师的谈话》，教育科学出版社，1980年版。

57. 曾祥芹：《实用文章学研究》，高等教育出版社，2010年版。

58. 张华：《课程与教学论》，上海教育出版社，2000年版。

59. 钟启泉、崔允漷、张华：《为了中华民族的复兴　为了每位学生的发展：基础教育课程改革纲要（试行）解读》，华东师范大学出版社，2001年版。

60. 钟启泉：《新课程的理念与创新》，教育科学出版社，2003年版。

61. 朱慕菊：《走进新课程——与课程实施者对话》，北京师范大学出版社，2002年。

62.《朱自清选集》第二卷，河北教育出版社，1989年版。

后 记

　　《语文教育学》是根据全省统用教材的要求编写的。作为"山东省高等教育面向21世纪教学内容和课程体系改革计划课题"，它既是高等师范院校汉语言文学专业本、专科教学的使用教材，也是学科教学（语文）教育硕士和课程与教学论研究生的教学用书。为切实适应语文课程与教学改革的发展和高校语文教师教育课程教学的需要，从2014年初就开始研讨本书框架结构的设计和各个专题的富有创意性的编写策划。其中有对语文教育语用观的建构，对语文本体的阐释和语文课程语用性特点的透视，也有对语文课程的语用目标和内容、语文教育管理、语文教学设计等方面的探讨，拓出了语文教育理论研究的新视界和语文课改实践的新境域。

　　本书编写的框架结构和编写修订内容由主编曹明海教授构思设计，主要编写成员武玉鹏教授、史洁和张志刚博士等参与其重点研讨。编写修订内容是以语文课程教学论教材为基础重新撰写的，即按2011年版语文课标统领了全书的整体结构与有关专题章节。具体分工是以全书的章、节为序：绪论、第一章，山东师大曹明海；第二章，山东师大曹明海、王欣；第三章，滨州学院白花丽；第四章，齐鲁师院张志刚；第五章，山东师大闻超；第六章，山东师大王凤鸣；第七章，山东师大史洁；第八章，浙江外国语学院李洪先；第九章，山东师大张家榕；第十章，山东师大宋亚琼；第十一章，山

东师大杨春燕；第十二章，齐鲁师院王岩；第十三章，鲁东大学刘海润；第
十四章，山东师大吕高超；第十五章，山东师大刘晓利；第十六章，鲁东大
学武玉鹏。需作说明的是曹明海改写了这些章节中大部分内容。

在参与本书编写修订的成员中，有教授、副教授，也有博士和硕士
研究生。应该说，这是合作编写修订的成果，既凝聚着新、老编写者的智
慧，又渗透着新、老编写者的汗水。研究生闻超、张家榕、王凤鸣在编写
修订过程中付出了辛劳。山东教育出版社的领导和责编为本书出版，给予
了大力支持。在此，一并表示诚挚的感谢！

曹明海
2015年7月